U0740433

中国经典故事系列

夏商故事解读

宋晓萍　著

中国广播影视出版社

图书在版编目（CIP）数据

夏商故事解读 / 宋晓萍著 . -- 北京 : 中国广播影视出版社 , 2018.4

ISBN 978-7-5043-8089-0

Ⅰ . ①夏… Ⅱ . ①宋… Ⅲ . ①中国历史—夏代—青少年读物②中国历史—商代—青少年读物 Ⅳ . ① K221.09

中国版本图书馆 CIP 数据核字 (2018) 第 010891 号

夏商故事解读

宋晓萍　著

责任编辑	陈宪芝
装帧设计	北京华太文极广告策划有限公司
责任校对	张　哲

出版发行	中国广播影视出版社
电　话	010-86093580　010-86093583
社　址	北京市西城区真武庙二条 9 号
邮　编	100045
网　址	www.crtp.com.cn
微　博	http://weibo.com/crtp
电子邮箱	crtp8@sina.com

经　销	全国各地新华书店
印　刷	河北鑫兆源印刷有限公司

开　本	710 毫米 ×1000 毫米　1/16
字　数	361（千）字
印　张	22.5
版　次	2018 年 4 月第 1 版　2018 年 4 月第 1 次印刷

书　号	ISBN 978-7-5043-8089-0
定　价	52.00 元

（版权所有　翻印必究·印装有误　负责调换）

目 录

自 序 1

绪 论 3

夏朝初建 1

国家机制 13

子承父业 26

后羿代夏 35

王权争夺 43

少康复国 49

夏朝中兴 54

由盛及衰 60

从恶如崩 67

商氏始祖 78

商国兴衰 84

成汤智慧 89

剪除羽翼 95

汤武革命 102

时代变革 108

成汤登基 115

商朝初建 121

奴隶帝师 135

早商纷争 148

盘庚迁殷 155

从善如流 163

巾帼女将 170

武丁盛世 176

殷商衰败 186

周人先祖 193

周国崛起 202

商周恩怨 210

帝辛姬昌 219

文王军事 226

不辱使命 236

内圣外王 247

经济改革 255

文王遗产 265

韬光养晦 275

殷末三贤 284

风云际会 294

覆商建周 305

跋 318

主要参考文献 325

自 序

夏商经典故事为谁而写

完成本书初稿和修改之时，心情是十分激动的。

写作之前，遍阅质疑商榷夏商奴隶社会之网文，铺天盖地而来，颇觉有理。然撰文渐深，惊范文澜、郭沫若等前辈学问之精深！若不将夏商视为奴隶社会，写作将无法持续……

本书并非作者构思，无论情节对话还是人物思想，皆按时间先后随古而行。作者每日与夏商古人"捉谜"，将蛛丝马迹从几千年各类历史典籍中一一捕捉，逐字翻译而明，精彩自显。今日之时，科学发展自当厚今薄古，其他方面则很难不厚古薄今……三四千年前中国祖先言行思想之成熟，出乎意料；其智慧之高，今无有超出，令人拍案叫绝！

作者曾以考证态度、实证手法撰写并出版了《中国经典故事·中国神话解读》，而《中国经典故事·夏商故事解读》为《中国经典故事》系列的第二部，写作风格与前书一致，既是中国奴隶社会的历史故事，也是集历史考证与解读为一体的故事性书籍。本书的历史断代，均采纳国家正式颁布的《夏商周断代工程年表（简本）》，其内容信息量大，适用性、可读性强，适宜面比较广，不仅可让青少年快速系统地了解鲜为人知的夏商奴隶社会历史，而且有助于成人了解中华文明的起源发展，理解上古文物，知晓民俗典故。作者亲赴中原古迹遗址实地考察，将大量散佚于古籍的历史全面收集整理，使历史故事具有典籍或考古依据而无虚构。本书可作为创作历史小说、剧作等文学作品的基础，亦可作为《中国古代史》和大、中、小学"古文"学习的辅助故事性读物。文中列出主要参考文献，以方便学术查阅，经受时间考验而供收藏。

有先阅者言：此书莫非帝王权谋之书？确有此嫌。自夏而商，古籍之遗多为帝王、智臣言行，其政治军事权谋智慧十分高超，今不必用官场阴谋而一概贬之。因为国家统一和民本思想，始终占据中国历史故事之主流，失民心者失天下，为奴隶社会帝王贵族革命之根本。夏商故事，为西周春秋战国时代百家文明之源头，其文化道德和思想智慧之遗存，何其珍贵！

全世界每个国家的传统文化并不一定全部都是精华，肯定会有部分传统文化阻碍国家发展，需要客观评价，并对传统文化取其精华而去其糟粕。然而，如果为了跟上世界某些发达国家的经济和政治脚步，就崇洋媚外，全盘否定自己的民族文化，甚至以西方标准来评判中华历史和文化价值，其结果，必然是从根本上失去对自己国家和民族的自信力。当一个国家的民族文化被外来文化取代之时，就算国家名称还存在，无论政治还是经济，实际上已经成为别人的附庸了。当今世界，这样的例子并不鲜见。此为作者解读历史的重要指导思想。

作为中华民族重要的祖文化——夏商奴隶制国家文化，在我们民族社会发展历史上起着立国定邦、团结统一的奠基性作用。中华文化没有断层，夏商奴隶社会继承原始氏族祖先文化，为中华传统文明之源头、百家学说之根源。中华传统文明的主要部分是精华而不是糟粕，从源头上树立民族文化自信，避免中国历史文明传承体系崩溃，为本书宗旨所在。

单凭中国传统文化，也许救不了中国，但是毁灭中国传统文化，却能够毁灭中国。毁灭一个国家民族，必须同时毁灭民族文化！祖国博大精深的历史文化，没有理由断送在我们这一代人手中，因为这是中华儿女每个人的基因和昨天，也将伴随伟大的中华民族走向富强的未来！

文化不死，民族不死，国家不死！

2016 年 10 月 17 日

绪 论

中国奴隶社会论析 [1]

中国没有奴隶社会吗？答案是否定的。

中国奴隶社会通常有两种划分。一是从公元前 2070 年夏朝建立开始，到公元前 475 年春秋时代结束，共经历了 1595 年。二是从公元前 2070 年夏朝建立开始，到公元前 221 年秦统一中国正式结束，共经历了一千八百四十九年。前者为多数人所认可。

中国夏商时代，从公元前 2070 年夏朝建立开始，到公元前 1046 年商朝灭亡，时间长达 1024 年，为中国奴隶社会的产生和发展时期，是中国有文字记载和考古发现的信史。

中国奴隶社会的繁荣时期是西周时代，辉煌了大约 276 年，于公元前 770 年结束。之后，东周分为春秋和战国两个时期。春秋时期，广泛使用铁器和耕牛，带来了社会劳动生产力的大幅提高，开荒出来的大量私田，使得国土的"天子（国家）所有制"遭到破坏，"井田制"经济瓦解，各大诸侯取得了真正意义上的土地所有权，奴隶社会开始走向瓦解，最终在公元前 475 年开始的战国时代分崩离析。254 年后的公元前 221 年，秦始皇统一了中国，宣布以"郡县制"取代"分封制"，中国奴隶社会的主要经济制度"井田制"全面退出历史舞台，土地全部为大小地主私有，中国奴隶社会彻底谢幕……

中国奴隶社会的划分应该是清楚的，为何还有不少人对中国是否存在奴隶社会提出质疑呢？不排除有的企图造出中国没有奴隶社会的结论，借以否定马克思主义的唯物史观和政治经济学；有的出于某种利益需要，打着"学术突破"的幌子，

---

[1] 本文由作者撰写，刊登于《海派经济学杂志》2017 年 1 期。写作中得到昆仑策研究院常务副院长宋方敏教授的指导并帮助修改。

用历史虚无主义颠覆中国从古到今的历史；也有的着实糊涂，被中国先秦社会"庶民、贵族、封建、分封"等一些与欧洲封建社会看起来相同或相似的名词术语迷惑，搞不清历史真相和社会区别。这就需要我们对相关的历史记载有一个全面了解和深入研究。本文就此作一些针对性论析。

一、关于奴隶的文字

以中国先秦社会没有出现"奴隶"一词，作为中国没有奴隶社会的论据；以中国没有奴隶社会，作为夏朝不是国家的论据。这是对中国历史文字的无知或漠视。

（一）中国古籍中的奴隶字词

的确，"奴隶"一词，是在中国汉朝典籍中才首次出现的。但中国代表奴隶的"隶"与"奴"等名词，先秦早已存在。

古代中国多以单音字为词，是中国语言发展的历史常识。先秦没有"奴隶"双音词出现，实为再正常不过的上古语言历史现象。

《说文解字》是东汉古文经学大师许慎的杰作，也是中国第一部解释上古单音词基本含义的权威著作。之后数千年，学者争相研究《说文解字》，以清朝段玉裁加注的《说文解字注》权威性最高。段玉裁的《说文解字注》，征引浩博、考辨精当，较之许慎《说文解字》要详赡得多，其在中国学术史上的重要地位，早已为国内外学术界所肯定。许慎《说文解字》和段玉裁的《说文解字注》，不仅都是中国文献语言学的权威奠基之作，而且通过对古文字的解释，提供了包括奴隶社会在内的中国上古历史的有力证据。

现代社会的所谓"奴隶"概念，指失去人身自由并被他人（通常是奴隶主）任意驱使的、为他们做事的人。而《说文解字》曰："隶，及也。……从后及之也。凡隶之属皆从隶。""及，逮也。……及前人也。"什么意思？[2] 就是说，隶，是被别人从后面向前抓捕到的人。凡是带有"隶"部首的字，都是与抓捕相关的字。可见，古代的隶人都是罪人、战俘或逃犯。

段玉裁《说文解字注》根据先秦《周礼》为"隶"加注："隶，给劳辱之役

---

[2] "隶"，引自许慎 [东汉]：《说文解字》，北京：中华书局出版，1963 年。

者。"[3] 意思为：隶，是一种被用强迫劳动和奴役来羞辱人身的人。可见古字"隶"，就是奴隶。

《说文解字注》继续按《周礼》对"隶"解释："汉始置司隶，亦使将徒治道沟渠之役。后稍尊之。使主官府及近郊。"[4] 意思是：汉代曾经设置"司隶"官府，但在上古，"司隶"也指奴隶的劳动地点，是奴隶做修筑道路或修理沟渠劳役的地方。由于奴隶劳动地点不断迁徙，所以"司隶"为不同地域。后来对奴隶稍微尊重一些，让他们在主官府的近郊做劳役。而《太平御览·卷二百五十·通典》曰："司隶，周官也。掌五隶之法。辨其物而掌其政令（五隶，谓罪隶、蛮隶、闽隶、夷隶、貉隶也。物谓衣服、兵器之属。），帅其民而捕其盗贼。"[5] 可见司隶也是周朝官员名称，掌管五种类型的奴隶。

通过《说文解字注》，我们知道先秦《周礼》不仅解释了奴隶定义，而且介绍奴隶从事什么工作，为先秦中国不仅存在奴隶，而且存在奴隶社会劳动，提供了有力证据。

关于"奴"字，《说文解字》曰："奴、婢，皆古之辠人也。"[6] "辠"，为罪犯。意思是，奴与婢一样，都是古代罪犯。

《说文解字》继续解释："《周礼》曰：'其奴，男子入于辠隶，女子入于春藁。'从女从又……又，手也。持事者也。"[7]

意思是，如果是男性罪人，就把他归于罪犯奴隶。可见先秦社会的奴隶，有些奴隶是罪犯，有些奴隶原先并不一定是罪犯。

春藁，是夏商周时代的"女酒"之一。上古部落战争中，所俘获的女性战俘皆成为奴隶，由这些女奴酿成的"女酒"特别美味，成为宫廷里的佳酿官酒。所以《说文解字》说，如果是女性罪人，就让她们在奴隶主诸侯的官府酒坊里做春藁女酒。

《说文解字》专门强调，"奴"字，左边为"女"右边为"又"，"又"是手的意思，"手"就是用来做事干活的。

通过《说文解字》和《说文解字注》的解释，让我们对中国奴隶状况有所了解：首先是，中国古代存在奴、隶字词；其次是，奴隶中既有罪犯也有战俘或其他人；再次是，奴隶没有人身自由，受奴隶主官府统一管理，驱使劳动。所以，以先

---

[3] "隶"，引自段玉裁［清］：《说文解字注》，上海：上海古籍出版社，1981 年。

[4] "隶"，引自段玉裁［清］：《说文解字注》，上海：上海古籍出版社，1981 年。

[5] 引《太平御览》（全四册）北京：中华书局出版 2000 年。

[6] "奴"，引自许慎［东汉］：《说文解字》，北京：中华书局出版，1963 年。

[7] "奴"，引自许慎［东汉］：《说文解字》，北京：中华书局出版，1963 年。

秦没有出现"奴隶"双音词为由，否定中国存在奴隶社会，证据不足。

（二）夏朝始用的奴隶称呼

有学者文章认为："夏朝既然是中国历史上最早的国家"，"为了证明它们是奴隶制社会，就必须找到根据。"[8]

的确，如果要证明夏朝存在奴隶，从先秦古籍中找到夏朝"奴隶"性质的用语为最低要求。

中国奴隶社会创始人、夏朝天子夏后启，在攻伐有扈氏方国的时候作《甘誓》，被中国第一部古典文集《尚书》保存至今。《甘誓》首次使用了"奴隶"字意的"孥"字。夏后启威胁众多士卒，如果不服从命令，就会"予则孥戮汝"[9]。意思是，把你们降为与我妻子、儿女那样的没有人身自由的奴隶，杀掉你们。

"孥"，通"奴"，妻儿之意。中国进入男性氏族社会之后，男人的妻儿是没有人身自由的，随便杀掉也不犯法，而家庭之外的士卒如果也具备这种性质，那就是没有人身自由的奴隶了。所以"孥"字，为古籍中对奴隶的多种称呼之一。

《辞海》对"孥戮"有解释："1. 诛及子孙。2. 或做奴隶，或加杀戮。"[10] 意思是，或者作为奴隶，或者加以杀戮，诛杀还要延及子孙。

夏朝末期，商汤伐夏桀，作《汤誓》："尔不从誓言，予则孥戮汝，罔有攸赦。"[11] 意思为，如果你们不服从誓言，我就会把你们变成奴隶或者杀死你们，不会有所赦免。可见在整个夏朝，"孥"字在不同场合、不同人口中，都是作为"奴隶"意思来使用的。

中国从第一部古典文集和最早的历史文献《尚书》开始，就多次出现对"奴隶"的不同用字，尤其是夏朝第一代君王夏启和夏朝末代造反的商汤，都使用了"奴隶"概念的用字"孥"，可见夏朝社会已经存在奴隶。从商朝开始，先秦典籍对奴隶的称呼，除了"孥"之外，还有"隶、奴、婢、鬲、夷、类、罪人"等，在古籍《尚书》《诗经》《左传》等许多典籍中屡屡可见。

所以，用夏朝没有奴隶称呼来否定中国存在奴隶社会，证据不足。

---

[8] 参见萧功秦：《华夏国家起源新论》，引自《文史哲》2016 年第 5 期。

[9] 《尚书·周书·甘誓》："尔不从誓言，予则孥戮汝，罔有攸赦。"引自孙星衍 [清]：《尚书今古文注疏》，北京：中华书局，2004 年。

[10] 孥戮，《辞海》："1. 诛及子孙。2. 说或做奴隶，或加杀戮。"引自《辞海》（缩印本），上海：上海辞书出版社，1989 年。

[11] 《尚书·商书·汤誓》："尔不从誓言，予则孥戮汝，罔有攸赦。"引自孙星衍 [清]：《尚书今古文注疏》，北京：中华书局，2004 年。

二、关于奴隶的性质

中国夏商西周奴隶社会的主要劳动力究竟是不是奴隶？为中国有无奴隶社会最为关键的争论焦点。

笔者查阅大量先秦古籍，参考两汉正史文献，并以当代科学考古成就为基准，认为中国夏商周社会，是由全无人身自由的奴隶和半无人身自由的庶民，共同构成了奴隶社会的主要劳动力。其中，奴隶来源于战俘和罪犯，构成了处于中国奴隶社会底层、完全丧失人身自由而依附于奴隶主阶级的被剥削阶级群体。至少在夏商西周时代，中国奴隶阶级不但客观存在，且数量巨大。

（一）战俘就是奴隶

有学者文章称："郭沫若仅凭大量人殉，就简单地判断商代是奴隶社会"，不能成立，因为"战俘并不是奴隶，只是从原来的生产关系中暂时脱离出来的人，他们究竟属于什么阶级，取决于以什么生产方式与生产资料相结合。"[12] 不少人附和此观点，认为安阳殷墟的殷商陪葬者既为战俘，即非奴隶，不能将战俘人殉作为奴隶社会证据。

其实，用这样的观点来证明商朝战俘不是奴隶，在事实上和逻辑上都是完全站不住的。

为何战俘就不是奴隶？古罗马时代欧洲奴隶的主要来源就是战俘。世界著名奴隶起义领袖斯巴达克斯，就是在罗马侵入北希腊之时，因为当了战俘而变成了世界上最著名的奴隶。难道只有欧洲奴隶社会战俘是奴隶，中国奴隶社会战俘就不是奴隶？

关于"殷墟人殉战俘不是奴隶"的主要理由，是学者将这些陪葬者定性为战俘而不是奴隶。这既不符合生活常识，更不符合历史事实。

难道仅仅因为殷墟陪葬者多为异族，便为必须杀掉的战俘吗？难道殷商天子担心华夏种族不纯而不敢将异族变成奴隶？

其实，商朝社会对异族的态度并非如此，那是一个华夏通过战争而实现混血的时代，中原与异族方国通婚的现象很多。先秦《竹书纪年》和西汉《史记》

---

[12] 参见萧功秦：《华夏国家起源新论》，引自《文史哲》2016 年第 5 期。

都有记载，西部异族鬼（九）方的公主直接嫁给了商纣王[13]；周文王将西部密须国收复之后，将密须族人全部迁徙到中原，成为周国人[14]。所以殷墟的殉葬，只能证明人殉奴隶以异族为主，而不能证明异族战俘就不能先成为奴隶，然后再充当人祭。

众所周知，古今中外屠杀战俘，主要是为了减少吃饭人口。所以，不仅在原始氏族社会、奴隶社会、封建社会，就连现代战争之中，屠杀战俘事件都屡禁不止。

如果决定屠杀战俘，肯定会在短时间内动手，否则怎么养活？如果中国夏商周奴隶主王公贵族要使用战俘作为陪葬，那么所需人殉的奴隶主，均必须与这些战俘同时死掉。难道为了以战俘为人殉，每次都要让奴隶主与战俘同时死掉吗？如果奴隶主去世之时，没有战俘怎么办？中国从来就没有以战俘作为人殉的历史记载，推翻郭沫若关于中国奴隶社会的结论，缺乏证据。

相反，中国先秦古籍《逸周书·世俘》中，就有把战俘作为奴隶的记载。牧野之战后，周武王获得大量战俘，他将战俘带到周国祖庙做祭祀，杀掉了前朝四十多名恶臣，然后将其他战俘全部变成了罪犯奴隶。其具体过程是，先让战俘穿上罪人号衣进行编号，之后战俘就成了由官府统一管理的奴隶。[15]

先秦不仅商朝以战俘为奴隶，西周同样如此。

清道光初年出土的大盂鼎，为西周康王第二十三年，一位名叫"盂"的贵族诸侯所铸。大盂鼎腹内有铭文纪：周康王命令盂掌管全国军事和处理诉讼，辅佐自己治理四方之民和疆土。周康王说，赏赐你盂国官府"四白（伯）人鬲自驭至于庶人六百又五十又九夫。易（赐）尸（夷）王臣十又三白（伯），人鬲千又五大夫。自厥（厥）土。"[16]

周康王的意思是，共赏赐给奴隶主盂的方国官府1726名奴隶，分为两个部分：一是来自非异族方国的奴隶，其中贵族官员为4人、男性庶民为659人，可以全

---

[13]《史记·殷本纪》："九侯有好女，入之纣。九侯女不喜淫，纣怒，杀之。"引自司马迁[汉]：《史记》，北京：中华书局，2011年。

[14]《今本竹书纪年》："三十三年，密人降于周师，遂迁于程。"引自王国维[清]：《古本竹书纪年辑校今本竹书纪年疏证》，沈阳：辽宁教育出版社，1997年。

[15]《逸周书·卷四·世俘》："武王乃夹于南门，用俘，皆施佩衣，衣先馘入。"引自黄怀信：《逸周书汇校集注》，上海：上海古籍出版社，2007年。

[16] 铭文："赐汝邦伺四白人鬲，自驭至于庶人六百又五十又九夫，赐尾嗣王臣十又三百人鬲，千又五十夫，徽口口口，厥土。"铭文释义："赐给你邦国的官员四名，人众自驭手至庶人六百五十九人；赐给你异族的王臣十三名，夷众一千零五十人，要尽量让这些人在他们所耕作的土地上努力劳动。"引自《大盂鼎铭文》，北京：文物出版社，1994年。

部作为奴隶让奴隶主盂的方国官府来驾驭；二是来自东夷尸方（国）的异族奴隶，其中官员为 13 人、战俘奴隶为 1050 人。周康王特别嘱咐，要尽快让这些人在土地上耕作，努力劳动。

《康熙字典》收录了许多关于"隶"的典籍记载，其中就有："《周礼·秋官》曰：'司隶掌五隶之灋（法）：罪隶、蛮隶、闽隶、夷隶、貉隶。'"[17] 意思是，先秦时代的司隶官府掌管五种奴隶，即罪犯奴隶和蛮、闽、夷、貉等地的战俘奴隶。

中国奴隶的来源，有官府抓获的罪犯，也有奴隶的子孙后代，更多来源于战俘。如果不把战俘作为奴隶，不仅没有人付出艰苦劳役，而且就连活祭的奴隶都不够了。欧洲将战俘作为奴隶，是军事首领们将战争中的胜利品——战俘，包括在殖民战争中直接捕获的当地居民，作为奴隶卖给奴隶主；而中国奴隶主本身就是军事首领，他们直接率兵攻伐，然后将战败国俘虏作为自己或属下的奴隶，一般不需要经过买卖。这是简单的社会生活常识。

（二）奴隶殉葬为奴隶社会特征

有学者文章认为，将马克思主义"'五种生产方式'的教条套用于中国古代社会，注定会陷入难以自圆其说的理论窘境。"因为，"奴隶社会最重要的特点，就是不再大规模地剥夺奴隶生命，而是将奴隶商品化。这是因为随着社会生产力的发展，奴隶已经成为劳动力的主要来源"。[18]

在人类社会中，如果大部分物质生产领域劳动者是奴隶，这样的社会，就叫奴隶社会。将"奴隶商品化"作为奴隶社会最重要的特点，是没有把奴隶社会性质搞清楚。

在奴隶社会中，奴隶被视为奴隶主的财产，是为奴隶主所役使的"会说话的工具"，可以进行买卖。奴隶主强迫奴隶劳作，奴隶无报酬和人身自由，这些都属于奴隶社会的基本特征。至于是否进行奴隶买卖及其范围和规模程度，由当时当地社会供需具体情况决定，也与社会经济的商品化发展水平相关（这一点古代中国与欧美是有差异的）。即便没有"将奴隶商品化"，只要社会以奴隶劳动为主，那就是奴隶社会。相反，从 15 世纪开始，到 16 世纪末被欧美各国普遍接受，直到 1865 年美国南北战争结束才正式宣告取消的"黑奴贩卖"制度，可谓典型的"将奴隶商品化"。难道 19 世纪后半叶之前的美国和欧洲国家都是奴

---

[17] "隶"，引自清《康熙字典》，北京：中华书局出版，1958 年。

[18] 参见萧功秦：《华夏国家起源新论》，引自《文史哲》2016 年第 5 期。

隶社会？而不是"一切都成为商品"的资本主义社会？所以，"将奴隶商品化"，绝不可能是判断奴隶社会性质的"最重要的特点"。

奴隶主对奴隶生命有予夺之权，恰恰是奴隶主剥夺奴隶人身权利最为重要的特征。中国使用奴隶殉葬，为奴隶主剥夺奴隶人身权利的典型历史事件，如果这都不算奴隶社会特征，就真不知什么才算奴隶社会了！

至于所谓"大规模地剥夺奴隶生命"问题，那就要首先搞清楚，所谓"大规模"，究竟相对什么而言。

中国自古迷信，奴隶社会最高等级的祭祀活动，定要杀掉一些活人来进行"活祭"。奴隶主王公贵族拥有成群的奴隶驱使，奴隶成为他们家庭奴仆和室外奴役的重要部分。出于"视死如生"的中华传统孝文化，奴隶主体贴到祖先或神灵也需要奴隶侍奉，于是屠杀奴隶送往鬼神世界，供祖先或神灵享用，成为夏商周时代的一种残酷习俗。

笔者曾亲自前往殷墟考察，见到商朝奴隶殉葬的数目多则千余，少则十几。殉葬奴隶之中，有异族人种，有黄白混血人种，也有华夏人种。《殷墟文字甲编》卜辞记载，商王一次屠杀 30 名羌人奴隶来祭祀河神[19]。用今人观点来看，如此人数的殉葬，规模非常庞大，的确太残酷了。

但是，将奴隶殉葬人数与战俘奴隶人数作一个对比，就会得出另一种结论。

夏商周时代战争频繁，奴隶来源不断。甲骨文中关于"执俘"、"获羌"的记载很多，商王武丁时代，仅一次俘获的数目就能达到 3 万人。有 3 万战俘来补充奴隶劳动力，相对于一千或十几个战俘奴隶的陪葬数目，究竟属于"大规模地剥夺奴隶生命"，还是小规模陪葬呢？究竟是陪葬奴隶的数目多？还是用于"劳动力"的奴隶数目多？

商朝使用奴隶陪葬数量最多的时期，也就是商王武丁时期。以后陪葬人数越来越少，却并不意味战俘的奴隶数量在减少。

《尚书·泰誓》记载周武王之语："纣有亿兆夷人。"[20] 夷人，就是商纣王在征伐东夷方国的战争中所获得的战俘奴隶。亿兆，是什么数字概念？

更有商朝末期著名的"牧野之战"，先秦《尚书》《逸周书》《吕氏春秋》和西汉《史记》中均有详细记载。因为商纣王的主力部队用于对东夷方国作战，来不及撤回，周武王急速攻伐朝歌牧野与商纣王决战，怎么办？结果 5 天之内，

---

[19] 《殷墟文字甲编》第二九九二片，卜辞释义"商王一次屠杀三十名羌人祭河神。"引自董作宾 [民国]：《殷墟文字甲编》，上海：商务印书馆，民国 37 年。

[20] 《尚书·泰誓中》"受有亿兆夷人，离心离德。予有乱臣十人，同心同德。"引自孙星衍 [清]：《尚书今古文注疏》，北京：中华书局，2004 年。

商纣王就调集来大量奴隶作为士卒。《史记》记载是 70 万战俘奴隶[21]，可见商纣王所调用的奴隶数目，是非常巨大而惊人的。更何况，这只是殷商王室的部分奴隶，华夏成百上千的诸侯方国奴隶，还不在其内。甲骨文所记载夏商周人殉总数为不到 1.4 万人，相对夏商周三代奴隶主所拥有奴隶总数来说，人殉能谈得上是"大规模地剥夺奴隶生命"吗？

中国商王武丁时代，的确出现过一次千人以上的奴隶殉葬。但这不仅不能成为中国没有奴隶社会的证据，相反，却是中国奴隶数量巨大的证据，为奴隶有实力成为社会"劳动力的主要来源"的证据，是夏商周为奴隶社会的证据！

企图以奴隶殉葬来否定中国奴隶社会的学者，攻击马克思主义"五种生产方式在中国不能自圆其说"，结果，应该是自己陷入了难以自圆其说的理论窘境。

（三）奴隶主要从事社会生产劳动

有人认为，中国奴隶不是夏商周时代从事社会生产的主要劳动力，其多数为家奴，而家奴在奴隶社会、封建社会，甚至资本主义社会中都有，不能用家奴来证明中国存在奴隶社会。

事实并非如此。

典籍《说文解字注》通过先秦《周礼》对中国"隶"字做出的权威解释，明确指出中国上古奴隶，是要进行修筑道路、修理沟渠等苦役劳作的，并非主要从事家务劳动。

《康熙字典》收录——

《仪礼·既夕》曰："隶人涅厕。"意思是奴隶要干填满茅坑的脏事。

《晋语》曰："其犹隶农也。"[22] 意思是奴隶要干农活。

大盂鼎腹内有铭文纪，周康王要求奴隶主盂，将所得到的 1726 名奴隶，尽快安排到土地上耕作，并让奴隶努力劳动。

夏商周时代奴隶主，不是独门小户地使用奴隶，而是由天子王室或诸侯国官府，大规模地使用奴隶劳动，设置了管理奴隶的机构和官吏。夏商奴隶主的身份，与其贵族诸侯的官位相一致，所以奴隶除了家奴之外，全成了天子王室或封国王室的"罪犯官奴"。

《左传·襄公二十三年》记载，专职官员以朱笔记载奴隶档案，于是"丹书"

---

[21] 《史记·周本纪》："帝纣闻武王来，亦发兵七十万人距武王。"引自司马迁[汉]：《史记》，
　　北京：中华书局，2011 年。

[22] "隶"，引自清《康熙字典》，北京：中华书局出版，1958 年。

就成了隶籍档案[23]，如果有奴隶偶然得到获释机会，必须先烧毁其"丹书"，否则还是会作为逃奴被抓起来。奴隶比庶民生活悲惨，他们既像庶民那样承担公田劳动，又要承担社会上最繁重的版筑、修路、开沟等劳役，受人监督、失去人身自由、随时都有被杀的危险。

先秦古籍不止一文记载，中国的奴隶既有在贵族家里干活的家奴，也有在室外劳动的役奴：

早商时，商汤手下著名"宰相"伊尹的母亲，就是在野地里采桑劳作的役奴，而伊尹本人是家奴。

晚商时，商王武丁的"宰相"傅悦，就是从做版筑苦工的罪犯奴隶中提拔上来的。

周朝春秋时代，百里溪本为贵族，成为战俘之后，沦落为从事畜牧劳动的牧奴，被秦国诸侯秦穆公用 5 张羊皮交换，从集市上买了回来，做了秦国宰相。

以上历史事件在中国老百姓中广为流传，不用查阅古籍也能知道，不应遗忘。

三、关于庶民的性质

何为庶民？百度百科不准确地解释为"一般的民众"。既然庶民不是奴隶而为一般民众，就容易与封建社会农民概念产生混淆，或者以为中国庶民是欧洲古罗马奴隶社会自由民中的下层平民。

有些学者，因夏商周社会存在大量庶民，便以庶民为农民或与欧洲"平民"类似为由，来否认中国存在奴隶社会。

其实，中国奴隶社会的庶民，既不同于"农民"，也不同于"平民"。他们分为 4 种人："士民（庶），商民（庶），农民（庶），工民（庶）。"有文化、能当官的叫"士民"；有文化、能经商的叫"商民"；种地的和做手工的为庶民中的绝大多数，叫"农民（庶）"和"工民（庶）"。[24] 农庶，是在农田里集体居住的劳动者；工庶，是在城市里集体居住的做工者。工庶专门为奴隶主（官方）制造奢侈品和劳动工具。

---

[23] 《左传·襄公二十三年》："初，斐豹隶也，著于丹书。栾氏之力臣曰督戎，国人惧之。斐豹谓宣子曰：'苟焚丹书，我杀督戎。'"引自《左传全译》，贵州：贵州人民出版社，1990 年。

[24] 《谷梁传·成元年》："古者四民：有士民，有商民，有农民，有工民。【注】德能居位曰士，辟土植谷曰农，巧心劳手器物曰工，通财货曰商。"引自清《康熙字典》，北京：中华书局出版，1958 年。

作为奴隶社会主要生产劳动力的"农庶、工庶"，他们在社会生产和生活中所处的实际地位及处境，与奴隶相差无几。可以说，他们是以半奴隶性质的身份，与奴隶同苦共难、命运相连，共同构成了夏商周时代的主要劳动力和被压迫阶级。这是中国奴隶社会的一个重要特点。

（一）农庶不是农民

庶民，是中国非常古老的名词。

庶，《说文解字》曰："屋下之众……从广、炗。炗，古文光字。""光"，"明"也。从火在人上，光明意也。[25] 也就是说，很多庶民生活在一间黑暗的屋子里，靠取火获得光明。

"民"，《说文解字》曰："众萌也。"[26]

《说文解字注》根据《周礼》解释，"民"的古音为"萌"，不仅有"众多"之意，还是"懵懂无知"的形象，甚至有"兴锄利萌"的意思[27]。这样一群懵懂无知的众人集中居住在一起集体农耕，难道会是单门独户耕种的农民吗？

中国奴隶社会没有农民而只有农庶。农庶与农民的最大区别是：农庶要首先为奴隶主无偿耕作"公田"，[28] 即便在剩余时间耕作的"私田"也不为个人所有，非租赁而来，而是分配来的，由诸侯奴隶主按农庶人口统一分配。农庶的实际生活状况比奴隶好不了多少，甚至不如某些贵族家里的受宠家奴。农庶没有真正属于自己的"私田"，没有完全的人身自由，只要离开诸侯，便会失去"私田"。并且，天子有权将战败方国的农庶连同土地，一起赏赐给其他诸侯奴隶主，这在先秦文献《孟子·滕文公上》和大盂鼎铭文中有所记载[29]。

中国古籍对不同社会层次之人的用词，均有严格区别。夏商西周时代，"民、众"，代表官员之外、包括贵族与庶民在内的所有人，不包括奴隶。代表庶民的词汇有"黎、庶、氓、野人、农夫、下民、众、小人、烝民、愚夫、愚妇、匹夫、匹妇"等，代表天子贵族官员的词汇有"帝、王、朕、白（伯）、卿、君、伯、侯、公、司、尹、百姓"等。

---

[25] "庶"，引自许慎 [东汉]：《说文解字》，北京：中华书局出版，1963 年。

[26] "民"，引自许慎 [东汉]：《说文解字》，北京：中华书局出版，1963 年。

[27] "民"，引自段玉裁 [清]：《说文解字注》，上海：上海古籍出版社，1981 年。

[28] 《孟子·滕文公上》："方里而井，井九百亩，其中为公田。八家皆私百亩，同养公田；公事毕，然后敢治私事。""死徙无出乡，乡田同井。"引自杨伯峻：《孟子译注》，北京：中华书局出版，2008 年。

[29] 铭文："赐汝邦伺四白人鬲，自驭至于庶人六百又五十又九夫。"引自《大盂鼎铭文》，北京：文物出版社，1994 年。

先秦文献《诗经·七月》生动记载了夏末殷初农庶的生活情景[30]。农庶就算有"私田"可以耕种，还是要靠吃野菜度日。奴隶主贵族王公随时可以把庶民女子掠走睡觉。农庶一年四季都要由贵族奴隶主来支配时间，劳动报酬非常少，诗中多次出现"公子之事"，那就是农庶为奴隶主贵族劳役苦作。

湖北省云梦县出土了秦代竹简《金布律》，有对囚犯奴隶发放夏衣和冬衣的记载[31]。而《诗经·七月》也有"九月授衣"，记录农庶盼望公侯奴隶主赶快发放冬衣[32]。这说明，中国奴隶社会的农庶与奴隶一样，连基本生活所需也要依附于奴隶主，否则就要被冻死。

由上古典籍和考古竹简可见，中国奴隶社会的农庶不是封建社会的农民，既不能独立支配时间，也不可能拥有租赁之地。他们经常与奴隶一起劳动，为奴隶社会的主要劳动力之一。他们与奴隶主官员公侯之间，至少是半人身依附关系。

（二）农庶和工庶不是平民

中国奴隶社会的农庶和工庶，与欧洲奴隶社会的平民有本质区别。二者虽然都处于奴隶社会，但是身份地位完全不一样。欧洲平民是能够自我谋生的自由民，拥有完全的人身自由；中国农庶、工庶则为半奴隶性质，他们没有完全的人身自由，没有属于自己的生产资料，只能依附于奴隶主靠劳作生存。

欧洲平民主要为个体经营的农民、小手工业者、小商人等。他们一般占有少量生产资料，并依靠自己的生产资料进行生产，其中极少数比较富裕的平民，还能占有和使用少量奴隶。而中国农庶、工庶绝大多数非常贫穷，没有可供谋生的劳动资料和劳动对象，甚至连一个自己的家都没有，为"屋下之众"。

中国奴隶社会有少数贫富不一的"士庶"和"商庶"，他们的人身是完全自由的。这些人一般有文化，多数是从贵族家族"沦落"出来的庶民，比如商朝末期的姜子牙便是这种情况。只有这样一批为数不多的"士庶"和"商庶"，与

---

[30] 《诗经·七月》："采荼薪樗，食我农夫。""女心伤悲，殆及公子同归。""我朱孔阳，为公子裳。""取彼狐狸，为公子裘。""言私其豵，献豜于公。""嗟我农夫，我稼既同，上入执宫功。"引自《诗经楚辞鉴赏辞典》，成都：四川辞书出版社，1990年。

[31] 《金布律》："受（授）衣者，夏衣以四月尽六月稟之，冬衣以九月尽十一月稟之，过时者勿稟。后计冬衣来年。囚有寒者为褐衣。"引自《睡虎地秦墓竹简·秦律十八种·金布律》，古诗文网：*http://so.gushiwen.org/guwen/bookv_6556.aspx?WebShiel dDRSessionVerify=ONwQ AejiS0cRZdpcuB8w*

[32] 《诗经·七月》："七月流火，九月授衣。""无衣无褐，何以卒岁。"引自《诗经楚辞鉴赏辞典》，成都：四川辞书出版社，1990年。

欧洲"平民"的概念比较接近。

中国奴隶社会有"平民"一词。不过并非指独立的社会阶层,而是指人的性格。先秦《尚书·吕刑》:"蚩尤惟始作乱,延及于平民。"[33] 此平民,指脾气平和,为"平善之人"的意思,不是欧洲平民。

秦汉之后,中国"平民"一词与"国际接轨",泛指无特权、无官职的一般普通民众。"庶"字取"多、众"之意,继续使用;"庶民"一词偶尔也在使用,但此时的庶民,指城市平民或乡村农民,而非奴隶社会的"屋下之众"。因为当时的中国,早已为封建社会了。

四、关于贵族的性质

欧洲封建社会存在贵族,中国奴隶社会也存在贵族,甚至具有相同翻译名称的贵族爵位。网上"百度百科"错误地将贵族定义于"封建社会中的世袭特权",于是有些人,便把中国奴隶社会的贵族与欧洲封建社会的贵族等同,将此作为夏商周为封建社会的理由。

这一理由不能成立。因为贵族只不过是相对于社会一般阶层的一个特殊阶层的名称,从来就不能作为社会制度的标志,原始氏族社会、奴隶社会、封建社会甚至资本主义社会,都可以有贵族的存在。不要说欧洲封建社会的贵族与中国奴隶社会的贵族不同,就是与欧洲奴隶社会的贵族也不同。罗马贵族曾经垄断了一切官职和圣职,罗马皇帝必须为贵族出身,难道因为古罗马时代存在贵族,欧洲奴隶社会也变成了封建社会吗?

(一) 欧洲贵族

贵族,通常指统治者的内外亲族,以及中央或地方的大豪族。贵族享有特殊权位或世袭权位。贵族爵位,是贵族世袭罔替的等级,通常有"公、侯、伯、子、男"五等。

欧洲贵族,既有奴隶社会奴隶主,也有封建社会国王、领主和地主。直到今天,欧洲贵族都在以另一种社会形态活跃于西方上流社会,资本家中也有不少贵族。

---

[33] 《尚书·周书·吕刑》:"若古有训,蚩尤惟始作乱,延及于平民,罔不寇贼,鸱义,奸宄,夺攘,矫虔。"引自孙星衍[清]:《尚书今古文注疏》,北京:中华书局,2004 年。

欧洲贵族产生于奴隶主、封建主的权力与财富，在从奴隶社会到封建社会的过程中，一部分人的权力和财产高于其他阶级，从而出现了上层阶级贵族。各国军事贵族、世俗贵族、宗教贵族不断排序，贵族爵位也缓慢而自然地形成。

欧洲奴隶主虽然是贵族，但贵族等级没有后来那么明确。伴随着封建制度的完全确立，欧洲约定俗成确立了贵族等级爵位。首先产生的是第三等级的伯爵，后来有第五等级的男爵，又有了第一等级的公爵，最后才产生出第二等级的侯爵和第四等级的子爵。所以，欧洲奴隶社会贵族全都是奴隶主，封建社会贵族全都是国王、领主以及其他有爵位的大小地主。

封建社会后期，欧洲上流社会出现了贫穷的贵族，下流社会出现了富裕的资本家。贵族需要财富，资本家需要地位，于是有些贵族与资本家联姻，进行利益交换。这些，在十九世纪司汤达、巴尔扎克、狄更斯等著名小说家的笔下，都有生动展示。几百年来，那些与资本相结合的欧洲贵族家族，在西方资本主义社会中仍旧占据上流社会，至今没有退出历史舞台，甚至在暗地里操控世界金融市场，这也就是西方许多资本家或政治家一副贵族派头的原因。

欧洲贵族如此前身后世，怎么能套用于中国贵族？绝不能因为欧洲社会存在封建贵族，就把中国奴隶社会的贵族也视为封建贵族，这是历史常识。

（二）中国贵族

中国贵族，是与原始父系氏族社会的"姓氏"同时产生的。最初的贵族，全都是原始父系氏族社会首领。夏商周奴隶社会时代，贵族就成了诸侯奴隶主官员。当中国进入封建社会之后，贵族随之消亡。

中国贵族是与原始氏族社会的"姓氏"同时产生出来的。中国人最初有名而无姓、无氏，为了避免近亲繁衍而影响子孙健康，才出现了母亲以地名取姓，其子孙均以母姓为"姓"的情况。在男性氏族社会产生之前，中国是没有"姓氏"或贵族概念的。

据唐代《通典》记载，黄帝时代开始有"分封制"，凡被黄帝授予"云官"[34]之人，工作有业绩之后，便会赐予姓氏并封赏土地。只有具备姓氏，才代表得到了贵族身份，男性氏族社会与贵族同时产生。

---

[34] 《通典·卷十九·职官一》："黄帝云师云名。"引自杜佑[唐]：《北宋版通典》，上海：
上海人民出版社，2008年。

《史记·黄帝本纪》：黄帝"官名皆以云命，为云师。置左右大监，监于万国。"引自
司马迁[汉]：《史记》，北京：中华书局，2011年。

从唐尧、虞舜到周朝，延续这样的分封制度，出现了贵族爵位。夏商时代没有那么多爵位，直到西周才建立起次序井然的奴隶制贵族爵位。根据从黄帝开始的历代"开国"天子的血缘关系远近，西周明确设立了"公、侯、伯、子、男"5个贵族等级爵位，以及大小面积不同的"公、伯、子"3个封地等级[35]。

战国之后，失国贵族、庶民、奴隶等许多人都拥有了具有私有权的土地，变成了地主或农民，他们纷纷以方国名称、母姓、贵族姓氏作为自己的姓氏，形成了中国的"百家姓"。渐渐地，中国姓氏不再是贵族的符号；"百姓"一词也从尧舜时代和夏朝之后奴隶社会对百官贵族的统称，而变成了相对于政府官员的普通人。

中国贵族在封建社会中逐步消亡，上流社会被皇亲国戚与朝廷高官所取代；贵族，包括他们的爵位，逐步退出中国历史舞台。所以，从封建社会开始到现在，中国只见权贵而不见贵族，曾经的中国贵族家族，与如今欧洲贵族家族相比，自然也就对不上号了。

中国奴隶社会与欧洲封建社会虽然都存在贵族和贵族爵位，性质却是不一样的。中国奴隶社会的贵族是奴隶主，欧洲封建社会的贵族是地主。贵族和贵族爵位，不能为任何社会定性，所以完全不能成为中国没有奴隶社会的理由。

五、关于封建的两种含义

在否定中国存在奴隶社会的一些文章中，常常混淆两种不同含义及性质的"封建"名词概念。

在中国史学界，"封建"一词历来可从两种含义上理解。

一种含义，"封建"即"分封"。分封，是由共主或中央王朝，给宗族姻亲、功臣子弟、前朝遗民等人分封领地，同时给予与领地相适应的治权。"分封"相对于"集权"，属于社会管理制度范畴。无论是在封建社会，还是在奴隶社会，国家统治者均可选择采用分封制或集权制的管理制度。

---

[35] 《尚书·周书·武成》：周武王"列爵惟五，分土惟三。"引自孙星衍 [清]：《尚书今古文注疏》，北京：中华书局，2004 年。

《孟子·万章》："天子一位，公一位，侯一位，伯一位，子男同一位，凡五等也。"引自杨伯峻：《孟子译注》，北京：中华书局出版，2008 年。

《通典·职官·封爵》："公、侯、伯、子、男五等，公侯百里，伯七十里，子男五十里。"引自杜佑 [唐]：《北宋版通典》，上海：上海人民出版社，2008 年。

另一种含义,"封建"即封建制,是封建社会制度简称。根据马克思主义理论,封建制度是以封建地主阶级占有土地,剥削农民(或农奴)剩余劳动为基础的社会制度。封建制相对于奴隶制度、资本主义制度等,属于社会基本制度范畴。

(一) 欧洲的封建制

欧洲封建制,是其封建社会制度的统称,虽然包含有"分封领地、给予治权"的"分封"内容,但与中国奴隶社会仅限于"分封"的"封建"概念,不是一回事。

欧洲建立起封建社会制度,是从公元 476 年西罗马帝国奴隶社会彻底崩溃后才开始的。随着西罗马帝国中止对外扩张,奴隶社会经济发生了严重危机,人口锐减,城市败落,许多奴隶主纷纷退居乡村。此时,日耳曼人在西罗马帝国的废墟上建立起一批王国,其中最大的法兰克帝国,率先实行了以"封土建邦"为形式的封建社会土地改革,其他王国纷纷跟随,由此,欧洲从奴隶社会进入封建社会。

欧洲的封建制,是通过分封(也称"采邑")来实现的。法兰克大帝把已经形成军事割据的国土,以帝国的名义分封给了一批领主贵族,作为他们的"采邑",并建立起新的封建贵族爵位等级制度。

中世纪初期,欧洲社会依旧存在奴隶,但奴隶已学会了消极怠工、破坏劳动工具,甚至不断起义造反,迫使领主和大小贵族逐渐把土地租赁给农奴耕种。他们向农奴提供劳动工具,不允许农奴流动,必须世世代代在自己的王国土地上干活。当时的欧洲,还出现了以一家一户为基本生产单位的农民,自给自足;那些拥有生产工具的农民,有些人租赁领主土地耕种。

这时的欧洲社会,已完全不同于奴隶主占有土地、并占有奴隶人身的时代了。封建领主贵族的主要生活来源,为农奴和农民所缴纳的地租,农奴和农民有半人身自由或全人身自由。

任何一种剥削社会基本制度,都是以剥削阶级利益为基础的。欧洲中世纪的社会经济形态,既不是中国夏商周时代奴隶主对奴隶和庶民的剥削,也不是欧洲古罗马时代奴隶主对奴隶的剥削,而主要是封建地主对农民的剥削。"封土建邦"所建立起的封建制,无论经济制度还是政治制度,都是用来为地主剥削农民服务的。所以,当时在欧洲各国实行的封建制,本质上是反映封建剥削关系的社会基本制度。而"分封"作为这些国家采用的一种社会管理制度形式,历史地促成了其封建社会基本制度的诞生。

（二）中国奴隶社会的分封

中国实行"分封"的历史，早于奴隶社会，比欧洲封建社会的"分封"更是早了两千四百多年。据《史记》记载，远在夏代之前，从传说中的原始氏族社会的黄帝时代开始，天子就把九州中国分封为"万国"[36]。

夏商周奴隶社会，天子作为奴隶主的集中代表，延续祖制，继续执行原始氏族社会的"分封"，把国土分封给宗族姻亲、有功之臣、前朝遗民，让诸侯建立起奴隶社会性质的方国或食邑。

后来唐代思想家柳宗元所著《封建论》，用"封建"一词描述中国周朝及以前各代延续的国家"分封"管理制度，与秦统一后建立起来的中央集权"郡邑"管理制度（即"郡县制"）相比较，以论证前者已经过时。想不到，这竟然被否定中国奴隶社会的学者所利用，不加分析地当作"封建＝封建社会"的依据。而实际上，柳宗元所用"封建"一词，是指中国从原始部落社会到奴隶社会的历代统治者沿用的"分封领地、给予治权"的"分封"管理制度，并非社会基本制度。

中国奴隶社会与欧洲封建社会都采用"分封"管理制度，但在社会基本制度上有本质区别。

一是，中国奴隶社会实行的是土地"天子（国家）所有制"，而不是欧洲封建社会的土地"领主（地主）私有制"。

中国奴隶社会接受分封的诸侯官员，无论是天子分封，还是诸侯层层分封而得到的食邑，土地均不是私有财产。诸侯官员只是天子（国家）土地的世袭使用者，土地使用权与所有权是分离的，不能交换、转让或买卖。天子代表国家，对方国土地有予夺大权，可以通过行政命令或动用国家军事力量收回。这就是《诗经·小雅·北山》中的诗句："普天之下莫非王土，率土之滨莫非王臣。"

当然，中国奴隶社会制度下的土地国有，并非一般意义上的土地国家公有制，而是最大的奴隶主——天子，代表整个贵族奴隶主阶级占有全国土地，然后分配给大小奴隶主使用，占人口绝大多数的奴隶和庶民则完全被排除在外。所以这种"土地国有制"的本质，不过是一种最大的土地私有制。

二是，欧洲大帝向领主地主分封，中国天子向诸侯奴隶主分封，所产生的是不同的社会剥削关系。

---

[36]《史记·黄帝本纪》：黄帝"官名皆以云命，为云师。置左右大监，监于万国。"引自司马迁［汉］：《史记》，北京：中华书局，2011年。

19

欧洲实行"分封"的时代，已走过了奴隶社会。奴隶主改变身份，社会上产生出领主、地主和农奴、农民。欧洲国家大帝，是向领主、地主分封土地，而不是向奴隶主分封土地。王国领主、地主从政治上拥有了土地所有权之后，也获得了对农奴、农民进行地租剥削的经济权利。所以，欧洲封建制，是指封建社会制度。

中国夏商周实行"分封"的时代，还处于奴隶社会。没有"封建地租"这种封建经济的剥削形式，也没有产生出地主和农民。中国天子作为奴隶主之首领，向诸侯奴隶主进行分封。诸侯奴隶主在得到土地之后，利用"井田制"来对奴隶和庶民进行奴役剥削。这种"分封"，只能不断复制和维系奴隶主对奴隶、庶民的剥削关系，不可能形成反映封建剥削关系的社会基本制度。

所以，中国史学界将中国实行"分封"的夏商周时代，划分为奴隶社会，是有科学依据的。怎么能够因为"封建"和"分封"这两个词在中国出现得早，就把中国奴隶社会一笔勾销呢？

六、关于"井田制"和"贡赋"

中国奴隶社会实行"井田制"。国家把"普天之下"的"王土"，根据道路和渠道，纵横交错分隔成方块，形如"井"字，故称为"井田"。"井田"属天子所有，由各诸侯奴隶主管理，组织生产和分配。九块田地为一井，中间为"公田"，公田处于最好部位，土质优且面积大，所以也叫"大田"；周边为"私田"，偏远零碎，土质瘠薄，分配给庶民使用。但无论诸侯还是庶民，均不得买卖和转让"井田"，还须向天子交纳一定的"贡赋"。《孟子·滕文公上》记载："八家皆私百亩，同养公田。公事毕，然后敢治私事。"就是说，奴隶主强迫庶民必须先同奴隶一起在大田上干完活，然后才准许去耕种自己作为维持最低生活的那一小块土地。夏商周各代，"一井"的土地面积计算方法不一样，但无论是由庶民和奴隶一起集体耕种公田，还是后来春秋时期向庶民征收田赋，都被一些学者视为按一定比例付出的"劳役和实物贡赋"，等同于"封建地租"，而否定中国奴隶社会的存在。

事实上，中国奴隶社会的"井田制"及"贡赋"，与封建经济制度下的"地租"是完全不同的概念。

（一）"劳役和实物贡赋"不是封建地租

地租，从广义上讲，是土地所有者凭借土地所有权，将土地转让给他人使用而获得的收入。封建地租，是在封建社会制度下，地主阶级占有大量土地，交由农民耕种，而向农民收取的地租收入。封建地租有三种基本形式。劳役地租，为直接剥削农民的剩余劳动；实物地租，为直接剥削农民的剩余产品；货币地租，为剥削农民的剩余产品转化而成的价值形式。

问题的关键是：由土地而产生的"劳役和实物贡赋"，就一定是"封建地租"吗？

先说"贡赋"。贡赋在中国奴隶社会和封建社会都存在，首先是指奴隶主诸侯向天子，封建社会地方官员向皇帝，定期或不定期进献的贡品和缴纳的税赋，其本质是奴隶主阶级或封建地主阶级将其剥削的财产在内部进行再分配；其次，也指奴隶社会的庶民向奴隶主，封建社会的农民向地主，以劳役或实物等形式提供的贡赋，分别属于这两种社会制度的剥削形式，是形成奴隶主阶级或封建地主阶级的剥削财产及其贡赋的来源。

在夏商周奴隶社会，贡赋是土贡与军赋的合称。贡，即土贡，指臣民向天子进献的珍贵土特产品。从夏朝大禹开始制《禹贡》[37]，根据不同地方与中央的经济关联程度规定了"五服进贡"。周朝对诸侯邦国之贡，又进一步细分为贡、嫔贡、器贡、币贡、材贡、货贡、服贡、斿贡和物贡等九种，称为九贡。[38] 赋，原为军赋，是臣民向君主提供的士卒和车马等军用物品。据《汉书》载，商朝和周朝都是"因井田而制军赋"，即实行田制与兵制相结合的办法。如规定十六井为一丘，一丘之地出戎马一匹、牛三头；四丘为一甸，一甸出戎马四匹、兵车一乘、牛十二头、甲士三人、卒七十二人，干戈武器自备[39]。可见，中国奴隶社会的贡赋主要指实物贡赋，其中，军赋与"井田制"直接联系。贡赋的承担者是臣民，上有诸侯，下至庶民，奴隶不在其内。因为奴隶一无所有，人身完全属于奴隶主。

---

[37]《尚书·夏书·禹贡》："禹别九州岛，随山浚川，任土作贡。"引自孙星衍［清］：《尚书今古文注疏》，北京：中华书局，2004年。

[38]《周礼·天官·大宰》"以九贡致邦国之用。"引自清《康熙字典》，北京：中华书局出版，1958年。

[39]《汉书·刑法志》："因井田而制军赋……有税有赋。税以足食，赋以足兵。""故四井为邑，四邑为丘。丘，十六井也，有戎马一匹，牛三头。四丘为甸。甸，六十四井也，有戎马四匹，兵车一乘，牛十二头，甲士三人，卒七十二人，干戈备具，是谓乘马之法。"引自班固［汉］：《汉书》，北京：中华书局，2004年。

　　春秋战国时期，随着地主对农民的剥削关系开始出现，乃至秦汉及以后历代封建王朝，凡以农田生产物为课征对象的，都统称为田赋。从此，贡赋不再有严格意义上的界定，被视为税收的异称。

　　奴隶社会和封建社会的贡赋，从名称和形式上看好像差不多，但对其性质要作具体分析。如果是在奴隶社会制度下，奴隶主诸侯向天子进献的贡赋，反映的是奴隶主阶级内部的利益分配关系；而庶民向天子和诸侯提供的贡赋，反映的是奴隶主对庶民的剥削关系。如果是在封建社会制度下，地方官吏向皇帝上交的贡赋，反映的是地主阶级内部的利益分配关系；而农民向朝廷、官吏和地主缴纳的贡赋，反映的是封建地主对农民的剥削关系。

　　由于"劳役"也是封建地租的一种形式，有些学者习惯于把夏商周时代的"劳役"称为"劳役贡赋"，视作封建剥削形式。其实，"劳役"是奴隶制度下最为常态的主要剥削形式，换言之，称为"奴役"更准确。因为，无论是奴隶还是庶民，都一起被奴隶主强迫役使，集体性地共同从事繁重的田间劳作和修路、开渠、筑城等工程。对庶民而言的"劳役贡赋"，对奴隶来说只是"劳役"，谈不上"贡赋"。所以，这种"劳役"，本质是"奴役"，没有任何自由。所谓"劳役贡赋"，和"实物贡赋"一样，并不是封建剥削与奴隶剥削的区别，两者真正的区别是：劳动者有无人身自由？劳动者与剥削者之间是否为人身依附关系？在中国奴隶社会中，奴隶与庶民一起集体劳动，其剥削关系是全奴役性质与半奴役性质复合交融。只有在封建社会，对自由民的地租剥削，才能成为封建社会的主要剥削形式。

　　由此可见，把奴隶社会的"劳役和实物贡赋"，不分青红皂白地视为封建社会的"劳役地租"和"实物地租"，是没有道理的。如果看到名词相同，便认为中国没有奴隶社会，那么同理，在资本主义社会中，土地使用者也要向土地所有者缴纳一定数量的货币地租，难道就因为与封建社会"货币地租"名词相同，资本主义社会就变成了封建社会吗？

（二）"井田制"是奴隶社会经济制度

　　否定中国奴隶社会的学者，试图将夏商周时代的"井田制"，解读为封建社会经济制度，是完全站不住脚的。"井田制"是典型的奴隶主土地国家所有制，拥有土地所有权的，是国家最大的奴隶主——天子；受天子委托，握有土地管理权、使用权、分配权的是各地奴隶主诸侯；受奴隶主剥削、为之提供奴役性剩余劳动的，是一无所有、丧失人身自由、完全依附于奴隶主而生存的奴隶，和极度贫穷、近于丧失人身自由、半依附于奴隶主而生存的庶民。这不是奴隶剥削制度又是什么？而封建土地所有制是大大小小的地主私有制，地主对拥有一定生产资料和人身自由的农民，通过地租形式进行交换土地使用权而占有其剩余劳动。这是两种不同性质的剥削制度，不能混同。

生产力决定生产关系。任何社会经济形态的变革，都是社会劳动生产力变革所带来的必然结果。从石器时代的原始社会、青铜器时代的奴隶社会，到铁器时代的封建社会，乃至蒸汽机时代的资本主义社会，决定其变革的基本因素，都是工具的改进。中国奴隶社会的劳动工具非常原始，一开始多为石片和木铲，青铜器主要服务于天子统治和贵族消费的需要。中国牛耕虽然起源于商代（甲骨文有"犁"字，即为牛拉犁启土，最初为木犁或石犁），但直到西周末年铁器才多起来。而铁制农具的使用，已经到春秋时期。《国语·齐语》记载管仲向齐桓公建议："美金以铸剑戟，试诸狗马；恶金以铸锄夷斤欘，试诸壤土。"[40] "美金"是指青铜，"恶金"即指铁。随着铁制农具和牛耕的普遍使用，为扩大耕地面积创造了条件，"井田"以外空地的开垦，致使不受天子控制的"私田"急剧增加。诸侯、大夫们富了起来，转化为自立门户的地主，改变剥削方式，招徕劳动人手。奴隶和庶民"不肯尽力于公田"，纷纷从公室逃往私门，"归之如流水"[41]，使原先"唯莠骄之"的国家公田变成了荒原，"井田制"的集体劳动形式再也维持不下去了，而一家一户为单位、个体经营为特色的小农阶层，有了成为社会基础的可能，这才造就了取代奴隶经济制度的中国封建经济制度。可想而知，如果没有铁制农具和牛耕在农业中的广泛运用，无论是中国还是欧洲，人类都进入不了封建社会。

退一步说，把人类历史上相距两千四百多年的中国奴隶社会与欧洲封建社会，硬要拉在同一个劳动生产力水平上，设想成一样的生产方式和社会经济形态，是不符合人类历史逻辑的。

---

[40]《国语·齐语》："美金以铸剑戟，试诸狗马，恶金以铸锄、斤（斧），试诸壤土。"引自《国语》（上）、（下），上海：上海古籍出版社，1978年。

[41]《左传·晏婴叔向论楚晋季世》："公弃其民，而归于陈氏……而归之如流水。"引自《左传全译》，贵州：贵州人民出版社，1990年。

七、关于中国奴隶制国家性质

有学者文章认为："夏、商并不是王朝，它们只不过是先后出现的、以部落联盟为基础的酋邦共同体。"因为"人类社会的第一个国家，就是奴隶制社会阶级斗争的产物"为公认常识，该学者文章便彻底改写华夏历史，将夏商周一千多年的农耕文明社会，直接拉回到了落后的游牧时代，提出了"华夏国家新起源"，不仅否定中国存在奴隶社会，而且认为从三皇五帝到夏商周，都是所谓大猴"争王"、小猴求"庇护"的"猴山结构"、"松散联邦"，夏商周只是"三个强势集团的先后称霸"，就连所谓的"亚细亚社会"都算不上。学者根据中国元朝的《蒙古秘史》，直接将中国先秦社会定义为：类似"十三世纪蒙古社会"的"庇护-扈从关系"的"类游牧结构"。[42]

如此论断令人匪夷所思。笔者亲自去河南偃师二里头考察，看到夏朝都城"斟寻"的考古成就，完全可以用"城市、文字、青铜"等大量文物证据，将夏朝作为中国第一个奴隶制国家的论断坐实。

夏朝，作为中国第一个奴隶制国家，除了出现奴隶的"孥"字之外，亦有其他文字可证明其作为"阶级斗争的产物"的中国"第一个国家"的存在。

1. 夏有表示"国家领袖"含义的文字

《尚书》和《竹书纪年》中有"帝、皇祖、为人上者、万邦之君、王、先王、王室、天子"等[43]，没有一处将这些用词与官员、诸侯或庶民、奴隶，平等对待、并列表述，可见夏朝是一个等级社会。

2. 夏有代表"主权国家"意义的文字

《尚书》和《竹书纪年》中，多次出现"邑、邦、国"[44]等代表夏朝国家的字词，上下文语意与"方国"有所区别。可见夏朝是主权国家，而不是"以部落联盟为基础的酋邦共同体"。

---

[42] 参见萧功秦：《华夏国家起源新论》，引自《文史哲》2016年第5期。

[43] 孙星衍[清]：《尚书今古文注疏》，北京：中华书局，2004年。引自王国维[清]：《古本竹书纪年辑校今本竹书纪年疏证》，沈阳：辽宁教育出版社，1997年。

[44] 《竹书纪年》："颁夏时于邦国。""费侯伯益出就国。"引自王国维[清]：《古本竹书纪年辑校今本竹书纪年疏证》，沈阳：辽宁教育出版社，1997年。

邦，《说文解字》："国也。"引自许慎[东汉]：《说文解字》，北京：中华书局出版，1963年。

3．夏有代表"国家疆域"意义的文字

《尚书·禹贡》："禹别九州，随山浚川，任土作贡。""东渐于海，西被于流沙，朔南暨声教讫于四海。"[45] 意思是，天子大禹在治水的过程中，区分九州土地的疆界，以高山大河奠定界域。国土疆域：东至大海，西达沙漠，如果连同声教，北方和南方疆域，到达了外族居住的地方。《尚书·禹贡》不仅有界疆记载，而且还有国家行政管理区域的划分，那就是："兖、冀、青、徐、扬、荆、豫、梁、雍。"[46] 可见夏朝是一个有巨大国土疆界的完整国家。

4．夏有代表"国家政治经济管理"意义的文字

《孟子》："夏五十而贡"[47]，指夏朝实行奴隶社会"井田"剥削的农耕经济政治制度，没有什么"类游牧结构"经济。

大禹以夏后氏王畿为中心，根据各诸侯方国距离王畿的远近，以方圆五百里为一个单位，设置了贵族奴隶主之间的财富分配制度和政治管控制度。《尚书·禹贡》曰"五百里甸服"、"五百里侯服"、"五百里绥服"、"五百里要服"、"五百里荒服"[48]。并对五服之内的所有方国，分别制定了详细的纳贡、教化、归顺等具体要求，这就是从中央畿服重地、到方国自治的"五服进贡"。

由此可见夏朝国家不仅为庶民奴隶的"井田"农耕经济，而且有明确的中央天子与地方诸侯之间的纳贡经济关系。形成了奴隶制国家逐层管理、兼举文教武卫、声教讫于蛮荒的政治经济管理体系。

5．夏有代表"国家官吏"含义的文字

《尚书》中，表示官吏的文字有"六卿、六事、臣人、百官、遒人、官师、工、司、瞽、啬夫、天吏、诸侯、君"等[49]，这些文字均分别代表不同官职，可见夏朝已具备比较完备的国家官僚机构。

值得注意的是官吏中"诸侯"的含义。

《竹书纪年》记载："十五年，武观以西河叛。彭伯寿帅师征西河，武观

---

[45] 《尚书·禹贡》："禹别九州，随山浚川，任土作贡。""东渐于海，西被于流沙，朔南暨声教讫于四海。"引自孙星衍[清]：《尚书今古文注疏》，北京：中华书局，2004年。

[46] 引自孙星衍[清]：《尚书今古文注疏》，北京：中华书局，2004年。

[47] 《孟子》："夏五十而贡。"引自杨伯峻：《孟子译注》，北京：中华书局出版，2008年。

[48] 《尚书·禹贡》"五百里甸服"、"五百里侯服"、"五百里绥服"、"五百里要服"、"五百里荒服"。引自孙星衍[清]：《尚书今古文注疏》，北京：中华书局，2004年。

[49] 引自孙星衍[清]：《尚书今古文注疏》，北京：中华书局，2004年。

来归。"[50] 意思是：夏帝启十五年，夏天子启之子武观在西河叛乱，夏天子启派彭国诸侯彭伯寿出兵平叛，把武观带回了夏都。此时，诸侯以国家朝廷将军身份出兵平叛。

《竹书纪年》记载："十一年，使商侯冥治河。""十三年商侯冥死于河。"[51] 意思是：夏帝太康十一年，夏天子太康派遣商国诸侯冥去治理黄河。二十三年之后的夏帝杼十三年，商侯冥死于黄河工作岗位。此时，诸侯以国家朝廷文官身份治理黄河。

这些史实，不仅记载从天子到官员的夏朝官制如此完备，而且记载诸侯方国绝不是与夏朝王室并列的"联盟"国家。夏朝初期，只有在"荒服"和"要服"的诸侯，才属于政治归顺、受到夏王室庇护的方国。

但是到了商朝早期，有些"荒服"和"要服"的诸侯也变成了国家朝廷实质性的下级官吏。《竹书纪年》曰："商武乙三年"，（商王武乙）"命周公亶父赐以岐邑。"[52] 周文王祖父先古公亶父的岐邑周国，便位于"荒服"或"要服"，可见商朝已非夏朝，国家控制力越来越大。

古公亶父之后，《竹书纪年》记载周文王父亲周公季历作为国家将军，"伐程"、"伐义渠"，然后"周公季历来朝，王赐地三十里"。[53] 接着，周国诸侯季历三天两头带着战俘和缴获宝物，亲自去商朝王庭上报战功，以至于国家王室无法嘉奖。殷商天子文丁担心诸侯失控，干脆用莫须有罪名将周公季历杀害。[54] 可见，诸侯作为国家官员，是可以被国家王室用罪名废除的。

商朝晚期和末期，《竹书纪年》曰："王师克鬼方"、"周公季历伐西落鬼戎"[55]。

---

[50]《竹书纪年》："十五年，武观以西河叛。彭伯寿帅师征西河，武观来归。"引自王国维［清］：《古本竹书纪年辑校今本竹书纪年疏证》，沈阳：辽宁教育出版社，1997 年。

[51]《竹书纪年》："十一年，使商侯冥治河。""十三年商侯冥死于河。"引自王国维［清］：《古本竹书纪年辑校今本竹书纪年疏证》，沈阳：辽宁教育出版社，1997 年。

[52]《竹书纪年》："命周公亶父赐以岐邑。"引自王国维［清］：《古本竹书纪年辑校今本竹书纪年疏证》，沈阳：辽宁教育出版社，1997 年。

[53]《竹书纪年》："二十四年，周师伐程，战于毕，克之。""三十年，周师伐义渠，乃获其君以归。""三十四年，周公季历来朝，王赐地三十里，玉十？，马十匹。"引自王国维［清］：《古本竹书纪年辑校今本竹书纪年疏证》，沈阳：辽宁教育出版社，1997 年。

[54]《竹书纪年》："十一年，周公季历伐翳徒之戎，获其三大夫，来献捷。""王杀季历。"引自王国维［清］：《古本竹书纪年辑校今本竹书纪年疏证》，沈阳：辽宁教育出版社，1997 年。

[55]《竹书纪年》曰："三十四年，王师克鬼方。""三十五年，周公季历伐西落鬼戎。"引自王国维［清］：《古本竹书纪年辑校今本竹书纪年疏证》，沈阳：辽宁教育出版社，1997 年。

鬼方是直接连着蒙古大漠的异戎方国，夏时属于"荒服"，原本诸侯只需一生觐见一次夏朝王室即可，而此时商朝王室攻克鬼方的意思，是要求鬼方诸侯成为商朝中国的直属官员，不仅要纳贡，而且要随时作为官吏，执行国家任务。到商朝末期的帝辛元年，《竹书纪年》曰：天子纣王"命九侯（鬼侯）、周侯、邘侯"为卿士之上的朝廷最高级别官员"三公"[56]，由此可见，此时"荒服"诸侯已经成为国家中央政府紧密层次的高官了。

所以，夏商诸侯绝不是独立国家的天子含义，而是被夏商天子分封的、有封土"自治权"的朝廷外放官员，随时要听从天子调遣。诸侯如果有脱离中央的危险，便为反叛，将受到国家天子的征伐或诛杀。这就是夏商王朝对外围羌戎、东夷不断征伐的原因。

6. 夏有代表"国家军队"意义的文字

《尚书》中，表示军队的文字有："御、六师、徂征、明征、夏师、师"等[57]。《竹书纪年》记载："帝启二年，王帅师伐有扈，大战于甘"[58]，记载夏朝天子启刚一上任，就对不服而反叛的有扈氏诸侯进行征讨，将有扈氏方国灭族。夏朝用分封方式任命诸侯，用征讨方式废除诸侯，可见其国家军队力量的强大。

7. 夏有代表"国家典章、法度"意义的文字

《尚书·五子之歌》曰："明明我祖，万邦之君。有典有则，贻厥子孙。"[59]意思是：我的辉煌的祖父、夏朝开国天子大禹，是万国的大君。有典章有法度，传给他的子孙。

《尚书·胤征》曰："邦有常刑。"[60] 意思是：夏朝邦国有固定的刑罚。

《尚书·胤征》曰："《政典》曰：'先时者杀无赦，不及时者杀无赦。'"[61] 意思是：

---

[56] 《竹书纪年》："命九侯、周侯、邘侯。"引自孙星衍［清］：《尚书今古文注疏》，北京：中华书局，2004 年。

[57] 引自孙星衍［清］：《尚书今古文注疏》，北京：中华书局，2004 年。

[58] 《竹书纪年》记载："帝启二年，王帅师伐有扈，大战于甘"引自孙星衍［清］：《尚书今古文注疏》，北京：中华书局，2004 年。

[59] 《尚书·五子之歌》："明明我祖，万邦之君，有典有则，贻厥子孙。"引自孙星衍［清］：《尚书今古文注疏》，北京：中华书局，2004 年。

[60] 《尚书·胤征》："邦有常刑。"引自孙星衍［清］：《尚书今古文注疏》，北京：中华书局，2004 年。

[61] 《尚书·胤征》："《政典》曰：'先时者杀无赦，不及时者杀无赦。'"引自孙星衍［清］：《尚书今古文注疏》，北京：中华书局，2004 年。

夏朝刑律《政典》说，历法出现先于天时的事，杀掉无赦；出现后于天时的事，杀掉无赦。

夏朝帝芬时代，《竹书纪年》记载："三十六年，作圜土。"[62] 圜土，也叫圜夏，是夏代囚禁犯人的监狱。这些都证明，夏朝具备真正国家意义的典章、刑律、政典和监狱。

中国古籍正史，类似这样的史实还有许多，充分说明：夏朝不仅具备奴隶主阶级和奴隶阶级，而且具备完整的从中央到地方的大一统国家管理机构，还具备由奴隶主剥削阶级建立起来的军队、刑罚、监狱等国家机器。夏朝国家的组织结构形式，既非"邦联"，也非"联邦"，更非所谓私有财产不足的"亚细亚社会"，而是"单一"主权实体性的国家政权。中国奴隶制国家性质为统一的整体，而领土划分成若干行政区域，并据此建立起地方诸侯封国政权，只是国家管理的一种方式。如果这样的社会，还不是真正的奴隶制国家，那么究竟什么社会才是奴隶制国家呢？

某些学者坚持认为夏朝不是阶级国家，否定夏朝是奴隶社会，此论无论是与科学考古的成果，还是与古籍记载的史实，均为不相符合。

八、中国奴隶社会不容虚无

本文阐述中国存在奴隶社会的观点，是以大量考古科学发现和较早的典籍正史作为依据的。

要对中国奴隶社会作出正确判断，就应该全面细致地了解中国早期的多部典籍记载，同时以考古科学成果为第一依据。如果认为中国什么都是假的，就连科学考古成就也是假的，那么究竟什么才是真的呢？

作为严肃学者，不应没有确凿证据、没有逻辑地怀疑一切，丧失学术争鸣的严肃性；不应以后来人的争鸣观点，作为对中国历史的判断标准；尤其不应以国外妄议中国的观点，作为评判依据。

现在社会上出现了不少否定中国奴隶社会的文章，多以断章取义、似是而非、凭空想象来质疑中国奴隶社会，不仅认为中国没有奴隶社会，甚至认为中国奴隶时代为"游牧"、"邦联"社会，连个真正的国家都算不上。[63] 有些人打着"学

[62]《竹书纪年》："三十六年，作圜土。"引自王国维［清］：《古本竹书纪年辑校今本竹书纪年疏证》，沈阳：辽宁教育出版社，1997年。

[63] 参见萧功秦：《华夏国家起源新论》，引自《文史哲》2016年第5期。

术争鸣"的幌子，故意让胡说八道的博文满天飞，对中国老百姓进行历史虚无主义的洗脑。

每一个民族，每一个国家的文化，既因时因地而异，又有一定的稳固性和延续性。作为中华民族重要的祖文化——夏商周奴隶制国家文化，在我们民族的社会发展历史上起着立国定邦、团结统一的奠基性作用。如果总是喜欢妄自菲薄，拿自己祖国的历史开涮，尤其是从奴隶制时代怀疑起，那就无疑是在刨自己国家文明传统的祖坟。

中国遥远的历史文明信息，被象形文字零星刻于夏商前后的兽骨，更多的是通过语言来口耳世代相传。这些历史终于在公元前几百年，被春秋战国时代的各国史官和学者整理出来并保存于竹简，形成了中国历史古典文献。

如果说，在西方，出自于一国一人之手、用羊皮书写的古希腊时代，为几乎不可能完成的巨著典籍，都能被西方学者认为具有历史价值；那么在中国，出自于许多方国，为不同史官、学者，用竹简、丝绸、纸张、笔墨所写出来的历史文献，保存到今天，可信度理应更高一些吧？

中国自19世纪20年代始，就有一批崇拜西方文化的历史学家，拿出了食洋不化的所谓"新的中国历史观"，影响最大的是以顾颉刚、胡适、钱玄同为首的"疑古派"。他们认为，中国现存的历史古籍，最早也是经过春秋战国时代学者重新整理出来的，带有当时社会的政治痕迹，不排除诸子百家为追求社会政治理想而"篡改"了中国历史，所以对中国商朝以前的历史一概不予取信。

这批"新潮"的民国学者，借助当时"反封建"的政治热情，解放思想、否定一切，从根儿上刨自己祖宗文明之坟。后来"古史辨"演化成了"古书辨"，对中国古史全方位质疑，日渐狭隘而琐碎，使得顾颉刚在编辑《古史辨》第三册的时候，不得不承认："我的野心真太高了"，"我真成了夸大狂了"。鲁迅对其批评："是有破坏而无建设的，只要看他（顾颉刚）的《古史辨》，已将古史'辨'成没有。"

既然顾颉刚之流，能把中国古史质疑到了中国没有古史的程度，那么，他们对中国古史的质疑，又能有什么学术价值呢？如今，新的考古科学发现纷至沓来，不断证明这些"新潮"学者"疑古"的荒谬。

尽管如此，民国"疑古派"学者，还是在中国造成了恶劣而深远的影响。他们对中国文化搞历史虚无主义，带来了几十年来为数众多的民众、特别是青年人对自己祖国文明的不自信；更给当今某些企图以西方普世文化取代中国传统文化的学者，提供了引持为据的武器；同时，还迷惑了不少憎恶剥削阶级文化、具有共产主义理想的学者。顾颉刚的"疑古"学术著作，至今仍在多次再版，

继续影响着一批又一批的具有逆反心理、喜欢胡乱看书的年轻人……

作者认为，中国奴隶社会历史被后代史官、学者记录"走样"，是完全可能的。然而，这样的"走样"或"篡改"，全世界当不止中华一国，西方的历史古籍何尝不是如此呢？欧洲最早的哲学家——古希腊柏拉图、亚里士多德等人的羊皮书究竟在哪里？就算真实存在，也比中国孔子年轻了一百多岁，只能勉强视为同时代的智者。然而，存在决定意识。就是这样一批伟大的人类思想家，他们究竟用什么样的政治思想来"篡改"历史？究竟传承了什么样的人类文明？这才是最值得我们研究中、西方历史文化相同与迥异的地方。

奴隶社会，是中华民族形成文明传统的启蒙时代。这个时代所打下的烙印，必定伴随社会发展而万古流长。奴隶制时代文明的重要性，怎么估量都不为过分。中国与西方有不同的历史文明基因，直到今天，还在深刻影响着世界历史的进程。现在有人想以西方文明作为世界唯一的文明；让西方经济政治制度，颠覆中国的经济政治制度，其背后的"强盗＋骗子"游戏，怎么可能得到认同？

就像国家英雄不容抹黑一样，中国包括奴隶社会 的几千年文明史也不容虚无。利用"学术争鸣"，篡改和否定中国奴隶社会历史，这就会从国家建立的源头上，否定和搅乱中国社会历史文化，必然造成整个中国历史文明的传承体系被破坏甚至崩溃的危险。

中国奴隶社会，为中华民族奠定了立国之基、兴邦之源，是中国历史文化的一座伟大宝库，应当受到今人足够的尊重和珍惜，而不是随便质疑甚至否定。

坚持运用马克思主义的基本立场、观点和方法，以考古科学发现和典籍正史为依据，实事求是地研究中国历史，还中国历史真相，是每一位当代中国历史学者不可推卸的责任。

主要参考文献

【1】王国维 [清]：《古本竹书纪年辑校今本竹书纪年疏证》，沈阳：辽宁教育出版社，1997 年。

【2】孙星衍 [清]：《尚书今古文注疏》，北京：中华书局，2004 年。

【3】黄怀信：《逸周书汇校集注》，上海：上海古籍出版社，2007 年。

【4】《马克思恩格斯选集》第 1、2、3、4 卷，北京：人民出版社，1995 年。

【5】宋晓萍：《经典神话解读》，北京：中国广播影视出版社，2015 年。

夏朝初建

【时代背景】公元前 21 世纪 70 年代，居住在地球上欧洲、美洲、澳洲、非洲的人类，还处于茹毛饮血的原始蛮荒之中，而住在亚洲的人类，却已经进入文明时代。

位于今亚洲西部、非洲东北部尼罗河的古埃及，据说早已出现奴隶制文明国家。此时，古埃及正处于第十一个王朝的辉煌时代，恢复了奴隶主集权统治，象形文字可能已经使用了一千多年。

位于今亚洲西南部的美索不达米亚两河流域，是一个被《圣经旧约》称之为"伊甸园"的神话乐园，分布着许许多多使用奴隶的小国，那里的人们据说能够在"泥版"上书写楔形文字，不知道是否真的已经写了一千多年。但古巴比伦王国第一王朝，此时尚未出现。

位于今亚洲南部巴基斯坦的印度河流域，出现了世界上最古老的城市哈拉帕，不仅使用青铜器物，而且把神秘文字和图案刻在石头印章之上。这个被称为"古印度"的文明国家，如今地点不在印度，而是在巴基斯坦。

位于今亚洲东部也有上千万平方公里的广袤土地，如果把刻于陶片上的符号视为文字，那么当地人使用象形文字，在此之前也有了长达数千年的历史。在黄河、长江流域，炎黄时代的原始氏族社会，类似于亚细亚社会性质的"国家"雏形早已出现。亚细亚社会，是一种社会财富不多、私有财产不足的欠发达"文明社会"，上古亚洲存在这样一类中央集权的"国家"，马克思在《资本论》中对其有过一些研究。朱绍侯主编的国家高校教材《中国古代史》认为："考古发掘材料也向我们提供了自仰韶文化时期，黄河流域就出现了金属、城堡、象征文字的陶文、骨文等。这些现象都表明，我国自仰韶文化时期，至迟至龙山文化，也就是说，自黄帝、颛顼、尧、舜时期，中国早期国家已经形成。"

中国历经数千年的演变，从黄帝、帝颛顼、帝喾（kù 音同酷），发展到帝尧、帝舜和大禹时代，社会财富迅速增加，两极分化严重，已经到了被阶级国家所替代的关键时刻。

　　人类文明独立起源的四大古国，全部聚集在亚洲或亚洲边缘。出现如此文明奇迹的原因不为人知，但九州神土首次出现奴隶文明国家的中国夏朝，肯定与亚洲人类领先于全球文明发展分不开。上古中国这场深刻的社会大变革，具有全球人类文明进化发展的历史背景。

（一）文明古国

　　【夏朝之前也许还没有"中国"名词出现，而大禹治水的脚步落到哪里，收复方国的战争打到哪里，哪里就是现在中国的领土。如今中国大部分地区，民间留下许多大禹印迹，均属于中国几千年的历史遗存，如果无视这些历史遗迹，无视多部古籍中对大禹的记载，认为中国夏朝阶级社会建立与大禹治水无关，甚至认为没有大禹的存在，怎么都说不通。】

　　中国从黄帝首创的原始亚细亚社会"国家"雏形开始，到大禹建立私有制大一统国家机器为止，前后共历经了上千年历史。

　　遍布成千上万氏族方国的中华大地，曾经归属于天子帝尧管理。公元前2070年之前，发生了大洪灾，江河浩浩荡荡到处泛滥，滔滔洪水多年不退，弥漫接天，包围了山岭，淹没了丘陵，将成块的国土分割成小块高土。

　　帝尧19年，共工方国诸侯受命治理黄河，结果一事无成。

　　大禹之父鲧（gǔn 音同滚），是黄帝后代帝颛顼（zhuān xū 音同专须）的儿子，帝尧将其分封在今河南嵩山，世称"崇伯鲧"或"崇伯"。

　　帝尧61年，大禹之父崇伯鲧受命治理黄河，用堵塞的办法，9年不见效果。帝尧69年，罢免了崇伯鲧的官职。

　　虞舜接任帝尧为摄政王之后，根据洪水泛滥之后的实际情况，把黄帝时制定的九州划分为十二州管理，在十二州的名山上封土为坛举行祭祀，从这些大山开始疏浚大河。

　　虞舜在器物上刻画了4种常用的典刑："流宥五刑，鞭作官刑，扑作教刑，金作赎刑。"用流放而不用杀头的办法对待犯了五种刑律的罪犯，用鞭打的办法对待犯错误的官员，用木条打手心作为对学生的刑罚，用上缴金属铜作为赎罪的刑罚。虞舜同时提醒大家："眚（shěng 音同省）灾肆赦，怙终贼刑。"遇到疫情和灾情的时候要特赦罪犯，对到死不肯悔改的，才使用对付盗贼的刑罚。根据虞舜的典刑，治水无功的共工和崇伯鲧都被判处"流宥五刑"。大禹的父亲鲧，最后死于流的放蛮荒之地，即今山东与江苏交界的"羽山"。

大禹的母亲是有莘（shēn 音同身）氏部族之女，名叫"修己"。最初有莘氏部族可能在今四川汶川，直到夏朝帝启时代，才被封在了今河南的伊水之滨。今河南与四川远隔几千公里，崇伯鲧为何要到那么远的地方娶妻生子？是因为治水？还是远在今日四川也有封地？不得而知。《山海经》有载：颛顼生儿子伯鲧，居住在西藏天穆高原的南面，那里就是现在的四川汶川。

《宋书·符瑞志》载，有一天，大禹的母亲修己外出，看见天上有流星穿过昴（mǎo 音同卯）星，回家后，修己梦见自己吞下了一颗神珠，于是怀孕。昴星是中国古代二十八星宿之一，预示人性的刚柔相济、相貌英俊、有领导才能。二十八星宿是中国古代天文学家为观测日、月、五星运行而划分的 28 个星区，用来说明日、月、五星运行所到的位置，广泛应用于古代中国天文、宗教、文学及星占、星命、风水、择吉等。

大禹出生很不顺利，从母亲的背部剖开，这才呱呱坠地。大禹的出生地，位于今四川汶川的石纽。

大禹刚一出生就是虎鼻大口，双耳好像是雕刻出来的二十八星宿的参（shēn 音同深）星，头上戴着形状弯曲的铃铛，胸口是玉色量斗的图案，脚底板也有花纹，所以母亲给他起名为"文命"，也有说，起名为"禹"。

中国古代帝王出生，都会有一些超现实记载。这源于中国人"天命神授"的传统观念，因为只有出生与上天发生某种联系的人，才能被民众公认为是"天的儿子"。天子的称呼，至少在帝尧时代就已经出现。

大禹长大成人后歌声很好听，声音就是社会上的标准音律。他的身材适中，据说高有九尺九寸，约今人一米九左右。夏朝一尺为十寸，一寸约十粒黍米的高度。大禹的身材很好，高矮及胖瘦均符合中国人的审美标准，所以人们借大禹的声音和躯体，来校正音律高低和尺度长短。

帝尧 75 年，虞舜已经正式接受了帝尧的任命而摄政。虞舜向分管四方的四岳官佥（qiān 音同千）咨询：有谁能够成帝尧之美，把治水的事情办好？我可以让他当官。四岳佥说，大禹可以做司空，"可成美尧之功"。

于是虞舜任命大禹为司空官，担任"水利部长"，去完成父亲所未完成的治水大业。大禹当时为一介庶民，诚惶诚恐，稽首跪拜，要求把官位谦让给后稷（jì 音同继）、契（xiè 音同谢）和皋陶（gāo yáo 音同高姚），虞舜说：好啦，还是你去吧！

大禹治水走遍十二州国土，规定每州方国都要贡献一定数量的劳动力参加当地的治水。治水第二年大禹受到阻拦，虞舜授其军权，大禹首先攻克了阻止治水的曹魏方国，之后又征伐了屈骜、有扈等方国。

《史记》记载，大禹因父亲治水不成而被流放至死的缘故，"劳身焦思，居外十三年，过家门不敢入。"大禹吸取父亲治水的经验教训，在后稷、契和皋陶等官员的协助下，采取疏导与堵塞并用的方法，从今青藏高原的黄河、长江源头，经中原地区，再到南方江浙和西南川藏，开龙门，导积石，决岷山，用德行和武力，征服了广大贵族诸侯首领，所到之处，无不退水显土，耕地面积增加。

大禹把个人资财全部用于治理河川，节衣缩食。人们见他穿着破烂的衣服，吃着粗劣的食物，居在简陋的席篷里，每天手持翻土农具"耒锸"（lěi chā 音同累插），带头干着最累最脏的重活。几年下来，大禹躯体干枯，脸庞黧黑，腿上和胳膊上的汗毛都脱光了，手掌和脚掌结了厚厚的老茧。

为了与洪水争先抢时，大禹官帽掉了，挂在脖子上，顾不上收拾，鞋子掉了，也顾不上取回来。大禹在地上行走乘车，在水中行走乘船，在泥沼中行走乘木橇，在山路上行走穿带有齿槽的防滑鞋。由于常年漂泊，奔走万里，风栉雨沐，等到治水结束的时候，大禹落下了严重残疾：右臂不能动弹，一只耳朵聋了。他的腿脚也患疾病，步伐失常，颠簸而行，所以后人把行路趔趄，一走一跛称之为"禹步"。此时的大禹早已失去美好的相貌，但天下人都认为他是圣贤之人，喜欢向他学习，《尸子》曰："禹，长颈鸟喙，面貌亦恶，天下从而贤之，好学也。"

虞舜摄政之后，制定了等级分明的朝堂规矩，四方诸侯官员持五种玉圭觐见，朝见结束后，舜再把玉圭颁发给各位诸侯官员，表示国家权威。大禹治水在外13年，《竹书纪年》载，帝尧86年，大禹手持黑色玉圭觐见尧舜，报告治水大功告成。

帝尧99年，司空官大禹被加封为统领十二州的"伯"，以伯禹身份外出巡视十二州。

那时的中国，是一个选贤举能、帝位禅让时代。帝尧一百年去世，将天子之位禅让给虞舜。帝舜32年，又要把天子之位禅让给能力和品德俱佳的大禹。大禹诚惶诚恐，稽首跪拜，坚决拒绝。帝舜断然说：不！只有你合适。

帝舜33年，大禹正式摄政，以高山大河奠定界域，将十二州重新划为九州。《史记》载："禹乃遂与益、后稷奉帝命，命诸侯百姓兴人徒以傅土，行山表木，定高山大川。"大禹和伯益、后稷接受帝舜之命，担任重新划分九州的工作，命令各方国诸侯派遣"人徒"付出劳役。徒，《康熙字典·广韵》："徒隶也。"大禹使用这些由诸侯国管理的服役罪人奴隶，作九州行政地域的分界标志，他一路穿山越岭，树木桩为标志，测定高山大川，然后以高山大河奠定界域。大禹以帝舜都城的王畿（jī 音同鸡）郊区为中心，方圆五百里为一个单位，由近到远划分为"五服"区域，完善了诸侯分封制度下的财富分配制度和政治管理制度，这就是"五服进贡"。古代王畿，指靠近国都的区域。

帝舜去世之后，大禹以夏为国号，将社会政治中心由先帝舜的王畿，修正为夏朝王室的王畿，继续实行"五服进贡"。诸侯贵族中的绝大多数，拥护夏后氏王朝所制定的贵族与王室之间的土地贡赋改革，愿意服从夏朝国家形式的九州统一管理。华夏整个国土疆域，东至大海，西达沙漠，如果连同声教，北方和南方疆域，到达了外族居住的地方，中国作为阶级社会而存在的国家从此出现。

大禹去世之后，儿子夏后启破坏天子禅让祖制，继承了帝位。这是中国第一次以血缘为基础的私有财产继承制度的改革，得到诸侯贵族更加热烈的支持。华夏明确了由诸侯贵族和庶民奴隶构成的等级社会，不仅完成了以贡赋分配和井田农耕剥削为核心的经济制度，而且建立了以官僚机构与分封方国相结合的国家一统政治制度。在对奴隶、庶民的剥削基础之上，中国建立了大一统奴隶制国家。

夏朝之前也许还没有"中国"名词出现。1963 年出土于宝鸡的西周初年青铜器"何尊"底部有铭文："余其宅兹中或，自之薛（义）民"字样，"中或"就是指中国，是中国二字最早的青铜器记载。但是，无论当时中国叫什么名称，大禹治水的脚步落到哪里，收复方国的战争打到哪里，哪里就是现在中国的领土。如今中国大部分地区，民间留下许多大禹印迹，均属于中国几千年的历史遗存，如果无视这些历史遗迹，无视多部古籍中对大禹的记载，认为中国夏朝阶级社会建立与大禹治水无关，甚至认为没有大禹的存在，怎么都说不通。

（二）舜禹交接

【帝舜继承古老传统，提前 36 年，选定大禹为接班人，又提前 17 年，将国政交给大禹摄政。在选贤举能、政权禅让的大同时代，领袖的工作经验都是这样被培养出来，叹为观止！夏朝建立之前，中国各代天子均为人民领袖，都有圣贤境界和崇高胸怀，辉映千古！】

大禹与帝舜虽然都是黄帝的后代，之间却没有直接血缘关系。大禹最初只是被任命为司空官，水灾治理工程完成之后，取得了非常高的威望，同时也拥有了军事实权，朝中希望大禹执政的呼声非常之高。

虞舜曾经提前23年替代帝尧管理国政。帝尧执政一百年去世，虞舜为帝尧守丧3年，把国政让给尧的儿子朱丹，但群臣在这3年中拥戴虞舜，帝舜正式接任王位。

帝舜14年，举行王朝祭礼，露天祭祀还未结束，钟石、笙管乐器突然变声，接着就出现了大雷雨。疾风吹掉屋顶、拔出树根，大鼓翻倒，鼓槌满地打滚，钟磬乐器也被大风刮得在地上乱行。舞蹈的人吓得抱住头伏在地上不敢乱动，乐师随风狂行停不下脚步。帝舜用秤杆堵住乐器石磬，笑道："天下非一人之天下也！"他说，难道没有看见美妙的音乐是钟石、笙管共同奏出来的吗？

帝舜立即下令将由大禹代替自己管理国政，于是风停、雨止，天空中出现了祥和的彩云。那五彩祥云郁郁纷纷，若烟非烟、若云非云，稀疏地围绕着粮仓，几百位官员一起合唱《卿云》之歌。

帝舜望着祥云首唱《卿云》："庆云烂兮，糺（jiū 音同纠）缦缦兮，日月光华，旦复旦兮。"词意是，圣人的光辉如同日月，日月的光辉日复一日、代代相传，永驻人间。这样的祥瑞之兆，预示着又有一位圣贤将顺天承运，接受帝舜的禅让而即位……

群臣上前对帝舜叩首行礼，然后齐声高歌："明明上天，灿然星陈。日月光华，弘于一人。"大家赞美上天的英明洞察，把执掌万民的大任，再次赋予一位至圣贤人……

帝舜续歌："日月有常，星辰有行。四时从经，万姓允诚。于予论乐，配天之灵。迁于圣贤，莫不咸听。"意思是，帝位禅迁于圣贤，如同日月依序交替、星辰运行循轨、四季变化有常，都是十分自然和正常的事情，也是万民所恭敬的诚信，所以普天莫不欢欣鼓舞……

这三段歌词与其说是帝舜领唱、群臣合唱，不如说是帝舜在与众多贵族官员互表心意，群臣认为帝舜可以决定给大禹来执政了。

知道大家的心意之后，帝舜接着唱："鼚（chāng 音同昌）乎鼓之，轩乎舞之。精华已竭，褰（qiān 音同迁）裳去之。"帝舜让大家敲起鼓来翩翩起舞，强调自己已感到精力和才华用尽，将撩起衣襟而悄然退隐……

这时候，代表中原王畿之外的八方之风通畅，祥云聚集，蟠龙亢奋地迅速离开所藏之处，蛟鱼从深渊中跃起，龟鳖也离开了洞穴，它们全都离开了帝舜的王畿，而去了大禹的封地……珍贵的远古《卿云》之歌，是中国有文字记载的第一首诗歌，被西汉《史记·天官书》收藏并保存至今。

帝舜15年，帝舜授予大禹"夏后氏"贵族封号，并在今河南登封嵩山之南的阳城给了他封地，要求大禹留在"国家中央机关"的都城太室工作。尧舜时代的贵族封号是不能世袭的，大禹没有氏族封号，只有母姓"姒"（sì音同似）。大禹是在治水结束后的第29年，才得到封国成为夏后氏。

过了15年，帝舜29年，帝舜的儿子义均被分封在今河南商丘的商地。这意味着帝舜送给儿子义均一个贵族姓氏和封国，要求儿子离开国家政治中心的都城，不继承国家天子之位，因为"天下非一人之天下也"！

帝舜32年，帝舜对大禹说：禹，你来！我居帝位（连头带尾）已经33年了，如今已到老耄昏聩的时期，掌握这样繁忙的政事委实感到疲倦。你平日是从不懈怠的，今后要接替我总管众民啊！

大禹听后连忙回答，自己的品德不能胜任，人民不会依从，建议考虑司法官皋陶（gāo yáo音同高姚）的大功。

帝舜说了一大段话，表扬皋陶让民众走上了正道，却又转回来对禹说，你在治平水土中成就功业，又在民众中建立威信，就数你最贤。然后对大禹提出了作为天子爱民的多项具体要求，最后指出大禹的缺点"惟口出好兴戎"，太喜欢提议用兵。

大禹再次谦让，提议用占卜的办法来看谁最合适接位。帝舜断然说，用不着占卜，只有你合适！大禹就这样被任命为"总师"。

帝舜33年春天正月，大禹在祭祀先祖神宗的宗庙正式接受了帝舜的摄政委命，就像当年帝舜受命帝尧摄政时候一样，大禹率领百官向帝舜行礼。此时大禹为帝舜打理国政已经19年，具备丰富的理政经验。年老的帝舜与帝尧一样，仅挂天子之名而退居二线。

大禹摄政之后，立即将十二州恢复为黄帝时代的九州管理，然后制定了五服贡赋的《禹贡》。

帝舜继承古老传统，在世时提前36年选定大禹为接班人，又提前17年，将国政交给大禹摄政。在选贤举能、政权禅让的大同时代，领袖的工作经验都是这样被培养出来，叹为观止！夏朝建立之前，中国各代天子均为人民领袖，都有圣贤境界和崇高胸怀。帝舜在第一次确定顶层国政禅让人选之时，君臣互唱，文采风流，情绪热烈，气象高浑，所展现出来的是中华民族所崇尚的美好景象和政治理想，辉映千古！

（三） 征伐三苗

【大禹征伐三苗国，是中国第一次被《国语》记录下来的将战俘沦为奴隶的战争。值得注意的是，战争发生的时间并不在夏朝早期，而是在帝舜时代的末期，这说明中国早在帝舜原始氏族社会时代，就已经出现奴隶，这应为夏朝奴隶社会产生的前奏和基础。】

奴隶社会屠杀战俘逐渐减少，生产规模扩大，社会财富增加，是巨大进步。中国出现将战俘沦为奴隶的战争，可能早于夏朝，是在帝舜晚期，大禹征伐三苗之后。

三苗部族集团是遗留于今江苏、安徽、江西、湖北、湖南一带的蚩尤九黎后人。黄帝打败蚩尤后，把一部分蚩尤九黎战俘流放到了今北方蒙古的不毛之地，《史记·五帝本纪》中有"（黄帝）北逐獯鬻（xūn yù 熏玉）"，记载獯鬻即蚩尤九黎战俘，也是匈奴祖先。大部分蚩尤九黎民众则留在中原，与炎黄集团融合，建立起许多方国，最后成为今汉族许多姓氏的来源之一，九黎"黎民"之称呼，也成为"庶民"的同义词。还有一部分蚩尤九黎人，分散到南方江汉流域，《国语·郑注》"有苗复九黎之德"，这批人建立起地域广阔的三苗部落方国联盟。

尧舜与三苗的战争发生过多次，《史记·五帝本纪》记载，"三苗在江淮、荆州数为乱，于是舜归而言于帝（尧）……迁三苗于三危，以变西戎"。舜受命多次带兵攻打江淮、荆州一带的三苗，得胜后，获得帝尧同意，把三苗战俘迁徙到了今西北敦煌一带的三危山，以改变西戎的风俗。

可见，从黄帝到尧舜时代，战俘的处理办法，除了杀戮之外，还有感化、融合、流放等，当时究竟有没有将战俘变为奴隶的情况？不得而知。

如果说黄帝与蚩尤的战争，带有为炎帝复仇的性质，那么尧舜时代多次征伐三苗的战争，已体现出原始战争性质的转变，不再具有复仇动机，而是为实现国家政治教令统一的征服战争。

帝舜35年，帝舜对大禹说：禹，跟你商量一下，现时只有三苗不遵从我们的教令了，你去征伐他们。于是大禹会师各邦国军队，作誓词："济济有众，咸听朕命。"即，你们众位士子，都要听从我的话！《墨子·兼爱》在此句之后，增加了一句夏商周各代誓词中被多处重复的经典句子："非惟小子，敢行称乱。"即，不是我这个小子敢（发动战争）横行作乱……

大禹接着说，有苗在蠢蠢欲动，头脑发昏，对我们不敬，轻慢我们，以自己为贤，违反正道，败坏常德，致使君子遗弃在野，而小人窃居高位，抛弃民众不养育，上天对他们降下惩罚，施与你们这些众士，奉行这些理由去对他们的罪过执行惩罚。你们还须齐心合力，才能成就功勋。

《墨子·兼爱》解读大禹誓词：大禹征讨有苗，不是因为看重富贵，也不是求取福禄，更不是使自己的耳目享受到声色之乐，而是为了追求兴起天下的利益，除去天下的祸害……

《尚书·大禹谟》记载大禹的战事进行了 30 天，苗民负隅顽抗，不肯听命。林官伯益向大禹建议，只有用道德的力量才能感动天地，再远的地方也能达到。他说："满招损，谦受益，时乃天道。"还说，帝舜早年受父母虐待，总是诚心自责，把罪错全部承担，最后连顽固的父亲也通情达理了。常言至诚感神，何况有苗？大禹接受意见，说：讲得对！立即停战，整队班师而归。大禹和伯益回到都城向帝舜汇报，帝舜也很赞成他们的想法，大布文德，在朝堂进门和天子座位的两个阶梯之间大规模地举行舞蹈，舞蹈之人举着盾牌和雉尾载歌载舞，表示偃武修文。70 天之后，有苗国终于主动前来归附。

《竹书纪年》的记载与《尚书》一致："帝（舜）命夏后征有苗，有苗氏来朝。"但其他记载似乎并非如此：大禹攻伐之后，中国古籍再也没有出现过三苗国名称，可见为了国家稳固，大禹彻底消灭了江淮、荆州一带三苗国，而前来归附的，有可能是远在洞庭、鄱阳两湖一带的三苗部族。

《墨子·兼爱》描述了这场战争，说三苗国先是遭受了地震、水灾等巨大的自然灾害：有青龙出生在寺庙，有狗在市井大哭，天上下了血雨，夏天出现寒冰，裂开的土地往外冒泉水，五谷变种，鬼魅哭郊，3 个月时间黑白颠倒，白天不见太阳，夜里不见黑暗，太阳在夜里出现，人心惶惶。大禹乘此机会出兵，作誓词之时雷电大作，就像得到了天帝的认可。禹师士气大振，在战场上射杀三苗首领，苗师大败溃退，三苗国就此衰败。

关于三苗人的结局，《尚书·吕刑》说："惟时庶威夺货，断制五刑，以乱无辜，上帝不蠲（juān 音同捐），降咎于苗，苗民无辞于罚，乃绝厥世。"认为当时三苗国有许多庶民非常凶悍，抢夺财货，用五刑来断案裁决，结果却是胡乱判罚，伤及无辜。上帝不愿赦免他们，降天灾于三苗国，苗民却没有理由为自己申辩而解除惩罚，所以三苗后代没有一个留在世上。而事实上，苗族、瑶族、羌族等少数民族均以蚩尤为祖先，且民族文化留下了避祸迁徙的历史记忆。也许江淮、荆州一带的三苗国虽然灭亡，但南方三苗人和被流放到西北三危山的三苗人并没有灭绝，他们分别从西南向西北、从西北向西南迁徙，躲进了今四川、云南、西藏一带的深山老林……

大禹打败三苗之后，究竟如何处理战俘？《国语·周语下》有间接记载。周灵王22年，谷水与洛水争流，水位暴涨，即将淹没王宫，周灵王打算堵截水流，太子晋劝父王不要截流伤民，说："王无亦鉴于黎、苗之王，下及夏、商之季，上不象天而下不仪地，中不和民而方不顺时，不共神祇而蔑弃五则。是以人夷其宗庙而火焚其彝器，子孙为隶，下夷于民……"意思是，父王是不是也可以借鉴于九黎三苗君王，以及后来的夏商历史呢？这些末代君王，上不取法规于天，下不取礼制于地，中不安和民众，不顺应时节，不尊奉神灵而蔑视抛弃五德的准则，所以被他人铲平了宗庙，焚烧了祭器，子孙成为被抓住的罪犯奴隶，民众下沦为夷人（战俘奴隶）。由此可见，大禹并没有将三苗贵族和民众俘虏杀掉，而是将他们沦为了罪犯奴隶。

有奴隶并不是奴隶社会的定义，大部分物质生产领域的劳动者是奴隶，才叫奴隶社会。帝舜时代虽已出现奴隶，但天子也是参加劳动的，别说帝舜耕厉山、渔雷泽、陶河滨，就连大禹也没有脱离过劳动。《论语·宪问》曰："禹稷躬稼而有天下。"《韩非子·五蠹》云："禹之王天下也，身执耒臿以为民先。"这样一个官员贵族与庶民奴隶并耕的帝舜时代，即便有奴隶存在，也许还保留着原始氏族社会的相对平等。

大禹征伐三苗国，是中国第一次被《国语》记录下来的将战俘沦为奴隶的战争。值得注意的是，战争发生的时间并不在夏朝早期，而是在帝舜时代末期。这说明中国早在帝舜原始氏族社会时代，就已经出现奴隶，这应为夏朝奴隶社会产生的前奏和基础。

（四）大禹立夏

【夏，是大禹所建立的作为阶级统治工具意义上的国家，也是中国第一个奴隶朝代，为开天辟地之大事。国家领导人的天子之位是大禹继承得来，而并非首创，所以夏朝并不一定是中国作为国家而存在的第一个王朝。】

帝舜执政50年后去世，大禹按祖制服丧3年，然后把帝位禅让给帝舜的儿子义均（商均），自己躲避到了夏后氏封地阳城。但天下诸侯都不去朝拜义均而来朝拜大禹。这样的朝拜，是一种远古人心向往的"投票表决"，也是中国"民主集中制"的萌芽。

经过这一切程序，大禹面向南而接受了天下诸侯的朝拜，正式成为中国天子，宣布改国号为夏，全国各地农耕统一使用夏历。帝禹元年，被中国"夏商周断代工程年表"正式确定为公元前 2070 年，中国首次出现了作为阶级社会、奴隶制国家的第一个朝代，这就是夏朝。

夏朝的建立，是由原始部族亚细亚社会"国家"文明，进入阶级性质国家文明的大革命。当中国正式作为阶级压迫工具的国家的时候，与众不同的是，记载大禹动用武力征伐的国家，只有曹魏、屈骜、有扈、三苗等 4 国，而前来参加涂山会盟、接受大禹考核的方国，数以万计。防风方国诸侯仅仅因为迟到就丢了脑袋，可见国家天子大禹的权威达到了何等程度！

这是一场近似于和平演变的"政变"，首先因为具备了从黄帝开始到尧舜时代亚细亚社会的"国家"政治基础。自从炎黄融合、战败蚩尤九黎之后，中国就形成了"阶级国家"的雏形，从黄帝到尧舜，中国具有官制的社会长达千年之久。炎黄集团用华夏先进社会文明对野蛮部族进行教化，同时也融合进其他部族的先进文明，进行了大范围的"国家统一"意义上的部族文化融合。在这个融合的过程中，凡是不能用德行教化解决的社会矛盾，则采取战争手段、或征伐与教化相结合的手段解决。尧舜时代，帝舜出征多达 30 次，国家统一的社会矛盾，基本上提前得到解决。而大禹又在身先士卒地治水，许多矛盾都化为了和风细雨，所以夏朝阶级国家的建立，基本上风平浪静。

大禹治水的过程，也是国家紧密团结的过程。大禹向帝舜的汇报，生动展现出他在治水过程中是如何控制全国政治的：大水弥漫接天，浩浩荡荡地包围了山顶，漫没了丘陵，老百姓沉没陷落在洪水里。我乘坐 4 种运载工具，沿着山路砍削树木作为路标，同林官伯益一起，把新杀的鸟肉送给民众。我疏通了九州的河流，使它们流到四海，挖深疏通了田间的大水沟，使它们流进大河。我同农官后稷（jì 音同季）一起播种粮食，把百谷、鸟兽肉送给民众，让他们互通有无，调剂余缺。于是，民众就安定下来了，各个方国都开始得到了治理……

大禹治水工程从帝尧时代就已经开始，涉及无数地方利益，之所以能够完成如此浩繁的工程，首先是因尧舜所领导的"大国"已经形成。

由于治水改变了地貌，黄帝划分的九州被帝舜划分为十二州，大禹摄政后又重新划定九州，然后对九州规定"五服纳贡"和"井田农耕"，为夏朝阶级社会的形成打下了经济制度基础。这五种服役的地带，最远达到几千里之外，成为后来夏朝国家的政治管理疆域。

治水工程需要大量的人力和物力，大禹在每州征集 3 万人，每 5 个诸侯国设立一个诸侯长，由各诸侯长领导基层治水工作。大禹之所以能够如此大规模地调动诸侯官员和使用庶民、奴隶劳力，没有尧舜时代"国家"统一的巨大力量，是不可能做到的。大禹对诸侯官员和底层劳动力的支配，就是夏朝阶级社会的等级分工基础。

当时治水，难免会有些方国不服从于大禹。大禹从治水的第二年开始，就打败了曹魏方国，之后又使用军事武力，征服了屈骜氏、有扈氏等阻拦治水的方国，以行其教。大禹很早就掌握了帝舜的国家军队，这就是夏朝阶级社会，天子动用国家军队进行镇压的预演。

治水过程中，阻拦治水的方国毕竟为少数，绝大多数部族方国是心甘情愿服从大禹的。

大禹十分尊重当地习俗。《吕氏春秋·慎大览第三·贵因》记载，裸国是一个尚未开化的氏族方国，有不穿衣服的习俗，大禹为了尊重那里的民众，脱掉衣服入境，出境之后再穿上衣服。就这样，大禹每走一地，就去除了一地水患，农田面积不知增加了多少，直接拯救的方国多达1800多个。大禹治水成功，使得各部族方国的生存环境得到很大改善，子孙万代都得到了好处，人们都尝到了服从国家统一管理的甜头，这就是建立夏朝奴隶制国家的民心基础。

夏，是大禹所建立的作为阶级统治工具意义上的国家，也是中国第一个奴隶朝代，为开天辟地之大事。国家领袖的天子之位是大禹继承得来，而并非自己抢来的，所以夏朝并不一定是中国作为国家而存在的第一个王朝。

位于山西省临汾市襄汾县东北的陶寺古城遗址，早于夏朝大禹时代，随葬品显现出当时社会复杂的等级制度，以及极度的贫富分化。如果其为帝尧都城的推测得到证实，那么夏朝并非中国第一个奴隶社会的猜测就将得到证实，而且尧舜时代是否为阶级社会？是不是阶级国家？也将重新定性。

主要参考文献

【《古本竹书纪年辑校今本竹书纪年疏证》《尚书今古文注疏》《史记》《太平御览》《吕氏春秋》《墨子》《国语》《韩非子集解》《尸子译注》《宋书》《夏商周断代工程1996－2000年阶段成果报告（简本）》《康熙字典》《说文解字注》《朱绍侯主编·中国古代史》】

国家机制

（一）夏朝官制

【大禹所建立的国家，有巨大的国土疆界，是一个上下级行政关系明确，经济结构清楚，军队和典章法度完备的官僚机构体系。夏朝的组织结构形式，既非"邦联"，也非"联邦"，更非所谓私有财产不足的"亚细亚社会"，而是"单一主权实体性国家政权"。】

"中国"一词意为"天下之中"。在此之前，中国人究竟何时从口头开始，将自己的国家称之为"中国"，不得而知，但肯定要比西周青铜器铭文早很多。

中国作为"天下中心"，究竟包括多大范围？最初指今河南一带的黄河、洛河地带，为狭义中原。后来包括今河南、山西东南部、河北南部、山东西部、江苏西北部、安徽北部等广大区域，为广义中原。广义中原早在夏朝之前就已经是政治中心了——位于山东省菏泽市胡集镇的古平阳，是帝尧都城；位于今山西省运城市永济的古蒲阪，是帝舜的都城；位于今山西省南部夏县的古安邑，是大禹夏朝的都城。

中原为何能够成为天下中心？这是因为当时中国人并不知道地球上还有其他陆地，错以为大地是平面的，中原位于他们所知道的地域中心，可不就是"中心之国"的中国嘛！

中原是中华文明的核心发源地，也是华夏族人活动的核心区域。但夏朝的疆域远不止中原，中原以外被称为"四夷"的地方也已经是华夏属地了。所谓"天子有道，守在四夷"，就是指中原和四夷之地均受到夏朝天子不同程度的管辖控制。

帝舜时代的十二州，国土早已不知比黄帝时代的九州扩大了多少。当大禹浩大的治水工程完成之后，国土情况又发生很大变化。大禹通过实地调查，将国土重新划分为九州管理，这"兖、冀、青、徐、扬、荆、豫、梁、雍"九州，不知又比帝舜的十二州大了多少。国家以中原为核心，向东至大海，向南至洞庭湖和长江上游，向西至黄河源头的青藏高原，向北至蒙古沙漠和辽西。中原是国家的政治中心，也是文化和经济最繁荣的地方。由于历史变迁，中国的代名词还有"华夏、中华、中夏、诸夏、诸华、神州、九州"等。

夏，最初是黄帝夏部族的名字，到帝舜时代才成为大禹夏后氏方国的封号。中文"夏"是不断变化的。最初的夏字，是一个人手持斧钺而站立，耀武扬威的人形，这是古人形意结合的刻画符号，充分说明夏氏部族能征善战打天下，同时也是夏朝创建国家军队的象征。后来在青铜器钟鼎金文里，夏，由人头、两手、两足构成，而且在行屈膝之礼仪，代表由这样的文明之人构成了中国。华，是炎帝华氏部落的名字，既是一种美丽的服饰和光华，也代表美好的中国理想。"华夏"的意思，是"身穿华裳的礼仪之邦"。

古籍《竹书纪年》载，大禹开始守丧之时，把帝位让给帝舜之子义均，主动躲避到夏后氏封地的都城阳城，那里是今河南的古豫州。《吴越春秋》曰："禹服丧三年，朝夕号泣，形体枯槁，面目黧黑。"3年中，天下诸侯都离开义均而去朝见大禹，大禹于是正式接受了天子之位。大禹离开豫州阳城，来到今山西夏县附近的冀州安邑，在夏都安邑登基，重新分封诸侯、任命官员，并将国号改为"夏后"、"夏"。

笔者选取《尚书》和《竹书纪年》收集，发现夏朝王室中央一级的官职有"相、卿士、卜、祝、史、师"。天子之下最重要的官是"三正"和"六事之人"。"三正"是高层次官长，主管政事，通常由二到三个官员同任；"六事之人"经常在天子左右，地位也很高，有军事行动的时候，可以代天子而统率军队。

另外还有车正，掌管车服；庖正，掌管膳食；牧正，掌管畜牧。他们都不是"三正"，只是直接为王室服务的中等官吏。"正"，是夏朝所有官吏的通称，相当于今民间口语"官"。

此外比较重要的官员还有：遒（qiú 音同囚）人、啬（sè 音同色）夫、大理、太史、羲和、瞽（gǔ 音同古）、官师等。遒人，是王的近臣，负责上传下达；啬夫，执行国家经济权力；大理，掌管刑狱诉讼；太史，是掌管记事和册籍的史官；羲和，掌管历法；瞽，是盲人乐师，掌管祭祀和君王娱乐时的音乐；官师，是谏臣和学校的教官。

大禹的外放地方官员，是各方国诸侯和部族首领，称"伯"或"侯"，没有等级区别。原为部族首领诸侯的方国多称为伯，天子直接分封诸侯的方国多称为侯。相对独立的方国没有土地所有权，均受到夏朝天子制约，必须服从夏朝政令，对夏后氏王朝有承担贡纳、朝见、服役和随从征伐的义务。受到信任的诸侯，经常在王室中央为官。

牧，也叫州牧，虞舜时代就有了，为各州行政长官，负责征收贡赋。诸侯之下，还设有大夫，即各氏族的族长。

夏朝国家官员的名称和数量不止以上这些。《礼记·明堂位》曰："有虞氏官五十，夏后氏官百……"大禹所任命的官员是帝舜时代的翻倍。

《太平御览·卷二百三·尚书大传》曰："古者天子三公，每一公三卿佐之，每一卿三大夫佐之，每一大夫三元士佐之，故有三公、九卿、二十七大夫、八十一元士。所与为天下者，若此而已。（自公至元士凡百二十，此夏时之官也。）"元士为天子任命的"上士"，也叫"列士"，主要任务是辅佐天子所任命的大夫工作，有别于诸侯所任命的"中士"和"下士"。这也就是说，夏朝上至"三公"，下至"元士"，官员就已经达到了一百二十人。

古人说，"夏王有天下，诸侯有国，大夫有家。"大禹从分封邦国开始就建立了国家上下级之间的管控与服从，王室与诸侯之间的关系非常明晰。《太平御览·周礼·夏官》对太司马职责的解释，可以清楚看出王室究竟如何对邦国诸侯进行管控："太司马之职，掌建邦国之九法，以佐王平邦国、制畿封国，以正邦国……"意思是，大司马的职责：

一是掌握建立邦国的九条法则，辅佐夏王制定邦国疆界，以正邦国之名分。

二是设立尊卑有别的礼仪，以辨别王室与诸侯的不同地位，区别邦国等级。

三是鼓励尚贤立功的道德，以激发邦国的劝善乐业之心，避免社会败坏。

四是设立州牧官职，监控邦国，以联结王室与邦国。

五是建立军队，按禁令究办，以正中平衡各个邦国。

六是实施区别职分纳贡，使邦国各尽所能。

七是检阅核计各地民众人数，让各邦国土地与人口平衡。

八是使用能均衡并坚守公平的法则，使得尊者守大、卑者守小，以安定各邦国。

九是使大国亲小国，小国事大国，各邦国之间相亲相合。

《周礼·夏官》最后强调："以九伐之法正邦国。"即以上九条法则，都是王室以征伐来正邦国的法典，邦国诸侯只要有一条做不到，则属于有违王命，王室将出兵整肃国家纪律。由此可见夏朝初期，天子之位的"正"，是禅让继位之正，诸侯之位的"正"，是服从王室中央管理之正。位"正"的观念，是中国社会不发生动乱最重要的意识形态。

当建立起国家新官僚体系、等级制度后，大禹开始建立新的国家控制体系。

《淮南子》曰："昔者鲧作三仞之城，诸侯倍之。禹知天下叛之，乃坏城平地，散财物，禁甲兵，施之以德，海外宾服，四夷纳职。"过去大禹的父亲崇伯鲧建造了三仞高的方国城墙。夏朝一仞为七八尺，一尺为一百粒黍米的高度，所以崇伯鲧城墙的高度约为4米多。其他诸侯学习崇伯鲧，方国城墙的高度翻倍。

大禹知道，天下凡是建立起城墙的诸侯国都有反叛之心，于是破坏了这些城墙，夷为平地，将这些国家诸侯的财物散发出去，同时他们禁止建立军队，对其施以五德教育。这样做的结果是，位于海外的国家都来臣服，中原外围的四夷国家诸侯都到大禹这里来接受夏朝官职。

大禹收缴了九州所有的青铜兵器和青铜用具，加上州牧官员、方国诸侯送来的青铜，铸成了九尊巨大的铜鼎。

中国的铜鼎，最初是有三只脚的铜锅，下面烧起柴火，上面可以煮肉，而从此时开始，铜鼎就变成了国家统一的王权象征。大禹将九州名山大川、奇异之物分别镇刻于九鼎之身，每鼎象征一州的土地，再将九鼎集中安置于夏都，象征九州大地国家一统。

土地是国家的根本。据说中国从黄帝时代开始，土地就归天子黄帝所有，不可以进行买卖。夏朝沿用祖制，国土属于夏后氏天子，虽然国土主要为各诸侯国的封地，但任何土地都不能用于交换和买卖，否则就要受到天子的干涉。

夏朝封地分为两种：一是中央政府直接分封给各贵族诸侯的方国封土；二是祖祖辈辈在这片土地上生活的部族接受天子分封而成为方国。无论何种方式，诸侯国均服从于大禹管理，并根据在"九州"和"五服"中位置，远近都要承担义务、交纳贡赋。太远的荒蛮之地，只需服从夏朝天子教化，认同中原文化即可。

就这样，大禹建立起具有实际意义的国家制度：方国对王室的《禹贡》制度，为地方与中央之间的经济关系；天子对诸侯的上下级隶属关系，以及官员分级管理制度，为地方与中央之间的政治关系。此外，大禹还颁发了全国统一执行的农耕《夏历》，扩建了国家军队，建立了律法《禹刑》，用专政的办法来控制一统国家的政权。

大禹所建立的国家，有巨大的国土疆界，是一个上下级行政关系明确，经济结构清楚，军队和典章法度完备的官僚机构体系。夏朝的组织结构形式，既非"邦联"，也非"联邦"，更非所谓私有财产不足的"亚细亚社会"，而是"单一"主权实体性国家政权。

（二）夏朝经济

【五服禹贡和井田农耕，是夏朝奴隶社会的经济基础，既是在阶级等级社会基础上产生出来，也是在大一统国家地理的法统概念上建立起来的。大禹用这样的社会经济体系，全面完成了单一国家、大一统中国的建立，九州领土统一的神圣性，作为中国基本传统文化而自然形成。】

夏朝国家的社会经济基础是五服禹贡和井田农耕。也许早在大禹之前，人们就已经习惯了一统国家的管理，习惯了论功行赏，习惯了差别不大的社会等级制度。但是当大禹平息洪水之后，生产力发展非常迅猛，各种收获丰富，许多贵族官员家庭都有了积余，人们只要积攒下一点财产都想留给自己的子孙后代，都有保住私有财产的需求，所以悬殊的等级分配制度、私有化的社会利益机制应运而生。大禹所设立的五服禹贡和井田农耕的国家经济制度，极大地顺应了社会上贵族诸侯奴隶主的要求。

1. 五服禹贡

五服禹贡，是夏朝诸侯向天子进献的贡赋，反映出夏朝贵族奴隶主阶级内部的利益分配关系。

贡，最初为自愿献纳。原始氏族社会晚期，氏族成员出于爱戴之情，会自愿将一些产品贡纳给氏族首领。虞舜时代晚期，为了使国库丰盈，大禹将地方向王室缴纳的贡赋具体化，首次采取制度形式，使得贡赋有了品种和数量上的依据，成为中国早期的赋税形式，意义重大。夏朝初建，大禹延续虞舜末期自己制定的新经济政策，将方国约定俗成的主动贡纳，完全演变成强制性的贡赋，作《禹贡》。

《尚书·夏书·禹贡》宣布：现在九州全部统一，四方土地均可居住，九座大山筑路通行，九条大川疏通了水源，九个大泽修筑了堤坝，四海之内的进贡道路畅通无阻。金、木、水、火、土、谷等"六府"治理得很好，各州向国家上缴的财物贡赋，要按规定慎重征取，要根据土地的上中下三等来上缴贡赋。并强调："中邦锡土、姓，祗台德先，不距朕行。"即九州中邦分封土地和赏赐姓氏，要以敬重德行为先，还必须是不违抗我命令之人。

"五服"与"九州"的地理位置角度有所不同，但行政疆域实际上是重复的，所谓"五服纳贡"与"九州纳贡"，同时交叉进行。

《禹贡》详细规定九州中每州诸侯方国所要缴纳的货物品种，就连送贡品入夏都，先走旱路、后走水路，最后走济水或黄河到达目的地的转换路线，都作了细致而具体的规定。通过《禹贡》品种，今人可一窥四千多年前的九州中国物产之丰富：食盐、贡漆、象牙、皮革、羽毛、珍珠、美玉、宝石、金银铜、各地水果、各种名贵的木料和石料。此外还有各种海贝，以及包括熊、罴、狐狸、野鸡在内的山珍海味。中国是美丽华裳之国，衣着贡品就更加讲究了：草编服饰、各地民族服装、皮毛、麻、细丝絮、柞蚕丝、细葛布、锦绣、丝绸等等。另外还有当今世界闻所未闻的"五色土"，以及今九江地区出产的一尺二寸长的大龟……当这些贡品全都集中于夏朝王室的时候，即便大禹个人生活再简朴，中国阶级、等级社会的性质也一目了然。

除了上述这些九州贡品之外，大禹对"五服纳贡"另有规定：

夏朝时，国都王城周围方圆五百里的地域，叫王畿（jī音同鸡），也叫"甸服"。《蔡沉·书集传》曰："甸服，畿内之地也……五百里者，王城之外，四面皆五百里也。"

甸服中：离夏都王城最近的一百里，要缴纳连秆带穗的庄稼；二百里，缴纳禾穗；三百里，缴纳带秸的粮食；四百里，缴纳黍米；五百里，缴纳精米。

甸服以外五百里是"侯服"：离甸服最近的一百里，为朝廷官员的食邑，要替天子服差役；二百里，为"男邦"，即男爵小国，要担任国家王室的差役；三百里以外，为诸侯方国，要承担起王室的侦察任务。

侯服以外五百里是"绥服"：离侯服最近的三百里诸侯方国，要推行天子政教；二百里诸侯方国，以武力保卫国家和天子。

绥服以外五百里是"要服"：离绥服最近的三百里的诸侯方国，要维持和平相处，二百里的诸侯方国，要遵守王法。

要服以外五百里是"荒服"：离要服最近的三百里诸侯方国，要接受文德的教化，改变没有制定法规的野蛮；二百里之外，为流宥罪犯之地，可以放任自流。

《禹贡》是大禹在深入实地、调查研究基础上制订出来的。经过治水工程和多次巡察，大禹对各地物产了如指掌，何地何种土质，可以缴纳何种贡品，以及多少数目，一清二楚。在调查基础上制订出来的"五服"制度，使得诸侯国与朝廷远近有别、亲疏有异，承担不同责任，这样一来，《禹贡》经济政策就显得相对公平合理，所以就连与中原文化习俗不同的四夷民族，都心甘情愿地对大禹称臣。

2．井田农耕

夏朝以农耕经济为主,主要生产粟、稻等粮食作物,渔猎、纺织等为辅。石铲、骨铲、蚌铲、石刀、石镰刀等,是当时主要农业生产工具。夏朝的土地农耕政策,基本沿用祖辈传下来的井田农耕。孟子说："夏五十而贡。"就是指夏朝实行被周人称之为"井田制"的农耕经济制度。

据说黄帝发明了打井取水。因为发明了井,黄帝也就很自然地使用了井田农耕来管理社会经济。黄帝把土地划成了"井"字的形状,然后在田地的中间打一口公用井。这样公用井与旁边的八块土地就形成了"一井",九块土地的面积一样,中间有井的地方为"公田",周围是八户族人的私田。八户族人都要先在有井的公田里,集体为贵族官员耕种,然后才能耕种自己的私田。黄帝以"井"为基本单位,建立起一种特殊的社会行政组织：八家为邻,三邻为朋,三朋为里……这样就把中国最初的行政管理区域,划分为九州。

如今推测,如果黄帝创造了井田农耕的生产方式,把土地平均分配给了九州贵族官员和族人,那么贵族官员即便以脑力劳动交换而得到了族人的劳动,只要其收获数量与族人相差不大,就是对土地收获实行了平均分配。更何况大禹之前,各代天子都是参加体力劳动的,夏朝之前的天子（国家）所有制社会,有可能类似于私有产出不足的亚细亚社会性质。但是夏朝以后,诸侯贵族奴隶主早已将井田农耕演变成自己不止"一井"之地的收获,平均分配的氏族社会机制完全遭到破坏。社会再因战争而出现类似把三苗国战俘沦为奴隶的情况,那么即便土地仍旧实行天子（国家）所有制,实际上已经变成了由天子（国家）所代表的贵族官员奴隶主私有制了。

《禹贡》规定,方圆五百里甸服,要缴纳品种不同的粮食。由谁缴纳?当然是井田农耕制度下的庶民向天子"五十而贡"。而食邑和方国内部的土地也是这样,同样实行井田农耕,庶民向诸侯官员"五十而贡"。

夏朝的井田农耕,由庶民向天子或诸侯缴纳贡赋,反映的是奴隶主对庶民的剥削关系。当时的奴隶多数是罪犯和从战争中获取的战俘,非本族庶民,完全没有人身自由,为随时可以被杀的"人牲",没有资格"五十而贡"。奴隶由官府集中管理,不断更换地点做艰苦的劳役,有时与庶民一起在农田里集体劳动。跟随大禹划分九州地界的"人徒",都是奴隶。

夏朝贫富差距是巨大的。获得姓氏的贵族居住在封地城市之中,叫"百姓"。无姓氏的大多数庶民,因从事农业劳动而居住在野外。按《说文解字注》的解释,"庶"的字意:很多人生活在一间黑暗的屋子里,靠取火获得光明。还是"懵懂无知"

的形象，甚至有"兴锄利萌"的意思，就是这样一群懵懂无知的众人集中居住在一起集体农耕于井田。大禹时代的井田农耕，庶民没有真正属于自己的"私田"，没有完全的人身自由，只要离开诸侯，"私田"便会失去。后来社会手工业和商业得到发展，庶民划分为农庶、工庶和士庶、商庶。农庶和工庶集中居住在农村和城市，绝大多数非常贫穷，没有可供谋生的劳动资料和劳动对象，甚至连一个自己的家都没有，为半奴隶性质：只有士庶和商庶，多数是从贵族家族"沦落"出来的庶民，贫富不一，人身是自由的。

大禹所完成的，是社会财富分配不均之后，社会由无阶级剥削到有阶级剥削的量变到质变过程。大禹父子代表贵族奴隶主阶级，把土地按一定原则分配给方国诸侯使用，将"一井"设为五十亩，然后由庶民和奴隶集体农耕，不仅如此，庶民和奴隶还要为贵族王公官员养蚕、筑屋、纺织、狩猎……于是，贵族诸侯奴隶主官员的财富越来越多。大禹父子把社会阶级剥削合法化，让私有财产得到合法继承，极大地受到了贵族奴隶主拥护，各国诸侯在封土范围内费尽心机地行使"管理"职权，促进生产，使得夏朝的农业生产比过去有了很大发展。

中国是世界上最早使用货币的国家之一，使用货币的历史长达4千多年。夏朝货币属于自然货币，笔者从夏朝最后一个都城斟鄩出土的钱币中看到，夏朝货币全都是来自于遥远海边的有齿类贝壳，这些海贝在夏朝国家起源中充当了极其重要的角色，也是被考古所证实的中国货币历史开端。因为夏朝海贝为货币，所以汉字从起源开始，凡与财贸、钱币有关的字都带个"贝"字，比如"贸、货、财、贫、贡、贪"，甚至"贿赂"、"贵贱"等都有"贝"。

夏，在4千多年前的地球上，属于经济发达国家。五服禹贡和井田农耕，是夏朝奴隶社会的经济基础，既是在阶级等级社会基础上产生出来，也是在大一统国家地理的法统概念上建立起来的。大禹用这样的社会经济体系，全面完成了单一国家、大一统中国的建立，九州国家统一的神圣性，作为中国基本传统文化而自然形成。

（三）治国禹刑

【国家一旦将剥削合法化，朴实淳厚的社会风气就再也回不来了。任凭大禹个人品德如何高尚，甚至设立《禹刑》惩罚罪人，社会道德沦丧都是无法避免的。】

禹，因治水有功而被尊为"大禹"，意思是"伟大的禹"。获得"夏后氏"封号后，成为贵族"夏后禹、夏禹"。夏朝建立，成为天子之后，便成了"帝禹"。但在"大禹治水"等成语中，人们还是习惯称之为"大禹"，而不是什么"夏后禹"或"帝禹"。这说明他在世世代代中国人的心里，始终为人民领袖大禹，而不是欺压庶民奴隶的贵族奴隶主帝王。大禹实在付出得太多，威信极高，没有人怀疑他实行阶级国家的政治经济体制改革是出于私利。

大禹继位之后，生活简朴，不喜财物。孔子说：对于禹，我没有什么可以挑剔的了。他饮食很简单，平时穿衣服很简朴，只有在祭祀时才尽量穿得华美，他住的宫室很低矮，致力于修治水利事宜。然而即便是这样，也还是掩饰不住大禹时代的社会与尧舜时代有巨大不同。

当初，有一位名叫伯成子高的人，帝尧时封为诸侯。大禹登基后，年老的伯成子高辞去诸侯之位，回家种田。

大禹去见伯成子高，他正在田里耕种。大禹快步走到下风头问道：帝尧管理天下时，您立为诸侯；现在传到我这里，您却辞去了诸侯，这是什么原因呢？

伯成子高回答：帝尧的时候，不奖赏可是人们却勉力向善，不惩罚可是人们却畏惧为非。人们不知道什么是怨恨，不知道什么是高兴，就像小孩子一样和悦。可现在，奖赏和惩罚都很频繁，人们却为争利而不顺服，道德从此衰微。谋私利的事情从你这里兴起，后世的混乱从此开始。

伯成子高说完这番话后，见大禹还待在那里不肯离开，只好下达逐客令：您为什么不走呢？请不要再打扰我耕种的事。然后面带和悦之色覆盖种子，不再回头看大禹。

在大禹时代当个方国诸侯，名声显赫荣耀，既安逸又快乐，后嗣子孙都能得到恩惠。对于这些好处，伯成子高不须问便能知道，但他却辞职不肯再当诸侯，为什么呢？难道因为思维方式落伍？难道是道德标准停留在尧舜时代而无法接受时代变迁？

伯成子高是个明白人，他知道大禹所建立的是什么性质的社会，贵族生活虽然比过去富裕，却都在争权夺利，社会将变得越来越乱。这样的社会，不符合尧舜之前的仁德社会理想，所以他宁肯放弃眼前的实惠，也不想去蹚浑水。社会风气变坏，是最让大禹无可奈何的。

为了减少社会混乱，大禹治理国家，力求文治与刑罚并用，制定了比虞舜时代《典刑》严酷得多的《禹刑》，其具体内容如今已经无从考证。《左传·昭公十四年》载："《夏书》曰：昏墨贼杀，皋陶之刑也"。昏，指做了坏事而窃取他人的美名；墨，指贪得无厌、败坏官纪；贼，指肆无忌惮地杀人，这3种罪都要处以死刑。汉代以后的典籍说夏朝刑法的条目很多，东汉郑玄为《尚书·虞书·大禹谟》作注："夏刑，大辟二百，膑辟三百，宫辟五百，劓、墨各千。"即夏朝刑法，砍头刑法的条目有 200 条、削去膝盖骨的刑法有 300 条、宫刑的刑法有 500 条、割去鼻子的刑法和脸上刺字的刑法各有 1000 条。可见"皋陶之刑"，很可能就是夏朝执行的《禹刑》。《禹刑》不仅是刑法，而且也是夏朝法律的总称。如果当时能有人把《禹刑》刻在石头上保存下来，那么将代替古巴比伦的《汉谟拉比法典》，而成为全世界第一部法典。

《禹刑》在夏朝初期被严格执行，可大禹在巡行诸侯各国的时候，路上遇见了被捉拿归案的罪犯，却又于心不忍。他亲自下车询问其犯罪缘由，然后伤心落泪……

左右人问：这罪犯不顺君道，应当加以刑罪，何故痛惜他？

大禹说：我想，尧舜为帝之时能以德化人，天下的人都是依着尧舜之心为心，守体安分，自觉地不触犯刑法；而今我为帝，不能以德为人，众人各以自己之心为心，不肯顺从道理，所以犯罪。犯罪者虽然是他们，其实是由于我的德行不够所致啊！我之所以心痛，不是心痛那个罪犯，而是心痛自己的德行比尧舜差多了……

大禹不认为犯人是罪有应得，反而因出现罪犯而自责德行，充分显示出他个人的心地善良和品德高尚，因为只有善良而高尚的人才会如此自我检讨。

大禹怎么能够想到：正是由于自己的一系列经济改革政策，才使得阶级国家产生；正是因为国家让一部分诸侯官员先富起来，让贵族对庶民奴隶的剥削合法化，过去那种朴实淳厚的社会风气才再也回不来了。任凭大禹个人品德如何高尚，甚至设立《禹刑》惩罚罪人，社会道德沦丧、风气败坏，都是无法避免的。

（四）鞠躬尽瘁

【奴隶社会之初，大禹就看到了官员腐败乱性的严重性，难能可贵！大禹所建立起来的夏朝，是中国社会发展史上的重要里程碑，标志着中国亚细亚性质的原始氏族社会已经完美谢幕，阶级剥削的私有制国家从此拉开了大幕，奴隶社会率先登台作精彩表演……】

大禹深知贫富差距悬殊的阶级国家不好管理，工作兢兢业业、如履薄冰。《太平御览·卷八十四·鬻子》说，大禹依据"五声"来处理政务，悬挂鼓、钟、铎（duó 音同夺）、磬（qìng 音同庆），设置鼗（táo 音同桃）鼓来接待四方之士。

鼓和钟流传至今；铎，是大铃铛；磬，用玉或石制成，是可以悬挂的打击乐器；鼗鼓，是一种与小拨浪鼓相似的手摇鼓。大禹把这5种乐器放在门外，发布命令说：拿着"道"来指教我的人，请击大鼓；用"义"来教诲我的人，请敲大钟；有事情要告诉我的人，请摇铎；有忧愁事想告诉我的人，请击磬；有官司诉讼的人，请摇鼗鼓。大禹住在屋内，听见有哪一件乐器响了，便知是哪一类事情来了，便令人进见尽言。

大禹操劳民众的事务，经常是中午没有时间吃饭，夜里没有时间睡觉。好不容易得空吃上一顿饭，也经常被多次打断，尽管如此，他也要站起身来，按礼节接待前来尽言之人。大禹好不容易得空洗一次澡，有时候也要三次拧干头发，起来处理事务。他就这样繁忙、忧虑而劳累地工作着，四海之士皆至。

大禹手下有个官员叫仪狄，是中国第一位酿造出美酒的人。夏禹品尝美酒之后，觉得味道甘美，容易喝醉上瘾，生怕官员醉酒腐败乱性，便下令禁止酿造美酒，并不允许仪狄再来进见。大禹预言：后世之人，必有放纵于酒而导致亡国者。大禹之后470多年，夏朝末代天子夏桀以酒池牛饮为乐，夏朝覆灭，预言得到印证。

大禹说，民众是国家的根本，这个根本如果牢固，国家就安宁了，应该在民怨尚未形成之时就去考察。大禹对官员诸侯实行定期考核，生怕他们安于享乐而荒废了管理，生产的粮食不能满足民众生存而引发民怨，使得社会矛盾加剧。

《太平御览·卷八十二·隋巢子》载，大禹时代"司禄益食而民不饥，司金益富而国家宝，司命益年而民不夭，四方归之。"司禄官员负责增加粮食而民众不饿，司金负责增加财富而国家有宝，司命官员负责延年益寿而民众不短命，四方国土人心归夏。

位于长江中上游的南方，曾经是蚩尤的势力范围，后来被黄帝收复，又成为蚩尤族后人三苗国的地方。虽然三苗国已灭亡，但大禹沿用帝舜5年一次下基层巡察的制度，还是经常到南方偏远地区巡视，以加强中原对南方众多方国的控制。

帝禹5年，大禹从今河南济水漂流而下巡视南方，到涂山汇聚诸侯，船到中流时，突然出现了两条巨大的黄龙，背负起船只腾空而行。船上人都很害怕，大禹却笑着说："官员我授命于上天，竭尽全力抚育人民。生，是人本身所具有的能力；死，是生命的结束。怎么会害怕龙呢？"于是，两条黄龙离开船底，摇曳着尾巴游走了。《吕氏春秋·恃君览第八》记录下这段超越现实的历史，或许是有意渲染大禹以国家人民为精神寄托，毫无私心的伟大气魄，或表明中国

23

的最高神物——龙也受天子掌控。

中国的传统信仰是天人合一、人道服从于天道。天道是控制大自然的神秘力量，所以中国不需要再创造出西方人神作为宗教信仰。中国人心目中的神，是更高级的宇宙自然规律，"顺其自然"是中华民族最高级别的哲学和道德信仰。遇到黄龙之后，大禹在船上的言行，就是中国对天人合一文化的最好诠释。

帝禹8年春天，大禹在今浙江苗山汇聚诸侯，防风氏方国首领迟到了，为了整肃国家纲纪，他毫不留情地杀掉了防风氏。防风氏族生活在南方泽地，国人都是大高个。春秋时吴国伐越，得到越国所保存的防风氏的一节腿骨，居然大到了要用一辆车来运输。据说防风氏死的时候，身体横躺，占地9亩。

这年夏季六月，夏朝国都下了一场金雨，被认为是国泰民安的大吉兆。于是大禹更加勤奋地工作，当年秋天再次登上苗山聚会诸侯进行考核。夏朝建国之初风调雨顺，在大禹的领导下，人民安居乐业，华夏中国真正成了"身穿华裳"的富裕礼仪之邦。

当大禹秋天再次到南方视察的时候，从治水开始，他"参加工作"已有45年。大禹在今浙江的苗山考核诸侯功过的时候突然病倒，死在了工作岗位上。为了纪念大禹的功德，人们取"会合考核"之意，将苗山改名为会稽山。

今浙江会稽山，与今山西省南部夏县的古"安邑"的夏朝都城远隔千里。大禹留下遗言，不劳众人长途跋涉运送尸体，就地简单安葬。大禹的墓穴仅占地一亩，用芦苇做棺材，挖个7尺深的坑，下面没有水，垫高3尺，用土做了3个台阶，再密封顶部，防止雨水泄漏进来。还有一种说法，大禹仅穿了3套衣裳葬服，桐木棺材厚3寸。

帝舜时代，人们用烧窑制造出来的陶瓦做成长7尺、厚2寸的长方体瓦棺下葬。夏朝时，人们将薄木棺材放在垫高的土"床"之上，称为"土棺"。大禹的墓葬垫高3尺，应该就是让后代不敢相信的简陋"土棺"了。

大禹的丧事非常简单，人们按照他生前的要求，不筑坟、不立碑，不做任何标志。因为只要筑坟立碑，坟墓就要高地面，将与农田抢地，所以大禹下葬之后立即恢复农田原貌，没有破坏田埂沟渠，山民继续耕种。大禹为中国留下"墓而不坟"的丧葬好传统，这个祖制从夏朝初年一直到殷商末期，长达千年没有改变。

中国建立起奴隶社会的第一代伟人，鞠躬尽瘁地走完了一生。大禹的高尚人格、奉献精神，以及顺应社会发展所采取的一系列改革，充满了人类大智慧。尤其是在上古刚建立起奴隶社会之初，大禹就看到了官员腐败乱性的严重性，难能可贵！

大禹所建立起来的夏朝，是中国社会发展史上的重要里程碑，标志着中国亚细亚性质的原始氏族社会已经完美谢幕，阶级剥削的私有制国家从此拉开了大幕，奴隶社会率先登台作精彩表演……

主要参考文献

【《古本竹书纪年辑校今本竹书纪年疏证》《尚书今古文注疏》《史记》《太平御览》《淮南子》《礼记集解》《论语译注》《孟子译注》《吕氏春秋》《左传全译》《书集传研究与校注》《康熙字典》《说文解字注》】

子承父业

（一）父位子传

【"家天下"一人血缘继承，是从夏朝奴隶社会开始的中国阶级社会的传统文化。奴隶社会，财富已然聚集到少数人手中，争权夺位不可避免，此时中国不搞议会、选举或禅让，甚至不允许帝王子女平分国土，有利于维护国家统一，规避了欧洲法兰克一分为三的国家分裂风险。中国夏朝政治文明至少领先于欧洲两千年。】

帝禹 2 年，大禹延续尧舜任人唯贤的非血缘禅让制度，将皋陶（gāo yáo 音同高姚）立为帝位继承人，并把国政授权给他。皋陶在帝舜时代就是司法部长和首席大法官，建立了较为完整的上古法律，他和大禹是帝舜的左膀右臂。

虽然皋陶功劳很高，年龄却太大，受命当年就去世了。于是大禹把皋陶的后代封在六、英、许等 3 个地方。

帝禹 3 年，大禹确立皋陶之子、与自己一同治水的精英功臣伯益为接班人，并把国政授权给他。

伯益据说是个天才，14 岁就成为大禹的老师，懂得鸟语，是帝舜时代的林官。他伴随大禹一起治水，走遍千山万水，写了先秦奇书《山海经》，记录下当时中国的地理物产、山川鸟兽、风土民俗、历史事件，是一位博才多学、经验丰富、德高望重的社会精英。

可是，大禹在确立了接班人之后的 7 年中，又精心培养长子夏后启，使得自己儿子党羽众多、羽翼丰满。夏后启，名启，姒为母姓，夏后为贵族姓氏，史书还称其为：夏启、帝启、夏王启。

夏后启的母亲是大禹的正妃，涂山氏之女。涂山氏方国位于何地？有两种说法：一种认为是今河南嵩县西南、伊河北岸的三涂山；一种认为是今安徽淮河东岸的当涂山。传说大禹因治水而路过涂山，遇见了一只九尾白狐，就认为自己看到了实现国家统一大业、成为天子的吉兆，便立即娶了涂山氏之女为妻。

大禹新婚第四天，告别妻子，重新踏上了治水之路。妻子想念大禹，叫侍女每天在涂山之南迎候大禹。她创作了一首歌："候人兮猗！"意思是，候望人啊……据说这就是中国最早的南方音乐。

大禹婚后多年不回家，其中有3次路过家门口：第一次是儿子夏后启出生，呱呱坠地啼哭；第二次夏后启抱在妻子怀中，向他招小手；第三次夏后启会跑了，主动去拉父亲回家……情形如此感人，但大禹还是没有时间回家一趟。

大禹"三过家门而不入"的故事传为千古佳话，可见他为了治水大业，是个不顾家庭的人，妻子和儿子都为治水付出了代价。这个当初被大禹顾不上的长子夏后启能力很强，成了夏朝的第二任天子。

帝启聪明，既会打仗，也善于用人。

帝启即位后的第八年，慧眼识人，任用孟涂为今四川重庆一带"巴地"的主管臣子，结果孟涂被巴人当成了"诉讼之神"，有好生之德。孟涂住在巴地的一座山上，巴人告状，他看到告状人中有谁的衣服沾有血迹，就把谁拘禁起来。此方法虽然简单，却没有出现过冤情。也许当时社会淳朴，坏人不那么狡猾。

大禹去世后不久，夏后启取得帝位，从而完成了夏朝父子血缘传位的"家天下"过程。

帝启在父亲死后究竟如何获得天子之位？有两种说法：

一是和平继位。取自西汉《史记》记载，以及清末《王国维·今本竹书纪年疏证》："二年，费侯伯益出就国。"

大禹虽然把天子之位禅让给了伯益，并非所有人都顺服。按天子禅让程序，伯益继承帝位之后先为大禹服丧3年，然后把帝位让给大禹的儿子夏后启，自己则躲到箕山之南的封国都城居住。谁知历史没有重演，方国诸侯们并没有自觉接受大禹所规定的合法接班人，而是顺水推舟地离开伯益，去朝拜夏后启。社会舆论也没有偏向伯益，创作诗歌的人不讴歌伯益，而歌颂夏后启，说：这是我们的君王帝禹的儿子啊！就这样，帝启和平地继承了父亲的天子之位。

帝启2年，将伯益封为费侯。帝启6年，伯益去世，帝启为他修建了祭祀庙堂，用牺牲举办祭祀活动。

由于春秋孔子的宣传，许多人误以为中国原始氏族社会全都是"选贤举能"、非血缘关系的禅让，其实不是。中国从远古亚细亚社会性质的黄帝时代开始，就是在黄帝的直系血脉中"择优内选"的。古籍记载，黄帝去世后，传位于长子少昊，少昊抚养了弟弟昌意的儿子颛顼（zhuān xū 音同专须），然后传位于侄儿颛顼。还有记载，说黄帝驾崩之后，一位名叫左彻的臣子，用木头削成黄帝的像，率领各国诸侯朝拜侍奉了7年，之后大臣左彻立颛顼为帝。颛顼去世后，传位于黄帝的弟弟少昊之孙帝喾（kù 音同酷），帝喾又传位于长子帝挚。帝挚在位9年，管理不善，将天子之位禅让给了弟弟帝尧。从这些历史记载中可以看出，中国原始公有制的上古帝位的传承，并未摆脱血缘关系，大多数还是父子相传，或近亲继位，有能力的儿子或王族近亲都有可能成为下一任天子。

非血缘关系的禅让制度为帝尧首创，仅延续了尧舜禹3代。也许因为这样的非血缘关系禅让违背了"传统"，帝舜接替帝尧、大禹接替帝舜时，都要为先帝守孝3年，然后把帝位主动让给前任天子的儿子，再由方国诸侯以朝拜的形式"民主"选择。

据说帝尧时代有许多人不肯接受天子让贤，实为世界罕见。也许在私有财产不足的原始公有氏族社会的中国，当天子太辛苦了，需要付出很多，却没有多少个人好处，所以那时候的举贤禅让，社会政治动荡不大，但到了阶级社会时代，就不太可能了。许多人不相信伯益与帝启是和平禅让。

二是血腥夺位。取自唐《晋书·束晳传》中引用《竹书纪年》语："益干启位，启杀之。"

诸侯选择夏后启，伯益企图夺位，帝启杀掉了伯益。

还有传说，伯益继位后不久，夏后启便叛乱。夏后启开始处于劣势，甚至被拘禁起来，但因为有大禹生前的培植，根基深厚，实力更强，在死党们的帮助之下，用武力杀掉了伯益，夺得了的帝位。

人们揣测：大禹生前只是表面上把帝位传给了伯益，其实是想让儿子帝启用武力夺取。《三字经》老版本也有"禹传子，家天下"之说。

其实在帝舜生前，大禹就曾多次建议让皋陶来继承王位，继位第二年便确定由皋陶摄政并继承王位。可惜皋陶于当年去世，大禹便立即让伯益摄政并继承王位。史实证明，大禹实行禅让确有诚意。但大禹并没有像尧舜那样，提前将儿子夏后启分封到外地，而是留在都城，客观上给夏后启夺权提供了机会，可见大禹有些私心。

无论先秦文献有多少不同记载，都说明大禹禅让为真，而夏后启也很有本事。毕竟时代不一样了，只奉献而无索取的天子帝位由没人肯要而变成了获利丰厚的香馍馍。大禹时期所确立的私有经济已然成为国家经济基础，一切皆为私利，夏后启只不过把国家政权也变成了私有财产而已，其为中国"世袭制"第一人是必然的。伯益与夏后启的帝位争夺，是中国由原始氏族社会转变为阶级奴隶社会的正常反应。

从大禹"涂山会盟"确立王权，到帝启继位，确定了夏王朝奴隶社会的世袭制度，开始了中国历史上"家天下"的局面，不能不说是当时的一种政治智慧。

"家天下"一人血缘继承，是从夏朝奴隶社会开始的中国阶级社会的传统文化。奴隶社会，财富已然聚集到少数人手中，争权夺位不可避免。此时中国不搞议会、选举或禅让，甚至不允许帝王子女平分国土，这才形成了维护国家统一的中华文化传统，4千多年没变。而比夏朝奴隶社会晚了两千多的欧洲封建社会，却还在遵循"家天下"多人继承、王公子女平均分割土地的习俗，结果偌大的法兰克王国被分割成了德、法、意3国，即便欧洲后来也改成"家天下"长子继承制度，但大国一统的文化传统早已失去，这就是欧洲至今小国林立的政治文化原因。所以中国夏朝政治文明至少领先于欧洲两千年。

当然，中国"家天下"继承制度有明显缺陷，甚至成为社会动乱、改朝换代的根本原因。几千年过去，打破"家天下"的大同理想在中国的奴隶社会和封建社会中都没有可能实现，只有当西方工业革命之后，中国人才看到了希望，所以有了1911年辛亥革命的彻底推翻帝制。但对"家天下"政治制度的废黜，中国是在民国蒋家王朝覆灭之后，共产党政府手中第一次实现，只有短短几十年历史。

（二）甘地之战

【中国最早的历史文献《尚书》中首次出现奴隶的文字记载，发生于甘之战。执政于夏朝奴隶社会初期的帝启，与其父大禹最大的区别，就是过着奢侈享乐的生活，中国从此不再有帝王参加劳动的历史记录。为了巩固阶级统治，帝启进行残酷镇压和疯狂掠夺，是夏朝作为奴隶社会国家阶级压迫工具属性所决定的。】

帝启继位之后不久，为了国家稳固，发动了消灭有扈（hù 音同户）氏方国的战争，据说将有扈氏族人沦为奴隶。

帝启元年，在自己的新都夏邑登基，万邦诸侯在"钧台"出席了他的国宴，这就是成语"钧台之享"的来历。

"夏邑"也叫"阳翟"，位于今河南禹州附近。"钧台"也叫"夏台"，是中国历史上第一个举行"开国大典"和"国宴"的地方，也是后来夏朝末代天子帝桀囚禁商朝开国帝王成汤的地方。

尽管帝启在钧台大摆宴席招待诸侯，有丰富的佳酿美食，还是让个别诸侯不服。有扈氏方国诸侯公然表示不服，拒绝出席帝启的国宴。因为之前的帝位至少已经有了尧舜禹三代的非血缘禅让,"选贤举能"深入人心,帝启打破帝位传承习俗尚属首次,凭什么合法?凭什么不是篡权?帝启既然可以篡权,其他有本事的诸侯难道就不可篡权吗?帝启将天子之位占为私有,一些实力雄厚、同样觊觎夏朝国家帝位的诸侯也在蠢蠢欲动,不少倾向于禅让传统的方国诸侯也开始质疑。强大的有扈氏方国挑头,坚决不服从这"名不正、言不顺"的帝启,于是就发生了征伐有扈氏的"甘之战"。

有扈氏与夏后氏同宗,都是"姒"姓。在大禹的经济改革中,夏后氏"姒"姓族人近水楼台先得月,封得的土地最多,扩展出来的氏族部落也最多,这样就出现了许多以"姒"为姓的部族,其中不仅有扈氏,还有斟鄩(zhēn xún 音同真巡)氏、斟灌氏、彤城氏、有男氏、褒氏、费氏、杞氏、缯氏、辛氏、冥氏等。

有扈氏是早于夏朝的古老方国,位于今陕西省西安市附近的户县。大禹在位时就曾发生过"攻有扈以行其教"的战争,结果单凭武力,打了三仗也没能使有扈氏屈服。于是大禹自我修德一年,将战争手段与政教手段相结合,这才使得有扈氏方国归服。大禹去世之后有扈氏背叛,帝启征伐有扈氏的"甘之战",从某种意义上说,是夏朝王室征伐有扈氏的继续。

帝启继位后的第二年,率领王室国家军队主动向有扈氏发动战争。战争发生在甘地之野,此处靠近甘水和荥(xíng 音同行)甘之河,因此也叫"甘泽",是有扈氏方国的西南门户,所以叫"甘之战"。

《吕氏春秋·先己》记载帝启初战不胜,手下"六事"统军请求再战,他说:"不可。吾地不浅,吾民不寡,战而不胜,是吾德薄而教不善也。"帝启因战败而深刻反省——我的土地并不小,我的人民也不少,为何战而不胜?是因为我的德行不多,恩德太少,教化不好的缘故啊!

帝启的反省,来自于先祖文化。从其父大禹往上历数,哪一代天子不是勤俭辛劳、励精图治,与族人同甘共苦的?帝启出生之时,其父忙于治水,三过家门而不入,这才赢得人心建立了夏朝。所以,此时帝启顺应民心,立即改变行为方式,居处不用两层垫席,吃饭不食多种菜肴,琴瑟不设,钟鼓不列,子女不修饰打扮,过起了粗茶淡饭的俭朴生活。《帝王世纪》曰:"(帝启)德教施于四海,贵爵而上齿,养国老于东序,养庶老于西序。"帝启在全国施行五德教育,用尊贵的铜爵斟酒敬老。夏朝学校分成4个等级:学、东序、西序、校。卿大夫以上退休的"国老",让他们在东序任教,给他们养老,卿大夫以下退休的"庶老",让他们在西序任教,给他们养老。帝启严于律己,尊老爱幼,亲近亲族,敬爱长者,尊重贤人,任用能士,终于用励精图治的实际行动赢得了民心,广大官员和诸侯相信他也是先父大禹那样的人,是一位品德高尚的贤者。

再次讨伐之前，帝启模仿父亲攻打三苗国时的誓词，表明不是为了贪图有扈氏的土地、百姓、财物而战，只是为了"恭行天之罚"，替天行道。其实这分明就是一场天子更换"不听话"诸侯官员的战争，但帝启不便明说。他只有把让天下人都信服的理由表述充分，"甘之战"才能成为正义战争，得到民心。

中国传统文化与西方传统文化大相径庭。西方自古不考虑战争的正义性，即便当海盗，只要能抢到别国财产便是民族英雄。但在中国不行，"君子爱财取之以道"，中国民众的是非标准和价值观，早已被夏朝之前的众多祖先打上烙印，自从炎黄统一国土之后，凡被定义为非正义的侵略战争，均为人所不齿。不同文化，造就了西方民众与中国民众在是非观念上的巨大差别，所以四五千年过去，直到今天，中国都还是个和平国家，不逼急了不还手。除了祖宗留下来的土地之外，中国主动侵略几乎没有，顶多就是"窝里斗"。

帝启在甘之战的誓词中说得理直气壮，啊！六军的将士们，我要向你们宣告：有扈氏违背天意，轻视金木水火土五德，怠慢甚至抛弃了我们颁布的夏历，上天因此要断绝他们的国运大命！

他说：太阳已中，我只有奉行上天对他们的惩罚，与有扈氏拼个今日生死！前进吧，诸位乡大夫和庶民！我不是想要拥有扈氏的田地和宝玉，而是恭行上天的惩罚！当控诉完有扈氏的罪责之后，帝启便开始解释此战目的仅仅是替天行道，不是想要拥有有扈氏的田地和宝玉，不是当强盗。这就是中国的战争正义性质。

帝启用奖惩来激励士兵们勇敢作战：战车左边的兵士如果不敢于用箭射杀敌人，就是不奉行我的命令！战车右边的兵士如果不敢于用矛刺杀敌人，也是不奉行我的命令！中间驾车的兵士如果不懂得驾车的技术，同样是不奉行我的命令！服从命令的人，我就在先祖神位面前行赏！不服从命令的人，我就在祖庙社神神位面前惩罚！如何惩罚？《甘誓》最后一句威胁最是刺痛人心："弗用命，戮于社，予则孥戮汝。"意思是：有不服从命令的，我会在社神的神位面前惩罚你们，把你们降为与我妻子、儿女一样的没有人身自由的奴隶，杀掉你们。

这是中国最早的历史文献《尚书》首次出现的奴隶用词。孥，通奴，也是妻儿的意思。中国原始氏族社会，男人的妻儿是没有人身自由的，随便处置不犯法，而家庭之外的人如果也具备了这种性质，那就是没有人身自由的奴隶了。所以，"孥"是古籍中对奴隶的多种称呼之一。

帝启为何强调要在祖庙进行颁赏和刑罚呢？是因为淳朴的上古之人认为上天有神明，天神是赏贤、罚暴的，如果天子敢于在祖庙社神的神位面前赏罚，就等于告诉祖先这个奖惩是公平合理的。如果不公平，天子就要受到祖先和上

天的惩罚。帝启是用上天的诚信作为自己的保证。

《甘誓》是中国使用战车作战的首次记载，可见夏朝初期，中国就先进到了使用战车作战的程度。甘之战打得十分激烈，整整打了一年时间，有扈氏终于降服，帝启夺取了有扈国的全部土地和财物，据说将有扈氏部族的贵族和庶民都沦为奴隶，世代从事畜牧。

《淮南子》评价："有扈氏为义而亡。"这个所谓的义，说明原始氏族社会选贤举能的权力公有文化传统，对奴隶社会的"家天下"的权力私有新文化有过武力抵抗。当国君权力逐渐膨胀到能够以绝对优势压倒其他诸侯之时，必然产生把国家领导权也像家产一样传给自己的儿子的要求。帝启先战胜伯益，后战胜有扈氏，终于使传子制代替了禅让制，国家的世袭制度得到确立，任何抵抗都无法改变奴隶社会这样的历史进程。甘之战让诸侯们明白，只有臣服于帝启才是方国的生存之道。于是，天下万邦诸侯无人胆敢不朝拜、进贡，全部都来朝见。

大禹治水功不可没，不仅大大提高了劳动生产力，也使得社会财富增加了许多。《禹贡》改革方案，让各级官员诸侯都成了奴隶主，而更多的庶民依旧贫困，甚至因国破而沦为奴隶，帝启和方国诸侯是最大的受益者。

中国最早的历史文献《尚书》中首次出现奴隶的文字记载，发生于甘之战。执政于夏朝奴隶社会初期的帝启，与其父大禹最大的区别，就是过着奢侈享乐的生活，中国从此不再有帝王参加劳动的历史记录。为了巩固阶级统治，帝启进行残酷镇压和疯狂掠夺，是夏朝作为奴隶社会国家阶级压迫工具属性所决定的。

（三）武观之乱

【帝启用暴力手段揭下了原始氏族"国家"权力公有的最后一块面纱，禅让制被世袭制取代，真正的奴隶制国家机器出现，帝启是中国奴隶社会的真正创始人。人民领袖不再有，无私奉献的社会公德去而不返，争夺帝位继承权让亲人反目、骨肉相残。】

夏朝实行"家天下"之后，获得巨额私有财产的王公贵族们何厌之有？他们不会满足，只会更加疯狂地追逐财富和权力，争夺帝位继承权的大戏立即在帝启的儿子们身上首次上演，这就是"武观之乱"。

帝启生前至少有 5 个儿子：太康、元康、伯康、仲康、武观，此五子都没有工作业绩，也非社会精英，更没有继承父亲事业的能力和智慧。如果继承大禹的生活节俭作风，帝启或许可以树立起一个言传身教的家庭好榜样，可他偏偏就是个既能吃苦又会享受的人，贫富悬殊的阶级社会提供给他享受条件。甘之战刚刚结束，帝启便放弃粗茶淡饭的俭朴生活，开始了享乐。

帝启放荡纵乐，经常在野外大肆吃喝。《山海经》记载，他的常见形象是：左手握着一把用羽毛做的伞形的华盖，右手拿着玉环，腰间佩挂玉璜，衣着十分华贵。他经常骑在两条龙身上，两条青蛇双耳穿挂，飞腾在三重云雾之上，在西南海以外、赤水南岸、流沙之西到处游玩。

帝启精通音律，在位第十年的时候，传说到了天帝仙境——天穆之野。天穆之野离地高二千仞（约五万三千米），帝启在那里伴随着《九韶》之乐欣然起舞。韶乐失传已久，其美妙，使得先秦儒家创始人孔子听到之后，余音绕梁，3个月不知道吃肉是什么滋味。舞《九韶》象征太平盛世。《九韶》由九段音乐组成，是先祖帝舜为感化三苗蛮族而创作的音乐舞蹈，帝舜一统天下之时演奏《九韶》，引来凤凰等百鸟群兽翩翩起舞，而帝启是此音乐舞蹈的第九代传人。

据说帝启3次到天帝那里去做客，在大乐之野观看了《九代》乐舞，在天穆之野演奏了《九韶》乐曲。帝启献给天帝3个嫔妃美女，得到了天帝的乐曲《九辩》和《九歌》，这才回到了人间。帝启排练的《万》舞，场面十分浩大，声音传到了天上，连天帝都认为太过分了……

帝启的儿子们和他生活在一起，尽情享受着不劳而获，目睹了当帝王的种种好处。帝启年老之时，儿子们争抢储君之位，闹得不可开交，以至于国家政局动荡不安。为了平息动荡，帝启只好把闹得最凶的小儿子武观放逐到了西河一带。

今河南安阳夏朝时叫"西河"，那里是河南省的最北部，西靠太行山，地处山西、河北、河南3省的交汇点。大禹治水时，黄河中下游在今河北平原，安阳有洹河穿过，洹河向西流入黄河古道"内黄"，然后入卫河后向北流去，最后汇入海河，所以西河成为夏代安阳之地名。

然而，今山东濮阳市莘（shēn 音同深）县有观城镇，夏商周三代前为兖州之域，据《观城县志》记载，这里曾经是帝启之子武观的封地，此后几千年，该地建县始终离不开一个"观"字，但是，观城镇显然与西河地名没什么联系，武观的流放之地究竟是河南西河（安阳），还是山东观城？众说纷纭。

帝启去世之前的第四年，继位问题再次提上议事日程，武观效仿父亲，企图用暴力手段夺取继位权，在西河发动叛乱。这场权力之争，几乎瓦解了刚刚建立起来的夏王朝统治，幸亏经验丰富的帝启，果断任命大彭国诸侯彭伯寿为大将军，率军前往西河用武力镇压，这才平定了叛乱。最后，彭伯寿将武观带回到夏朝都城管制起来。

彭伯寿是"彭祖"氏族的后人，彭祖是中国擅长于养生的著名长寿之人，据说活了880岁。当年帝尧积劳成疾、生命垂危，彭祖根据自己的养生之道，下厨做了一道野鸡汤，帝尧食后容光焕发，此后每日必食鸡汤，虽日理万机，却百病不生。彭祖受到帝尧赏识，受封于大彭，成为中国彭姓的祖先。后来道家把彭祖奉为先驱和奠基人之一，许多道家典籍都保存着彭祖养生遗论。

帝启在位共39年，于78岁病逝，葬于今山西夏县古安邑的大禹都城。帝启去世之前，将帝位正式传给了毫无管理才能、只知玩耍享受的长子太康。

帝启用暴力手段揭下了原始氏族"国家"权力公有的最后一块面纱，让慢慢变了味的"禅让制度"从此结束，被世袭制取代，真正的奴隶制国家机器出现，帝启是中国奴隶社会的真正创始人。

奴隶制社会虽是历史的进步，但阶级社会的出现，使得人民领袖不再有，无私奉献的社会公德去而不返，人心变得贪婪而无道德底线，争夺帝位继承权让亲人反目、骨肉相残，可是，历史只能向前而无法回头……

主要参考文献

【《尚书今古文注疏》《墨子》《孟子译注》《论语译注》《韩非子集解》《山海经》《吕氏春秋》《越绝书校释》《淮南子》《史记》《晋书·束皙传》《太平御览》《古本竹书纪年辑校今本竹书纪年疏证》】

后羿代夏

（一）太康失国

【阶级社会的私有化、家天下，从根本上改变了中国天子的人民领袖性质。天子有至高无上的权力，可以不劳而获使用大量财富，谁不垂涎？然而不劳而获又导致天子不珍惜王位，贪图享乐，荒废朝政，这才出现了帝太康失国，后羿代夏。】

帝启去世，长子太康继位，成为第三代夏朝天子。

中国在夏商周三代之前，姓与姓氏是分开的。姓从母，姓氏从父。同姓，代表出生于同一个母系部族；同姓氏，代表出生于同一个父系氏族。大禹被封"夏后氏"，所以太康从母姓，叫"姒太康"；从父氏，叫"夏后太康"。

帝太康元年，在今河南洛阳偃师的二里头村，一个叫斟鄩（zhēn xún 音同真巡）的地方，建立了自己新的夏都。斟鄩是夹在洛河与伊河之间的高岗，有一条鄩罗水来自东南，在岗前南面向西北流去，缓缓斟入洛水；那伊河自西南而来，也在高岗之南向北流入洛河。斟鄩所在的高岗，就像是一个酒壶，鄩罗水如同这个酒壶上的壶嘴，把斟鄩高岗中的"酒水"缓缓注入洛水之中。

斟鄩在夏朝历史中扮演了极为重要角色，不仅是太康、仲康以及篡夺帝位而"代夏"的后羿都城，而且在几百年之后，又成了夏朝末代帝王夏桀的都城。20世纪50年代，根据古籍中被西方学者认为的那些非"信史"的文字记载，考古工作者确定了斟鄩的具体位置，第一次揭开夏朝神秘面纱，让全世界在光天化日之下，看到了一个真真切切的中国夏都，由此可见中国古代典籍的可信程度有多么高。

如果说，帝启算是位有才干、有能力的开国枭雄，那么太康则完全依靠血缘关系继位，是中国首位既无德又无能的昏君。太康自小跟着父亲夏启一起玩耍，即位后的生活比夏启晚年还要享乐好色，只顾喝酒、射箭、游玩，不理国家政事，一旦打猎兴头上来，甚至百日不归，引起了官员和方国诸侯的极大不满。

正当帝太康失去民心的时候，有穷氏族从今河南滑县之东的鉏（chú 音同锄）地迁徙到了穷石。"穷石"即"穷谷"，位于今河南孟州市之西，那里是今河南省黄河以北的地区，属于冀州。

有穷氏族为东夷族群，首领叫后羿，族人在上古时以捕鸟为食，以鸟羽为衣，所以善射。传说帝尧时代十日并出，东夷人后羿为民除害，射杀了9个太阳，成为中华民族千古传唱的射日英雄，从此，有穷氏族历代首领都叫后羿。为了区别后羿首领中的两位佼佼者，前者射日"后羿"被称为"大羿"，后者有穷国"后羿"被称为"夷羿"。本文中夏朝后羿是夷羿，与射日大羿虽非一人，却同样是射术高超者。

《帝王世纪》记载，没听说有穷氏族传于哪一母姓，只知这个氏族擅长射箭，早在帝喾（kù 音同酷）之前就执掌"射正"官职，主管弓箭。帝喾时代，有穷氏首领得到了天子颁发"彤弓素矢"，并在一个叫"鉏"的地方有了贵族封地。从虞舜至大禹，有穷国首领都担任"司射"官职。有穷国世袭司射官职的首领世代都叫后羿，帝太康时的后羿，手臂特别长，力气特别大，学于射箭名家吉甫，能射穿皮革，故而以善射而闻名天下。有一次，后羿与别人一起游猎，别人叫后羿射鸟雀的左眼，后羿引弓而射，误中了鸟雀的右眼，就为这，善射的后羿惭愧得抬不起头来，终生不忘。

夏朝后羿的射箭技术虽然高超，但内心却并无当年射日后羿的无私。西汉《说苑》记载，有一次，帝太康以直径为一寸的兽皮为箭靶，让他射击，说：你射这个靶子，如果射中目标就赏你一万两黄金；如果射不中目标，就剥夺你所拥有的封地。后羿顿时紧张起来，脸色一阵红一阵白，胸脯一起一伏，怎么也平静不下来。他拉弓射出第一箭，没中；射出第二箭，又没有中。帝太康奇怪地问大臣弥仁：这个后羿平时射箭百发百中，为什么今天连射两箭都脱靶了呢？弥仁答：若羿也，喜惧为之灾，万金为之患矣。意思是就像后羿这样的人，也是喜欢和惧怕为灾，万金为害。如果人们能够把喜惧遗弃，把万金厚赏置之度外，那么天下人都不会比后羿差的。夏朝后羿的这个故事，如今《后羿射箭》成了中学教科书文言文阅读教材。

后羿迁到今河南孟州市的穷石之后，发现帝太康的玩忽职守，不仅引发了广大诸侯不满，就连庶民都起了二心，便野心勃勃地图谋篡夺夏王政权。他捕捉到帝太康北渡洛水打猎的机会，亲率军队，闪电一般地攻破了夏都斟鄩，帝太康却还在打猎，一无所知。

帝太康带着大批猎物兴高采烈地回家，正要南渡洛水，发现南岸全都是后羿军队，拦住了归途。此时，方国诸侯都不满意帝太康的荒唐，也惧怕后羿，谁也不来帮忙。帝太康手里没有军队，毫无办法，只好留在洛水北岸，在一个叫阳夏的地方筑了一座土城居住下来，过起了凄惨的流亡生活。

夏初之时，阳夏属豫州戈地。秦汉时期，阳夏是中原名城，兵家相争之地，也是秦末农民起义军领袖吴广的故乡。公元 587 年隋文帝时，因太康之故，改阳夏为太康县，沿袭至今。太康县今归属河南周口市。

阶级社会的私有化、家天下，从根本上改变了中国天子的人民领袖性质。天子有至高无上的权力，可以不劳而获使用大量财富，谁不垂涎？然而不劳而获又导致天子不珍惜王位，贪图享乐，荒废朝政，这才出现了帝太康失国，后羿代夏。

（二）五子之歌

【《五子之歌》反映出大禹执政为民的崇高理念和帝尧驻守冀州的战略眼光，同时表明，虽然夏朝进入阶级社会，但从炎黄到尧、舜、禹，先祖们共同创立的原始公有道德文化，还在继续产生着巨大而深远的影响。】

帝太康的 4 个弟弟侍奉着母亲，与帝太康在一起过着流亡生活。一天，4 个弟弟在一个叫洛汭（ruì 音同锐）的地方翘首盼望外出未归的帝太康。汭，是河流汇合或弯曲处。洛河汇入黄河的地方，古时称"洛汭"。弟弟们在等待之时，想起了祖父大禹等先辈领袖，对比帝太康所作所为，不禁心中起怨，作《五子之歌》倾诉眼前的凄凉悲哀。

《五子之歌》共有 5 首，第一首："皇祖有训，民可近，不可下，民惟邦本，本固邦宁……"皇祖，指帝太康兄弟们的祖父大禹，这是在唱大禹当年的教诲。大禹说：民众可以亲近而不可看轻，民众是国家根本，根本牢固国家就安宁。我观察天下，愚夫愚妇也有某一种能力取胜于我。一个人失误多次，难道要等民怨显明的时候才去考察吗？应该在民怨尚未形成之时就去考察。我治理天下的广大民众，恐惧得像用坏绳子驾着六匹马，作为人上之人，怎么能对治理国家不敬不怕呢？

作为夏朝国家领袖大禹，其思想放到今天，就是"执政为民、为人民服务"。如此先进的中国传统文化，可能永远也不会过时。

第二首，弟弟们指责太康的行为："训有之，内作色荒，外作禽荒。甘酒嗜音，峻宇雕墙。有一于此，未或不亡。"祖父的教诲这样昭彰，太康你却在内迷恋女色、在外迷恋游猎。整天喝酒、嗜好音乐，建造高大的殿宇，还要雕饰宫墙。这些奢靡的事情只要有一桩，就无人不被灭亡！

与欧洲奴隶主相比，帝太康的生活其实算不上奢靡。可是在中国，勤俭节约、艰苦朴素是为君之正道，可见中国奴隶社会明显受到了原始氏族公有社会文化的道德制约。

第三首，弟弟们指责帝太康背弃了帝尧的政纲："惟彼陶唐，有此冀方。今失厥道，乱其纪纲，乃底灭亡。"陶唐帝尧据有冀州之地，现在太康废弃了帝尧的治理世道方法，紊乱了帝尧的政纲，就是自取灭亡啊！

夏朝前后，冀州山西一带的战略地位不亚于豫州河南，为众多古帝王的都城所在地。尧13岁封于今山西临汾的陶地，15岁辅佐兄长帝挚，改封于今山西太原的唐地，号为陶唐氏。帝尧20岁代替帝挚为天子，定都于今山西临汾的平阳，始终没有离开过冀州。

冀州是帝尧的管理中心，同样也是夏朝的管辖核心区域，大禹深谙此道。当年大禹所得到的夏后氏封地叫阳城，在今河南郑州的"阳城遗址"，属于古豫州。但是夏朝的国都却不在豫州阳城，而是在冀州安邑，那里是今山西夏县的"禹王城遗址"。

帝启的新都叫夏邑。"夏邑"也叫"阳翟"，位于今河南禹州附近，属于豫州。《竹书纪年》记载："帝启元年癸亥，帝即位于夏邑，大飨诸侯于钧台。诸侯从帝归于冀都，大飨诸侯于璇台。"意思是，帝启在豫州的夏邑登基，"钧台之享"刚一结束，众诸侯就跟随他去了冀州的旧夏都，再次于璇台举行国宴。钧台不是璇台，冀州也有夏朝国都，可见帝启对于冀州的战略地位也是十分清楚的。

夺取帝太康之位的后羿，其有穷国位于今河南孟州市之西，那里属于今河南省黄河以北，为冀州。所以弟弟们责怪帝太康缺乏帝尧那样的战略眼光，整天居住在今河南偃师的豫州夏都斟鄩。他们认为，帝太康放弃了帝尧时代对冀州的管控，也就是废弃了帝尧的政治之道和纲纪，肯定是自取灭亡。

第四首，是帝太康弟弟们的集体"合唱"："明明我祖，万邦之君。有典有则，贻厥子孙。关石和钧，王府则有。荒坠厥绪，覆宗绝祀！"我们辉煌的祖父啊，是万国的大君。制典章、定法度，传给自己的子孙。征收关税和田赋均衡公平，使得帝王的府库丰殷。现在太康你废弃了祖先的传统，就是在断绝整个宗亲的祭祀！

弟弟们责怪帝太康废弃了祖父的公平征赋，所以才让整个夏后氏宗亲走向被灭族的悲剧。这说明，帝太康失国的真正原因，是贡赋和劳役剥削过甚。

最后一首是帝太康本人的哀叹："呜呼曷归？予怀之悲。万姓仇予，予将畴依？……"太康唱道：唉！哪里可以回归？我的心情伤悲。现在成千上万的贵族百姓都在仇恨我，我可以依靠谁？我的内心多么郁闷！我的颜面多么惭愧！我没有谨慎实施祖德，即使悔改又岂可挽回？

夏时有姓氏的均为贵族，无姓氏的庶民均受有姓氏的方国诸侯管辖。帝太康之所以会说"万姓仇予"，是因为无人依靠。诸侯都有自己的方国军队，如果此时有诸侯出手相助，他又怎么可能失国呢？失人心者失天下，此时后悔莫及，的确太晚了。

帝太康执政短短 4 年。后羿入住斟鄩后，帝太康流亡阳夏，很快就病死了。帝太康葬于今河南太康县的阳夏，那里至今有太康陵，是汉代建的墓冢。太康陵为圆形，古时极其高大，年久颓废，现高 4 米，周长 8 米多。

《五子之歌》至今保存在中国最早的文献《尚书》之中。歌词反映出大禹执政为民的崇高理念和帝尧驻守冀州的战略眼光。同时表明，虽然夏朝进入阶级社会，但从炎黄到尧、舜、禹，先祖们共同创立的原始公有道德文化，还在继续产生着巨大而深远的影响。

（三）娶妻神话

【后羿娶妻的故事有两则，一是嫦娥奔月、二是洛神宓妃。两则故事虽为古籍记载的超自然和超现实历史神话，却深深影响了中国的传统习俗和文化艺术，长达几千年，直至今日中国。】

1．嫦娥奔月

很久以前，后羿到山中狩猎的时候，在一棵月桂树下遇到嫦娥，二人便以月桂树为媒，结为夫妻。后羿和妻子嫦娥原都是天上神人，因犯错而被罚下天庭，来到人间生活，所以后羿一直觉得对不起受他连累的妻子，便到西王母那里去求来了长生不死之药，好让夫妻二人在人世间永远生活下去。

后羿把不死药交给嫦娥保管，但他有个跟着学射箭的徒弟叫逄（páng 音同旁）蒙，听说之后就去偷药，偷窃不成欲加害嫦娥。情急之下，嫦娥吞下不死之药飞到了天上。嫦娥成仙后居住在月亮的广寒宫里，孤身一人寂寥难耐，并不快乐。她想起后羿平日对她的好处和人世间的温情，对比月宫里的孤独，倍觉凄凉。

月亮上有一棵桂花树，高五百丈，约一千六百多米，树下有一只玉兔和一个叫吴刚的人。吴刚因在学习仙术的时候违反了道规，被责罚砍伐月亮上的桂花树，他每砍下一刀，桂树的创伤便立即愈合，所以这棵桂花树怎么也砍不倒。嫦娥催促吴刚砍树、玉兔捣药，想配成飞升新药，与后羿在月宫早日团聚。

后羿在嫦娥奔月之后痛不欲生，月母之神被他俩真情感动，允许嫦娥在每年夏历八月十五的月圆之日，回到人间与丈夫在桂树下相会，据说民间好多人还听到过后羿与嫦娥在桂树下的窃窃私语呢。

另有说法，嫦娥告诉后羿：八月十五月圆之时，用面粉作丸，团团如圆月形状，放在屋子的西北方向，然后再连续呼唤，三更时分便可夫妻团圆。后羿按照吩咐去做，届时嫦娥果然从月中飘然飞回来。

也有这样的传说，月亮上的广寒宫空无一人，出奇的冷清，嫦娥在漫漫长夜中咀嚼着孤独的滋味，慢慢变成了月精，即白色蟾蜍，终日被罚，在月宫中捣不死药，过着寂寞清苦的生活。

蟾蜍与嫦娥的美丽形象相去甚远，俗称癞蛤蟆，皮肤粗糙，背上长满了大大小小的疙瘩，多隐蔽在阴暗清凉的地方，蟾酥和蟾衣是宝贵的中医药材。古人视嫦娥为蟾蜍属于青蛙崇拜范畴，完全是褒义。当时人并不像现代人那样认为蟾蜍丑陋，因为蟾蜍繁殖速度极快，是多子多孙多福气的象征，也是对母性最美的褒奖。工艺品在三四千年前的中国是不多的，但不少夏商王族古墓都把蟾蜍工艺品作为陪葬。

嫦娥奔月的神话在中国家喻户晓。而嫦娥的丈夫，有说是射日大羿，有说是夏朝夷羿，但在中国人的心目中，无论哪位后羿都是白马王子，不是英雄也算枭雄，嫦娥的丈夫究竟是哪个后羿并不重要。

世人都渴望美好团圆的幸福生活，中国由嫦娥奔月的神话形成了在每年夏历八月十五过中秋节的古老习俗。直到今天，每年中秋节全国公休放假一天，人们做月饼祭祀嫦娥，希望家人平安团圆。

宋代词人苏东坡在流放生活中，中秋之夜遥望明月而思念亲人，留下了"但愿人长久，千里共婵娟"的著名词句，引无数文人骚客共鸣，词中"婵娟"即指月亮中的美女嫦娥。

嫦娥与后羿的故事出现在历史典籍《山海经》《淮南子》中，东汉学者高诱注解《淮南子》时，明确指出嫦娥为后羿之妻。

2．洛神宓妃

传说洛神宓（fú 音同扶）妃也是后羿的妻子，这段神话与嫦娥奔月同出自于先秦时代，最早见于战国屈原诗集《楚辞》。

宓妃为宓国女子，是中华人祖伏羲美丽的小女儿。伏羲为风姓，上古"宓"与"伏"通用，亦称"宓羲氏、伏羲氏"，其后代子孙简化为单姓"宓氏、伏氏"，世代相传。

洛河是黄河下游的主要支流，宓妃因迷恋洛河两岸的美丽景色，降临人间，居住在洛河岸边的"有洛氏"族人之中。宓妃教有洛氏人结网捕鱼，还把从父亲那儿学来的狩猎、养畜、放牧的好方法也传授给了人们。劳动之余，宓妃拿起七弦琴，奏起优美动听的乐曲。

不巧，宓妃悠扬的琴声被黄河之神河伯冯夷听到，便潜入了洛河。河伯冯夷为宓妃的异常美貌所吸引，化成一条白龙，掀起轩然大波，让洛河洪水吞没了宓妃。就这样，宓妃被关入河伯冯夷的水府深宫之中，终日郁郁寡欢。

后羿听说了宓妃的遭遇，非常气愤，潜入水中，将宓妃救出回到有洛氏。天长日久，后羿与宓妃产生了爱情。

宓妃被救，河伯冯夷窝了一肚子火，又听说了后羿与宓妃的恋情，更是恼羞成怒。他化作白龙潜入洛河，吞噬了许多田地、村庄和牲畜。后羿怒火填膺，为民除害，一箭射中河伯冯夷的左眼。河伯冯夷仓皇而逃，跑天帝那儿去告状。其实天帝早已知道所发生的一切，并没有向着祸害民众的河伯说话，反而封后羿为宗布神，封宓妃为洛神，以奖励他们勇于帮助人类。河伯灰溜溜地打道回府，后羿与宓妃便在洛水边的有洛氏居住下来，过上了美满幸福的生活。

夏朝许多氏族以"有"开头，"有"只是个语气词，虽然没什么意义，却可以成为夏朝方国的证据。宓妃生活在有洛氏，夏朝后羿是有穷氏部落首领，夏朝还有"有仍氏、有娀氏、有易氏、有莘（shēn 音同深）氏、有缗（mín 音同民）氏"等，所以宓妃的丈夫后羿应该是夏朝夷羿。而夏朝河南一带的黄河之滨，的确有一个大名鼎鼎河伯方国，其诸侯叫冯夷，神话与历史在这里是重合的。

在中国，洛神宓妃远不如奔月嫦娥的名气大，因为这原本就取自明末神话小说《七十二朝人物四书演义》。真正使洛神宓妃扬名的并不是后羿，而是汉魏三国时才高八斗的大文豪曹植。曹植是汉末丞相曹操的小儿子，公元两百多年时，他路经洛河之畔，凭借丰富的想象力，写下了千古不朽的美文《洛神赋》，其间只讲自己与美女洛神的浪漫情，压根就没有后羿的什么事儿。

曹植笔下的洛神不施脂、不敷粉，美得令人炫目：姿态翩然，若惊飞的鸿雁；婉约柔美，若游动的蛟龙；秀美的颈项，露出白皙的皮肤。她肩窄如削、腰细如束、长眉弯曲细长、红唇鲜润、牙齿洁白，有一双善于顾盼的闪亮眼睛，面颊上有两个甜甜的酒窝。洛神宓妃姿态优雅妩媚，举止温文娴静，情态柔美和顺，语辞得体可人。就是这样一种不化妆、不张扬，更不施加任何整容的自然美，才是中国千百年来公认的美女典范，也是"翩若惊鸿"的洛神千古不朽的真正原因。

公元三百多年，东晋大画家顾恺之，根据曹植《洛神赋》创作而成的巨幅中国画——洛神赋图，成为中国历朝历代传世国宝级别的珍贵文物。

后羿娶妻的两则故事，虽为古籍所记载的超自然和超现实的历史神话，却深深影响了中国的传统习俗和文化艺术，长达几千年，直至今日中国。

主要参考文献

【《古本竹书纪年辑校今本竹书纪年疏证》《尚书今古文注疏》《左传全译》《帝王世纪辑存》《诗经楚辞鉴赏辞典》《史记》《淮南子》《山海经》《七十二朝人物四书演义》】

王权争夺

（一）仲康当政

【夏朝即便有后羿反叛，诸侯与王室之间也不是并列关系的"邦联"国家。帝仲康名正言顺地下令废除失职诸侯的官职，并授命其他诸侯率领夏王六师之军征伐。尽管帝仲康最终还是被诸侯后羿再次篡位，一统国家的官僚机构也只是换了"夏王"而已。】

后羿以夏朝诸侯官员的身份废黜了天子太康，却并不喜欢管理国家，所以逼帝太康把帝位禅让给弟弟仲康。

回归斟鄩之后，帝仲康成为夏朝第四代天子，据说条件是：夏朝王室不但要免除后羿有穷方国的全部赋税，而且反过来，夏朝王室每年要向有穷国缴纳赋税。

帝仲康不甘心国家政权受控于有穷氏，立即强化朝廷夏后氏常备军队，任命胤（yìn 音同印）国诸侯胤侯为大司马，掌管国家六师之军。

帝仲康 5 年秋天，出现了日全食。中国古人把日食叫作"天狗吃太阳"，预示国家将有灾难发生，很可能会危及国家的命运和天子的生命。管理历法的羲和天文官有责任做到提前预报，日食发生之时应立即擂鼓醒世，举行祭日仪式。而这年的日食，羲和不仅一无所知，而且于日食发生之时在家中沉溺于喝酒，对天上发生的大事不闻不问。

传说远古时有羲和之女为天帝之妻、十日之母，所以后代掌管天地四时的历法官员便都叫"羲和"，此官职在尧舜时代，就由羲和氏族世代相传。

羲和的严重渎职，成为帝仲康杀一儆百、重塑帝威的时机。大司马胤侯忠心耿耿，受命率军讨伐羲和，作誓词《胤征》申明大义。胤侯通告众士，如今帝仲康已经成为天子，开始治理四海、掌管天下大事了，我授命，率领夏王六师之军征伐羲和。

胤侯交代了征伐羲和的司法依据：大家听好了，圣人有"谟训"，为世代定国安邦的执法明证。先王能够以谨慎态度对待上天的警戒，他的大臣们也都做到了遵守纲常宪法。只要百官能够谨遵辅佐君王的道理，君主也就能够非常圣明。每年首月孟春，都有手持木铎（duó 音同夺）大铃铛的官员上路，向路人宣布君主的教令，官长们互相规劝，百工之官也用一些技术上的事情向君主进谏。他们中如果有不恭顺的，国家就要对其使用纲常刑罚。

接着，胤侯通报征伐羲和的理由。他说，羲和颠覆了作为人臣的良好品德，整天沉醉在酒中，背叛官职，擅离职守，扰乱了日月星辰，长期放弃司责。秋季的月初，太阳本不应该出现在星宿"房"的位置，结果却出现了日全食。当时，乐官击鼓警示，掌管国币的啬（sè 音同色）夫官员奔驰，以便赶紧取出钱币礼敬神明，就连庶民们都在快跑，只有诸侯羲和尸位素餐，占着掌管天文历法的官位毫无所闻，对天象情况昏迷到了一无所知的程度。这就牵扯到了先王关于诛杀的王法。国家《政典》曰："先时者杀无赦，不及时者杀无赦。"如果天文官员所制定的历法不准确，先于天时杀无赦；后于天时也要杀无赦。现在我将率领你们众士，去奉行的是上天对羲和的惩罚。你等众士要与王室同心协力，认真辅助我去执行帝仲康的威严命令！胤侯这段讲话显示，夏朝具备比较完备的国家官僚机构，官职司法严明，即便刚刚发生过政变，国家依旧可以按照既定程序运行。

胤侯还强调了征伐纪律，不允许胡乱杀人，他说：出产宝玉的昆山如果被火焚烧，宝玉和石头同样会被毁灭；天子的官吏如有过恶行为，害处将比猛火更甚。我们应当消灭的是为恶之首羲和，对胁从的人就不要惩治了；过去染有污秽习俗的人，也都要允许他们悔过自新。啊！严明胜过慈爱，就真能成功；慈爱胜过严明，就真会无功。你等众士要努力戒慎呀！胤侯的讲话充满了中国原始氏族社会保存下来的仁德文化，率军征伐羲和，只杀掉了罪臣诸侯羲和一人，并未开罪其族人。

一次平常的日全食，夏朝居然引发出一场罢免官员、废除诸侯的征伐。这是中国首次出现关于日全食的历史记载，被考证为有可能出现于公元前 2019 年 12 月 6 日，或者出现于公元前 1970 年 11 月 5 日。这两个时间，比《巴比伦年代纪》的日全食记录和叙利亚考古发现的日食记录，都要早很多，是目前所知人类最早的日全食观察记录。中国古代天文学是当时人类中最先进的，夏朝历法是中国农历的基础，4000 多年后的今天还在使用。

羲和被杀的第二年，帝仲康赐封昆吾国君为"伯"，人称夏伯。夏朝昆吾氏是帝颛顼后代，其祖先最初居住在今山西安邑一带。帝喾当政后，封帝颛顼的第六代子孙樊为"己"氏，己樊便成为昆吾方国第一代诸侯。因己樊被封于当年颛顼的都城、今河南濮阳之东南的昆吾之虚，故称其方国为昆吾。虚，是大丘的意思。夏伯，为己樊的后人。

夏朝王室力量逐渐增强，帝仲康自以为可以与后羿抗衡，便宣布：朝廷不再向有穷国纳贡，并命令有穷国恢复向夏后氏王室交纳税赋！

诸侯后羿被深深地激怒，再次率领有穷国军队入侵夏朝都城斟鄩。有穷国军队如狼似虎、十分骁勇，夏军六师节节败退、不堪一击。帝仲康失败后很快去世，执政时间仅短短 7 年。今河南太康县不仅有太康陵，还有仲康陵。

夏朝即便有后羿反叛，诸侯与王室之间也不是并列关系的"邦联"国家。帝仲康名正言顺地下令废除失职诸侯的官职，并授命其他诸侯率领夏王六师之军征伐。尽管帝仲康最终还是被诸侯后羿再次篡位，一统国家的官僚机构也只是换了"夏王"而已。

（二）后羿被害

【阶级社会贫富悬殊极大，对财富和权力的渴望，使得政治阴谋层出不穷。后羿步帝太康后尘而荒废政务，寒浞篡权霸妻，上古奴隶社会政治斗争的阴险毒辣，令人发指。】

帝仲康去世后，其子夏后相被迫逃离斟鄩，居住到今河南商丘。后羿入住夏朝都城斟鄩，以有穷方国诸侯身份占据夏朝王室，《帝王世纪》记载其"羿遂袭帝号，是为羿帝"。

后羿其实并不想执政当夏王，因为他与帝太康的秉性一样：讨厌政务、不修民事，只对打猎射杀感兴趣。

后羿自恃有善射本领，认为夏后相不构成威胁，便不理政务，对民众的事情漠不关心，全然忘记帝太康是因为贪射而被自己钻了空子。为了满足个人嗜好，后羿经常外出狩猎，特别喜欢和野兽在一起玩耍，甚至荒唐到与原野上的野兽淫乱的地步。

后羿原有一批跟随他出生入死的忠臣，可是当上夏王之后，就根本听不进任何忠告了，《左传·襄公四年》说，后羿把武罗、伯困、熊髡、龙圉（yǔ

音同雨）等一批忠臣革职，将国家政事全部交给一名叫寒浞（zhuó 音同卓）的亲信来打理。

寒浞，为东夷部族寒方国诸侯伯明氏之子。寒国，位于今山东潍坊的寒亭一带，始祖哀创造了驾车技术，曾为黄帝驾驭马车。寒浞没能继承祖先的荣誉，品行不端，喜欢说陷害别人的坏话，被父亲伯明氏驱逐出境。无家可归的寒浞，投奔同为东夷部族的有穷国，被后羿收留并受到重用，最后成为后羿最信任的助手，得到了一人之下万人之上的"相"官位。

寒浞奸诈邪恶，喜欢花言巧语，善于顺着后羿的性子说话。他鼓励后羿专门以打猎为乐，从而达到架空后羿的目的。对内，寒浞向后羿的妻妾家人献媚；对外，寒浞广施财物、培植个人党羽。寒浞最后不仅篡夺了国政实权，而且占有了后羿家室，王室从外到内，无人不顺服于他。

被架空的后羿毫无感觉，自认为有再造之恩，对寒浞深信不疑。他每日打猎作乐，在最后一次打猎的归家途中，毫无防备地遇害至死。

关于后羿的被害过程有多种记载：

一是寒浞与后羿的小妾"纯狐"内外勾结，寒浞亲自用桃木大棒从背后将后羿打死。

二是后羿弟子逢（páng 音同旁）蒙所为。关于作案动机，有说逢蒙受寒浞指使，有说逢蒙出于嫉妒之心。逢蒙向后羿学射箭，当把功夫学到手之后，便觉得天下只有后羿一人功夫比自己高了，于是用暗箭射死了后羿。还有记载，说逢蒙用桃木大棒把后羿打死的。

虽然后羿被害的细节众说纷纭，却都是死于恩将仇报，根子只能是寒浞。因为后羿即便是被弟子逢蒙害死，从死后受益人情况来看，只有寒浞一人。

后羿死后，早已归顺寒浞的后羿家人将其大卸八块，放在锅里烹煮。肉煮熟了，寒浞命人端到后羿儿子面前逼其吃掉，后羿之子如果吃了，就表明彻底背叛父亲而站到了寒浞一边。后羿之子不忍心吃父亲的人肉，结果被杀死在有穷国的城门口……

后羿父子死后，寒浞以有穷国诸侯身份居住在夏都斟鄩，霸占了后羿所有的妻妾，并让她们为自己生儿育女。

阶级社会贫富悬殊极大，对财富和权力的渴望，使得政治阴谋层出不穷。后羿步太康后尘而荒废政务，寒浞篡权霸妻，上古奴隶社会政治斗争的阴险毒辣，令人发指。

（三）无王时代

【寒浞专权统治中国几十年，夏朝还是原来的那个国家管理体制，夏王却不是正统天子传承。后代史官不承认寒浞改朝换代，而将这段时间定性为国家的无王时代。无王并不是国家没有领导人，而是没有名正言顺的天子。】

帝仲康去世之后，其子夏后相逃离斟鄩而去了商丘，依靠今徐州附近的邳国诸侯邳侯。

商丘是今河南省的直辖市，历史悠久，故事太多，历经4千多年没有更名，世界罕见。商地与邳地接壤。邳国先祖叫奚仲，为中国造车鼻祖，辅助大禹治水有功而担任了夏朝车正之官，被大禹封于邳地，所以夏后相会希望依靠邳国。

年轻的夏后相在商丘有了底气，宣布继承夏后氏王位，成为第五代夏朝天子，但这只能算是个流亡政府。

帝相元年，帝相立即率军向东方的九夷诸国发动进攻。东夷是中国东方最古老的部落群，后来发展出许多氏族，其中九个氏族：畎（quǎn 音同犬）夷、于夷、方夷、黄夷、白夷、赤夷、玄夷、风夷、阳夷等最为强大，统称"九夷"。东夷部族远不止这9个，比如后羿的有穷国、寒浞的母国寒国，都属于东夷。

帝相首先征伐淮夷和畎夷；第二年，帝相征伐风夷和黄夷；到了第七年的时候，东海于夷前来商丘主动归顺，可见帝相人虽年轻，却并非等闲之辈。与此同时，寒浞也在南征北战，帝相的实力远不如寒浞，没有能力夺回夏都斟鄩。此时夏朝国家在寒浞手里，帝相的实力相当于普通诸侯。

帝相8年，寒浞谋杀了后羿父子，霸占了后羿妻妾，十分倚重两个儿子。这两个儿子一个叫"豷"（yì 音同意），猪喘息的意思，一个叫"浇"（ào 音同傲），刻薄的意思，他们依仗寒浞之势，奸诈邪恶，对百姓不施恩德。寒浞分封骁勇善战的儿子浇，为今山东莱阳东夷部族的过（guō 音同锅）国新诸侯。

帝相9年，帝相去了斟灌国，得到斟鄩国和斟灌国的帮助。这两个方国诸侯与夏后氏同为"姒"姓。

斟灌国在今河南商丘东北的濮阳帝丘。帝丘，因帝喾葬于此而得名。

斟鄩国的名与夏都"斟鄩"一样，最初也在今河南偃师二里头。夏都斟鄩之地，曾经是斟鄩方国的领地，后来斟鄩国迁到了今山东潍坊的平寿，所以夏都斟鄩与斟鄩国不在一个地方。

帝相 20 年，寒浞灭掉今山东北部的戈国，把儿子豷（yì 音同意）分封到新戈国当诸侯。

帝相 26 年，寒浞灭夏后氏的战役终于打响。寒浞命令儿子浇出兵，一举灭掉了斟灌国。帝相 27 年，寒浞派儿子浇乘胜追击，征伐斟鄩国。双方大战于今山东潍坊市境内的潍河之上，浇的军队掀翻了斟鄩氏的战船，斟鄩国也战败而亡。

斟灌国和斟鄩国相继被灭，帝相失去了长期帮助自己的左膀右臂，逃离帝丘，躲在附近的窦地。

寒浞的目的是要将夏后氏斩尽杀绝，自己成为真正的夏朝天子。帝相 28 年，寒浞再次派儿子浇出兵，去窦地杀掉帝相。帝相拼死抵抗，终因势单力薄，抵挡不住浇的强大攻势而身亡。

帝相始终在为恢复夏后氏对夏朝的统治而不懈奋战，在艰难困苦中度过了 28 个流亡岁月，终因军事力量不足而被寒浞所灭，但却比他的伯父帝太康强很多。

帝相为寒浞所杀，当时没有王子能够活着，夏朝彻底控制在了寒浞手中。大功告成之后，寒浞使用后羿的“有穷氏”名号，专权统治中国几十年。夏朝还是原来的那个国家管理体制，夏王却不是正统天子的传承。后代史官不承认寒浞改朝换代，而将这段时间定性为国家的无王时代。无王并不是国家没有领导人，而是没有名正言顺的天子。

主要参考文献

【《古本竹书纪年辑校今本竹书纪年疏证》《尚书今古文注疏》《左传全译》《诗经楚辞鉴赏辞典》《史记》《帝王世纪辑存》《淮南子》《墨子》】

少康复国

（一）死里逃生

【少康死里逃生后酿出杜康美酒也许出于偶然，但对于肩负复国使命的王子来说，又是必然。正如宋代欧阳修所言："得其大者可以兼其小。"少康通达复国中兴的人生大道理，也就自然明白日常所为的小道理，然后才有脚踏实地做好每一件事情的原动力。这不仅是少康中兴的成功基础，也是天下有志者共同的思维方式。】

寒浞自以为将夏后氏子孙斩尽杀绝，却万没想到帝相的妻子后缗（mín 音同民）已经怀孕。战争硝烟四起之时，帝相的妻子后缗提前从墙洞中爬出去，在帝相臣子伯靡的帮助下，逃出了帝丘窦地。

离开窦地之后，伯靡投奔今山东的有鬲（gé 音同隔）方国，后缗则逃回娘家有仍方国避难。

有仍国位于今山东济宁附近，据说祖先是人祖伏羲，为中华上古时代四个"风"姓古国之中最古老的一个。有仍氏早于夏后氏而成为贵族，有仍国在夏朝时富庶而强大。

后缗在娘家产下了遗腹子少康，之后母子俩隐姓埋名。少康长大后，在有仍国担任"牧正"。夏商周时代，掌管畜牧事务的官员叫"牧官"，牧正是牧官的上级领导，有点小权。但少康没有满足，因为他从母亲口中得知祖上失国的惨痛经历和家族惨不忍睹的血泪历史，对寒浞父子恨之入骨，立志夺回夏朝天下。

利用担任"牧正"之便，少康一面管理畜牧，一面练兵习武。终有一天，还是被发现了，寒浞之子浇（ào 音同傲）派手下人"椒"，去有仍国秘密寻找少康。时刻保持戒备之心的少康事先得到情报，逃到了今河南商丘虞城县西南的有虞国，改名换姓叫"杜康"，这才躲过了杀身之祸。

作为一名夏朝王子，随时都有杀身之祸，不得不生活在恐惧之中，命运真还不如普通庶民！但帝王后代流离失所、历经苦难，也未必全都是坏事。三国魏时的曹髦（máo 音同毛）是曹操的曾孙，写《少康·汉高祖论》言：如果少康没有离开夏室王庭而流落异地，或许之后也就不能恢复大禹的业绩了……

少康避难的有虞方国，历史非常悠久。有虞氏始祖叫"虞幕"，也叫"穷蝉"，是黄帝曾孙，因制作乐器有功而被黄帝封在虞地，取地名为"有虞氏"。帝舜为有虞氏后裔，所以也叫虞舜。

有虞国有两个母姓，一是帝舜的母姓"姚"，二是帝尧的两个女儿嫁给帝舜之后，居住在妫（guī 音同归）讷之地，"妫"也就成了有虞方国的另一个母姓。帝舜最初在今山西省运城永济附近的蒲阪建都，因为要让大禹接位，便将儿子义均封于今河南商丘附近，从此有虞国便从今山西迁徙到了今河南，义均也被叫成了商均。

夏朝有虞国诸侯叫虞思。虞思任命少康担任"庖（páo 音同袍）正"官职。"庖"是厨房的意思，夏商周时代的厨师叫"庖人"，庖正是管理厨师、掌管饮食的官员。

少康聪明好学，在庖正职位上，先是发明了生产生活上急需的簸箕、扫帚等物品，继而又利用剩余饭食天热发酵的原理，以当地的高粱、泉水为原料，发明了秫（shǔ 音同蜀）酒。

秫，是黏性高粱，这种高粱秫酒是度数很高的浓香型白酒，大受人们欢迎，很快名声远扬，于是人们就以少康的化名"杜康"来命名此酒。

中国白酒作为世界著名的六大蒸馏酒之一，名声远播世界各地，而杜康酒是中华高粱白酒之源。少康造酒之后，经过历代酿酒者的精心调制，中国涌现出种类繁多的美酒佳酿，有白酒、黄酒、葡萄酒、果酒……目前中国只有啤酒酿造方法来自国外，其他各种酒都还在使用少康发明的酒曲酿造。用酒曲作为糖化发酵剂的酿酒方法为中华民族独有，所以直到如今，少康还在作为中华酒神而受到尊敬。

杜康酒是古代中国第一白酒，为皇室最爱，有无数著名诗人、词人在作品中提及。中国明确记载杜康造酒的古典文献有 20 多部，明确提及杜康的诗词歌赋有 100 多首。由于各种原因，如今此酒风光不再，"第一白酒"的地位被贵州茅台和五粮液所取代，但至今没有一种酒可取代其文学地位，曹操的《短歌行》依旧为千古绝唱："慨当以慷，忧思难忘，何以解忧，惟有杜康……"

少康死里逃生后酿出杜康美酒也许出于偶然，但对于肩负复国使命的王子来说，又是必然。正如宋代欧阳修所言："得其大者可以兼其小。"少康通达复国中兴的人生大道理，也就自然明白日常所为的小道理，然后才有脚踏实地做好每一件事情的原动力。这不仅是少康中兴的成功基础，也是天下有志者共同的思维方式。

（二）少康建军

【少康将一小块食邑作为根据地，建立军队和安抚旧臣。夏朝阶级社会血淋淋的历史让他明白：要想推翻寒浞政权，只有"枪杆子里面出政权"。】

在有虞方国，担任庖正的少康除害立功，得到了诸侯虞思的赏识，将其封在今河南登封颍阳的"纶邑"，送给他方圆十里的一片食邑封土，还把两个"姚"姓的女儿同时嫁给他，少康从此有了安身立命之地。

先秦《左传》中关于少康"有田一成"的记录，为夏朝实行井田制的证据之一。因为夏朝井田制中，一井面积为方圆一里，一百井为方圆十里，叫作"一成"，容纳 900 个庶民劳动力。在获得有虞诸侯封赏的一成土地的同时，少康也得到了在这片土地上辛勤劳作的农庶。中国农庶不是欧洲平民，他们没有完全的人身自由，诸侯可以在自己封土之内，将土地连同农庶，一起赏赐给自己的官员。

少康富裕了起来，却一天都没忘记复国大业。有了"纶邑"这片立足之地，他立即与先父的遗臣伯靡取得联系。

少康先父帝相遇难之时，伯靡帮助其母逃出窦地后，自己逃亡到了有鬲（gé 音同隔）方国，有鬲氏传说是功臣皋陶（gāo yáo 音同高姚）的后代。有鬲方国位于今山东德州市东南 25 里处，夏商时有鬲方国十分强大，西周初期被灭，其数量巨大的有鬲国人全部沦为奴隶。"鬲"由此成为奴隶代称，并刻于西周初期"矢令簋（guǐ 音同轨）"和"大盂（yú 音同于）鼎"等两大青铜器，这也是中国存在奴隶的佐证之一。

少康与伯靡共谋复国大业，分头行动。伯靡出面寻找斟灌氏和斟鄩氏被灭之时的"二斟"逃散族人，然后在有鬲国组建夏朝军队。"二斟"两国为支持帝相而付出了灭族的惨重代价，死里逃生遗留下来的族人，都对寒浞有血海深仇，成为太康复仇的忠实追随者。而少康则留在纶邑苦心经营，寻找流亡在外的夏后氏王朝旧吏，重新任命官职。少康四处收集受寒浞之害的夏民于麾下，组织训练，建立起一支 500 人"一旅"的复国军队。

纶邑土地肥沃、气候宜人，西有嵩山，北有具茨，南临颍水，是一个非常不错的安身立命之地，但少康怀有"复国兴夏"远大理想，拒绝普通小富即安的生活，将一小块食邑作为根据地，建立军队和安抚旧臣。在有虞方国诸侯虞思和老臣伯靡的帮助下，少康终于完成复国兴夏的重要步骤：建立起军队。夏朝阶级社会血淋淋的历史让他明白：要想推翻寒浞政权，只有"枪杆子里面出政权"。

（三）军事谋略

【少康为中国使用间谍第一人。他抓住寒浞不得民心，得不到诸侯国援助的有利条件，创造性地使用了军事间谍战，以弱胜强取得成功。在这个过程中，民心向背固然重要，军事谋略的高超也是决定性的。】

少康的复国军事步骤制定得十分周密，派先帝的遗臣伯靡率领斟鄩氏和斟灌氏余部，从有鬲国出发去讨伐寒浞，自己则带领有虞国纶邑封地组建起来的500人军队，去对付寒浞住在"过"（guō 音同锅）地和"戈"（gǔ 音同古）地的两个儿子。

少康的军队数量很少，如果硬拼，肯定要失败。少康的长处是具有超人的智慧和谋略，在中国军事古代史中，创造性地首次使用了间谍。少康派出的间谍名字叫汝（rú 音同如）艾。他前往过（guō 音同锅）国，来到浇（ào 音同傲）的身边，得到信任。

浇有一个同父异母的哥哥，是父亲寒浞与王妃"纯狐"的儿子。纯狐原为后羿小妾，与寒浞勾搭成奸，生下浇的哥哥。此子年纪轻轻就去世，留下了寡妻"女歧"。女歧年轻貌美，浇垂涎寡嫂美色，以借东西为借口，把女歧束缚住，让她不能动弹，大白天实施强奸。之后有一晚，女歧为浇缝衣裳，浇留宿与寡嫂同枕共眠，汝艾则派出刺客深夜到女歧的住处行刺，没想到错砍下了女歧的脑袋。

要想除掉浇，十分不容易。浇打仗勇猛，力气特别大，能在陆地上划旱船，跑得又非常快。他的铠甲精巧之极，既顺滑又坚固，后羿能射穿7层皮革，却唯独不能射穿浇的铠甲。

后来，汝艾得到了陪浇到原野狩猎的机会，又想出了新的计谋。畋猎释放猎犬追逐猎物的时候，汝艾突然发出信号，命令猎犬咬人，那些被汝艾训练过的猎犬立即向浇猛扑过去，死死咬住浇的喉咙。浇毫无防备，一下从马背上跌倒在地，汝艾迅速上前砍下了浇的脑袋，立即回去面见少康。

消灭浇之后，少康命令自己的儿子季杼（zhù 音同柱）征伐戈国，还是使用了引诱的办法，一举干掉了浇之弟豷（yì 音同意）。

依照太康的预订计划，伯靡率领有鬲氏和"二斟"余部从有鬲国出发，讨伐寒浞。此时的寒浞，早已忘记天下还有很多人在仇恨自己，放松了警惕和控制，舒舒服服地在夏都斟鄩过着不加设防的轻松日子。众多夏人一举捉拿寒浞，伯靡亲手杀掉了他，有穷氏灭亡……

就这样，从大禹建立夏朝开始，经过帝启、帝太康、帝仲康、帝相、帝少康等6代天子，大约百年时间，才算真正确立起夏后氏对夏朝的统治地位。

少康为中国使用间谍第一人。从军事力量对比看，少康不如寒浞父子。但他抓住寒浞不得民心、得不到诸侯国援助的有利条件，创造性地使用了军事间谍战，以弱胜强取得成功。在这个过程中，民心向背固然重要，军事谋略的高超也是决定性的。

主要参考资料

【《尚书今古文注疏》《左传全译》《诗经楚辞鉴赏辞典》《墨子》《吕氏春秋》《史记》《淮南子》《古本竹书纪年辑校今本竹书纪年疏证》】

夏朝中兴

（一）少康图治

【西方文化看重结果，中华文化注重过程。过程不符合社会道义，即便获得成功，中国社会也认为"不正"。帝启"私天下"而"位不正"，后羿、寒浞篡位则更加"位不正"，大禹玄孙少康"正"天下王位，人心归顺，夏朝方得中兴。】

寒浞政权灭亡之后，帝少康在今河南商丘附近的夏邑建立起新的夏朝都城。几千年过去，那里依旧为商丘下属的夏邑县。中断40年之久的夏后氏天子王朝终于恢复了，帝少康成为第六代夏朝天子。

夏朝从帝启开始，政权就不稳定，其重要原因，与帝启"私天下"，不少方国诸侯认为天子之位"不正"有关。后羿、寒浞控制天下之后，不仅没有恢复"公天下"，而且天子之位被东夷篡夺。东夷虽为华夏部族，但夺天子之位的手段更加不正，相比之下，"私天下"既成事实、不可改变，恢复大禹直系后代做天子，反而显得"名正"，让天下人心服。夏后氏王位自少康稳定，公认"位正"，夏后氏子孙继承了几百年之久。

帝少康元年，祭祖和祭祀上天的时候，帝少康正式宣布恢复祖先大禹所制定的典章制度，由此得到人心，天下诸侯纷纷来到夏邑朝拜。

帝少康没有忘记过去，把帮助过自己的有虞国诸侯、岳父虞思尊为"公"，虞公来到夏邑做客。第二年，九夷部族中位于东海之滨的方夷国诸侯也去夏邑做客了。

帝少康之母的娘家是有仍氏。有仍方国为少康出生之地，在最艰难的时候保护了帝少康母子。复国后，帝少康对有仍氏加封了一个任国，任国灭于战国时代。

帝少康自幼历经苦难，有丰富的基层工作经验，复国后勤政爱民，讲究信用，专心于农业水利。由于从太康开始的战乱长达百年之久，农田荒废，大禹时代国家管理农业生产的农官早就被取消了。帝少康3年，恢复了后稷氏族首领不窋

（kū 音同窟）的农官，任命其为田稷（jì 音同寄）。后稷和不窋都是周人始祖。

帝少康 11 年，商国诸侯冥被派出治理黄河。冥是殷商始祖。由此可见，无论殷商祖先还是周人祖先，均为夏朝天子所重用的朝廷官员。

帝少康 18 年，夏都从夏邑迁到了原城。原城在今河南济源市境内，因济水东边的源头出自于原城东北，所以取名叫原（源）城。

帝少康 20 年，重新恢复斟灌方国。新的斟灌方国位于今山东潍坊的寿光，可惜斟灌氏遗留下来的人口太少，最终没能成功。

为了夏后氏族的复位，斟鄩氏和斟灌氏牺牲了全部族人。帝少康将"二斟"残留后人封为斟氏、灌氏、寻氏等 3 个氏族。斟鄩国灭亡之后，其方国遗民有意将"鄩"去掉了右耳边旁，变成"寻"，以此为姓，作为新的血缘徽志。右耳旁"阝"是"邑"的意思，代表国都、城市、土地、国家，去"邑"为寻氏，表示全天下姓寻的人都是失去方国的寻国人，永远记住对寒浞的仇恨。

帝少康执政 21 年后去世，传位于儿子夏后杼（zhù 音同祝）。

帝少康埋葬于今河南太康县的阳夏，在祖父帝太康墓的东侧，人们将酿造杜康酒所用的八角槐花泉井，作为他的陪葬物。清乾隆 51 年立有夏少康陵碑，碑文存于太康县旧志。

中国进入夏朝之后，帝少康是唯一没有通过家族传位而获得王位的天子。他了解民间疾苦，经历无数磨难，付出巨大努力，所以能够谨遵祖上大禹的治国精神，厚待民众，兢兢业业地工作。帝少康让天下安定，社会由乱而治，夏朝出现了中兴的良好局面。

西方文化看重结果，中华文化注重过程。过程不符合社会道义，即便获得成功，中国社会也认为"不正"。帝启"私天下"而"位不正"，后羿、寒浞篡位则更加"位不正"，大禹玄孙少康"正"天下王位，人心归顺，夏朝方得中兴。

（二） 帝杼鼎盛

【报祭，是一种以屠杀罪犯奴隶作为牲畜的人牲祭祀。帝杼受到报祭，有可能是中国使用战俘奴隶来人牲祭祀的最早记载。】

帝杼（zhù 音同祝），也叫"伯杼、季杼、姒杼"。"杼"的意思是织布机梭子，含义为接续夏王传统。

帝杼在今河南济源市的夏都原城即位之后，成为夏朝第七代天子。5 年后，帝杼将夏都从原城迁到今河南开封市东部的老丘，迎来了夏朝由大治而鼎盛的辉煌时代。

老丘，是夏朝建都时间最长的国都。老丘作为夏朝的都城，共经历了六代天子，直到第十三代夏帝胤（yìn 音同印）甲时候，才再次迁都。夏朝约有 471 年的历史，其中的 220 多年，国家政治经济中心都是在今河南开封的老丘。4 千多年过去，如今老丘故地的开封市依旧为繁华闹市，而且城下有城，考古发掘下层，就会破坏了上层，所以老丘夏都的历史，如今只能从古籍中见识了。

帝杼精明强干，曾指挥父亲军队作战，消灭寒浞的儿子豷（yì 音同易）。夏朝存亡的历史让他深刻地认识到，只有建立一支由夏朝天子亲自掌握的强大军队，国家生存才有保证，所以帝杼比父亲帝少康更注重军队的建设。

当时战争的主要武器是弓弩射箭，为了减少伤亡，帝杼发明了兽皮盔甲。这种盔甲比较轻便，穿上后能抵挡敌人的刀箭，使战场伤亡大大减少。除此之外，帝杼还发明了冷兵器矛，使战场近距离拼杀能力大大增强。

帝杼 8 年，开始东征。在东征途中，帝杼收获了一只九尾白狐。

古语说"六合一统，则九尾狐见。""六合"指上、下、东、南、西、北，这里借指国家，意思是国家实现统一，九尾白狐也就出现了。当年大禹因见九尾白狐而娶了涂山氏女，之后天下大治。自大禹死后，夏朝各种吉兆全部消失，只有到了帝杼时代，才重新出现了如此祥瑞的征兆，预示夏朝国家疆域广袤与国力强盛，所以史官不能不将此事作为极其重要的历史事件记载下来。

帝杼一路攻打到了东海之滨，降服了包括三寿国在内的东夷诸国，扩大了疆域，夏朝进入到鼎盛时期。

帝杼 13 年，商国诸侯冥去世。商侯冥接受先帝少康之命而治理黄河，整整 23 年，活活累死在黄河。《国语·鲁语》记载"冥勤其官而水死。"商侯冥担任夏朝司空官，是大禹之后的又一位治水英雄，任官勤劳，死于水中。可见在夏朝帝太康和帝杼的时代，商国诸侯作为臣子，与夏朝王室戮力同心。

帝杼执政 17 年后去世，传位于儿子夏后槐。

帝杼为夏朝开疆扩土贡献巨大，夏朝后人对帝杼进行报祭。

中国上古时代的国家祭祀，起源于对祖先的崇拜，原则性很强，绝非任何天子都能得到最高等级的国家祭祀荣誉。《国语·鲁语》说，凡是以完善的法规治理民众的就祭祀他；凡是为国事操劳、至死不懈的就祭祀他；凡是有安定国家功劳的就祭祀他；凡是抵御重大灾祸的就祭祀他。国家祭祀的典章有 5 种，即"禘、祖、郊、宗、报"等。夏后氏禘祭黄帝、祖祭颛顼、郊祭尧、宗祭禹。《国语·鲁语》曰"杼能帅禹者也，夏后氏报焉。"夏后氏族人把帝杼看成与祖先大禹一样，是具有开疆拓土精神的伟人，也是最能继承大禹事业的帝王。在大禹之后的夏朝帝王中，只有帝杼一人享受到了国家祭祀的报祭荣誉，跨入到夏朝对黄帝、颛顼、帝尧、大禹的祭祀等级行列中，可见帝杼在夏朝时的地位高至何种程度。

报祭，是一种以屠杀罪犯奴隶作为牲畜的人牲祭祀。《说文解字》中，"报"只有一种意思，"当罪人也"、"服罪"；"祭"的意思是"以手持肉"、"祭祀"。夏商周时代的罪犯全都是奴隶，《说文解字》曰"隶，及也。""及，逮也。……及前人也。"就是说，隶，是被别人从后面向前抓捕到的人。可见古代的隶人都是罪人、战俘或逃犯。所以，报祭是杀罪犯奴隶以手持肉来祭祀。

朱绍侯主编的国家高校教材《中国古代史》说"夏王朝对外多次发动战争，他们常常把战争获得的战俘杀掉或用作人牲以祭祀。人祭在二里头夏朝遗址中已有发现，如在一些灰坑中发现有些人骨架身首异处，有的作捆缚状；往往数具骨架共埋一坑，或只有头骨和零星的肢骨。不少死者从掩埋情况看不像是自然死亡，可能是被虐杀或与祭祀活动有关。"

帝杼受到报祭，有可能是中国使用战俘奴隶来进行人牲祭祀的最早记载。

（三）守陵祭祖

【为大禹守陵4千多年的姒氏家族，创造了中华民族英雄家族的悲壮史诗。外国史学家惊叹，这是只有伟大的中国人才能创出来的最伟大的人间奇迹！】

夏朝后人对祖先大禹的祭祀一向非常重视。大禹去世之后，儿子帝启便在会稽山的南面建造了祭祀祖宗的庙宇，并派遣使者，按照每年祭礼节日，一年四季都到越地去祭祀父亲大禹。可是当太康失国之后，大禹的祭祀香火就因战乱中断了上百年。

帝少康去世之前，为了让后人永世不忘大禹的治国方略和光辉业绩，曾经把儿子夏后杼封在今浙江会稽山，主持大禹的祭祀活动。从此中国出现了以"会稽"为姓氏的大禹血统后代。汉代初年，会稽氏族迁到今安徽稽山，将"稽"去"日"加"山"改为"嵇"。从魏晋名人嵇康开始，其后裔子孙皆称"嵇氏"，世代相传至今。

还有一种说法是帝少康担心祭祀大禹的香火断了，把自己的庶出之子封在今浙江会稽山，封号"无余"，也有记载，封号"于越"，越国之名从此出现。

越王无余接受使命来到会稽山，将自己的封国都城安置在会稽山之南。大禹一生简朴，丧事办得非常简单，曾留下遗言埋葬以后，田地不要更改田埂，不要为了使死者安乐，就让耕种此田的生者劳苦。当地人传说，天帝嘉许大禹的德行和功绩，让群鸟飞来为山民耕耘，山民认为这些鸟儿就是大禹的化身，便叫它们"鸸（yú 音同禹）鸟"。善于耕耘的鸸鸟大小有别，进退也有一定的次序，鸟群一会儿来得多，一会儿来得少，来去都有一定的规律。当地山民乘机偷懒，全靠鸸鸟飞来给他们种地，长期过着原始人一般的生活。

越王无余来到会稽山之时，当地人全都居住在山上，没有房子。依从民俗，无余没有建造宫殿，而是用杂草盖个棚子居住。他与当地山民融合，断发文身，但一年四季都会按时到大禹的庙宇祭祀。

虽然会稽山有群鸟耕耘，却不足以糊口，夏朝国库的供给只能满足宗庙祭祀。无余带领山民开荒垦地以补充农田不足，还教山民追击禽兽野鹿以满足食用。

越王无余传了十多代，最后一代的能力太差，不仅没有依靠自己的力量有所建树，反而跟随山民当了个编入朝廷户籍的庶民，大禹的祭祀就这样断掉了。

又过了十多年，出现了一个刚出生就会说话的人，说鸟在喊"咽喋、咽喋"！又向着大禹庙宇的方向，手指上天说我是无余国君的后代！我将要重整先君的祭祀，恢复我们对禹墓的祭祀，我将为民众向上天求福，以连接通向鬼神之路！民众大喜，帮助他恢复了对大禹的供奉和祭祀，人们一年四季交纳贡品，拥立他重新建立越国，接续越王无余的后嗣。

此人号称"无壬（rén 音同人）"，恢复对大禹的祭祀之后，又安定群鸟，使得群鸟耕耘的吉祥征兆再次出现。无壬为民众保全生命而祈求上天，从这以后，越国便渐渐有了君臣之道，开始中兴。

越王无壬去世之后，儿子无瞫（shěn 音同沈）继位，无瞫专心守护和治理越国，没有辜负上天的使命。越王无瞫去世后，家族父子相传又不知过去了多少年、多少代，一直传到了越王夫谭。夫谭就是春秋时越王勾践的祖父……

越国从夏朝"无余"建国开始，到汉朝武帝时"余善"灭国，总共持续了1922年。无论时代如何动荡变化，无余后人对大禹的祭祀都没有停止，延续至今还在继续，长达4千多年，传为当代佳话！

距离今浙江绍兴东南6公里的会稽山，因埋葬着中国治水英雄大禹而建有禹陵、禹庙、禹祠。会稽山脚下的禹陵村，是一个专为守陵而建的村庄，村民们从古至今全部姓"姒"，辈分最高的是大禹的141世传人，老人每天都要在禹陵前走来走去，嘴里说着谁也听不懂的古越方言。

禹陵村的大禹后人一直以"活化石"的姿态顽强为大禹守陵，每年祭祀，都要念《尚书》中的《五子之歌》。战争、瘟疫、自然灾害，曾给他们带来灭族之灾，最凄凉的时候，阖族只剩下父子 3 人。至今这个古老的氏族在全世界也只不过千余人。1952 年，姒氏家族投书《解放日报》，反映禹陵古迹荒废的情况，得到政府重视。如今大禹陵成为旅游景点，禹陵村的姒氏家族已走上了富裕之路。

禹陵村世代为大禹守陵 4 千多年，这儿也许是中国最古老的村庄。为大禹守陵的姒氏家族，创造了中华民族英雄家族的悲壮史诗，今中科院已将其作为重点研究对象。有外国史学家惊叹，这是只有伟大的中国人才能创造出来的最伟大的人间奇迹！

主要参考资料

【《尚书今古文注疏》《左传全译》《诗经楚辞鉴赏辞典》《墨子》《吕氏春秋》《帝王世纪辑存》《史记》《淮南子》《说苑全译》《吴越春秋全译》《说文解字注》《古本竹书纪年辑校今本竹书纪年疏证》《朱绍侯主编·国家高校教材·中国古代史》】

由盛及衰

（一）黄金时代

【帝槐大肆建造"圜土"，说明夏朝的罪犯奴隶越来越多，需要加大看管控制的力度。所以，如果认为中国发展到夏朝社会，都还算不上阶级性质的国家，是缺乏历史事实依据的。】

帝杼（zhù 音同祝）去世后，传位于儿子夏后槐。

帝槐是夏朝的第八代天子。"槐"本指槐树，据说王室所用的黄色就是用槐花作为染料的。帝槐，又名"芬"、"芬发"，取夏季槐黄时节，槐花芬芳之意，同时也象征着夏朝黄金时代的到来。

帝槐继承先父帝杼事业而治理天下，国家昌盛。帝槐 3 年，九夷方国纷纷前来朝拜。

但是，国家昌盛并不代表社会矛盾不激烈。

黄河下游有一个古老的河伯氏族，河伯方国诸侯叫冯夷。神话中的河伯冯夷是黄河之神，而这里的河伯冯夷，则是黄河之滨河伯国诸侯的真实名字。

洛河古称雒水，是黄河的重要支流。洛河之滨也有一个古老的有洛氏族。有洛方国是后羿之妻宓（fú 音同扶）妃的家乡，帝槐时代，有洛国诸侯名字叫用。

帝槐 16 年，河伯冯夷与有洛国诸侯用发生了大战。此战结果，有洛国从此销声匿迹，而直到战国时代，古籍中还有河伯名字出现，可见河伯国吞并了有洛国。诸侯国之间的兼并战争，只要找到"正当理由"，始终被夏朝王室所默许。

帝槐 33 年，昆吾国诸侯的儿子被分封到了"有苏"。有苏方国在古冀州之域，国都在今河北邢台西南。此方国后来成为中国"苏"姓始祖，中国出名的商朝乱国王妃"妲己"（dá jǐ 音同达几），就是有苏国的美女。帝槐对有苏氏分封，是为了谋取昆吾氏"集团"对夏后氏王室的支持。昆吾氏为己姓，昆吾氏"集团"在夏朝中晚期十分强盛，有昆吾、苏、顾、温、董等，这批昆吾己姓方国，成为夏后氏各代帝王的左膀右臂。

夏朝不断完善阶级压迫工具，槐花盛开的黄金时代，并非对所有人都是美丽的。帝槐 36 年，国家大肆建造"圜（yuán 音同圆）土"监狱来囚禁罪犯奴隶。夏商周时代，罪犯和奴隶是可以画等号的，《说文解字》解释："奴、婢，皆古之辠人也。"辠，为罪犯。意思是，奴与婢一样，都是罪犯。

夏商周没有出现"监狱"名词，均以"圜土"表示监狱，除了"圜"字之外，商朝还有"圉"（yǔ 音雨），周朝也叫"囹圄"（líng yǔ 音零雨），"监狱"是清朝才出现的名词。

圜，是墙的意思。里面的"睘"，意思是"目惊、孤独、还、回去"。把"睘"用封闭的方框圈起来，意思是有墙封闭，里面的人不许回去，在孤独中目光惊恐。用"圜"字来表达监狱的意思非常形象，"圜"通"圆"，也指天体。为了监禁罪犯奴隶，防止逃跑，先掘地三尺，挖个圆形或斗形的土坑，然后在地面上围起很高的土墙，让人永远也逃不出监狱的天体。先秦《礼记》言周朝制度："若无授无节，则准圜土内之。"意思是：如果有人不肯执行国家的命令，不遵守法律，就准许抓起来关进圜土。《周礼》还记载，圜土除了监禁未判决的犯人之外，还关押已判决的犯人并监督其劳役。

其实夏朝的圜土建筑开始并非用于监狱，而是用于民居。从河南偃师夏墟的挖掘情况看，当时的贵族都住在地面上的夯土草顶的宫殿之中，而半地穴式小型房基，是庶民和奴隶的栖身之地。当然，作为监狱的圜土不同于圜土民居，不能随便进出。

圜土，也叫圜夏。土，是夏朝国家的代称，上古"夏、土"同音，殷人称夏人为"土人、土方"。所以夏朝帝槐之后，"圜土、圜夏"专指监狱，被史官刻于战国竹简《竹书纪年》。

上古使用监狱，并非帝槐的创造，很可能是帝舜时代司法官皋陶（gāo yáo 音同高姚）的发明。最初画地为牢，地上画圈，令犯罪者站立圈中以示惩罚，可见当时的罪犯不是奴隶，因为如果画地为牢看管奴隶，肯定不管用。

如果中国果真在帝舜时代就发明了"狱"，说明中国可能在夏朝之前，就已具备国家机器。帝槐大肆建造"圜土"，说明夏朝的罪犯奴隶越来越多，需要加大看管控制的力度。所以，如果认为中国发展到夏朝社会，都还算不上阶级性质的国家，是缺乏历史事实依据的。

帝槐在位时间很长，达 44 年之久，去世后儿子夏后芒继位。

（二）太平盛世

【帝芒、帝泄、帝不降的时代，均为夏朝的太平盛世。在这140多年的历史长河中，夏朝犹如脱缰之骏马，奔腾驰骋于平川旷野。3位夏王的执政时间都很长，可见国家机制成熟，而且运行得非常平稳。】

夏朝第九代天子帝芒，也叫"荒"。荒，有远大之意；芒，本意是植物种子壳上的细刺。如果把帝槐时代，象征为如槐花芬芳一般地繁荣昌盛，那么把帝芒时代象征为将先父时代的槐花用光芒散发出去，是恰当的比喻。

帝芒元年，祭祀河神的时候，帝芒亲自把一块玄圭沉入黄河，祈求黄河造福于国家。玄圭是一种黑色玉器，上尖下方，为国之重器。当初大禹治水结束之时，帝舜赏赐给他一块玄圭，标志治水大告成功，从此大禹觐见帝虞舜之时，始终手执玄圭。

帝芒13年，帝芒到东海巡守打猎，有人说得到一只大鸟，有人说获得一条大鱼，均为吉兆。此时夏朝在兴旺发达之中，政治军事实力非同小可。

帝芒33年，商国诸侯王亥，带领族人从今河南的商地迁徙到了今河南的殷地，从此殷商国开始发迹，王亥成为殷商人祭祀的"高祖"。

帝芒在位时间长达58年，保持住了国运强势。

帝芒的儿子叫夏后泄，成为夏朝第十代天子，继续保持夏朝的强盛。

帝泄21年的时候，东夷族与华夏族已基本同化，东夷各方国已完全服从于夏朝统治，畎夷、白夷、赤夷、玄夷、风夷、阳夷等国都来夏都老丘朝见，接受帝泄颁发给各方国的封号，同时服从夏朝王室所安排的任务。

帝泄执政25年去世，其子夏后不降接位。所谓"不降"，据说意思是"太阳不落"：一方面赞其有内禅圣德，一方面赞其长寿。

帝不降6年，西部九苑国反叛，帝不降亲自带兵讨伐，此时夏朝的军事力量十分强大，控制住了西部地区。

帝不降为夏朝第十一代天子，执政时间长达59年，为夏朝天子之最。

帝不降59年，年纪太大，力不从心，没有找到适合的王子继位，帝不降决定改变帝启以来所实行的"父子传位"继承制度，把王位禅让给了弟弟夏后扃（jiōng音同窘，平声）。

禅让之后，帝不降过了10年退休日子才去世。帝不降在世时候的内禅之举，引无数人重新怀念起尧舜禹举贤禅让的时代，就连惜墨如金的《竹书纪年》，都忍不住多写了一句评价："三代之世内禅，惟不降实有圣德。"意思是，夏商周3个朝代的帝王虽然有"内禅"，但只有帝不降才是真正有圣德的人。

帝芒、帝泄、帝不降的时代，均为夏朝的太平盛世。在这140多年的历史长河中，夏朝犹如脱缰之骏马，奔腾驰骋于平川旷野。3位夏王的执政时间都很长，可见国家机制成熟，而且运行得非常平稳。

（三）盛筵难续

【夏朝的国家机制虽然越来越完善，有作为的天子却少了起来。这是因为"家天下"的血缘继位，废除了选贤举能、精英治国的领袖选拔制度。后继无人，是夏朝盛筵难续的主要原因。】

帝不降认为自己儿子夏后孔甲不德，从国家利益出发，在有生之年将帝位禅让给了弟弟夏后扃（jiōng 音同窘，平声），帝扃成为夏朝的第十二代天子。

帝扃10年，帝不降去世。又过了8年，年老的帝扃也去世了。帝扃时代，夏朝开始衰败，酝酿迁都。

帝扃之子夏后廑（yìn 音同印）甲继位，成为夏朝第十三代天子。帝廑甲也叫"廑"（jǐn 音同紧），"廑"是小屋子的意思。

帝廑甲元年，东渡黄河，将夏都从今河南开封的老丘，迁徙到了今河南安阳的西河。西河为殷地，是殷人兴盛的福地。

帝廑甲迁都是夏朝的重大事件。从第七代夏王帝杼（zhù 音同祝）将夏都迁徙至今河南开封的老丘开始，之后六代夏王均以老丘为都城。老丘是夏朝的福地，在那里兴盛了220多年，占去整个夏朝历史近一半的时间。当初帝杼迁都，标志夏朝由治及盛；而现在帝廑甲迁都，标志夏朝由盛及衰。

帝廑甲4年，昆吾国因强盛而迁都。昆吾氏最初居住在今山西夏县的安邑一带，后迁至今河南濮阳附近，最后定都于今河南中部的许昌市一带的"旧许"，并在这里发展为夏朝最强的方国。宋朝朱熹的《四书章句集注》注云："夏昆吾，商大彭、豕韦，周齐桓、晋文公，谓之五霸。"此五霸，是夏商周时代最强盛的方国。

就在这一年，帝廑甲思念故都老丘，在西河都城创作了乐曲《西音》。此"西音"是西河安阳的意思，已经遗失，不是我国西部地区的音乐始祖《西音》。

帝廑甲8年，10个太阳同时出现在天上，天下大旱，酷热异常，人们都惊慌起来，认为有妖孽出现，是国家衰败的象征。

天气异常炎热，田地荒芜，人们热渴难耐，却从未见帝胤甲出面解决问题，民众认为他独自躲在屋内纳凉，不管大家死活，"廑"之所以能成为帝胤甲的名字，不知是否于此事有关？就在这一年，帝胤甲病逝。从时间上看，大旱酷热之时帝胤甲躲在屋里不出，有可能是生病的缘故。

夏朝的国家机制虽然越来越完善，有作为的天子却少了起来。这是因为"家天下"的血缘继位，废除了选贤举能、精英治国的领袖选拔制度。后继无人，是夏朝盛筵难续的重要原因。

（四）孔甲好龙

【建设或复兴一个朝代，如同登山一般费力，需要许多代领导人的励精图治；而毁坏一个朝代，从一代领导人开始，就如同雪山崩塌……】

帝胤甲去世，不知为何，把帝位内禅给了堂兄夏后孔甲。帝孔甲是帝不降的儿子，当年帝不降认为孔甲不德，才把王位传给了弟弟帝扃，谁知天子之位又回到了帝孔甲手中，夏朝真的是后继无人了。

帝孔甲为夏朝第十四代天子，居住在今河南安阳的西河夏都。

帝孔甲性格怪僻、肆意淫乱、不务德政，还特别迷信鬼神，这样就加剧了夏朝的衰微。

帝孔甲元年，豕（shǐ 音同使）韦方国背叛，帝孔甲行使夏朝天子的土地所有权，收回了今河南滑县豕韦氏的封地。

这一年，发生了一件不可思议的事情，上天降下两条龙，一雌一雄，帝孔甲很想亲自饲养这二龙，却没有成功。

传说中国在帝舜时代就已经有养龙的历史。董父是养龙高手，能根据龙的嗜好喂食，驯养了许多龙来侍奉帝舜，于是帝舜赐给他董父姓、豢（huàn 音同唤）龙氏。豢，是豢养的意思。传说夏初时大禹也养龙，曾以两条飞龙为坐骑，帝启也曾多次坐两条飞龙上天。

帝孔甲四处寻找养龙专家豢龙氏，没找到。这时突然冒出来一个名叫刘累的人，自告奋勇为其养龙。刘累是帝尧的后裔，但此时帝尧的陶唐氏族已经衰败，刘累为穷人。

刘累驯养龙的技术，是从豢龙氏那里学来的。他按照豢龙氏的方法喂食，两条龙都开始饮食了。帝孔甲大喜，嘉奖他一个"御龙氏"的贵族氏族头衔，还把没收来的豕韦氏方国之地送给了刘累作为封地。

帝孔甲 3 年,在今山东鲁地的东阳贲（fù 音同负）山打猎。天上刮起了大风,天色晦暗,帝孔甲迷失方向,走进一间民屋,这家女主人正在给孩子喂奶。有人说:天子到来,这是好日子啊,这个孩子一定大吉大利。有人说:如果不能承受这个福分,这个孩子一定会遭受灾难。于是帝孔甲把人家的孩子带走了说:让他做我一个人的儿子,谁敢害他？孩子长大之后,在一次意外事故中被斧子所杀害。还有一种说法:有一次帐幕掀动,屋椽裂开,斧子掉下来砍断了这孩子的脚,成了残疾人,后来只好做了守门之官。因为这件事,帝孔甲更加迷信,发出叹息:唉！发生了这种灾难,是命里注定吧！于是创作出《破斧之歌》,这就是最早的东方音乐。

帝孔甲 7 年,饲养得挺好的两条龙,不知什么原因死了一条雌的。刘累将雌龙之肉偷偷做成肉酱献给孔甲吃,却不料孔甲吃后,又派人去找刘累索要美味的肉酱。此时刘累手里已经没有了龙肉,很害怕死了条龙的事情暴露出来,便逃到了今河南鲁山县一带的鲁阳隐居下来,其后代繁衍生息,成为河南刘姓最早的一支。

《史记》评:"帝孔甲立,好方鬼神,事淫乱。夏后氏德衰,诸侯畔之。"西汉司马迁认为夏朝是从帝孔甲开始严重衰败的。

《国语》言:"从善如登,从恶如崩。孔甲乱夏,四世而陨。"可见建设或复兴一个朝代,如同登山一般费力,需要许多代领导人的励精图治；而毁坏一个朝代,从一代领导人开始,就如同雪山崩塌……

帝孔甲执政仅短短 9 年就去世了,儿子夏后昊继位。

（五）强弩之末

【"强弩之极,矢不能穿鲁缟。"泰山崩、气数尽,其势已衰,回天无力,夏朝已到终结阶段。】

帝孔甲传位于儿子夏后昊,帝昊成为夏朝第十五代天子。昊又写作"皋",是"广大的天"的意思,褒义。

帝昊元年,把豕韦氏的方国从养龙的刘累手里收回,还给了彭氏。

远古时，人祖伏羲的子孙"包豕"和"韦"的后裔，在今河南滑县一带形成了豕韦氏族，之后四处迁徙，成为"东胡豕韦、蒙兀室韦"等东胡和蒙古民族的先祖。大彭国伯侯彭伯寿曾帮助帝启平定了儿子武观的政变，所以帝少康复国之后，将彭伯寿的后人彭元哲封在了当年的豕韦之地，建立起新的豕韦氏方国。帝昊废除刘累而重新任命彭氏为豕韦氏方国诸侯，是在纠正先父帝孔甲之错。

但是帝昊的执政时间比帝孔甲还要短，仅 3 年就去世了。

帝昊去世后，儿子夏后发继位。帝发，为夏朝第十六代天子，又叫"后敬"、"发惠"，全都是褒义。

帝发元年，在夏朝都城的王门接受了各方夷之国的朝见，在上池会见再国君主保雍，当时各方国伯侯进献舞乐，盛况空前。此时的夏朝，似乎又重新凝聚了人心，有了新的希望。谁知，帝发仅执政了 7 年，也早早去世了。从帝昊和帝发的名字看，这两代夏帝执政时间虽短，却不一定是昏君。

帝发去世之时，泰山发生大地震。中华自古都把泰山看成是国家统一、王权强大的象征，泰山地震，预示着什么？夏朝气数将尽？

所谓气数，是中国"天人合一"哲学的一个名词。气，在华夏文化中运用得极为广泛和玄妙，天空的变化叫天气，大地的能量叫地气，人际关系的好坏叫人气。气不断变化运动，一旦停止变化运动，便为断气而失去生命。所谓数，指气之能量。气数生旺之时，抵抗力强大；气数衰败之时，百药无治。

中华文化人文宇宙自然是大天地，人类社会是小天地，天道与人道是相通的。所以平庸昏聩的帝王只要出现一代，就可以将王朝气数消耗殆尽。

"强弩之极，矢不能穿鲁缟。"泰山崩、气数尽，其势已衰，回天无力，夏朝已到终结阶段，别说是帝昊和帝发，即便大禹、太康再现，恐怕也无力挽回其即将灭亡的命运。

主要参考资料

【《尚书今古文注疏》《左传全译》《诗经楚辞鉴赏辞典》《吕氏春秋》《史记》《淮南子》《说苑全译》《说文解字注》《古本竹书纪年辑校今本竹书纪年疏证》】

从恶如崩

（一）帝桀夏都

【有人不相信古籍对夏朝的记载，因为《尚书》之类古籍版本较多，与出土竹简内容不完全一致。然而考古学家却凭借这类所谓的"伪书"确定具体位置，挖掘出了夏桀的夏都斟㵎，证明了古籍的历史价值。其实，一个具有五千年文明的中华民族，留下不完全一致的多处记载，才真实可信。】

帝发去世之后，其子夏后癸（guǐ 音同鬼）继位。帝癸，也叫"桀"（jié 音同节），为夏朝第十七代天子、末代帝王。

桀，《说文解字》解释为张伸。帝桀勇武有力，能徒手折断骨角、拉直铜钩、绞铜成索、揉合金块，令人生畏，所以叫"桀"。

桀，本无贬义，更非帝桀的"谥号"，因为夏朝没有谥号。桀，是因为帝桀凶残又失国的缘故，后来才变成了贬义词"贼人多杀曰"。成语桀骜不驯中的"桀"，便是指帝桀，古籍中多称其为夏桀。

帝桀元年，将夏都由今河南安阳的西河迁到了今河南偃师的斟㵎。斟㵎就是当年大禹长孙帝太康的夏都斟鄩（zhēn xún 音同真巡），帝仲康、后羿、寒浞均以这里为都。帝少康之后，斟鄩至少有 260 多年不再是夏朝的政治文化中心，此时重新被帝桀设为国都斟㵎。

㵎，是㵎舞之意，即因喜悦而击掌舞蹈，也许夏桀存心要把旧都斟鄩变成歌舞升平的新都斟㵎。《太平御览·卷八十二·帝王世纪》记载，夏桀特别喜欢女色，背弃礼仪，与许多妇人通奸，又广纳美女充实后宫，还求得许多倡优、侏儒、狎徒等聚之身旁，设奇伟之戏，打造烂漫之乐。后宫人多，夏桀大兴土木建造宫殿，琼室、瑶台、金柱多达 3 千，并首次将昆吾国发明的瓦片用于屋顶，以承接天上的雨水，住进了这样的瓦屋。夏桀所有这些纵欲享乐的奢侈工程，贡赋和劳役全都落在了各方国头上，贵族和庶民均不堪其苦。

夏桀喜欢征伐，甚至对朝廷官员的方国使用武力。《太平御览·八十二·家语》记载，夏桀与昆吾氏联手，斩杀刘国黎民，如同砍杀草木，血腥杀戮让百官和庶民不堪忍受。

今山东沂蒙山区腹地有一座仅次于泰山高度的蒙山，古称"东蒙"或"东山"。孟子说："孔子登东山而小鲁，登泰山而小天下。"语中的"东山"就是蒙山。蒙山"有施氏"也叫"有喜氏"，是东夷古老部族，直到夏朝时才立为蒙山国。帝桀3年，发兵征伐蒙山国有施氏，有施氏抵挡不住，投其所好，进贡给他一位美女，这位美女就是妹（mò 音同末）喜，也写作"妹嬉、末喜、末嬉"。

妹喜确非一般美女，眉目清秀，如同晶莹雨露，穿上霓裳彩衣之后，身材婀娜多姿，轻盈得仿佛要飞天。如此美女，却偏偏嗜好穿着男装、佩剑带冠，另有一番与众不同的风韵。妹喜美貌柔弱、令人怜惜，内心却有男人一样的性格。西汉学者刘向将其写入中国第一部妇女史书《列女传·孽嬖传》中，说她"美于色、薄于德，行丈夫心"，她的出现，就是要来搅乱夏桀世道。

夏桀自从得到妹喜之后，就宠爱到了眼中不再有良臣。他为妹喜建造了一座宫殿，取名叫倾宫，倾宫中还有璇室。倾宫和璇室都是传说中昆仑神山的天帝宫殿。妹喜的倾宫内外，有象牙制作的走廊，有昆仑神山传说中西王母的瑶台，有玉石做成的玉床，还有玉门……

夏桀特别喜欢为妹喜打造烂漫之乐，总是把妹喜放在膝盖上，妹喜说什么，他就听什么、做什么。妹喜有怪癖，只要听到布帛撕裂的声音便会发笑，夏桀便顺适其意，命人撕掉了许多贵重的丝织品，只为让妹喜听个声儿，使其开心一笑，而那些被毁坏的锦缎丝绸都是各方国最珍贵的贡品，不知有多少人付出了心血。

夏桀通宵与妹喜及佞臣夜饮，深宫之中男女杂处，30天不见大臣，不听国政。令人瞠目结舌的是，他居然建造了一个非常大的酒池，为装满酒池而产生出来的大量酒糟堆积成山，糟丘之高，十里之外都能望见，堆放新酒糟，非得用6匹马拉车，才上得去。夏桀酒池巨大，大到可以在里面行舟航船，每天至少有3千人聚集在这里，鼓声每敲响一下，3千人必须同时埋下头来，直接到酒池里牛饮。不胜酒力者醉了，一头栽进酒池溺死，每当发生这样的事情，妹喜便开心大笑。夏桀和妹喜都将人醉而淹死作为乐趣。酒池的旁边有堆积如山的肉食，肉脯一条一条悬挂起来，好像树林。

夏桀在斟郡的生活极其奢侈，《尸子·卷下》说，其食品必求珍怪远味，荤食必须出自南海，食盐必须出自北海，芫菁染料必须出自西海，鲸鱼之肉必须出自东海，全天下受他的祸害非常严重。

中国古人历来重视音乐，从不将音乐仅仅视为艺术和娱乐，主要用于政治，陶冶性情，教化民心。所以天子用音乐考察风俗，用风俗考察政治，音乐安宁快乐才是政治安定的太平盛世。而夏桀却带头制作令人放纵的音乐，随意增加鼓、钟、磬、管、箫等乐器的声音，把噪声巨大当作美好，把乐器众多当作壮观。《管子·轻重甲》说，夏桀的宫中乐女多达3万，衣着无不为锦绣华裳。夏宫每天从清早开始用音乐噪嚷，乐声之大，3条大街之外都听得见。夏宫传出的音乐十分奇异，人们的耳朵不曾听到过，眼睛不曾看到过，失去了音乐的本来意义，不能使人快乐，只让人觉得是讨厌的噪音。夏桀非常喜欢这样的噪音，丝毫不关心民众感觉，堂堂天子，居然身穿妇女的服饰，亲自奏乐擂鼓，享受变态的钟鼓之乐。

如今夏桀的夏都斟鄩，在河南偃师二里头被发掘，距今约3800年，夏朝国家的兴起，中华文明的渊源，有了考古依据。

这是一座面积不少于3平方公里的巨大王城，纵横交错的大路上，留有近4千年不变的车辙印迹，城市有宫殿区、居民区、制陶作坊区、铸铜作坊区、窖穴区、墓葬区等。笔者亲自去偃师考察，看到出土的夏朝青铜器，数量多、形态优美，且青铜器铸造作坊的规模相当可观。出土陶器残片，刻有30多种比较复杂的象形符号，看起来是比殷商甲骨文更加原始的文字。这些符号，在商代的甲骨文中均可找到相同或相似的文字，可见夏朝确有文字在使用，当不是凿空之谈。

中国的传统建筑模式和城市规划，也在这里找到了老祖宗。从已发现的30多座夯土建筑基址看，宫殿建筑方正规矩，与北京四合院相仿，与流传至今的中国古代建筑格局相差不大。夏都斟鄩是具有中轴线规划的城市，宫城中心区道路纵横交错，路网布局严整，还有精密的地下排水设施，后世中国城市的营建规制与其一脉相承。

夏都斟鄩如此大规模的宫殿建筑和城市建设，只有在掌握了大量劳动力的统治者手中才能建成，同时证明夏桀时代的社会劳动生产力，已经达到了比较高的水平。可见一个王朝的覆灭，与国家贫穷和富裕不一定有直接联系，反而与最高领导人的行为相关。夏桀是中国第一位恣肆淫虐的帝王典型，夏朝几百年气数尽于帝桀，历史原因很多，天子本人丧失民心，激化社会矛盾，肯定是重要因素之一。

有人不相信古籍对夏朝的记载，因为《尚书》之类古籍版本较多，与出土竹简内容不完全一致。然而考古学家却凭借这类所谓的"伪书"确定具体位置，挖掘出了夏桀夏都斟鄩，证明了古籍的历史价值。其实，一个具有5千年文明史的中华民族，留下不完全一致的多处记载，才真实可信。

（二）天怒人怨

【战国尸子首次将天子比喻为鱼、民众比喻为水，说："鱼失水则死，水失鱼犹为水也。"当人人都在诅咒夏桀的时候，无论是否出现天灾，夏朝灭亡也就是迟早。】

帝桀3年，建造了宠妃妺（mò 音同末）喜居住的倾宫，不料却发生了"容台"倒塌事件。

"容台"也叫"仪台"，位于今河南虞城县西南，是夏朝国家用于行使礼仪的高台。夏桀在修建奢华倾宫之年，国家重器、赫赫礼仪之台却因突然受震而晃动坍塌，肯定是一件动摇民心的大事。

祸不单行，这年畎（quǎn 音同犬）夷迁徙到岐山，居住到位于今陕西西部的岐山豳（bīn 音同宾）地，背叛了夏朝王室。夏桀无力控制，听之任之。

畎，本义为田间水沟。畎夷，最初居住在中原以东的沿海地区从事农业生产，为九夷之首，帝相元年，从今河南商丘出发征伐畎夷；帝泄21年，夏天子赐畎夷封号。当初帝相从今河南商丘出发征伐畎夷，而帝桀3年，畎夷却从东部中原迁徙到西部岐山豳地，从此脱离了中原文明。

畎夷长期居住在大西北，变为游牧戎人，活跃于今陕、甘一带，不断入侵中原。商周时，畎夷被称为混夷、昆夷、犬戎，猃狁（xiǎn yǔn 音同显允）等，不断与中原作战，直到战国晚期，才被秦国彻底赶出中原，向西北气候更加恶劣的地区迁徙。西迁的畎夷融入当地土著黄种人和白种人血统，汉朝时成为匈奴。《史记·匈奴列传》中记载："匈奴，其先祖夏后氏之苗裔也，曰淳维。"匈奴的祖先是炎黄夏后氏，其祖先叫淳维，不知淳维是否为带领畎夷迁徙到岐山豳地的东夷族首领。

畎夷西迁，农耕民族与游牧民族相互转换，从一个侧面诠释了上古中国社会的3次大分工，是在渐进交替的过程中进行的。

夏朝自帝孔甲以来，许多诸侯相继叛离夏后氏。夏桀虽然比帝孔甲能力强，但同样不行德政，失德程度比帝孔甲有过之而无不及，各方许多诸侯早已不来朝见进贡。

帝桀10年，天空出现异象，天上对应地下"金木水火土"的"水星、金星、火星、木星、土星"等5星,运行出现了错位。用天象变化来解释人间的吉凶祸福,为中国古人占卜必备,比如空中出现5星连珠之时,国家便会有改朝换代大事发生……

这年一天夜里,空中有陨石大规模坠落,如同下雨一般稠密。中国古人历来将天上一颗星对应地上一个人,此时天空中无数颗星星坠落了下来,难道不是国家改朝换代的征兆吗?

陨石雨之后,紧接着发生大地震,丧家之犬不停地嗥叫,成群结队从悬崖跳入深渊;大猪自衔草毡在阴暗的角落里躲躺;飞鸟折翼脱羽,走兽折腿脱蹄;山上树木枯死,高陡的山体突然就看不见了;洼泽干涸,露出泽底,就连伊水和洛水都断流枯竭……

放眼望去,到处都是惨不忍睹的景象:死狐狸头朝巢穴躺着,牛马向四处走失而无法寻找,田里不见生长的禾苗,路旁也没有了茂盛的野草。国家庙堂社稷无人祭祀,枯朽破损,堆积着的金银器皿锈蚀而折断棱角,玉璧也因人们祈求庇佑而拼命摩擦,磨尽了刻镂的花纹。朝廷内外人心惶惶,美人蓬头垢面而无心化妆,歌女吞下火炭致哑而闭门不歌,天下混乱不堪,惊恐忧虑,人们议论纷纷、满腹怨恨。

针对天灾与人祸的关系,《周语》曰:"昔伊、洛竭而夏亡。"战国秦相吕不韦说:君主昏庸不明事理,政道散乱而不加治理,抛弃了黄帝、颛顼、喾、尧、舜等五帝恩威并用的施政措施,又推翻了大禹、成汤、周武王等三王治政的正确法规,至高的道德被泯灭而无法弘扬,先帝的道统被遮掩而无法新兴,而这时君主办事又背离天意,号令施政又违逆时令,春秋季节便会藏匿起和顺之气,天地万物也就停止了对人世间的布施恩泽……夏桀时代,天灾不断,人祸不绝,天怒人怨。中国文化认为天灾与人祸相连,其实哪一个时代都有天灾,有时天灾以人祸为因,有时则完全是自然现象。无论如何,只要当政者以德行克服天灾,就可以凝聚民心。

战国尸子是秦国名相商鞅的老师,留有《尸子》一书,首次将天子比喻为鱼、民众比喻为水说:"鱼失水则死,水失鱼犹为水也。"意思是哪里有决口,水就往哪里流淌,人民离开领袖照样生活,领袖离开人民就不复存在,所以民心对领袖至关重要。尸子强调:"天子忘民则灭,诸侯忘民则亡。"当人人都在诅咒夏桀的时候,无论是否出现天灾,夏朝灭亡也就是迟早。

（三）众叛亲离

【国家首领最大的失德是"染"于小人而远离贤臣。被邪恶势力推向毁灭，只能是夏桀的主动选择。】

帝桀10年，国家发生了坠石、地震、水竭灾害，夏桀慌了神，死劲儿占卜，将龟壳钻得稀烂也得不到吉兆，但每天却还是要用蓍（shī 音同诗）草来求神问鬼，以求保佑。

帝桀11年，为了控制住局面，夏桀在今山东济宁一带的有仍国会盟天下诸侯。有仍氏是帝太康母亲后缗的娘家，也是帝太康母子的避祸生存之处，与夏后氏渊源极深。夏桀企图通过"有仍会盟诸侯"挑起征伐战争，转移国内矛盾，解决灾害所带来的内困。而此时许多诸侯国对夏朝王室的积怨不满已深，夏桀被视为贪婪暴虐之人，政治局面很难控制。

与会者中的有缗（mín 音同民）氏是夏朝较大的方国，位于有仍国附近。有缗氏与有仍氏关系极深，帝太康之母叫后缗，后缗为缗姓得姓始祖。有缗国诸侯不满夏桀已久，不愿参与夏桀征伐，会盟之时悄悄逃了回去，大扫夏桀颜面。夏桀认为此时如果再不杀鸡儆猴，肯定会有更多诸侯反叛，于是亲率大军征讨有缗国，有缗国因此败亡。

夏桀打了胜仗，回去后继续享受。夏桀13年，他在黄河之南今洛阳龙门风景如画的伊阙附近建立了陪都，并居住到那里去。这一年，夏桀首次坐上了人辇（niǎn 音同碾）。辇，是一种用人拉着走的帝王专用车，为夏桀时代的发明，被后代帝王所继承。唐代吐蕃王松赞干布派使者禄东赞朝见皇帝唐太宗时的场景，唐代宗就坐在步辇之上，《步辇图》为故宫博物院中国十大传世名画之一。

有缗氏被夏桀打败之后，有可能举族逃至今四川北部的岷山一带。帝桀14年，夏桀命令一名叫扁的将军率领军队讨伐岷山的山民国，山民国献出了两个美女，这才挽救了灭亡命运。

有学者怀疑山民国为有缗氏后代，考古学家在四川三星堆和河南二里头遗址发现了相似的文物，怀疑有缗氏战败之后，逃到今四川成都一带，带去了夏朝的中原文明。他们怀疑山民人就是有缗氏，所以才受到了夏桀攻击。这些都是猜测，也许岷山之战与有缗氏无关，而是帝桀南征北战，从中原一直打到了今四川岷山。

西南岷山人敬献的两个美女，一个叫琬，一个叫琰（yǎn 音同眼）。夏桀非常宠爱她们，甚至把她俩的名字刻在苕华美玉上。苕玉上刻的是琬，华玉上刻的是琰，从此琬和琰都成为古代举行典礼时所用的圭玉宝石。

自从琬和琰来到帝桀身边，元配妃子妹喜便受到冷落，被抛弃在洛水离宫，而过去，妹喜是住在夏都斟𬩽豪华倾宫、美丽瑶台里的。妹喜因失宠而心生怨恨，深深的怨恨成为她后来背叛夏桀的重要动因。

夏桀用人失德，冷落太史令终古、大夫关龙逢之类的良臣，重用羊辛、歧踵戎之类的邪臣。

歧踵戎很早就得到夏桀的信任。帝桀6年，西部戎夷歧踵方国派使臣前来与夏朝王室修好，歧踵戎作为戎夷使臣，不仅成了帝桀座上宾，而且获得宠信而长期在斟𬩽住了下去，成为夏桀的重臣。

佞臣羊辛，为泰山附近的有羊氏，狐假虎威，肆意逞威风，欺凌诸侯，祸及民众。歧踵戎与羊辛共同把夏桀引入更深的邪恶，推向了灭亡。

战国墨子见染丝劳作而喻叹：素丝在蓝色染料中浸染就被染成蓝色，在黄色的染料中就被染成黄色，所投入的染料颜色改变，被染的素丝颜色也改变，投入5种颜色就因此被染成5种颜色了。吕不韦阐发此比喻，认为君主对"染"不可以不慎重。帝舜、大禹、成汤、周武王均"染"于贤臣，所以能成为天下王者，功名遮蔽天地；而夏桀"染"于羊辛、歧踵戎等邪臣，所以落到国破身亡的下场，被天下人耻唾。

国家首领最大的失德是"染"于小人而远离贤臣。被邪恶势力推向毁灭，只能是夏桀的主动选择。

（四）双日并照

【自古时势造英雄，只要国家政权长久地失去人心，历史迟早会出现成汤这样的新生力量。双日并照，就是所谓"多行不义必自毙"的真正含义。】

帝桀15年，成汤接替父亲成为殷商方国的诸侯，夏朝的掘墓人正式登上了中国的历史舞台。

帝桀21年，成汤灭了有洛国，之后又迫使荆国投降，引起夏桀关注。

帝桀22年，成汤亲自去夏都斟𬩽面见夏桀，为自己的征伐行为辩解，结果被夏桀囚禁在了夏台。夏台，就是当初帝启在今河南夏邑（阳翟）举行开国大典的均台，此时已变成了国家监狱。

夏桀十分自负，看不到危机，仅因禁一年就消了气，居然把成汤放回国去。这样一来，有更多的诸侯背叛夏桀而归顺成汤。

成汤军事实力如此强大，打败和归降了那么多方国诸侯，最后把夏后氏王室左膀右臂——昆吾集团的温国、韦国也干掉了，夏桀却还是看不到危险，自欺成汤是在为自己打天下，执迷不悟。太史令终古多次规劝无效，拿出夏朝法典，紧紧抱在胸前痛哭流涕，其心悲哀上天可悯。万般无奈之下，太史令终古毅然出逃夏都，投奔了殷商。

帝桀29年，成汤又消灭了昆吾集团的顾国，此时昆吾国虽然强大，也孤掌难鸣。这时候，天空中出现了3个太阳，人们猜想，是否代表夏桀、成汤和昆吾？因为昆吾国也有心造反。

位于今山东济宁鱼台县西南面的费国，其诸侯费伯昌是大禹时代伯益的后代。这天，费伯昌突然发现天上出现的不是3个太阳，而是两个：一个灿灿地在东方即将升起，一个沉沉地在西方即将覆灭，远处还有隆隆的疾雷之声传来。随后社会上出现了一句谶（chèn 音同趁）语："桀无道，两日照。"

费伯昌向河伯国诸侯冯夷咨询：两个太阳，哪个为殷？哪个为夏？河伯冯夷回答："西夏东殷。"于是费伯昌举族迁徙，归顺了殷商。

其实，夏桀算不上夏朝的无能天子，至少比帝廑和帝孔甲强多了。为何躲屋里不救灾的帝廑时代夏朝不灭？荒唐养龙的帝孔甲时代夏朝不灭？偏偏到了能征善战的夏桀时代，夏朝反而灭亡？战国吕不韦认为：夏桀虽不肖，但他的灭亡，是因为遇到了成汤。如果没有成汤，即便夏桀荒淫暴虐，夏朝还是会继续延续下去。遇到成汤，是天意要使夏朝灭亡。

成汤代表一股得到民众拥护的新政治军事力量，如果没有新政治军事力量与旧政治军事力量抗衡，单凭失去人心，夏朝还是会苟延残喘下去，暂时不会灭亡。自古时势造英雄，只要国家政权长久地失去人心，历史迟早会出现成汤这样的新生力量。双日并照，就是所谓"多行不义必自毙"的真正含义。

（五）积羽沉舟

【家天下的社会，在富贵中长大的末代帝王很难不视国政为儿戏，夏朝积羽沉舟为必然。山走石泣，后人借泰山而哭，并非哭帝桀，而是哭泣大禹事业不能继续，让夏朝千秋万代！】

关龙逄（páng 音同旁）是豢龙氏族后代，因养龙之功而受封于黄河北邑，是夏朝敢于死谏的良臣。关龙逄多次向夏桀进谏，请求他高度重视夏朝的危险局面，但夏桀还是对危机视而不见，坚信自己的统治永远不会灭亡，夏桀到处扬言：天上有太阳，正如我有百官庶民一样，太阳会灭亡吗？太阳灭亡，我才会灭亡！

这年，日月不再按照以往的时间规律出现，气温一会儿冷、一会儿热，伊、洛二水再次枯竭，五谷作物全都枯死。原本冬季十月是水枯时节，瞿山地面却突然开裂，大水涌出。瞿山就是位于黄河与夏都斟鄩之间的古代其山，现已无存。帝桀 29 年，国家动用大量劳力凿山穿陵，才把水疏通到了黄河。

《太平御览·卷八十二·六韬》说商朝末年时，姜尚对周武王讲到夏桀凿瞿山而通黄河为天子失道。姜尚说，当时就有民阻止，却因谏言而死。因为"冬（天）凿地穿山，通之于（黄）河，是（散）发天之阴（气），泄（土）地之（地）气，天子失道，后必有败。桀以为妖言而煞之（杀谏言者）"。当时瞿山的民众说夏桀将自绝其命。

此时良臣心中都充满了担心、忧郁和怨恨，夏桀为了耳根清净，用极其残酷的肢裂刑罚，杀掉了敢于直谏的大臣关龙逄，以此来压服其他贤臣。关龙逄由此成为中国第一位因直谏而遭杀戮的忠臣，世代受人尊敬，同时，"死谏"也成为中国忠臣文化的最高境界。

帝桀 30 年，瞿山再次发生地震，山体彻底崩溃，成为一个大水泽，水深 9 尺。最严重的是，国家祭祀土神的社稷建筑也被震毁。

关龙逄一死，胸怀正道的臣子和大夫就再也不敢直言进谏了。群臣都在揣测夏桀的意图以求迎合，甚至疏离骨肉以求自保。奸佞之臣三三两两、结党营私，奔走于君臣父子之间，竞相惹是生非、搞阴谋诡计，因为只要鼓励帝桀骄纵，他们便能得到宠幸，于混乱中谋取私利。夏朝君臣离心离德、尖锐对立，大臣们都有远走的打算，大家怀有共同的忧虑，不愿意再亲附帝桀而考虑怎样离叛。人们不得安生，骨肉疏离、各奔东西，社会彻底乱了。

面对如此局面，夏桀的内心未必就不恐惧，所以越发喜欢炫耀自己的错误，用夸耀来掩饰自己的缺点。

就在瞿山崩，夏桀杀良臣关龙逄的这一年，伊尹对成汤说：我们现在可以起兵！一年之后，帝桀 31 年，成汤在今河南许昌消灭昆吾国，然后直接向夏桀发起进攻。几经周折，夏桀兵败，在今山西南部历山一个叫焦门的地方被活捉。成汤没有杀害夏桀，而是任由夏桀带走妹喜同舟浮江，流亡到中原之外的南方——今安徽巢湖一带的南巢。

夏朝大势已去，成汤在今河南商丘当年帝喾（kù 音同酷）的亳（bó 音同伯）都称王，并号令天下，无人不服。广大方国诸侯拥护中国改朝换代，由成汤来担任天子，领导一统之华夏中国。

夏桀到南巢之后，每每想到自己养虎为患，居然把囚禁中的成汤放回，就后悔莫及。他说：我很后悔，没有把成汤在夏台杀掉，才落得如此下场。其实，成汤的商国土地只有方圆 70 里，而夏桀走到哪里都是夏朝的土地。成汤的财富不如夏桀，军备也不怎么样，仅凭战车 70 辆、士兵 6 千人就战无不胜。夏桀不知反省自己，只是后悔当初没有杀掉成汤。然而就算夏桀杀掉了成汤，也必有人接踵而来，继承成汤事业。孟子说："为渊驱鱼者，獭也；为丛驱雀者，鹯也；为汤武驱民者，桀与纣也。"正如把鱼群驱赶到深渊的是水獭自己、把雀鸟驱赶进丛林的是猛禽自己一样，把民众驱赶到成汤身边的也恰恰就是夏桀自己。夏桀至死都没搞清楚自己失败的根本原因是民心。

《竹书纪年》记载："（帝桀）三十一年，获桀于焦门。放之于南巢。""（帝桀）33 年，夏桀卒于亭山。"《荀子·解蔽篇》也说："桀死于亭山。"亭山应该不是南巢。《尸子》一书说，夏桀到南巢后又开始建造璇室、瑶台、象廊玉床，权倾天下虐待百官，于是成汤出动了 300 辆运输装备的革车，去征伐南巢，收复了夏宫，这才天下安宁起来。来自香港文物市场的上博简《容成氏》记载："桀乃逃之南巢氏。汤又从而攻之，遂逃去之苍梧之野。"许多学者怀疑，今四川成都三星堆遗址出现了与夏都斟㝷相似的夏朝青铜器，就是夏桀带过去的。

夏朝于公元前 2070 年左右的大禹立国开始，包括后羿、寒浞篡政的时间，到公元前 1600 年左右灭亡于夏桀，总共约 471 年历史。夏桀与帝太康，在同一地点斟㝷（斟鄩）失国，从开始到结束，冥冥之中，历史仿佛在夏都斟㝷（斟鄩）的位置，为夏朝画了一个圆圈句号，十分巧合。还有一个巧合。中国古人使用天干配地支来表示年号，壬，是天干的第九位，九为至尊。夏朝开始于壬子年，结束于壬戌年，历史仿佛在天干第九位"壬"的位置，又为夏朝画了一个圆圈句号。

南朝梁代野史杂记《述异记》记载，周朝武王对周公说，夏桀不走正道，泰山山走石泣。还说有儒家先哲讲：夏桀将要灭亡的时候，泰山整整哭泣了 3 天，所以现在泰山的体貌，远远望去好像人在哭泣。中国成语"山走石泣"便出于此处，指暴虐政权即将灭亡。

家天下的社会，在富贵中长大的末代帝王很难不视国政为儿戏，夏朝积羽沉舟为必然。山走石泣，后人借泰山而哭，并非哭夏桀，而是哭泣大禹事业不能继续，让夏朝千秋万代！

主要参考资料

【《尚书今古文注疏》《左传全译》《诗经楚辞鉴赏辞典》《吕氏春秋》《尸子译注》《史记》《列女传译注》《淮南子》《太平御览》《蒙阴县康熙志》《古本竹书纪年辑校今本竹书纪年疏证》《夏商周断代工程 1996 – 2000 年阶段成果报告（简本）》】

商氏始祖

（一）玄鸟生商

【玄鸟生商的超现实记载，生动展现出中国原始部族图腾的形成过程。殷商人认为自己祖先是由天命玄鸟而产生的，所以玄鸟注定成为殷商无可替代的图腾，符合人类原始部族的图腾崇拜规律。】

商氏先祖契（xiè 音同谢），是帝尧同父异母的兄弟，他们的父亲都是帝喾（kù 音同酷）。

早在大禹之前，由邦国联盟形成的亚细亚社会的"中国"雏形，产生出一代又一代人民领袖，被称为"三皇五帝"。三皇，多指燧人、伏羲和神农；五帝，多指黄帝、颛顼、帝喾、尧、舜。三皇五帝都不是阶级社会帝王，他们身先士卒，对社会贡献巨大，直到阶级社会形成之后，才被追尊为"皇"或"帝"。帝喾为五帝之一，在位 70 年，天下大治，人民安居乐业。

当初，帝喾有两位美貌的次妃，是有娀（sōng 音同松）氏族的一对亲姐妹。姐姐叫简狄（简翟），妹妹叫建疵，帝喾让她们住在九层高台之上，饮食有鼓乐陪伴。

姐妹俩在春分时节玄鸟到达的日子里，陪同帝喾到郊野行求子之祭。玄为黑色，所谓玄鸟就是燕子。姐妹俩与帝喾一起在玄丘的水泽里洗澡，看见一只玄鸟叫着"示爱、示爱"的声音飞来。没想到鸟儿突然掉了下来，简狄和建疵争着扑上去，拿起玉筐罩住了鸟儿。过了一会儿，她俩揭开玉筐一看，燕子留下了两只鸟蛋，然后就向北飞去不再回来。于是她们创作了一首诗歌："燕子、燕子展翅飞……"简狄的家乡有娀方国，位于传说中昆仑山脉的不周山之北，《燕燕往飞》便成为中国最早的北方音乐。

玄鸟留下的蛋卵甚是美丽，有五彩之色，于是姐妹俩又开始抢鸟蛋。姐姐简狄得到了，生怕妹妹来抢，急忙吞下去，没想到就在这天怀孕了。

简狄生产时很不顺利，做了剖腹手术，才好不容易生下了儿子。帝喾为儿子起了两个非同小可的名字，一是契，一是阏（é 音同鹅）。这就是殷商祖先的来历。

契，甲骨文只有上半部分，左边像纵横交错的刻纹，右边是刻刀，表示用刀刮刻。造字本义：用刀具在龟甲、兽骨上刻记号、标志，代表人类走向文明过程中的契刻记事。甲骨文由契刻而成，称作"契文"。小篆异体字在"契"的下面加上了"大"字，强调契刻是成年人行为。殷商留下了大量甲骨文，冥冥之中，中国上古形成成熟文字，是否与契之名相连呢？

阏，通常被称为"阏伯"。这是一个与上古天文相关的名字，暗示契曾经在帝喾和帝尧时代担任管理星辰的"火正"官职，为中国星象学和占星术的始祖之一。

契（阏伯），是中国非常重要的历史人物。因为有了契，才有了商氏族的诞生，契虽然不是"帝"，但其出生过程表明了"天子"身份，所以"玄鸟生商"成为殷商人对始祖的歌颂和祭祀。玄鸟生商作为商朝历史被保存下来，虽然具有超越现实的浪漫美丽，却被《史记》记入正史。《诗经·商颂》开头第一句："天命玄鸟，降而生商。"意思是：天帝发令给玄鸟神燕，让契出生而来到人间，建立起商国……中国的天帝，不是西方上帝之类的人神，而是一种控制宇宙、地球自然规律的力量。

玄鸟生商的超现实记载，生动展现出中国原始部族图腾的形成过程。殷商人以为自己的祖先由上天命玄鸟而自然产生的，所以玄鸟注定成为殷商无可替代的图腾，符合人类原始部族的图腾崇拜规律。

（二）参商离别

【中国成语"参商离别"的古老故事，比喻兄弟不和，彼此对立，终生隔离，不得相见。】

契（xiè 音同谢），也叫阏（é 音同鹅）伯，有个弟弟名叫实沈，起初兄弟俩都居住在山陵旷野中。《春秋左传·昭公元年》记载，契与实沈脾气不投，相互无法忍受，每日干戈相见。父亲帝喾（kù 音同酷）很不满意这种状况，就让契留在今河南商丘，而把实沈派到了九州边境、遥远的大夏国。

大夏国，也叫西夏国，位于今青藏高原西北部的帕米尔高原之西，今阿富汗北部巴尔赫地区。公元前139年，西汉张骞出使西域之时，那里也叫大月氏（zhī 音同只）国。《汉书·西域传》记载，大夏国王曾派遣使者到中国来朝贡。

早在4千多年前的帝喾时代，大夏国就是中国的西域边境，所以帝喾才会派儿子实沈到那里去任职。实沈也是帝尧的兄弟，《逸周书·卷八·史记》记载帝尧攻打大夏，因为"西夏性仁非兵，城郭不修，武士无位"而被收复。实沈渎职，不使用军队保卫边疆，不修城池，不给武士社会地位，所以帝尧用武力收回了他的管理权。夏朝时，大夏在《山海经》中也有记载，就连大夏方国东南方的身毒方国，也被记载为"身毒之国，轩辕氏居之。"身毒国属于今日印度。九州国土西至沙漠，竟然延伸到了如今阿富汗和印度境内，可见4千年前的中国西部边疆超过今日西藏和新疆啊。

帝喾把弟弟实沈派到西方大夏国担任天文官，主祀参（shēn 音同深）星；把哥哥契派到东方商地也担任天文官，主祀商星。一个在西，一个在东，只要这兄弟俩一辈子不见面，就一辈子不会再打架。

参星与商星同属于中国的二十八星宿（xiù 音同袖）。西方古人用黄道十二宫来记录天象，中国古人使用的是二十八星宿。

与地球所见的日月运动方向相同，二十八宿自东向西排列，每组7个星宿，分别排列于东南西北4个方向。每个方向上的7个星宿，又都是由几十个星座、几百颗星星构成，从地球上望去，就像是4种中国神兽：东苍龙、西白虎、北玄武、右朱雀。位于西方的"白虎七宿"分别是：奎（kuí 音同葵）、娄、胃、昴（mǎo 音同锚）、毕、觜（zī 音同资）、参（shēn 音同深）。沈实主祀的参宿，位于"白虎"之尾，也是西方人眼中的猎户星座。

参宿位于中国的西部天空，只有从初冬开始到次年的初春，才会出现在中国的夜空。所以每当参宿初现之时，人们就知道冬季到了；每当参宿消失之时，人们就知道春天来了。参宿是中国人由冬到春的重要季节坐标。

东方"苍龙"七宿：角、亢、氐（dī 音同低）、房、心、尾、箕（jī 音同基）。其中的"心宿"，也叫"商宿"，帝喾把哥哥契派到中原商地担任火正官职，主祀商宿。

商宿位于中国东部天空，是西方人眼中的天蝎星座，最初由3颗恒星组成，在"苍龙"的腰部，即"苍龙之心"。中国古人所指之"心"，不是心脏，而是人的要害部位——肾脏。

契的职责，是研究商宿与人类生活的联系，并在商宿出没的春夏季节主持祭祀活动。由于在商地举行祭祀活动，所以"心宿"才变成了"商宿"。

二十八宿中无论哪颗恒星，重要性均不如商宿三星中间的一颗"辰（chén

音同晨）星"。辰星明亮且红艳似火，所以中国古人又称其为"大火"，契所担任的官职叫火正，就是指这颗大火星。大火星每年首次出现的时间在黎明，中国词汇：时辰、星辰、早晨，均来自于这个"辰"字。

大火星不是太阳系八大行星中的"火星"，只是中国区域用来标志季节的星宿。契在商地筑高台观察星辰，发现了大火星的运行规律，以此为依据测定一年的自然变化和年成好坏，并发明了以大火星纪时的历法。商朝初建时，把大火星出现于黎明前的第一次晨见之月，定为一年的岁首，这就是后来商朝全国统一使用《殷历》。

《殷历》的元月一号十分神奇，为现在的农历春分，也是玄鸟到达中原的日子，一般在公历3月下旬，大火星准时出现于黎明东方。到了这天，契就提示人们放火烧荒，为春耕做好准备。每年大火星位于正南时，契提示人们夏天即将结束，为秋收做好准备。每年农历7月，大火星向西流去，那就是现在的农历秋分时节。每年从农历9月开始，大火星将有半年时间完全看不见，契提示人们不准在野外放火，以免引起火灾……由此可见，商朝时候的大火星，就是上天的标点符号，人们据此按部就班地生活劳作。

契的观星台，位于今河南商丘古城西南的一座普通高丘上，那里也是契的葬身之地。笔者亲自去商丘考察，发现此古迹被奇迹般地保存到了4千多年之后的今天，成为中国最早的天文台遗址。

阏伯（契）台形状如墓，为圆形夯土筑成，虽然陡峭，却并不怎么高，台高只有35米，台基周长270米，元朝时台上建筑阏伯庙大殿，保存至今。如今阏伯（契）台周围灯光璀璨，远古时这里一片平原荒野，没有如今电灯的"光害"，契观察大火辰星，只需在高岗上便可看得清清楚楚。

当地人把阏伯台叫成火星台或火神台，因为契对大火星辰的研究十分深入，对古代天文贡献卓著，人们尊他为"火神"。阏伯（契）台的周围建筑规模宏大，是今人祭祀殷商祖先的最重要名胜古迹。

帝喾派弟弟实沈到西域主祀参宿，派哥哥契在东方中原主祀商宿。参宿与商宿位于北半球星空的东西两端：一个在西方，一个在东方，一个出现在秋冬，一个出现的春夏，每当商宿从东方冉冉升起，参宿便奄奄沉没于西方地平线下，此二星在天空中绝对不可能同时出现，所以契与实沈俩兄弟天各一方，永远也不可能相见。唐代杜甫有名句："人生不相见，动如参与商……"中国成语"参商离别"的古老故事，比喻兄弟不和，彼此对立，终生隔离，不得相见。

（三）契封商国

【商氏始祖契建立商国的历史，鲜活地展现出中华万邦方国的产生过程。从夏朝开始实行父子传位，商国诸侯跟随之，可见中国从公有到私有的演变过程，就是氏族首领、方国诸侯、国家官员演变为富有剥削阶级的过程……】

契（阏伯），子姓，最初没有贵族姓氏，被父亲帝喾（kù 音同酷）任命在商地担任火正官，负责管理天文星宿。帝尧担任天子后，契被同父异母兄弟任命为司徒官，负责管理全国民众、土地，以及教化等事宜。后来帝尧为了考察接班人，把契的司徒要职转交给了舜。帝舜执政之后，再次任命契为司徒官，要求他推行"父义、母慈、兄友、弟恭、子孝"的五伦教育。契不仅对帝舜的教化工作尽职尽责，有效改变了民风，而且还帮助大禹治水，取得了功劳，所以在商地获得了封国，受赐"商氏"，成为贵族。从契担任官职的时间看，他的寿命远远超过尧舜，长达数百年，所以"契"也许不是一个人，而是"契"之后的几代传人，由于历史太过遥远，在说不清楚的情况下，只好将其视为一人。

商地位于今河南商丘一带，"三皇"之一的燧人氏出生于此，并在这里发明了钻木取火，建立起燧明国。帝喾在商丘建都，都城叫亳（bó 音同伯），死后埋葬在亳，地点叫"老丘"。契在商地亳出生，并接受分封而建立起商方国，具体地点就在观察天象的阏伯台周围。契去世之后，所埋葬的阏伯台墓冢便是"商丘"的最初来历。也就是说，先有商地再有商国，先有契在商国的阏伯台墓冢，然后才有了商丘之名。阏伯台保存了4千余年，而商丘地名也奇迹般地穿越了4千余年，一字未改地传到了今天，充分说明全世界只有中国没有几千年文明的断层。

契在受封商氏之前，父亲帝喾是高辛氏，兄弟帝尧是陶唐氏，父兄均为拥有贵族姓氏的天子。如果按照夏朝规矩，契出身于贵族，至少应该有父亲高辛氏的贵族姓氏，可是夏朝之前的帝舜时代，契虽然贵为帝子王兄，却没有任何姓氏，不在贵族之列，仅仅为一介有官职的庶民而已。

其实就连帝舜自己也是这样。舜的父亲是帝颛顼（zhuān xū 音同专须）的直系后代，可是祖祖辈辈好几代人，包括舜的父亲瞽叟（gǔ sǒu 音同古擞）在内，全都是庶民。舜在很长时间内，也是只有官职而没有贵族姓氏和封地，直到被帝尧定为天子接班人、授权管理国政之后，才得到了"有虞氏"的贵族封号和有虞国封地。可见夏朝之前，哪怕身为皇亲国戚，哪怕是官员，只有在建立功勋之后，才能获得贵族姓氏，并建立起属于自己的方国。这也许就是夏朝之前、所谓"私有财产不足"的亚细亚社会性质中国"国家"的激励机制，人人都要凭贡献出人头地，当天子的更要德才兼备，每一代人都只有通过努力工作才能获得社会地位和荣誉。

早在大禹执政之前，契就是帝喾、帝尧、帝舜等3代重臣，做出过贡献，却没有得到属于自己的姓氏和封地。这是西方社会历史中从来没有的文明。帝舜后期，由大禹代替帝舜管理国政，契凭借协助大禹治水之功才获得商国，可见商国是大禹的分封，契是大禹的心腹嫡系。这也就不难理解，为何各代商国诸侯对夏朝王室如此忠心耿耿，以及各代夏后氏天子十分信任商国诸侯了。

自从契得到贵族封号和封国之后，他那些生活在夏朝的众多后裔，即便没有任何功劳，也能世袭商氏贵族封号。这就是夏朝国家机制与前朝的不同之处，也是中国迈入奴隶社会之后的变化。

契接受分封的时候，虽然得到的只是一个很小的方国，但由于获得了建国先机，待夏朝正式形成之后，商国已成为管理好几个诸侯国的诸侯长之国，俨然为强国。《诗经·商颂·长发》记载契成为商国诸侯后的行为："玄王桓拨，受小国是达，受大国是达。率履不越，遂视既发。"意思是，玄鸟商王契，是治理夏朝的桓表标识，不仅能对小国诸侯发布命令，而且具备控制大国的能力。他严守君臣之道，绝不逾越夏王室礼法，遍察教令而尽心施行。

商氏始祖契建立商国的历史，鲜活地展现出中华万邦方国的产生过程。夏朝开始实行父子传位，商国诸侯跟随实行，可见中国从公有到私有的演变过程，就是氏族首领、方国诸侯、国家官员演变为富有剥削阶级的过程……

主要参考资料

【《逸周书汇校集注》《左传全译》《山海经》《吕氏春秋》《诗经楚辞鉴赏辞典》《史记》《淮南子》《太平御览》《古本竹书纪年辑校今本竹书纪年疏证》】

商国兴衰

（一）相土烈烈

【《史记》："相土佐夏，功著于商。"商王相土在国家混乱的时候，没有投靠寒浞，而是辅佐夏朝，加快了中原对东夷的同化速度，功不可没。】

契，子姓，去世之后，商国诸侯之位传于儿子昭明，昭明同时继承了火正官职。昭明将商国都城迁到了砥（dǐ 音同底）石。砥石，是大禹治水时的黄河砥柱山，位于今豫、晋、陕 3 省交界处的三门峡。

昭明去世后，诸侯之位传于儿子相土。相土也叫乘杜，继任为商国诸侯之时，正是寒浞篡位、夏王帝相 15 年。这一年，相土将商国都城由砥石重新迁回到今河南商丘定居，此时，夏王帝相已离开商丘 6 年，居住到斟灌国去了。

商氏族虽然长期生活在中原，却明显带有游牧民族的特点，不仅十分善于驯养家畜，畜牧业相当发达，而且喜欢频繁迁徙。

相土之时，中原人牧马群放散养，而相土将马匹驯服，创造了用马槽喂养的圈养之法，可见在相土时代，商国的农耕特点很多。

相土还发明了一种新型马车。马车其实早在帝尧时代就已经出现。据记载，帝尧执政 50 年时，曾经驾着黑色小马驹，拉着素色马车，前往今河南襄城县之南的首山。首山是黄帝铸鼎的采铜之地。而夏朝相土所发明的马车与帝尧的马车不同，叫作"乘马"，不是使用力气弱小、容易顺服的小马驹拉车，而是使用难以驯服的高头大马，这样的马车可以作为交通工具和驮运工具。

相土是个大有作为、声名显赫的人。他打着辅佐夏朝公室的旗帜，率领部族驾驶着自己发明的乘马，一路风尘向东行进，以商丘为中心，把势力伸展到了黄河下游的广大地区。

《诗经》歌颂："相土烈烈，海外有截。"烈烈，指威武雄壮，相土率领军队，在战车上指挥战斗，威壮烈烈。截，是整齐的样子。相土制服了东夷，所控制范围达今山东半岛渤海和黄海之外的岛屿。有人这样解释诗句：相土干得轰轰烈烈，东夷海外诸侯齐刷刷地归服于他。

《史记·殷本纪·索隐》评价："相土佐夏，功著于商。"相土是商国自契之后，首位兴商的大英雄。他使商国经济发展，实力增强，在国家混乱的时代，没有投靠寒浞，而是辅佐夏朝，加快了中原对东夷的同化速度，功不可没。

（二）王亥经商

【中国4千年前出现商人，商业文明出现的时间不迟于西方任何国家，但其后长期以自给自足的农业经济为主，疏于商业贸易。这并非传统文明落后，相反却证明中华注重以实体经济来创造社会价值，是一种领先于西方的先进文化理念。近100多年西方出现先进于中国封建农业社会的资本主义工业社会，并非商品交换的结果，而是从生产工具进步、生产力发展中得来。中国落后的是现代化科学技术，不是传统文明！】

商侯相土去世之后，传位于儿子昌若。商侯昌若去世之后，传位于儿子曹圉（yǔ 音同语）。商侯曹圉去世之后，传位于儿子冥，这时夏朝已渡过寒浞篡权的几十年危机，进入了帝少康和帝杼（zhù 音同祝）的中兴时代。

大禹早在治水之时就立下了规矩，从九州到四海边境，每5个诸侯国设立一个长，由各诸侯长领导治水工作。担任诸侯长的方国，地位高于一般方国。夏朝建立之后，商国诸侯始终担任诸侯长。王室派遣商侯冥去领导治理黄河的工作。

商侯冥也叫"季"，经常被称作"王季"。帝少康11年，任命王季（冥）担任夏朝司空官，他欣然接受帝少康之命而治理黄河多年，与夏朝王室戮力同心，时间跨越了夏朝帝少康与帝杼父子两代人，就在帝杼执政13年的时候，商侯冥在治黄岗位上不幸以身殉职。

商侯冥去世后，儿子"振"接位。振，名"亥"（hài 音同害），一般称其为"子亥"，"子"为母姓。子亥能秉承父亲大德，帮助治理黄河，曾受到商侯冥的褒奖。

笔者认为，子亥与王季（冥）之间，相隔数代人。《竹书纪年》记载：商侯冥去世后的第四年，夏王帝杼也去世了，之后夏朝经历了帝芬执政的44年，直到帝芒33年，才又出现了关于"商侯"的记录。商侯王季（冥）在世之时，儿子子亥就已经在帮助父亲治水，那么就不太可能在夏朝经历了3代天子、81年之后，居然还是青壮年。而且商王子亥在帝芒33年之后又活了33年，一直到了夏王帝芒之子帝泄执政 12 年的时候，他才死于非命。但是，无论这段历史的时间记载多么荒唐，都不能否认子亥是商国的重要历史人物。

子亥担任商国君主之后，人们称其为"王亥"。夏王帝芒 33 年，商侯王亥带领族人越过黄河西岸，从河南商丘迁到了西河殷地，即今日河南安阳，于是商侯改称为"殷侯"。商国在殷地得到迅速发展，也许因为牛的力气比马大，王亥驯养牛来拉车，并发明了赶牛车的技术。

商国迁都西河殷地之后的第二十五年，夏王帝芒去世，帝泄继位。帝泄 12 年，发生了大事——殷侯王亥被杀！

殷侯王亥是个双手抓着一只鸟直接生吃鸟头的凶悍之人，怎么可能轻易被杀害呢？

原来，王亥和弟弟恒，赶着牛群，驮着货物，北跨黄河，来到了今河北易县一代的易水流域，与当地有易方国做贸易交换。易水河源出于太行山和横山山麓，是中国北方最著名的天然河流，从今河南安阳殷地的商国，到今河北易水流域的有易国，如今公路行驶还要近千里路，而上古殷侯王亥赶着牛群一路走去，真可谓长途跋涉、千辛万苦了。不料王亥却因淫乱罪名而被有易方国诸侯绵臣杀掉，所有的牛群均被没收，绵臣只放回了其弟恒。

有一种说法：王亥把一群肥牛寄养在两个地方，一处是易水河边的有易国，另一处是居住在黄河下游的河伯国。有易国诸侯绵臣见财起歹意，杀掉王亥，没收了肥牛货物，放还其弟恒。

春秋战国时代的著名诗人屈原写楚辞《天问》，说王亥淫乱，持盾跳舞，有体态丰腴的有易氏女子爱上了他。传说他与有易氏诸侯绵臣的妻子发生了私情，因私情暴露而被杀。屈原问，这个在有易方国放牧的家伙，又是在哪里被撞破了私情？因淫乱被杀，出处为《山海经·大荒东经》注引的古籍《竹书纪年》，可信度比较高。

还有一种说法：王亥和弟弟恒在有易方国做贸易，被野心勃勃的弟弟恒杀害了，然后弟弟接替了商侯之位，成了商侯"王恒"。屈原作诗反问，如果王恒秉承了父亲王季之德，又从哪里得到大牛满栏？历史真是充满了迷雾。

商国迁徙殷地，由于农业和畜牧业的发展，物品有了过剩，商侯王亥带领大家赶着牛群到北方去做贸易交换，因为他们是商国人，所以人称"商人"。商国人就这样成为中国最早的生意人，其名称沿袭至今。中国把买卖人称为"商人"，商人将商侯王亥认作始祖，奉若神明。如今商丘在 4 千多年前的阏伯台遗址前面，修建起规模宏大的商祖祠，为王亥树立起巨大的铜像，香火旺盛。

中国 4 千年前出现商人，商业文明出现的时间不迟于西方任何国家，但其后长期以自给自足的农业经济为主，疏于商业贸易。这并非传统文明落后，相反却证明中华注重以实体经济来创造社会价值，是一种领先于西方的先进文化理念。近100多年西方出现先进于中国封建农业社会的资本主义工业社会，并非商品交换的结果，而是从生产工具进步、生产力发展中得来。中国落后的是现代化科学技术，不是传统文明！

（三）上甲中兴

【上甲微复仇，使得商国中兴，100多年之后，殷商敲响了夏朝的丧钟。盛衰兴废的转换过程，需要经过许多年、许多代人的努力才能完成。】

殷侯王亥被杀，弟弟恒从有易国回家，继承哥哥的殷侯王位，成为"王恒"。不久，殷侯王恒去有易方国领赏，却神秘失踪。这就非常奇怪，既然有易国诸侯杀害了殷侯王亥，为什么殷侯王恒又要去领赏？而且莫名其妙地失踪？这些蹊跷早已成为千古之谜，

王恒失踪之后，王亥之子上甲微继承了商国殷侯之位。

上甲微，一名为上甲，一名为微，所以也叫"上甲"或"殷侯微"。夏朝时有依照出生之日的天干来取名的习惯，上甲之名，是因为其母在甲日生下了他的缘故。

殷侯王亥去世后的第四年，上甲微向居住在黄河之滨的河伯方国借军队攻打有易方国，因为其父曾把肥牛寄养在有易族氏和河伯氏那里。王亥被有易氏君主绵臣所杀，河伯氏也摆脱不了干系，所以河伯氏如果要证明与此事无关，理应借出军队。

上甲微组建了自己的武装队伍，与借来的河伯氏军队共同出征，满怀仇恨为父报仇。上甲微杀掉有易方国诸侯绵臣，对有易氏进行血洗、灭族。

如今河北易水早已与黄河没什么联系了。但在夏商时代，黄河中下游流过河北平原，由现在的天津入海，所以黄河之北易水河畔的有易国，与黄河之滨的河伯国交好。河伯国军队参与战争，实属无奈于上甲微的苦苦相逼，所以河伯氏不忍心看到有易氏就这样被商国灭掉，可怜他们，暗地里帮助有易氏遗民偷偷逃了出去，将其集中迁徙到了今河北野兽出没的无人区，建立起新的"摇民国"，于是这个原来以黄米为食物的农耕民族，就变成了猎杀野兽，靠肉食为生的游牧民族。春秋时代,摇民国人被中原人称为"白狄",归于野蛮人。战国时代,

摇民国改名为中山国，最后被赵国所灭，现在中国的"易"姓，全部都是有易氏的后代。

上甲微报仇之后，为了祭祀亡父，创建了"禓（shāng 音同伤）祭"的五祀之礼。

中国古人把死于非命之鬼叫作"强鬼"。禓，是一种驱逐道上强鬼的祭祀。上甲微创建此项祭祀，告慰父亲大仇已报，让已经成为强鬼的父亲安心地离开阳间而通往阴间。

禓祭五祀，需要祭祀门神、户神、井神、灶神、宅神（土地神）等诸神，所以叫五祀。为了让强鬼一路通行无阻，要与道上这 5 种神灵搞好关系。用什么搞好关系？《周礼·春官·大宗伯》说："以血祭。"杀活人奴隶祭祀，是免不了的。上甲微所创立的禓祭五祀活动，作为民俗一直延续到了周朝之后，影响中国数千年。

夏朝帝泄时代之前，商国本已经衰落，久未用兵。上甲微为父报仇而使得商国复兴，所以商国人将上甲微视为能够像祖先相土那样出征打仗、中兴商氏族的伟大殷侯。殷商人认为上甲微有中兴商国之大功，所以上甲微享受到了商国用活人奴隶和活牲畜作为祭品的人牲报祭荣誉。

上甲微使得商国发生了历史性的重大转折，此后商国军事实力不断壮大。

《逸周书·卷八·史记》记载，夏王帝不降 35 年，汾水流域的皮氏方国，诸侯"信不行、义不立"，一些贤明之士要求代行国政，诸侯实行镇压，于是发生动乱。商国军队乘虚而入，一举灭掉了皮氏，商国领地再次扩大。

夏王帝孔甲 9 年，商国由今河南安阳的殷地西河，重新迁回到商地旧都商丘，进一步兴盛。商氏族具有强烈的游牧文化传统。游牧民族因放牧需要逐水而居，所以特别喜好迁徙，商国虽然早已成为农耕民族，却畜牧业发达，而且异常好动，为了得到更多的奴隶和财物，不断向外发展势力，其间多次迁徙。成汤建立起商朝之前，商国在今河南安阳的殷地与今河南商丘的商地之间来回迁徙，多达8 次。

夏朝初乱之时，商侯相土东征海外、威名远扬；夏朝中兴之时，商侯王季（冥）因公殉职；夏朝鼎盛之时，殷侯王亥交易富商，殷侯上甲微中兴商国；夏朝衰落之时，商国吞并他国，军事不断强大。100 多年之后，商国敲响了夏朝的丧钟。盛衰兴废的转换过程，需要经过许多年、许多代人的努力才能完成。

主要参考资料

【《山海经》《逸周书汇校集注》《诗经楚辞鉴赏辞典》《左传全译》《荀子集解》《管子全译》《吕氏春秋》《史记》《古本竹书纪年辑校今本竹书纪年疏证》】

成汤智慧

（一）成汤志向

【要想推翻一个旧的政权，必须有一股新的政治力量。而政治力量的核心，往往只是一个人。能否成功，取决于核心人物的个人品质与谋略智慧。】

商国诸侯上甲微之后的约130多年，夏朝经历了帝不降、帝扃、帝胤甲、帝孔甲、帝昊、帝发等6代天子，殷商也经历了报乙、报丙、报丁、主壬、主癸（guǐ 音同鬼）等5代商侯，直到夏桀时代，商国才出现了夏朝的掘墓者——成汤。

汤，子姓，还有一个名字叫履。他至少有7个名号：汤（唐）、成、成汤、武汤、商汤、大乙、天乙。

成汤的父亲叫主癸，母亲是主癸的正妃、叫扶都。有一晚，扶都看见有白气贯穿月亮，顿时心有所感，当夜便有了身孕。既然有了超自然的历史记载，成汤也就能够名正言顺地进入"天子"行列。

夏朝后期有以天干取名的风俗，成汤出生于乙曰，所以号中有"乙"。大乙、天乙、高祖乙等，均为商族后人祭祀成汤时所用的庙号。庙号是商朝建立之后的事情，谥号是周朝建立之后的事情，夏朝没有这些。

成汤的脑袋尖得像锋芒，有一种勇往直前的气势，下巴很丰满，皮肤白皙，有络腮髯须，身高9尺，臂膀有4个肘，手脚有老茧，展开身体可以发出十分高亢的声音。中国自古就有面相学，帝王之相不在于美观而在于奇雄，商汤地阁丰隆、圆满，又有奇骨贯顶，臂膀更是异于常人，为王者之貌。

帝桀15年，商侯主癸去世，成汤继位。成汤刚一上任，就把商国都城从商丘搬到了附近的亳（bó 音同伯），居住到先王帝喾的国都去了，那里如今是商丘以南22公里处的高辛镇。商国土地并不算多，到成汤夺取政权之时，也不过区区方圆70里。

现在河南被考古工作者称为"亳"的地方，有南亳、北亳和西亳之分，今商丘以南 22 公里处的高辛镇，是成汤先祖帝喾所居之亳，也是成汤第一次迁都的地方，叫南亳；今商丘以北 25 公里处的蒙墙寺，是北亳；今商丘以西大约 280 公里处的偃师二里头村，为西亳。除了偃师西亳为原夏都斟鄩所在地之外，其他的"亳"，都没有离开古商国的范围，在商丘附近。

为了这次迁都，成汤颁布了两篇告示：《帝告》和《釐（xǐ 音同喜）沃》。此两文内容均已遗失，从篇名上看，前者《帝告》是向先祖帝喾报告这次迁都的情况：后代子孙成汤重回故地，在先帝都城居住，是为了追随先祖，效法高辛氏的德行……后一篇《釐沃》，有可能是商国祈福的文告，釐，即禧，吉祥而有家福的意思；沃，是丰美、肥沃。

成汤在都城（南）亳苦修其德，励精图治，使得商国人口日益增多，粮食充足，国势越来越强大。从成汤继位后的迁都地点，以及迁都后所颁布的文告标题看，此人志向非同小可，眼光绝不仅仅停留于殷商氏族的昌盛。

要想推翻一个旧的政权，必须有一股新的政治力量。而政治力量的核心，往往只是一个人。能否成功，取决于核心人物的个人品质与谋略智慧。

（二）网开三面

【网罗人心如同网鸟，只要让天下都了解到成汤的仁德与智慧，即便网开三面，人才也会自投罗网、不请自来。】

成汤外出游猎，看见郊野四处张着罗网，张网的人在不停地祝祷：愿从天上掉下来的，从地下冒来的，从四方来的，全都进入我的罗网吧！

成汤听到后说：嗳，这样就把禽兽全打光了！你又不是夏桀，为何要如此呢？

成汤亲自动手，撤去了这个人的三面罗网，只留下了一面，而且叫张网的人这样说：过去见蜘蛛织网，现在人也学着织网。禽兽想往左边走的就往左边走；想向右边逃的就向右边逃；想向高处飞的就向高处飞，想向低处跑的就向低处跑，我只捕取那些触犯天命、自投罗网的。这就是中国成语"网开三面"的由来，比喻采取宽大态度，给人出路，是一种为人厚道的优良品德。

成汤"网开三面"的故事很快就在诸侯中传开了，就连远在汉水之南的许多夷国也都知道了。汉水之南曾经是三苗人居住的地方，民风凶悍，从不轻易服人，而此时那里的方国诸侯感叹说：成汤的仁德惠及到了禽兽！大家都认为成汤是有德之君，值得信赖，归顺商国的诸侯国很快就增加了 40 个。

仲虺（huǐ 音同毁）是邳国诸侯，邳国位于今江苏邳州市一带。仲虺的祖先是中国的造车鼻祖奚仲。奚仲在大禹时代担任车正官职，后世子孙都在夏朝做官。成汤尚未继位就听说仲虺很有才干，却顾虑其祖辈都是夏朝臣子而不愿助商。成汤继位前四年，夏桀灭掉了有缗（mín 音同民）国，引起各地诸侯不满，不仅异性诸侯，就连与夏后氏同姓"姒"的诸侯也先后叛离夏桀。没想到成汤继位商国君主之后，仲虺立即接受邀请，在商国任职。

商国都城（南）亳（bó 音同伯）的北边，有一个叫有莘（shēn 音同深）氏的方国，伊尹是有莘氏国君的家奴。成汤求贤若渴，继位不久就前往有莘国去聘请伊尹。当时，大彭国诸侯彭氏的儿子为成汤驾车，彭氏之子在半道上问，您这是要去哪呀？

成汤回答，我将要去见伊尹。

彭氏之子不以为然地说，伊尹是全天下最低贱的人，如果您想要见他，只需下令召见来问问，这对他来说，就已经是受到了恩惠赏赐！

成汤非常生气，说：并不像你所知道的那样。如果现在这里有一种药，吃了它耳朵就会变得更加灵敏、眼睛就会变得更加明亮，那我一定会非常高兴，并且努力去吃这个药。现在伊尹对于商国，就好像是良医好药，而你却不想让我去见伊尹，这就是不想让我好啊！成汤越说越生气，最后干脆把彭氏赶下车，自己一个人驾车去有莘国。

到达目的地，成汤万没想到有莘氏国君居然不肯出让伊尹。成汤回去后想了好办法，派人说媒，娶有莘氏国君的女儿为妻，条件是让伊尹作为陪嫁奴隶。这个办法奏效了，所以伊尹一来到商国就免除了奴隶身份，被成汤任命为官。

也有人说，伊尹本就是个有才德而不肯做官的隐士，成汤派人去聘请他，前后去了5趟，他才答应前来辅助成汤。

最后一种说法：伊尹是有莘氏国君的家奴，担任庖厨。他早就知道成汤为贤君，想求见成汤却苦于没有门路，于是乘有莘氏国君之女出嫁商汤之机，主动要求成为陪嫁奴隶。到达商国之后，伊尹肩背饭锅、砧板去见成汤，以肉食的滋味为引子，讲述包括三皇、五帝、大禹在内的远古帝王事迹，以及有德才的隐居处子所作所为，发表了治国理政、称霸群雄的王道独特见解，成汤大为惊讶。成汤认定伊尹为大才，免除其奴隶身份，破格提拔为官，之后被派往夏都斟鄩……

帝桀20年，伊尹从夏都刺探情报回商都（南）亳，在斟鄩北门遇见了夏桀的两位名臣汝鸠和汝方，顺便策反，带回到商国。伊尹回到商国之后，写下《汝鸠》和《汝方》两篇文告，内容大约为鞭笞夏桀而抒发回到商都（南）亳的愉快心情。遗憾的是，此两文只剩下篇名而遗失了内容。

帝桀28年，太史令终古因夏桀越发暴虐荒淫而拿出夏朝法典抱着痛哭。这中国首位留名于历史的史官，知道夏桀已不可救药，主动出逃投奔了商国。成汤喜上眉梢，快乐地告诉前来聚会的诸侯们：夏王无道，暴虐百姓，父兄受穷，功臣受辱，轻慢贤人，背弃礼义，听信谗言，庶民众人都怨恨他。最近，为夏后氏掌管法典的大臣已经自行归顺商国。

帝桀29年，费国诸侯伯昌看天上出现了两个太阳，认为夏桀将亡，便带领全族迁徙，归顺了成汤……

帝桀30年，忠臣关龙逢（páng 音同旁）被残酷肢裂，成汤不顾得罪夏桀，派人前去吊唁，又收获了人心……

以上史实在《竹书纪年》和《吕氏春秋》中均有记载。战国吕不韦评价成汤，说："人置四面，未必得鸟；汤去其三面，置其一面，以网其四十国，非徒网鸟也。"的确，网罗人心如同网鸟，只要让天下都了解到成汤的仁德与智慧，即便网开三面，人才也会自投罗网、不请自来。

（三） 结盟覆夏

【夏朝社会，奴隶伊尹居然成为商国的国之重臣，以平等身份与诸侯成汤订立盟约，这在西方奴隶社会是不可想象的。成汤的智慧是识人，是善于运用他人智慧。不拘一格用人才，是中国氏族社会传承到奴隶社会的文化好传统。】

《宋书·符瑞志》记载，成汤得到奴隶伊尹的辅佐之后，夜里做了一个梦：自己乘船从太阳和月亮的附近驶过，从东方来到洛水，察看帝尧的祭坛。他往洛水中沉下了一块三分厚的璧玉，然后退而站立，只见有黄色的鱼儿成双成对地向上跳。有一只黑鸟跟随着鱼儿飞来，停在祭坛之上，化成了黑玉。又见出现了一只黑色乌龟，龟甲上有红色的文字："夏桀无道，成汤遂当代之。"这时候，有凶恶的梼杌（táo wù 音同逃物）神兽出现在洛水之东大邳山，又有天神牵着白狼，口中衔着带钩进入商国朝廷。带钩，是中国古人的系腰、束腰的青铜金属物品，也是穿着官袍的关键之处，天神送带钩给商国，预示商汤将拥有全天下的"带钩"……

成汤在梦中看见商朝金德将盛，有许多银子从山中漫溢出来。中国古人将"金、木、水、火、土"五行的相生相克、周而复始的循环变化，视为自然界的"五德"，以自然界的五德，来解释人类社会王朝兴替的内因。商，属"金"；夏，属"木"。

五行中"金胜木"，预示商将要战胜夏。

成汤还梦见自己奉天之命，放逐了夏桀；梦见上天像老牛舔犊那样深情地舔舐着商国，之后自己就得到了天下……

成汤之梦很重要，商人祭祀鬼神，特别迷信，经常把梦视为预兆。成汤的这个夜梦究竟为真？还是自己的编造？无论如何，他只要讲出来，目的就是为了传递一个重要信息：覆夏立商，实现中国人类自古前所未有的改朝换代事业！

此时夏朝已存在400多年，虽有多任天子无道，但中国自黄帝开始，便没有王朝被武力彻底推翻的先例，即便后来有过后羿、寒浞篡位，也只是暂时的，并未更改夏朝国号。而现在，成汤要做的事情是史无前例的，所以他不敢说出，只能放在内心深处，与伊尹等少数大臣心照不宣。

成汤得到伊尹之后，先给伊尹重要官职"小臣"，然后派其到夏都斟鄩去观察动静。此时是成汤继位于商国诸侯的第三个年头，他担心夏桀不信任伊尹，亲自跟在后面"射杀"，让伊尹"逃亡"到了帝桀那里。

伊尹来到斟鄩后，以曾经是成汤小臣的身份，在夏桀那里得到了职务。伊尹看到夏朝王庭里的官员整天饮酒，喝醉者靠在不醉者身上，不醉者扶持喝醉者，相互应和而歌：什么时候回到亳？什么时候回到亳？亳也是很大的地方……伊尹悄悄退后，秘密躲在他们居住的地方，更加深入地探听他们回家之后所弹奏的音乐。那些人又唱：先觉者啊，正道者啊，我的五行大命格到底是什么？离开不善者，而到善者那里去，何乐不为啊！

次日，伊尹把所闻告诉夏桀，而且作"贴心"提醒：夏朝大命的灭亡指日可待了。夏桀哑然失笑：天上有太阳，就像我有民众那样，如果太阳灭亡了，我才会灭亡！

就这样过了3年，伊尹回到商都（南）亳向成汤禀报：夏王被妹喜迷惑住了，又喜欢爱妾琬和琰，不怜悯大众，人们都已到达不堪忍受的地步。朝廷内部矛盾尖锐，各级官员无论在上位、还是在下位，都互相痛恨，大家心里充满了怨气，说，上天不保佑夏，夏的命运就要完蛋了！

成汤对伊尹说：你告诉我的夏都情况，都像诗里唱的一样……上古中国词汇不多，古人喜欢用字数较少的民谣来传递喜怒哀乐，朝廷也收集民谣来考察民风，这就是所谓的"诗言志"。当时的民谣无论后来被收入《诗经》保存，还是没有完整保存下来，都称作"诗"。诗，都是能够唱出来的歌。

帝桀20年，伊尹正式结束在夏都斟鄩的间谍生涯，回到了成汤身边，直到此时，君臣才相互公开深藏心中的灭夏决心，两人宣誓，订立了"覆夏立商"盟约。

伊尹为了灭夏，来回奔走于夏商之间，先后5次赴斟鄩侦查，5次回商都汇报，将生死置之度外，这仅仅只是一名奴隶臣子对贵族主子的感恩和忠诚吗？非也！战国《吕氏春秋》解释了成汤与伊尹之间令人羡慕的君臣关系：贤明的君主和有道之士各如其愿，然后彼此都很快乐。他们事先不谋划就能亲密无间，不约定就能恪守信用，共同尽心竭力，承担危难和劳苦，内心却以此为乐。这是一种最高层次的精神快乐。得心者得天下！得士者得天下！这些战国时代的名言，难道不都是古人对成汤德行的总结吗？夏朝社会，奴隶伊尹居然可以成为商国的国之重臣，并以平等身份与诸侯成汤订立盟约，君臣成为世代令人羡慕的知音知己，这在西方奴隶社会是不可想象的。成汤的智慧是识人，善于运用他人智慧。不拘一格用人才，是中国氏族社会传承到奴隶社会的文化好传统。

主要参考资料

【《尚书今古文注疏》《左传全译》《吕氏春秋》《墨子》《孟子译注》《逸周书汇校集注》《越绝书校释》《史记》《淮南子》《说苑校正》《太平御览》《宋书》《古本竹书纪年辑校今本竹书纪年疏证》】

剪除羽翼

（一）葛伯仇饷

【过犹不及、把握分寸，是最难掌握的中国文化"中"的智慧。成汤做事很有尺度，既不震天动地，也非停滞不前；既不害怕恐惧，也非过分恭敬，所以百般福禄聚拢到了他的身上。】

成汤在商都（南）亳（bó 音同伯）有重臣仲虺（huǐ 音同毁）辅佐，伊尹自夏都斟鄩回商国之后，成汤如虎添翼。帝桀20年，君臣合谋，制定了灭夏步骤：

一是迷惑夏桀。商国坚决服从夏朝王室的大法、小法等一切法令，以谦卑的态度，恭敬地对待夏桀。夏桀十分自负，果然龙颜大悦，认为成汤的行为起到了表率作用，是诸侯们的榜样，下令以商国为九州典范。

二是韬光养晦。鼓励夏桀淫乐享受、自毁人心，使其失道寡助。在商国没有强大到能够取代夏后氏之前，既不逞强，也不示弱。

三是安抚人心。对内施行宽和政令，让民众享受到百般福气和幸福，凝聚民心。

四是庇护诸侯。成汤为方伯，即诸侯之长，有权使用夏朝的大法和小法来监管和讨伐各国。商国力求让更多方国接受到庇护，于无形之中获得各国拥戴，成为团结诸侯的核心力量。

五是：剪除羽翼。成汤的最终目的不是与夏后氏分庭抗礼，而是在不破坏九州一统的前提下，截断夏朝国运。所以成汤打着为夏朝公室执法的旗号，以战争行为消灭夏后氏的左膀右臂，让所有方国顺服，这就叫"翦夏"（古文"翦"即"剪"）。一旦时机成熟、水到渠成，一举灭夏。

成汤充分利用方伯诸侯长的身份，首先灭了忠实于帝桀的邻国葛伯氏。

葛国位于今河南省宁陵葛伯屯，诸侯葛伯为嬴姓。成汤消灭葛国的真正原因，是因为葛伯与夏桀交好，又与商国相邻，夏桀有可能通过葛国来监视商国，所以剪除夏后氏党羽的计划，一定要从消灭葛国开始。

夏朝发动战争是需要正当理由的，一般为复仇，或者是诸侯不义、替天行道。葛国与商国无冤无仇，成汤必须寻找到借口，否则很容易引起夏桀注意，打草惊蛇、功亏一篑。商国君臣仔细谋划，决定找不到借口，就创造出一个借口来！

《孟子·滕文公》记载得非常生动。成汤首先派人去葛国，责问葛伯：为什么不祭祀鬼神？祭祀鬼神，是以夏后氏集团为首的中原主流文化，在成汤手中得到发扬光大，所以商国对葛国的责问，在多数中原国家看来是义正词严的。

葛伯对商国的多管闲事非常反感，不屑争辩，就说：葛国穷，没东西可供作牺牲！牺牲，是古代祭祀所用的纯色牲畜的通称，色纯为"牺"，体全为"牲"，特指祭祀用的牛、羊、猪。

成汤派人向葛国送去牛羊，惹得诸侯葛伯更加生气，把牛羊全部吃掉了，仍旧不祭祀鬼神。

成汤又派人去问：为什么还不祭祀？

葛伯回答：葛国没有可供放于祭器内的谷物！

于是成汤就从（南）亳地商国派出许多庶民去为葛国耕地，并且给葛国庶民老弱者送去食物。

葛伯被商国这种公然干涉内政的行为彻底激怒了，亲自率领民众，对接受了商国酒、食物、稻米的本国庶民实施抢夺，如果不给就杀掉。有个儿童正在吃商国送到田里的黍米、肉食饭饷，被葛伯杀害然后夺走了饭和肉……

成汤打出为被杀葛国庶童复仇的旗号，向葛国发起战争。事前写下剿葛檄文《汤征》，说明征伐葛国的来龙去脉。《汤征》记载成汤这样说：我说过这样的话，"人视水见形，视民知治不"。意思是，人们看见水就知道了自己的样子，看见民众的生活，就知道方国治理得好不好。伊尹马上接着说："明哉！言能听，道乃进。"意思是夸赞成汤说话明智，只有听进了别人的善言，治国方法才能进步。商汤又说，治理国家，抚育万民，凡是有德行做好事的人都要任用为朝廷之官。"勉哉，勉哉！"大家都要勤勉。他对葛伯说："汝不能敬命，予大罚殛之，无有攸赦。"意思是，你们不能敬顺天命，我就要重重地惩罚你们，概不宽赦。于是全天下都知道："葛伯不祀，汤始伐之。"认为成汤不为财富，而为正义起兵。天下人称赞成汤："非富天下也，为匹夫匹妇复仇也！"赞誉成汤打这场战争，并非为了自己富甲天下，而是为了给普通庶民的匹夫、匹妇而复仇！成汤名正言顺地发兵灭掉了葛国。此次事件，被史官称为"葛伯仇饷"。仇，指厌恶；饷，指给在田间里劳动的人送饭。

成汤一共有 9 次剪夏征伐，征服葛国为剪夏的起始，虽没有取消其国号，但葛国已经不是真正意义上的独立方国，而成了商国附属国。葛国经历了夏、商，春秋时沦为鲁国附庸，战国时彻底被殷商后人宋国消灭。今河南宁陵县葛伯屯有葛国遗址。

成汤剪夏第一仗，打得实在太漂亮，分明是剪除夏桀党羽，却做得不急不缓，有理有利有节，不仅诸侯中没反对，人们还反过来指责葛伯不仁不义，被杀是咎由自取。同时，葛国广大庶民也自愿归顺富裕的商国，就这样，这个弱小的国家成为商国灭夏的第一件祭品。

过犹不及、把握分寸，是最难掌握的中国文化"中"的智慧。自古成大事者，需要天时地利人和。《诗经·商颂·长发》称赞成汤性格："不震不动，不戁（nǎn 音同腩，三声）不竦（sǒng 音同怂，三声），百禄是总。"意思是，成汤做事很有尺度，既不震天动地，也非停滞不前；既不恐惧害怕，也非过分恭敬，所以百般福禄聚拢到了他的身上。

（二）屈人之兵

【"不战而屈人之兵，善之善者也。"成汤不费一兵一卒，不战而让荆国屈服，是最高层次的兵法大谋，也是中国最早的伐谋战例。】

伊尹于帝桀 20 年回到成汤身边，与成汤盟誓灭夏立商。消灭葛国之后，成汤再次派伊尹手持礼物到夏桀那里去察言观色。伊尹讨得夏桀爱妃妹喜的欢心，巧妙解释商国的灭葛行为，夏桀居然没有在意，于是成汤的胆子又大了一些。

帝桀 21 年，商国军队征伐有洛氏。有洛国是洛水之滨古老的东夷方国，也是洛神宓妃的故乡。也许因为受到夏桀奢侈生活的影响，有洛国诸侯不断建造新宫室，池塘与园林都很宽大，土木工程日益增多，而且还在不断用新建筑取代旧建筑。为了忙于这些工程，民众得不到休息，农庶不得不耽误农时，导致饥荒发生。成汤乘机出兵攻打，一举拿下了有洛国，《逸周书·卷九·史记》称其"宫室破国"。

同年，成汤又马不停蹄带兵向南而去，祭祀鬼神的中原传统文化，简直成了成汤发动战争的重要理由。此时，网开三面的故事早已传到了汉水之南，那里的诸侯对成汤颇有好感，眼见成汤一路施行仁义、敬祀鬼神，南方各方国诸侯皆一心归顺商国，却只有荆国拒绝接受中原文化。

荆国是战国时楚国先祖之一，其封土原为三苗氏族居住过的地方，是三苗国解体之后才出现的方国。这是一个被中原人称为荆蛮的国家，要想用武力征服不是一件容易的事情。成汤攻打荆国，逼迫他们祭祀鬼神，大兵压境，却围而不打，采用文攻。成汤精心装饰了一条牛，不是作为牺牲品来祭祀鬼神的，而是用于侍奉荆伯。成汤先用敬酒礼数言欢，后用罚酒武力威胁，委婉表达出商国与荆国交好的诚心。

成汤的行为打动了荆国诸侯荆伯，荆伯惭愧地说：我失去了侍奉圣人之礼！为了表达出自己的诚心，荆伯不仅归顺了商国，而且把成汤视为品德高尚的圣人。这段历史被《越绝书·吴内传》称作"汤献牛荆之伯"。

战国时有《孙子兵法·谋攻》言："百战百胜，非善之善者也；不战而屈人之兵，善之善者也。"成汤不费一兵一卒，不战而让荆国屈服，是最高层次的兵法大谋，也是中国最早的伐谋战例。

（三）取信于民

【战国吕不韦评价说：成汤不仅能够使用本国民众，还能使用不属于自己的民众。成功的法则没有别的，就是把诚信作为准绳。而对社会经济利益重新分配，"有功于民"、"子惠困穷"，才是成汤的诚信基础。】

成汤按既定方针，把消灭葛国作为剪夏兴商的前哨战，然后伺机继续征服那些不肯归顺于商国的诸侯，就这样一步一步剪除夏朝羽翼，终于引起夏桀警惕。

帝桀22年，即成汤拿下有洛国和荆国的次年，夏桀命令成汤亲自到夏都斟鄩来履行朝见义务。成汤生性稳妥，在时机不成熟的情况下，绝不敢拒绝去夏都。果不其然，一见面夏桀就把成汤抓了起来，囚禁在夏台。夏台，即今河南的阳翟钧台，是当年帝启大宴诸侯、举行开国典礼的地方，因为囚禁过成汤，而获得了"中国第一监狱"之称。

据说伊尹和仲虺（huǐ 音同毁）得知成汤被囚禁之后，立即搜集了许多珍宝、玩器和美女献给夏桀，请求释放。夏桀见商国服软，送来那么多好东西，非常高兴，居然仅囚禁了一年，就愚蠢地下令释放成汤了。

既然夏桀不杀成汤，轻易释放，各诸侯国也就看到了商国的强大和成汤的命大，一天之内，竟然有500个诸侯到成汤那里去任职，表示愿意助商。

出狱之后，成汤放手除害，只要被民众认作"不义"的诸侯，他就行使诸侯长的权力前去讨伐，一连征伐了27个方国。每次征伐，成汤总是先杀掉不义诸侯，然后再慰问该国遭遇不幸的民众，而不是将那里的民众沦为战俘。结果他的征伐，反而如同为久旱之中的民众下了一场及时雨。

成汤万万没想到，自己频繁发动战争，居然会因为来不及征伐而引发民众的"不满"——东征，则受到西方夷国民众的埋怨；南征，则受到北方狄国民众的埋怨。大家都在埋怨：成汤为何先征伐别国而后再征伐我们？让我们受苦？

天下民众之心全部归于成汤，就像旱天盼大雨那样盼望着成汤大军的早日到来。因为成汤到来之后，商人原来在哪里做生意，现在还在哪里做生意；庶民原来在哪里耕田，现在还在哪里耕田。欺压民众的不义诸侯被杀掉，简直就是大快人心！这时候，商军俨然成为夏朝广大民众日夜盼望的军队。

在动用军事力量示威的同时，成汤还用自己的德行来安抚笼络方国诸侯，只要有诸侯受到夏桀残害，成汤立即派人前去哭吊慰问，恩威并施的结果是，仅仅3年，几乎全天下诸侯的心都归顺了商汤。

《史记·殷本纪》记载成汤对诸侯的要求："毋不有功于民，勤力乃事。"意思是，各位不能不为民众谋立功业，要努力办好自己的事情。他说："其有功乎民，民乃有安。"为民众建立了功业，民众才得以安居乐业。

《尚书·太甲中》伊尹曾用成汤的行为教育商汤之子太甲，说："先王子惠困穷，民服厥命，罔有不悦。"意思是，先王成汤像对待儿子那样惠及穷困者，所以民众都服从他的教导，没有不喜悦的。

战国吕不韦评价说："汤、武非徒能用其民也，又能用非己之民。能用非己之民，国虽小，卒虽少，功名犹可立。"成汤不仅能够使用本国民众，还能使用不属于自己管辖的民众。能使用不属于自己管辖的民众，国家即使小，士兵即便少，功名仍然可以建立。中国自古就有很多在民众的支持下平定天下的领袖，这些人成功的法则没有别的，就是把对民众的诚信作为准绳。的确，成汤改朝换代的所有计谋，都是以"有功于民"、"子惠困穷"的诚信作为基础的，这就意味着要对社会经济利益重新分配。否则，无论使用多么高明的谋略，最终都不可能推翻帝桀。

（四）水到渠成

【成汤足足准备 15 年，不停地剪除夏朝王室的羽翼，水到渠成，时机成熟，才开始与夏桀正面对抗。成汤始终将国家统一、方国团结，置于灭桀征伐战争的首位，为形成中国一统的传统文化，起到了非常重要的作用。】

昆吾氏一直是夏后氏的左膀右臂，在夏朝迅速繁衍，派生出 9 个氏族。昆吾集团中的昆吾、温、顾、苏、董等 5 个氏族同出自一个母族，均为己姓。夏桀王朝衰弱之后，昆吾集团起来反叛，而成汤也在谋划夺取夏王朝而代之。卧榻之侧岂容他人鼾睡？成汤绝不允许昆吾氏集团反叛夏朝而不归顺自己，以除奸讨乱为借口，于帝桀 26 年，灭掉了昆吾集团的温国。

这样一来，昆吾氏集团核心昆吾国无法容忍了。昆吾氏族原居在今山西夏县的安邑一带，后迁至今河南濮阳，帝胤甲 4 年时，迁都于河南中部许昌市一带的"旧许"，在这里经过了 50 多年，发展成为夏朝强盛的方国之一。"旧许"距离商都（南）亳（bó 音同伯）不远，帝桀 28 年，昆吾国主动讨伐商国，于是成汤在（南）亳会盟天下诸侯，从此开始了与昆吾氏长达 3 年多时间的较量。

《诗经·商颂·长发》唱："苞有三蘖，莫遂莫达。九有截，韦顾既，昆吾夏桀。"意思是：苞草都有 3 棵嫩芽，绝不能让其长大。成汤既要实现九州一统，又要截断夏朝国运，定要先剪除帝桀羽翼豕韦国和顾国，再去讨伐昆吾国，最后消灭夏桀。

昆吾国主动攻打商国，结果不仅没有战胜成汤，反而让成汤各个击破，一举灭掉了位于夏、商都城之间，今河南滑县东南的豕韦国，之后成汤立刻去征伐昆吾集团的顾国，第二年就把顾国也灭了。最终，昆吾氏集团的苏国和董国也都被商国所灭，昆吾国孤掌难鸣。

成汤在帝桀 29 年拿下顾国之后，已经获得了直接推翻夏朝的军事实力，很想立即对夏桀用兵。而大臣伊尹却说：慢！先停止缴贡再看看动静。

果然，夏桀发怒了，下令起九夷之师对商国开战。所谓九夷，指居住在东方的 9 个东夷部落，他们都是夏桀招之即来、挥之即去的军事力量。

伊尹说：不能战，夏桀还有能动用的九夷之师，拒绝进贡的罪责在我！于是成汤主动向夏桀谢罪，请求按五服纳贡，重新恢复了向夏桀的进贡。夏军不战而胜，夏桀也就顺势收兵，重新回到自己的奢靡日子中去了。

帝桀 30 年，瞿山崩，夏都斟鄩一带遭遇地震大灾，人心涣散。为了封杀负面舆论，夏桀杀死了敢于直谏的大臣关龙逢。这时商国故伎重演，又拒绝上贡了。夏桀再怒，再次兴起九夷之师伐商，谁知才短短一年，九夷方国就不听召唤，都不肯出兵了。伊尹这才对成汤说：我们现在可以起兵！

　　成汤足足准备 15 年，不停地剪除夏朝王室的羽翼，水到渠成，时机成熟，才开始起兵与帝桀正面对抗。成汤始终将国家统一、方国团结，置于灭桀征伐战争的首位，为形成中国一统的传统文化，起到了非常重要的作用。

主要参考资料

【《尚书今古文注疏》《逸周书汇校集注》《左传全译》《吕氏春秋》《诗经楚辞鉴赏辞典》《孟子译注》《越绝书校释》《史记》《孙子兵法》《淮南子》《说苑全译》《太平御览》《古本竹书纪年辑校今本竹书纪年疏证》】

汤武革命

（一）汤誓代夏

【商王成汤的《汤誓》与夏王帝启的《甘誓》一样，都要用杀头和降为奴隶作为威胁，可见参与作战的庶民士卒中没有奴隶，而战争却有可能使庶民士卒变成奴隶，这是中国奴隶社会的特点。】

　　帝桀 31 年，成汤准备对夏桀用兵，却还是不太放心，又一次派伊尹去夏都观察动静。成汤办事，当时看来总是好像非常迟缓，甚至无所作为，但回过头来一看，办一件成功一件，计划执行力非常有效。成汤的迟缓是慎重，是为了等待最佳时机，谨慎才是胜利的保证。

　　伊尹多次出使斟扑，对夏朝宫廷的人际关系了如指掌，他利用帝桀宠爱琬、琰二妃而冷落元妃妹喜的机会，与妹喜建立了长达十几年的老交情。妹喜因失宠而心生埋怨，深深的怨恨使她不止一次为伊尹提供情报。

　　这是伊尹第五趟去斟扑侦查，也是最后一次。《吕氏春秋·慎大览第三》记载，妹喜告诉伊尹：昨天夜里天子梦见西方有个太阳，东方也有个太阳，两个太阳互相争斗，最后西方的太阳胜利了，东方的太阳没有胜利……此话也许就是妹喜的普通家常话而已，但中国古人非常迷信，经常把梦当成是上天的旨意，所以伊尹认为得到了重要情报，至少说明夏桀内心非常恐惧。真是说者无心听者有意啊！

　　伊尹立即回商国，把夏桀的梦告诉了成汤。成汤也是十分迷信鬼神的，认为这是得到了天意，不顾商国正在遭遇旱灾，立即决定发兵。

　　发兵行动路线居然是以夏桀的夜梦作为依据的，那就是从商都（南）亳出发，绕道至陑（ér音同而）隧之地，再作正面攻击。

　　商都（南）亳，在夏都斟扑的东边；陑隧之地，位于今山西永济县之南，在夏都斟扑的西边。斟扑东边的商国军队要绕到斟扑西面的陑隧，然后从西边陑隧向东方夏都斟𩰣出兵，名副其实的舍近求远，行军路程和时间都将大大增加，看起来非常不合情理。夏都斟𩰣附近瞿山大地震之后，陑隧在冬天遭遇大灾，商国在春天遭遇旱灾。灾年的春天农忙之时出兵，对军需物资的筹备非常不利。但是从另一方面讲，灾年绕道陑隧出兵，是真正的出其不意、攻其不备啊！

　　成汤巧妙地利用了常人视而不见的天时、地利、人和：既然已经遇到了灾荒，灾民参军打仗，总比在家挨饿好；灾民越多，愿意造反者越多，能获得的兵源也就越多。这些年成汤征伐，早已拿下了那么多方国，灾年庶民贫穷，商国的国库却未必缺乏。

　　事实证明，成汤选在灾地、灾年、农时出征，具有常人所看不见的大智慧。战国吕不韦总结：天下之民穷矣苦矣。民之穷苦弥甚，王者之弥易。凡王也者，穷苦之救也。意思是，天下的民众很贫穷困苦了。民众的贫穷困苦越厉害，称王的人成就王业就越容易，因为凡是称王的，都欲挽救民众的贫穷困苦。

　　为了不让夏桀察觉，成汤先从（南）亳向南出发，一举消灭了商都南边的昆吾国，然后拐弯向西行进，路过斟𩰣而不停，商国军队兜了一个很大的圈子，来到了陑隧之地。夏桀怎么也想不到，这支路过而西去的商国军队，真正攻击的目标不是别人，恰恰是自己！

　　成汤从陑隧出兵的真正原因没有一条可以公开，于是就暗暗出现了这样一种天帝神灵的传言：

　　夏王无道，天帝降下严命，使日月失时、寒暑无节、五谷枯死，国都斟𩰣出现鬼叫、鹤鸣长达十余个晚上。天帝在神界皇宫中的镳（biāo 音同镖）宫向成汤下令：你去接替夏朝的天命，夏桀德行大乱，我已在天上把他的命运终断了，你前去诛灭他，一定要用你的武力去平定他。只是因为这个原因，成汤才敢奉天之命，率领军队向夏桀的边境进军。

　　成汤告诉官员，天帝将派天神暗中毁掉夏桀的城池。已有天神来通告自己：夏德大乱，你去攻打他，我一定让你用武力彻底平定他。我已经受命于上天，上天命令火神祝融降火在夏都西北角。商国从创始人契（xiè 音同谢）开始，就担任火正官职，被民间传为火神，火神助商天经地义、无人不信。既然火神降火在夏都斟𩰣的西北角，这样一来，成汤舍近求远，绕道从斟𩰣之西的陑隧出兵，也就令人信服了。至于这样的天命故事究竟是怎么回事，只有成汤和伊尹心里清楚。

　　《墨子·非攻下》记载了这样一段情节，是为了说明成汤征伐夏桀，有上帝在暗中帮助他。

　　成汤曾经说过：我很勇武。此时他把自己的名字换成了气势汹汹的"汤武"，

表明自己与士卒将领同生共死的战斗决心。成汤到达陑隧之后才公开宣布：这次战争的真正攻击目标，是夏桀！

出征之前，成汤举行了盛大而隆重的誓师仪式，亲自宣读对夏桀发兵的誓词《汤誓》，申明自己秉承天意征伐夏桀，目的是为了解救民众于水火之中。

成汤这样解释作战动机："格尔众庶，悉听朕言，非台小子，敢行称乱！有夏多罪，天命殛之。"成汤说，诸位庶民士卒，都要听我说话。并不是我这个小子大胆，敢于发动战争造反，而是夏王犯下了许多罪行，上天命令我前去诛杀他。

成汤说，我也听到你们中的一些抱怨，说我们的君王太不体贴了，把我们种庄稼的事情都舍弃了，却去征讨夏王？商地大旱，参与作战的庶民士卒没有时间在家春耕下种，耽误了农时，此时都在为家中的田地将颗粒无收的事情发愁，所以必须消除掉他们的顾虑。成汤解释，不是我听不到你们的心里话，而是"夏氏有罪，予畏上帝，不敢不正"。意思是，夏后氏犯下了太多罪行，自己担心天帝发怒，不敢不去立即讨伐。成汤暗示，天灾就是老天对商国没有讨伐夏桀而生气的表现，所以讨伐是比春耕还要急迫的事情。

夏王的罪行究竟怎样呢？成汤控诉："夏王率遏众力，率割夏邑。有众率怠弗协。"即夏王大设徭役，耗尽民力"割光"了夏国，现在民众都在消极怠工，不肯与他合作。成汤说：如今许多人对夏王的态度很不友好，指着太阳咒骂你这个太阳呀，什么时候消失呢？我愿意和你一块儿去死！夏王的统治坏到了这种程度，已经是天怒人怨了！

既然住在夏后氏都城里的贵族民众都在背叛、咒骂夏王，可见夏军的庶民士卒也不会有多少战斗力。士卒们的怯弱与勇气是变化不定、移动疾速的，没有谁知道其中的道理，唯有像成汤这样的大德大智者，才能掌握其中变化缘由。成汤如此讲话，于无形中化解了士卒们内心深处的心理障碍，消除了对夏桀的恐惧感，转而对夏桀无比愤怒。最后，成汤把奖赏与惩罚、承诺与威胁一并亮出，说：希望你们辅助我来推行上天的刑罚。将来我会重重地赏赐你们！你们不要不相信，我是不会背信食言的！你们如果不听从我的誓言，我就要把你们和你们的儿子都降为奴隶并杀掉，没有一个能得到赦免！

成汤重复当年夏王帝启《甘誓》中对士卒的"予则孥戮汝，罔有攸赦"的威胁，却没有像帝启那样，承诺将来在祖庙社神进行奖惩，更没有借用上天之神的威力。他的誓词仅凭借个人信用，一口吐沫一个钉，钉钉敲进士卒们的心坎。这是因为成汤一向言而有信、说到做到，包括这次的灭夏战争，也是在兑现当年与伊尹的盟誓。当一个有道德、有能力、有智谋的人取得天下人信任之后，其成功的法则，只需将个人诚信作为准绳，无往而不胜。

战国吕不韦总结成汤与夏桀的这场战争，说用兵之道有它的根本，一定要符合正义、善用智谋、勇猛果敢。符合正义，敌人就孤独无援，上下缺乏斗志，叛乱从内部发生。善用智谋，就能知道时势的发展趋势、虚实盛衰，以及先后、远近、行止的策略。勇猛果敢，就能临事果断，行动起来像雷电、旋风、暴雨、山崩、溃决、星坠，势不可当。符合这三点，搏击禽兽，禽兽毙命；击中树木，树木碎裂。商汤全部做到这些，是取得战争胜利的根本原因。

《汤誓》既是战前誓师词，也是动员令，商国军队士气大振。成汤的《汤誓》与夏王帝启的《甘誓》一样，都要用杀头和降为奴隶作为威胁，可见参与作战的庶民士卒中没有奴隶，而战争却有可能使庶民士卒变成奴隶，这是中国奴隶社会的特点。

（二）鸣条之战

【鸣条之战，是中国历史上第一次由诸侯推翻前朝天子的战争，也是第一场由贵族发起的改朝换代的暴力革命，被称为"汤武革命"。新的统治秩序，客观上推动了历史发展，但社会依旧为奴隶主阶级统治，所以后世又称为"贵族革命"。】

成汤站在有许多人保卫的巨大战车上，手握斧钺（yuè 音同越）亲自指挥，率领精良的战车 70 辆、敢死队的勇士 6 千名，命令众士卒前进，向着夏都斟寻突然发起了猛烈进攻。

《诗经·商颂·长发》生动描绘了成汤出征时的威武形象："武王载旆，有虔秉钺。如火烈烈，则莫我敢曷。"意思说汤武兴师，在战车上亲自手执大旗参加战斗，臣子有虔（qián 音同前）威风凛凛地手持大钺，以示受天命而征伐。汤武进军的气势如同熊熊烈火，没有敌人敢来阻挡！

其实成汤军队战车 70 辆、死士 6 千人，兵力并不算多。但战争中的军事实力，有时并非仅仅指参战人数的多寡，经过选拔出来的死士和装备精良的军队，再让有才干的将领来统率，那才是最有战斗力的。看看商国的土地，仅方圆区区 70 里，就知道这里能够提供给成汤的兵源究竟有多少了，肯定比夏桀差得远。但成汤所拥有的，是一支训练有素、装备精良的军队，是经历了 14 年南征北战、战斗力极强的精锐部队。

商国军队士气高昂，一心与夏桀决一死战；夏桀猝不及防，还没交战就仓促带领王师拔腿逃跑了。虽然现在难以查实当年夏桀兵力的历史记载，但既然是夏朝国家的王师，数量上就应该不止成汤那区区战车 70 辆、死士 6 千人，而为什么夏桀却会战败？

战国吕不韦分析，用兵有它的关键，如果懂得攻其无备，出其不意，那就掌握了用兵的关键。敌人恐惧害怕，精神衰竭、动摇，已经达到极点。他们吓得都像是精神错乱一样，魂不守舍，行走不知目标，奔跑不知去处，纵有险阻要塞、坚甲利兵，心里也不敢依托，精神也无法安宁，这就是夏桀之所以死在南巢的缘故。

夏桀王师在今山东济宁有仍国旧地被成汤追上，夏军士卒情绪低落、多有怨心，交战失败后继续逃跑，成汤则率军斗志昂扬地继续乘胜追击。

夏桀西渡黄河，逃到山西运城夏县之西的鸣条之地时，再次与成汤交战。突然雷雨滂沱，成汤军队不避雷雨，英勇奋战，仅兵车 300 就包围了夏军，而此时夏桀王师全面崩溃，士兵逃散，夏桀只好带领少量残兵败将再次出逃。

鸣条之战，是灭夏战争的转折点。此战虽然未能彻底消灭夏桀，但夏商两军已决出了胜负，夏朝覆灭只是时间问题了。

夏桀再次逃脱，东渡黄河，逃至三朡（zōng 音同宗）国。三朡国在今山东菏泽市定陶县的东北，虽然与鸣条隔着黄河，但距离并没有多远。成汤立即进军征伐三朡国，缴获了三朡国大量的宝器珠玉。

宝器珠玉是国之重器、财富象征。商国颗粒无收，国之所用不从战争中获得，又能从哪里来呢？成汤没有将战利品包藏私囊，为此，大臣谊伯和仲伯写下《典宝》，告诉大家，战利品属于商国的国家财产、固定的财宝。

三朡国被灭，夏桀率领残部继续向东逃跑，于戊子那天，与成汤在今山东济宁与泰安之间的郕城交战，成汤用战车 9 辆，布下了像大雁飞行的"鸟阵"阵势。成汤在郕地一个叫大赞的地方追逐夏军，攻入近郊，亲手将夏桀的大将军推哆（duō 音同多）和大牺擒住。

夏桀与手下大将推哆、大牺全都是赫赫有名的大力士。夏桀能徒手折断骨角、拉直弯钩、绞铜成索、揉合金块，民众之多成兆上亿，布满山陵水泽；而推哆和大牺，下水能杀大鳖鳄鱼、上山能擒熊罴虎豹，指点之间就能杀死人。可是到了此时，夏桀已几乎没有士卒，几个将军被成汤军队团团围住，仅凭个人的勇武奋力抵抗是毫无用处的。

成汤在一个叫"焦门"的地方活捉了夏桀，然后把他和妹喜一起流放到了南巢。当年成汤曾经梦见自己得天下之后，奉天之命，放逐了夏桀。而此时成汤不杀夏桀，也许考虑到了大禹和夏朝 470 多年历史的威望，怕斩尽杀绝而把事情做过了头，反而失去了民心；也许有自己的心理障碍，怕背上不仁、弑君的骂名；

也许就是因为对自己夜梦的迷信，怕得罪了上天……

鸣条之战，并不仅仅为鸣条一地之战，而是包括成汤从商都亳出发，最后在鄝地活捉夏桀的整个战争系列的全部过程。这是中国古代最早的，通过"伐谋、伐交、伐兵、用间"，最后达到战争速胜的成功战例，对于后世战争的发展、军事理论的构筑，都产生了深远影响。

夏桀酗酒好色、奢侈糜烂，动用劳役、武力和酷刑来对付大多数方国，所以众多诸侯赞成汤武造反，拥护能代表自己利益的新诸侯来担任华夏天子。《易经·革·象辞》曰："汤武革命，顺乎天而应乎人。"是恰当的历史评价。

鸣条之战，是中国历史上第一次由诸侯推翻前朝天子的战争，也是第一场由贵族发起的改朝换代的暴力革命，被称为"汤武革命"。这是中国奴隶社会中一个贵族阶级的总代表革去另一个贵族阶级总代表的命，虽然革除了夏桀的暴虐，但仍然是奴隶主阶级的统治，所以后世人们又称之为"贵族革命"。

成汤用暴力手段一举推翻垂死腐朽的夏王朝，以"有功于民"、"子惠困穷"作为承诺和诚信，建立起新的统治秩序，客观上推动了历史发展，符合民众愿望，因此得到后人的肯定和赞扬。诸侯无道天子征伐，天子无道诸侯推翻，从此时开始，成为大一统中国新的政治理念。

主要参考资料

【《尚书今古文注疏》《左传全译》《吕氏春秋》《诗经楚辞鉴赏辞典》《墨子》《孟子译注》《逸周书汇校集注》《易经入门》《史记》《淮南子》《太平御览》《古本竹书纪年辑校今本竹书纪年疏证》】

时代变革

（一）夏桀请辞

【中国传统文化处处强调道义，看重过程胜于看重结果，汤武革命的过程如果不符合道义，就得不到社会民心认可，其结果，成功迟早也会转为失败。孔子对中国追求正义的社会道德文化进行精辟总结，在《论语·子路》中说："名不正，则言不顺；言不顺，则事不成。"】

成汤打败夏桀，为时代发生变革的重要标志，但他却不敢自立为天子，甚至不敢宣布让夏桀退位、让夏朝覆灭。原因很简单：夏桀退位、夏朝覆灭之后，究竟由谁来担任新王朝的天子？这是一个非常尖锐的新问题。

成汤不可能允许其他诸侯与自己争当天子，更担心诸侯们谁也不服谁，方国之间发生新的混战，一统中国出现分裂局面。自从黄帝"建国"以后，中国千年以上的历史都是大国统一，谁搞分裂，谁就是历史罪人。更何况，成汤首次使用武力造反方式推翻了夏朝天子统治，也不能允许再有任何人效仿！

《逸周书·卷七·殷祝》记载战争结束后，成汤并没有回到自己都城（南）亳，而是居住在夏都斟鄩的郊野。斟鄩民众的听说了，纷纷丢弃财物，扶老携幼投奔成汤，让夏都成了一座空城。夏桀大发脾气："国所以为国者，以有家；家所以为家者，以有人也。今国无家无人矣，君有人，请致国君之有也。"意思是，国之所以是国，因为有家；家之所以是家，因为有人。现今我国中无家、家中无人了，既然成汤君已经有了人，我就把国家交给你吧！

成汤不敢接天子之位，说，不行，从前大禹帝制定了大法，公开教化民众，而你作为天子，毁灭大法、伤害国政，现在民众都迷惑了，就让我来替你开导他们吧！于是，成汤劝说夏后氏都城的民众全都回到斟鄩去。回迁的民众很不满意，对夏桀说，我们以亳地的成汤为君王，补充那里劳动力的不足，又何必重新调换成夏王为君王呢！

夏桀只好带领眷属五百人向南迁徙了一千里，停留在一个叫"不齐"的方国。不齐方国的民众看见夏桀来了，纷纷离开，奔往成汤所居住的郊野之中。夏桀很没面子，第二次叫人向成汤传话，国家归你吧！成汤还是说，不行，我替你开导他们吧，把这些士人民众请回来。

这样一来，夏桀只好离开不齐方国，带领下属五百人迁移到了鲁国，结果鲁地民众也是这样，又都投奔成汤去了。

夏桀忍无可忍，第三次叫人传话给成汤，国家归你吧！现在民众视我为外人。有人说，他们认为我的治国之道是邪路，我将离开了。成汤却说，"此君王之士也，君王之民也，"您舍弃他们干什么？

成汤似乎一直在帮助夏桀寻找民众接受的地方，让其安顿下来，但中原民众都不肯接纳夏桀。最后成汤宣布："欲从者，从君。"于是那五百人都跟随夏桀离开，居住到离中原很远的南巢去了。

这段对话看出，成汤表面上尊夏桀为天子，但夏桀实际上没有行动自由，无论迁到何处都要经过成汤批准。虽然中原民众的确不欢迎夏桀，但所谓的夏桀 3 次请辞，只不过是成汤要让夏桀明白自己已经彻底失去民心和威信，不可能再当天子首领。成汤凭借德行和武力得到天下，本可以直接登基，设下如此圈套，不仅是在试探各方国人心向背，更是堵天下人口舌。因为如果没有夏桀"禅让"，没有其后诸侯的"民主选举"，汤武革命将成为"君位不正"的谋权篡位。如此一来，很可能发生争夺天下的诸侯混战，造成国家分裂。在征伐夏桀的战争中，人们之所以用《诗》"苞有三蘖，莫遂莫达"来称赞成汤，就是因为他能注意用剪除夏桀羽翼的办法来稳妥行事，能够注意到维护国家统一的大局。

中国传统文化处处强调道义，看重过程胜于看重结果，汤武革命的过程如果不符合道义，就不可能得到社会民心认可，其结果，成功迟早也会转为失败。孔子对中国追求正义的社会道德文化进行精辟总结，在《论语·子路》中说："名不正，则言不顺；言不顺，则事不成。"

（二）大垌之惭

【自华夏成为奴隶制国家之后，如此重大的时代变革尚属首次。《仲虺之诰》为成汤开创商朝作了重要铺垫，却并未从根子上去除成汤内心深处的惧怕和愧疚，因为他不知道自己究竟有没有天命。可见国家首领常备恐惧之心，是好事。】

成汤活捉夏桀之后，非但没有杀掉夏桀，反而给夏桀留出了一条生路。与此同时，他让未跟随夏桀去南巢的夏后氏族人留在斟鄩，住进了夏桀豪华的夏宫，在倾宫、瑶池中继续生活，自己则在斟鄩郊外安营扎寨。

自华夏成为奴隶制国家之后，如此重大的时代变革尚属首次，成汤宽大为怀，厚待夏后氏遗民，却还是感到深深的恐惧和愧疚，每天都像生活在悬崖边，如履薄冰。成汤从斟鄩回归商都亳的途中，经过一个叫大坰（jiòng 音同窘，去声）的地方，作短暂停留，他深深为自己的行为感到不安，说："予恐来世以台为口实。"即，我担心后世之人将以我作为口舌话柄，这就是所谓的"大坰之惭"。

成汤的不安，是因为不打算在夏后氏王族中立天子，纠结于自己想当天子，又担心舆论不利，怕被视为用造反谋取私利而被天下议论为失德。

成汤的不安，是害怕被指责为"以下犯上、以臣弑君"，被别人效仿而也用武力来推翻他的统治。

成汤的不安，还是一种来自于内心深处的负罪感。从炎黄开始到夏朝，至少有一千多年，国家最高权力都是择贤禅让或父子传位的，以造反成事，史无前例。而且在消灭夏朝的过程中，成汤使用了太多的谋略，害怕遭天谴，也造成了他内心的恐惧。

大臣仲虺（huǐ 音同毁）为了平息天下口舌，也为了平息成汤的愧疚，在大坰发布了著名的《仲虺之诰》。

《尚书·商书·仲虺之诰》首先提出，啊！上天生养人民，人人都有欲望，如果没有君主，民众就会混乱，只有天生聪明的人才能发挥出时代的意义和作用。

接着仲虺明确提出由成汤担任新天子："兹率厥典，奉若天命。"意思是，要求成汤做万国的表率，长久地继承大禹法则制度的"旧服"，要率领天下遵循常道准则，就像对待天命一样。

仲虺提议让成汤担任天子的理由，是"天生聪明"。他说夏桀行为昏乱，不是聪明人，陷民众于生灵涂炭之中，上天赐予商王智勇双全。这条理由显然是不能服人的。

仲虺又说，夏王有罪，假造天命颁布于世，属于诬陷上天的罪过。所以上天不善待他，让商王受命作表率，这就是成汤顺快地打败夏桀王师的原因。

仲虺给夏桀扣上了一顶"假造天命"大帽子，这就证明不是成汤要背叛夏朝，而是夏桀自己有罪，所以上天选择成汤继承大禹的事业，代替夏桀来治理人民，既然成汤是得到天命授权之人，天命神授，成汤不可以拒绝。仲虺的这条理由比较有力量，因为在上古时代，任何理由都超不过"天命"，崇尚天人合一的中华民族，只愿意顺服于得到天命之人。

仲虺接着说，因为怠慢贤明而依从夏桀权势的人很多，所以过去我商国立足于夏朝，就像是秧苗中的莠草、粟米中的秕谷一样，从小庶民到大人物，无不战栗恐惧，害怕无辜获罪。

仲虺讲述成汤作为臣子的时候，时刻都有被治罪的危险，可以让别人体会，成汤只是为了保全自己和众人的性命，才不得已造反。

仲虺赞扬成汤德行，说，商王的德行与言论究竟怎样，大家都是听得见的。当世诸侯只有商王不近声色、不聚货财。他对有德之人，用官职劝勉；对大功之人，用奖赏劝勉。他对别人就像对待自己一样，只要能改正过错，就毫不吝惜奖励。商王能宽能仁，取信于万民。

仲虺论证成汤可以作为天子的唯一性，是"惟王不迩声色，不殖货利"。即，在诸侯奴隶主中，成汤是唯一没有搞腐败的品德高尚之人。

对于成汤十几年的南征北战，仲虺作了惊人描绘——从前葛伯与进献饭食的商国为仇，所以我们的征伐就从葛国开始了。结果商王东征则西夷人怨恨，南征则北狄人怨恨。他们说：怎么独把我们摆在了后面？我军所经过的有民之处，家家户户庆贺。他们说：一直在等待我们自己的君主来啊，君主来了之后，我们就被拯救了！天下人民爱戴我们的商王，已经很久了啊！

成汤的剪夏战争，被仲虺写得热情洋溢，民众盼望成汤消灭自己的方国，简直就像久旱盼甘雨一般。没有民众害怕在本国土地上打仗，反而因为没有受到成汤的征伐而怨愤，这是什么生活逻辑呀？很难让今人相信。然而典籍确有记载，成汤杀掉的是民愤极大的贵族奴隶主诸侯，不仅没有把那里的民众沦为奴隶，而且厚待他们。成汤军队纪律严明，虽然灭了别国，但经商者仍旧在原地经商、种地者仍旧在原地种地，战争并未带来战乱，只给民众带来好处，更何况打来打去都是夏朝内战，民众为什么不欢迎呢？夏末商初民风淳朴，崇尚言而有信，想必仲虺没有胆量公开对全天下人说谎，其实只有服众这一条，才是成汤能够成为天子的真正理由。

仲虺说，商王护佑帮助贤德，显扬顺遂忠良；兼并懦弱的，讨伐昏暗的，夺取混乱的，侮弄快要灭亡的。推进弱者灭亡而巩固强者生存，国家就将昌盛！

这实际上是向天下诸侯昭示成汤的执政纲领——鼓励以土地兼并为目的的征伐。只要成汤成了天子，不仅不会阻止而且还会支持强国消灭弱国。仲虺之所以在文中亮出成汤如此治国方略，就是为了得到实力强大的诸侯支持。可见成汤的政策，完全符合实力强大、有话语权的诸侯国利益。成汤原本就是奴隶主贵族，奴隶的死活不是他关心的内容，成汤要招揽的所谓"天下人心"，虽然包括庶民穷人，但最主要的是实力强大的诸侯贵族奴隶主。成汤作为大奴隶主的代表，其阶级性在《仲虺之诰》中一目了然！

接着，仲虺代表全天下诸侯，对成汤提出希望。说，如果商王的德行日日革新，就会让天下万国归怀；如果商王志得意满，亲近的九族也会离散。所以商王要努力显扬大德，处理好民众之间的矛盾，要站在中立公平的立场上，用大义来裁决事务，用传统礼法来制约思想，把宽松的世道传给后人。

仲虺提醒成汤得天下后依然要努力学习，听取贤者老师的意见。他说："能自得师者王，谓人莫已若者亡。好问则裕，自用则小。"能够自己求得老师的人，就会成为王者，以为别人不及自己的人，就会灭亡。爱好提问知识就充裕，只相信自己，闻见就狭小。

最后仲虺总结，啊！要想谨慎谋取善终，就要善谋开始。扶植有礼之邦，消灭昏暴之国，敬重上天的这种规律，就可以长久地保持天命……

《仲虺之诰》既是写给成汤的，更是给全天下人看的，目的是公开宣布商国成汤要成为新的天子，从理论上解决成汤执政的合法性问题。文告认为，政权的合法性来源于上天的意旨，来源于长久坚持大禹的事业，来源于民众的支持。

《仲虺之诰》为成汤开创商朝作了重要铺垫，让全天下诸侯提前有心理准备，但并未从根子上去除成汤内心深处的惧怕和愧疚，因为他不知道自己究竟有没有天命。所以成汤得天下后，依旧如履薄冰，始终兢兢业业、克勤克俭、辛劳一生，认真履行天子责任。可见首领常备恐惧之心，是好事。

（三）成汤让贤

【在覆夏建商的时代变革中，成汤不是真正的让贤，而是在运用一种只有在中国社会才奏效的政治手段。成汤的诚信并不在于是否真心让贤，而在于真心实现对民众的承诺。】

自从夏桀杀害贤臣关龙逄之后，夏桀时代的贤者就纷纷隐遁逃离，认为夏桀刑法太过严峻，"残贼天下"。商汤利用这个机会，广揽天子贤士隐者。

《吕氏春秋·离俗览第七》记载，当初，成汤一心想讨伐夏桀，去找夏朝有名的隐士卞随谋划。卞随说，这不是我的事情。

成汤问，谁可以谋划？

卞随回答，我不知道。

成汤又去找卞随的朋友，著名的贤者隐士务光谋划，务光也说，这不是我的事情。

成汤打听，谁可以谋划？

务光回答，我不知道。

成汤又问，伊尹怎么样？

务光说，他有很强的力量忍受耻辱，我不知道其他情况。

成汤后来得到伊尹帮助，联手谋划终于战胜了夏桀。

中国古代隐士，都是些无官无职的士人"知识分子"，真正的隐士很少。有些盛世中的隐士，是为了走当官捷径，故意显示自己有才能而不想做官发财，以达到引起天子注意的效果。有些乱世中的隐士，貌似清高，其实是因为不敢反抗，只好选择隐居的生活方式以求自保。

乱世中的有些隐士十分虚伪，既对世道不满，又不敢冒风险参与打江山，别人打下江山之后他们十分嫉妒，反过来以清高姿态为前朝暴君说好话，以显示自己的公正不阿，卞随与务光难说不是此类矫情之人。中国一部分士人"知识分子"貌似公正不阿、实为自私虚伪的坏传统，就是在这时候形成的。

战胜夏桀之后，成汤居然再次找到了隐士卞随和务光，请他们出山担任天子。

成汤还是先找卞随，请他担任天子。卞随拒绝说：君王您讨伐夏桀的时候要跟我谋划，一定是认为我很残忍；战胜夏桀后又要把王位让给我，一定是认为我很贪婪。生于乱世，无道之人两次来侮辱我，我不能忍受屡次听到这样的话。成汤离开后，卞随竟投河自尽了。

成汤接着又去找务光，请他担任天子，说：聪明的人谋划它，勇武的人实现它，仁德的人享有它，这是自古以来的原则。您何不居王位呢？我甘愿辅佐您。

务光拒绝说：废弃天子夏桀，这是不义的行为；作战杀死人民，这是不仁的行为；别人冒战争的危难，我享受战争的利益，这是不廉洁的行为。我听说过这样的话，不符合道义，就不接受利益；不符合道义的社会，就不踏上它的土地。我不能忍受长期看到这种情况。成汤离开后，务光用一块大石头绑在后背，慢慢走入河中，也自杀了。

《庄子·外物》记载，隐士纪他听说成汤让王位于务光，务光怒而不受，以为成汤也要来寻找自己，便带领弟子隐居到窾（kuǎn 音同款）水去了。3 年后，隐士申徒狄听说了这些事，仰慕务光、纪他的高名，投河而死……

凭成汤的智力，早就应该知道这批隐士究竟是什么样的人，既然拒绝参与时代变革，也就不可能接受时代变革。如果成汤真不想当天子的话，功臣伊尹就是现成人选，何必舍近求远，偏要去请毫无尺寸功劳的卞随和务光？也许成

汤希望卞随和务光所代表的士人态度有所改变，防止他们以夏朝遗民身份反对新生政权，成为一股不可小觑的反面舆论力量……

其实，卞随与务光未尝不可在拒绝当天子之后继续隐居下去。他们为何要在夏桀时代隐遁？为何不在成汤发出覆夏邀请之后自杀？为何不在夏桀流放之后以自杀向夏朝效忠？却为何偏要选在成汤邀请其担任天子之后放弃生命呢？是因为患得患失，自感颜面丢尽，被天下人耻笑而自杀吗？还是害怕成汤的让贤其实是威胁？

战国《韩非子》针对这件事说："汤以伐桀，而恐天下言己为贪也。"所以成汤竭尽全力表现自己征伐夏桀不为一己私利。中国官场文化的传统道德准则是，只有肯舍弃私利的人才能归服人心，自己"投票选举"自己反而会丧失人心。在覆夏建商的时代变革中，成汤的政治表演可以说是非常充分了。成汤既不高尚也不迂腐，他不是尧舜式的真正让贤，而是在运用一种只有在中国社会才奏效的政治手段。成汤的诚信并不在于是否真心让贤，而在于真心实现对民众的承诺。

主要参考资料

【《尚书今古文注疏》《逸周书汇校集注》《吕氏春秋》《庄子今注今译》《诗经楚辞鉴赏辞典》《史记》《太平御览》《古本竹书纪年辑校今本竹书纪年疏》】

成汤登基

【时代背景】公元前 1600 年左右，既是成汤覆灭夏朝而建立商朝的时间，也是世界四大文明古国出现重大变化的年代。

来自西亚今叙利亚草原的闪族阿摩利人，在今伊拉克境内建立了古巴比伦，已经有了近两百年历史。杰出的第六任国王汉谟拉比，完成了两河流域统一，将其伟大的《汉谟拉比法典》刻于石壁。但是汉谟拉比的继承者却无力保持伟业，失败于赫梯人的入侵。赫梯人是生活在东欧平原的古印欧人游牧民族，后迁徙到西亚今土耳其北部的安纳托尼亚高原。中国商朝建立后的第五年（公元前 1595 年），赫梯人洗劫了古巴比伦王国，于是古巴比伦王国在不同民族文化的统治下，出现了第二王朝。

中国商朝建立之前的 150 年（公元前 1750 年），位于今亚洲南部古印度河流域巴基斯坦的哈拉帕城覆灭，古印度文明从此消失。那里被欧罗巴人种的雅利安人占领，进入了吠陀时代的前期。雅利安人是今俄罗斯南部草原上的游牧民族，其政治中心逐渐向东转移到了现在的印度国。据说雅利安人文明比古印度河原生文明落后了很多，今印度所传承的是雅利安人文化，而不是古印度文化。

古埃及在稳定与动乱中互相交替。从第十二王朝传续下来的底比斯政权毁灭后，古埃及被分裂成许多小国家。直到中国商朝建立起来之后的 33 年（公元前 1567 年），古埃及才又建立起大一统新王国，迈入奴隶社会空前繁荣的时代。

中国结束了长达 471 年的夏朝统治，一统国家由成汤建立起新的商朝，进入到奴隶制时代的旺盛期。此时，四大文明古国中，只有古埃及和中国还在延续原有的民族文化，继续古国文明的辉煌历程……

为何地球上的四大文明古国，有的彻底消失，有的被外来民族文明替代，有的更加繁荣昌盛？不得而知。我们只是知道，华夏中国的社会变化，有全球人类自然进化的历史大背景。

（一）景亳之命

【成汤即位，为重大的奴隶社会改朝换代，却表现出鲜明的原始氏族文化特点。中华民族没有被外来民族覆灭，奴隶社会始终带有原始氏族文化特点。而同期的古巴比伦文明和古印度文明，均已在外来民族的统治下改变，或彻底消失了曾经的辉煌。】

公元前 1600 年，成汤放逐夏桀，一切安排妥当，之后班师回巢。

成汤最初在今河南商丘以南的高辛镇建立商国都城（南）亳（bó 音同伯），而此时成汤的"回巢"之处，不在（南）亳而在"景亳"。

景亳也称"北亳"，位于今河南商丘东北部蒙县故城一带。成汤直接回到景亳，说明此处是不知何时建好的商国新都。

成汤在景亳会盟天下诸侯，议题是"民主选举"新任天子。九州颇具实力的诸侯都从四面八方赶来，就连远在西北边陲的奇肱（gōng 音同工）国的诸侯也驾着"飞车"到达。据说从中原到奇肱国，西出今甘肃玉门关还有 4 万里路程，此国宝物文马，能乘风疾行，奔跑起来，快得就好像能把车子扛起来飞行一般。如此遥远而奇异的戎夷之国也来参加景亳会盟，可见成汤影响力之深远。

《左传·哀公七年》曰"禹合诸侯于涂山，执玉帛者万国"，当年大禹初建夏朝，首次在涂山会盟天下诸侯的时候，手上拿着玉圭和丝帛前来与会者，多达万邦诸侯，而 471 年过去，华夏国土扩大很多，人口增加更多，《逸周书·卷九·殷祝》却说："汤放桀，而复薄三千诸侯大会。"成汤流放夏桀之后，回到景亳（薄），参加会盟大会的方国诸侯只有 3 千多，可见九州土地兼并战争愈演愈烈，大多数方国已经消失，"万邦"由实数变成了虚数，土地管理权越来越集中于少数人……

成汤改朝换代准备工作非常充分。《逸周书·卷九·殷祝》记载，成汤取来了夏朝天子印玺，放在大厅前面天子高位的左边，然后退下，拱手向印玺行拜礼。成汤拜了之后再次下拜，一共拜了两次，以示天子权位的重要。接着，成汤走到大厅两侧诸侯的位置坐下，表示自己也属于诸侯，与大家平起平坐。

成汤说："此太子位，有道可以处之，天下非一家之有也，有道者之有也。故天下者，唯有道者理之，唯有道者纪之，唯有道者宜久处之。"意思是，这是天子的位置，懂得万物事理之道的人可以坐上去。天下，不是一家独有的，而是具备道的人才能拥有。所以天下只有具备道的人才可以获得它、管理它，适宜长期掌握天下。

原始氏族社会的选贤禅让时代,帝舜唱《卿云》歌:"天下非一人之天下也!"而此时中国早已进入奴隶社会的"家天下"时代,成汤却重复帝舜之言:"天下非一家之有也,有道者之有也。"振聋发聩!尽管成汤与帝舜的目的不同,并不是为了恢复"公天下"的禅让,而是为了自己夺权,但只要敢于重提这样的口号,就是对"家天下"的挑战。中国"公天下"时代文化道德,被"家天下"时代的政治需要所利用,从而产生出了新的社会文化道统,从此对阶级社会国家首领的行为起到了制约作用。

成汤3次邀请有实力的诸侯坐上天子之位,可是3千诸侯竟然无一人有胆量坐上去。在完成了这些谦让程序之后,成汤毫不客气地坐进了天子交椅。

接着,伊尹向诸侯公布这次鸣条之战的战绩。伊尹能够说些什么呢?无非就是表明成汤获得了天命,说明是上天向成汤下达诛灭夏桀指令,并助商军迅速消灭夏桀王师……当然,这样的天命故事,究竟是编造出来的还是确有其事?只有成汤自己心里清楚。既然天命如此,成汤处事又大得人心,天下诸侯也就没有不归附的了,全体表示拥护成汤登上天子之位。成汤正式成为奴隶社会新朝代的第一任天子,这就是所谓的"景亳之命"。

成汤当场对全体诸侯说:"阴胜阳,就叫变,只要一变,上天就不佑助;雌胜雄,就叫乱,只要一乱,人们就不依从。所以天子治理国政,在于他的臣子接受治理和服从命令。"成汤之所以说这些话,是要求天下诸侯无条件服从自己,接受新政权的约束,成汤就这样平定了天下……

中国奴隶社会,灭夏之后,为何没有形成欧洲那样的小国联邦或邦联国家?却一定要由一位新天子来继续实行大一统中央天子统治?是因为在那个遥远的上古时代,官员诸侯们只知道从祖辈口耳相传的黄帝时代开始,一代人民首领去世之前,就会选拔出新的社会精英成为新人民首领,然后像牧人放牧那样,管理这些以农耕为主的广袤国土和众多百姓。所以,进入奴隶社会之后,诸侯们还是习惯被一名所谓具有天命的君王管理,让天子来维护全体诸侯奴隶主们的共同利益,制定出上行下效的国家规矩,让奴隶和贫苦庶民服从于这样的阶级社会制度,心甘情愿地接受贵族诸侯奴隶主剥削。

"景亳之命"成汤即位,为重大的奴隶社会改朝换代,却表现出鲜明的原始氏族文化特点。中国历史文化传统根基深厚,没有断裂之层,没有被外来民族覆灭,这是中国奴隶社会文化始终带有原始氏族传统文化特点的原因。而同期的古巴比伦文明和古印度文明,均已在外来民族的统治下改变,或彻底消失了曾经的辉煌。

（二）执政为民

【《汤诰》是成汤的立国宣言，再三要求诸侯"有功于民，勤力乃事"。虽然当时的民众不含奴隶，而只包括诸侯、贵族和庶民，也有时代的进步意义。中国从原始氏族社会产生出来的"民本思想"，即便经过改朝换代也还是被奴隶社会所继承，对几千年中国社会的影响非常深远，今日还在继续发挥作用。】

灭夏之年的春天3月，登基后的成汤来到今河南商丘蒙县的景亳（bó 音同伯）东郊，向前来参加会盟的各国诸侯宣读《汤诰》，号令诸侯。

这是成汤首次正式对诸侯发表演讲，先秦古籍《尚书·商书》保存了内容。成汤说，啊！你们这些万方诸侯，要明明白白地听从我的教导，"惟皇上帝，降衷于下民。若有恒性，克绥厥猷惟后"。意思是，伟大的天帝降福于下界民众，只有顺从民众常性，才可以胜任并成为天子君后。

成汤说，夏王灭绝道德而作威，向你们万方诸侯贵族施行虐政。你们万方诸侯贵族因为他的残害而遭受苦难，不堪忍受荼毒，而把自己的无辜向天地上下神祇申诉。福善祸淫是上天的基本法则，现在上天降灾于夏朝，完全是为了彰显夏桀的罪过。

成汤申明自己征伐夏桀只是替天行道，因为上天听到了各方国民众的冤情。《汤诰》这样一说，夏桀被灭的原因就不再是成汤个人所为，而是万方之国诸侯和民众的呼声。所以成汤说自己有胆量用黑色公牛向天神后土祷告，请求惩治夏桀！

为了消灭夏桀，成汤说邀请到了大圣人伊尹与大家戮力同心，自己也是为大家而向上天请命。上天真诚地帮助了全天下民众，所以罪人夏桀才被废黜了！天命是不会超越本分的，现在天下如同草木焕然一新，民众终于可以生息繁衍了！

成汤在讲话中时刻注意把民众拉向自己，成为商朝国家利益的共同体。但毕竟灭夏是商国所为，其他诸侯国都没有参与，所以拥护成汤的诸侯们的内心，实际上是有些恐惧的，害怕遭受天谴。成汤丝毫没有掩饰废黜夏桀之后，自己也有恐惧，深知直面恐惧的重要性。他说，上天使我安定并和睦你们的邦国和家庭，但这次讨伐夏桀，我也不知到底得罪了天地没有，惊恐畏惧，就像要落到深渊里一样。

成汤顺理成章地对诸侯们提出要求，凡是我商朝设立的诸侯，都不要施行非法，不要追求安乐，要各自遵守典法，以接受天赐福佑。你们如果有善行，我不会遮蔽；你们如果有罪过，罪过就在我身上，我不敢宽恕自己。因为这些行为都明明白白地装在天帝心里。成汤强调："其尔万方有罪，在予一人；予一人有罪，无以尔万方。"万方邦国只要有罪过，罪过都由我一人承担；而如果我一人有过失，绝不会连及你们这些万方邦国。呜呼，我们只有坚持克勤克俭，保持现在的诚信，才有可能最后得到一个善终。

成汤宣称自己在上天面前，愿意承担所有方国诸侯的罪责，而自己的罪责却不要别人承担，不仅感动了与会诸侯，也感动了史官，所以从古到今的各类古籍，都没有出现对成汤任何不利记载。

先秦《尚书》所记载的《汤诰》，似乎与西汉《史记》所记载的《汤诰》内容不完全一样，前者语气缓和，后者口气硬朗，但为民众管理国家的思想精神是一致的。

《史记》中的《汤诰》这样记载，成汤来到东郊，向各国诸侯宣布："毋不有功于民，勤力乃事。予乃大罚殛女，毋予怨。"成汤生硬地说，各位不能不为民众谋立功业，要努力办好你们的事情。否则，我就对你们严加惩办，那时可不要怪罪我！

然后成汤以极高的赞誉评价了夏朝创始人：过去大禹、皋陶（gāo yáo 音同高姚）长期奔劳在外，为民众建立功业，民众才得以安居乐业。当时他们东面治理了长江，北面治理了济河，西面治理了黄河，南面治理了淮河，这 4 条重要的河道治理好了，万民才得以定居下来。然后，后稷（jì 音同继）教导民众播种五谷，民众才知道如何种植各种庄稼。这 3 位古人都对民众有功，所以他们的后代才能建邦立业。

成汤的意思是，只有对民众有功，后代才能将商朝的事业延续下去。成汤对夏朝祖先历史的肯定，也是对中华民族源远流长的历史文化传统的肯定，这使他获得了包括夏后氏遗民在内的更多民心。成汤要求商朝广大诸侯向夏朝祖先学习，为民众谋立功业，努力办好自己的事情，原因是商朝文化也是中华文化，是夏朝文化的继续，如果全盘否定夏朝文化，就是在刨自己的祖坟。诸侯还是原来的诸侯，民众还是原来的民众，改朝换代并未改变中国传统文化。

紧接着，成汤用蚩尤失败的历史来警告诸侯不许造反。他说，从前蚩尤和他的大臣们在民众中发动暴乱，上天就没有降福于他们，这样的事在历史上是有过的，"先王言不可不勉"。听者都知道，这先王，并不仅是指商国祖先契（xiè 音同谢），更是指全中华民族的先王炎黄尧舜禹。成汤此时作为商朝首领，站在

华夏全体诸侯、贵族和庶民的立场上发布《汤诰》，绝不能仅考虑殷商氏族的小利益。

成汤最后加重威胁："不道，毋之在国，女毋我怨。"你们当中如果有谁干出违背道义的事情，那我就不允许他再回国当诸侯，到那时，你们不要怨恨我！

成汤明确指出诸侯也是国家官员，只要干得不好，违背社会道德，自己就有权收回方国封土。商朝从初建开始，就在明确国家行政管理的上下级关系和国土的天子"公有权"。

很有可能，成汤对诸侯们所做的开国报告不止一场，《汤诰》不止一篇。成汤教育完诸侯之后，伊尹又作了《咸有一德》，说明君臣都应该有爱民的纯一品德；大臣咎单作了《明居》，讲的是诸侯和民众所应该遵守的法则。同时因为天旱大灾，成汤暂时免除了所有诸侯国的贡赋，华夏九州的社会秩序很快恢复，民众开始安居乐业了。

成汤刚刚成为新商朝的天子，就及时以《汤诰》明示天下，并拿出了成熟的治国大政方针。《汤诰》是成汤的立国宣言，再三要求诸侯"有功于民，勤力乃事"。虽然当时民众不含奴隶，而只包括诸侯、贵族和庶民，也是具有时代进步意义的。中国从原始氏族社会产生出来的"民本思想"，即便经过改朝换代也还是被奴隶社会所继承，对几千年中国社会的影响非常深远，今日还在继续发挥作用。

主要参考资料

【《尚书今古文注疏》《逸周书汇校集注》《左传全译》《诗经楚辞鉴赏辞典》《说文解字注》《史记》《太平御览》《康熙字典》《古本竹书纪年辑校今本竹书纪年疏》《夏商周断代工程 1996—2000 年阶段成果报告（简本）》】

商朝初建

（一）社稷不变

【古人用"社稷"代指国家。"社稷不变国亦不变"，土地始终置于首位，是中国人对国家文化概念的终极认知。尽管五千年中国改朝换代无数，文化根底还是那个最初的古老中国。】

商朝之初，仲虺（huǐ 音同毁）在大炯发布了《尚书·商书·仲虺之诰》，曰："天乃锡王勇智，表正万邦，缵（zuǎn 音同纂）禹旧服。"意思是，上天赋勇敢、智慧于商王，做万国表率，来继承夏朝大禹的事业。而这个所谓的"旧服"，并非简单穿上大禹"旧服"，而主要指商朝将继承大禹的政治制度，把奴隶制发展下去，改朝换代，覆灭夏朝，开启殷商氏族的商朝万代基业。

帝汤元年，为成汤继承商氏方国诸侯之位的第十八年，即公元前 1600 年。成汤登基，改国号"夏"和"夏后"为"商"，正式建立了中国历史上的第二个奴隶制王朝——商朝。自盘庚迁殷之后，国号增加了"殷商"和"殷"。

考古学体系一般将商（族）文化分为先商、早商和晚商 3 个时代，从成汤在夏朝继任商国诸侯开始，到商朝正式建立，这段历史被称之为先商，先商文化在夏朝末期。商朝建立之后到公元前 1300 年商王盘庚搬迁，为早商文化；之后再到公元前 1046 年商朝覆灭，为晚商文化。

进入早商文化时期，商朝奴隶社会"家天下"本质虽然没有改变，但成汤还是有必要让天下明白，这是一次不同于以往的重大改朝换代，所以一定要树立明显标志。

首先是颜色的变化。夏朝崇尚黑色，改朝换代后的商朝，改变了夏朝祭祀用的牲畜、马车、朝服等物品颜色，开始崇尚白色，商朝都城宫殿禁卫圈的垒墙，也用白色垩（è 音同恶）土粉刷。朝会一律由晚上改在白天举行，《淮南子·修务训》曰："汤夙兴夜寐，以致聪明。"认为成汤聪明的重要原因是因为按自然规律生活，早晨做事、夜里睡觉，没有昼夜工作、颠倒娱乐的坏习惯。

成汤把商氏方国的玄鸟图腾扩大到整个商朝国家。因为母亲吞食玄鸟之卵而生出了祖先契（xiè 音同谢），玄鸟即燕子，燕子羽毛就是黑色的，无法改成白色，所以图腾中的玄鸟依旧为黑色。

成汤大政的核心是建立新规则。商朝国家的规则主要是：

一、社会制度不变，五服、井田管理调整

成汤宣布继承夏朝旧制，遵从夏朝旧典，这就意味着商朝与夏朝一样，不会改变五服进贡和井田农耕的社会政治经济制度。但实际上，商朝不仅增加了贡赋范围，而且在夏朝"禹贡"的基础上，增加了庶民籍田"助"的劳役剥削。

商朝国土比夏朝扩大了很多，所以虽然继承夏朝的五服纳贡，却将"五服"改变成了"内服"与"外服"两部分，九州内服与外服囊括扩大的国土和原夏朝五服之地。既然商朝的五服管理疆域有所修改，纳贡规矩自然也要修订，贡赋进献者由过去的臣属国扩大到藩属国，以及所有归顺的蛮、夷、戎、狄等附属国，商朝的纳贡范围比夏朝不知扩大了多少。

井田农耕，是中国奴隶社会中贵族奴隶主对庶民剥削的主要形式，商朝也修订了规矩。《孟子·滕文公上》记载："夏后氏五十而贡，殷人七十而助。"商朝土地面积的计算方法变了，对庶民的劳役剥削，也由夏朝的田赋之贡，转为劳役之贡，即由庶民集体耕种公田，公田的收获，全部归统治者所有。

另外就是实行田制与兵制相结合的贡赋办法。《汉书·刑法志》曰："因井田而制军赋。……有税有赋。税以足食，赋以足兵。""四井为邑，四邑为丘。丘，十六井也，有戎马一匹，牛三头。四丘为甸。甸，六十四井也，有戎马四匹，兵车一乘，牛十二头，甲士三人，卒七十二人，干戈备具，是谓乘马之法。"这也就是说，商朝庶民不仅要提供劳役之"助"，还要因井田而提供军事之"赋"。

从制度上看，商朝比夏朝《禹贡》加重了剥削，但《淮南子·修务训》却说成汤："轻赋薄敛，以宽民命。布德施惠，以赈穷困。吊死问疾，以养孤孀。百姓亲附，政令流行。"因为夏桀早已不按《禹贡》行事，夏朝晚期的实际税赋比商朝初年重得多，而且是没有章法地随意加重税赋，民众不堪其苦。商朝初年修明章，名正言顺地增加税赋，反而变成了"轻赋薄敛"，否则成汤怎么可能受到拥护？

二、建立强国消灭弱国的兼并征伐之道

《仲虺之诰》中的"建中于民，以义制事"，意思是在民众中建立起"中"之道，

用"中"的正义裁夺事务。这个"中"，主要是为了处理在土地兼并战争中出现的矛盾。《仲虺之诰》公布成汤的主张：兼并懦弱的，讨伐昏暗的，夺取混乱的，欺辱快要灭亡的，即允许按照弱肉强食的丛林法则进行土地兼并。他认为推进弱者灭亡而巩固强者生存，国家就将昌盛。

由于成汤鼓励兼并战争，商朝由战争而产生出来的奴隶数量激增，官府统一安排奴隶的劳役并掌控其人祭生死大权。《百度百科·先秦官制》有甲骨文记载，"小耤臣"、"小众人臣"都是管理农业奴隶的官吏。周朝叫"司隶"，掌管5种类型奴隶的"五隶之法"。可见成汤建立的商朝，不仅奴隶社会的本质未变，而且愈加成熟。

三、废除夏历，实行殷历

出于改朝换代的政治需要，成汤废除了夏朝政令，修改历法。因为新王朝要表示自己"应天承运"，所以一定要重定正朔，即改变岁首月份。夏朝历法以寅月为岁首正月，寅月在公历 12 月至次年 1 月之间；而商朝改为以丑月为岁首正月，丑月在公历 11 月至 12 月之间。

事实证明成汤根据政治需要而修改的历法，并没有尊重自然界科学规律，是错误决定，而且带了一个坏头。从这以后，各朝天子纷纷效仿商汤，只要改朝换代，便以修改历法作为标志。周朝修改殷商历法，又把岁首正月提前到了子月，即公历十月至十一月之间。春秋战国时期周朝王室衰落，诸侯各行其是，出现了多轨制历法，各国诸侯，甚至各地部落都使用自己的地方历法。如此混乱局面，直到汉朝才有改变。汉朝制定全国统一历法，并在天文科学发展的基础上重新恢复了《夏历》，之后中国《夏历》使用了两千多年到现在。当代中国历法，虽然使用国际统一的公历，但传统农历依旧使用，农历也叫阴历，其实就是《夏小正》历法，农民种地只能根据这古老历法来适时耕种和收获，充分证明 4 千年前夏朝天文科学的发达。

四、社稷不变

成汤本来还想换掉夏朝的祭祀社神。夏社，是水神共工的儿子后土。后土，是黄帝管理土地的辅助臣子，是土神，能平水土，没有谁能比得上。成汤非常迷信鬼神，没有胆量把后土社神换掉，只好亲自撰写《夏社》，向天下说明不能更换社稷的原因，后又写《疑至》《臣扈》两文，进一步说明原因。

商朝不改夏朝社稷，但祭祀的时间和形式还是可以改变的。夏朝用松木做成社神，于春天祭祀"户神"；商朝用石头做成社神，在秋季祭祀"门神"。

123

中国古人用"社稷"代指国家。"社稷不变国亦不变"，土地始终置于首位，是中国人对国家文化概念的终极认知。尽管5千年中国改朝换代无数，文化根底还是那个最初的古老中国。

（二）商朝职官

【夏商周封国，均不是独立"主权国家"。与夏朝一样，商朝诸侯属于王室外服官员，要对王室承担义务：平时为商王守边，有戎事时听调随征，同时还要为王室服役、进贡，其中有的侯、伯，经常兼任内服官。】

夏朝的官员数量，是帝舜时代的翻倍；商朝的官员数量，又是夏朝的翻倍。《礼记·明堂位》曰："有虞氏官五十，夏后氏官百，殷二百，周三百，天子立六官、三公、九卿、二十七大夫、八十一元士，以听天下之外治，以明章天下之男教。"

商朝国家官僚机构不断扩大，形成了相当复杂的官位体制，最初地位最高的是"相"。《晋书·第十四·职官志》载，成汤设置两个"相"的官位，以仲虺为左相，以伊尹为右相。此时"相"的位置，为众百官之长，在三公九卿之上。此二人秉承成汤的旨意，总理调度各项事务。

伊尹说，要让三公来协调阴阳各个方面，让九卿来沟通寒暑各种关系，让大夫掌握人事事务，底层的官员列士要消除各种私心。列士，也叫元士，为天子任命的辅助大夫工作的"上士"。

《太平御览·卷二百六·李固奏记》曰："汤问伊尹，公卿大夫其相何如？"成汤问，究竟什么官员可以担任一人之下万人之上的"相"的官位呢？伊尹回答："三公，智通大道，应变不穷者也。其言足以调阴阳、正四时、节风雨，非大罪不逊位。"伊尹的意思是，三公是可以担任"相"的，不是犯了大罪，不要让其退位。可是商朝后来很少有"相"的官位出现，就连"公"的官职，商朝晚期"三公"也已经不是官位，而是一种名义上地位崇高的特殊待遇。商纣王任命了3个诸侯当三公，很快被他杀了两个做成肉酱和肉脯，最后只剩一个周文王，也进了监狱，差点死掉。

商朝官位名称很多，各代经常更换，有些官位干脆用官员名字任命。比如"尹"，在出土的商朝甲骨文中为官名，伊尹名字中的"尹"字，究竟为伊尹的官位？还是后代因"伊尹"之名而设置"尹"之官位？说不清楚。

商朝"异官同爵，共位别职"的情况太多：

一是不同官名，官位性质不同，地位一样

伊尹在成汤时为"相"，太甲时伊尹为"太保"，也叫"冢宰"，官位名称不同，含义不完全一样，但都是最高官位。《太平御览·卷二百六·通典》曰："太宰于殷为六太，于周为六卿，亦曰冢宰。"

二是不同官名，官位性质完全一样

"太公"和"尚父"是姜尚在商朝末年周文王和周武王手下的不同官名，位置是一样的。伊尹在成汤时为"相"，也叫"阿衡"、"保衡"，官位性质完全一样。

三是同样的官名，位置不一样

商纣王的叔父叫箕子，为商朝王室的"太师"，没什么实权。而在同样的时间段，姜尚担任周国周文王的"太师"，却为最高级别的实权官吏。

虽然商朝官名经常因人而异，但在官吏建制上，"内服官"和"外服官"两大类官员，还是分得清楚的。西周早期出土的大盂（yú 音同于）鼎铭文记载周康王说："我闻闻殷述令，佳殷边侯田（甸）殷正百辟，率肄于酉，古丧师……"意思是，我听说殷朝丧失了上天所赐予的大命，是因为殷朝从远方诸侯到朝廷内的大小官员，都经常酗酒，所以丧失了天下。铭文中："百辟"，即百官、众官，"殷正百辟"指所有的内服官；"侯"和"田（甸）"，是外服官中最重要的两种官称，"殷边侯田（甸）"指所有的外服官。

内服官，指王室中央和王畿（ji 音同机）以内的各种官员

内服官统称"百官"、"百辟"、"庶官"、"庶位"。大体可分为政务官、事务官、宗教（史）官、武职官等几类。

政务官，总称"多尹"、"百僚"。主要有：尹、太宰、冢宰、公、卿士、大夫、列士、司徒、司空、司寇、司马等。上大夫也叫"亚旅"。

在"多尹"之下，有分掌各类事务的官员，合称为"多宰"、"小臣"。"小臣"事务官与"多尹"政务官，合称"百执事之人"。

事务官，负责某种具体事务，史书典籍记载有：师保、列士、正、百工、父师、少师等等；《百度百科·先秦官制》有甲骨文记载：小臣、臣正、小耤臣、小众人臣、小丘臣、小疾臣、小多马羌臣等。

"师保"辅弼君王和教导王室子弟，有师有保，统称"师保"。

"列士"分上士、中士、下士，辅助各级大夫。

"正"，包括酒正、车正、庖正、兽正、牧正等等，都是掌管君王衣食住行的官员，比如执掌王车的车正，为商王御车，又称仆、御。

"司"有些是管理百匠的官员，"司工"负责手工业，"司鱼"负责养鱼业等等，统称"百工"。

"父师"、"少师"为乐工之长，是管理乐技的职官。

商朝许多官名带有"臣"字。"小耤臣"、"小众人臣"，都是管理农业奴隶的官吏。"小丘臣"管理山林，"小疾臣"管理医疗之事，"小多马羌臣"管养马的羌人吏。而"小臣"、"臣正"，从甲骨文看，大约是从奴隶中挑选出来做奴隶头领的官吏，但伊尹也称作"伊小臣"，且地位很高。

宗教（史）官，常在商王左右，地位很高。有占、卜、多卜、亚、祝、史、作册等。

负责占卜之事的"占"和"卜"，也叫"贞人"。"巫"、"祝"是神职人员。

内史（左史）掌国典法，甲骨文中出现的"作册右史"，记录王事活动。《百度百科·商朝官制》有甲骨文记载，内史有大史、小史、东史、西史，等等。

商王和诸侯奴隶主贵族，是军队的当然统帅，对于他们来说，官职、爵位是世代承袭的，任职的文武没有严格区分。

武职官，主要指军队中级和下级官吏：师长、师氏、总。

师长，为众官之长，平时管理庶民从事生产劳动，战时率领由庶民组成的军队参加战斗。此外还有以率军人数命名的"千夫长"和"百夫长"。

师氏，是王室各种门口左侧站班的武士。古墓石门口左侧虎头之下的石人，就是师氏的形象。

"总"，《尚书·商书·伊训》曰"百官总己"，即"总百官"，为统领百官的大官。但《左传·僖公七年》解释不同："若总其罪人以临之……"意思是，"总"作为将领，带领罪人奴隶兵临城下……

外服官，指王室中央和王畿（jī 音同机）以外的各种官员

外服，包括商王亲属的受封地，以及被征服的臣服地区。《尚书·酒诰》说："越在外服，侯、甸、男、卫、邦伯"，这里的侯、甸、男、卫、邦伯等，都是商朝外服最重要的官员统治者，统称为"邦君"、"邦伯"。

商朝没有五等爵制度，侯与伯没有严格的等级差别，都是一方诸侯之长，也叫"方伯、州牧、牧师"。《尚书·召诰》说："命庶殷侯甸男邦伯。"《孔传》注释："邦伯，方伯，即州牧也。"可见商朝的"牧"与"州牧"、"牧师"不是一种类型的职官。"牧"指掌畜牧的"牧正"官。

夏商周封国，均不是独立"主权国家"。与夏朝一样，商朝诸侯属于王室外服官员，要对王室承担义务：平时为商王守边，有戎事时听调随征，同时还要为王室服役、进贡，其中有的侯、伯，经常兼任内服官。

（三）商朝官刑

【成汤针对官员而制定的法规，比对民众的法则要求高，官民实行不同法，这是中国十分宝贵的传统文化财富。尤其值得注意的是，成汤把"侮圣言"纳入对官员的法规条例之中，从原始"法制"上确保中国以祖先圣贤为榜样的社会信仰。】

为了能够控制住能让朝廷发生大小"政治地震"的权贵官员，防止他们回到夏桀时代腐化堕落的老路上去，成汤汲取夏朝灭亡的教训，针对朝廷官员，专门制定了特别的《官刑》，用国法来警戒作为君主的自己和各级官员。

所谓"官刑"，最早出现在《尚书·虞书·舜典》所记载的《象刑》中："象以典刑，流宥五刑，鞭作官刑……"意思是"官刑"是帝舜所制定的《象刑》中的一种，官员可以用鞭打来责罚罪犯。成汤命令伊尹所制定的《官刑》不同，以禁止"三风十愆（qiān 音同迁）"为内容，不是官员针对民众的刑法，而是国家针对官员的刑法，用以督促官吏遵守法纪，整顿吏治，改善社会风气。

三风，指3种恶劣风气，即巫风、淫风和乱风。愆，是罪过、过失，指存在于"三风"中的10种罪过。"三风"的内容合而为十愆：

第一种叫巫风，有"歌、舞"等二愆（罪）

意思是敢于长时间在宫殿、室内喝酒时跳舞、唱歌的官员，为巫风犯法。《官刑》制定的条令中，有这样的条款，经常在宫中舞蹈、在房中饮酒醑歌的，就叫作巫风。惩罚是："谦谦君子出二束丝，奸佞小人加倍，出二束帛。"

成汤很重视音乐对官员的教化作用，商朝刚刚建立，就废止了夏桀的淫荡音乐。他认为，夏朝大小贵族王室都喜欢在宫廷和内室中跳舞，这是君王荒废听政、耽误生产的重要原因。但成汤并没有禁止所有音乐活动，相反，命令大臣伊尹推出新音乐。伊尹创作了新乐《大护》和《晨露》，又修改了传统古乐《九韶》和《六列》，这样一来，全国的音乐活动都被控制在一个合理的规范之中，健康而和谐。

第二种叫淫风，有"货、色、游、畋"等四愆（罪）

意思是借办丧之类的事情，昧良心收取钱币货物之礼的；昧良心贪恋情欲，好美色的；长期游手好闲，到处闲逛的；长期热衷于在田野中打猎的，为淫风犯法。

针对歌舞、游逛、畋猎，唐朝孔颖达《孔疏》解释："舞及游、畋，得有时为之，而不可常然，故三事特言'恒'也。歌则可矣，不可乐酒而歌，故以'酣'配之。"意思是，这三件事情不是绝对禁止，而是不可以过分，要行之有度。

第三种叫乱风，有"侮圣言、逆忠直、远耆德、比顽童"等四愆（罪）

"侮圣言"，意思是轻视圣人教训，对祖先榜样人物进行欺负、侮弄；"逆忠直"，指拒绝忠直谏戒；"远耆（qí 音同其）德"，指不尊重老人，疏远年老而有德者；"比顽童"，指亲近玩弄娈童者，这 4 种罪恶叫"乱"。"乱风"既有乱社会道德之乱，也有乱朝纲风气之乱，还有乱家庭尊老之乱，更有乱男性生理之乱。

成汤宣布："惟兹三风十愆，卿士有一于身，家必丧；邦君有一于身，国必亡。臣下不匡，其刑墨，具训于蒙士。"蒙士，《孔疏》说："蒙士例谓下士。"商朝官制中，有上士、中士和下士等底层官员，下士是成语"礼贤下士"中的"下士"，为最小的辅政官，而不是春秋战国时代的平民"士人"。成汤告诫，《官刑》的适用范围，从顶层高官到达底层下士，包括了从王室中央到地方诸侯国大大小小所有官员。

成汤认为，这三风十愆，官员身上只要有一种，他的家庭一定会丧失；国君身上只要有一种，他的国家一定会灭亡。所以，如果下臣不去匡正自己的君主，就要受到脸上刺字的墨刑；反过来，君主也要对下臣详细教导。

成汤对朝廷官员实行严政，对普通民众实行宽政。《尚书·商书·伊训》说："制官刑，儆于有位。"没有官位的民众则无须受到《官刑》约束。

成汤要求大司空咎单制定了《明居》，相当于"民众守则"，命令民众遵守。这样一来，上严下宽，《官刑》法则对官员严格，《明居》守则对百姓宽松，官员成为百姓的榜样，全国上下人人有法可依、有矩可循。

《竹书纪年》载，几百年后，成汤的后代祖甲"重作《汤刑》"，那所谓《汤刑》，应该是以《官刑》和《明居》为基础的商朝刑罚。《汤刑》中最重的刑罚是"不孝之罪"。《吕氏春秋·孝行》引《商书》曰："刑三百，罪莫重于不孝。"《汤刑》开启了中国以"孝"为代表的"礼"与"刑"的相互借鉴。中国在距今3 千年多年的奴隶社会如此重视孝道，是为了解决老人不被子女遗弃的社会问题，同时代的欧洲国家以及亚洲的日本，都是没有的。

《官刑》保留在《尚书·商书·伊训》之中。成汤以身作则，凡是要求官员和民众遵守的法规守则，自己都首先做到。他努力讲究做人的纲纪，听从谏言而从不违反，顺从前贤的忠言，用诚信的美德使下臣和谐，又对穷困之人特别慈爱，所以官员和民众都愿意服从他的教导，没有不喜悦的。

成汤制定的社会规则，既受到由夏朝进入商朝的诸侯们拥护，也受到民众的拥护。商汤针对官员而制定的法规，比对民众的法则要求高，官民实行不同法，这是中国十分宝贵的传统文化财富。尤其值得注意的是，成汤把"侮圣言"纳入对官员的法规条例之中，从原始"法制"上确保中国以祖先圣贤为榜样的社会信仰。

（四）桑林祷雨

【夏商周奴隶社会，均有活人殉葬，而成汤却不肯杀掉一个活人祭祀，决意用自己的生命为民众赐雨。成汤为商朝奴隶主阶级的总代表，但其"桑林祷雨"一生，苦不堪言，与尧舜禹相似，形成了中国国家首领"吃苦在先"的道德文化传统。】

从成汤成为商国诸侯算起，灭夏桀用了 17 年，作为天子管理国家用了 13 年，其政治生命只有 30 个年头，却连一天享受都没有得到。成汤执政时间不算长，却有那么多令人感动的故事永久地留了下来。

成汤做天子之后，一反夏桀所为，顺从民众意愿，废除了夏桀政令，以宽治国，以仁慈美德抚恤民众。《淮南子·脩（xiū 音同修）务训》说他起早贪黑地工作，用轻赋薄敛代替横征暴敛，以宽和的刑罚对待士民和充当隶役的庶民，广施恩惠，赈济穷困者，吊死问疾，抚养孤儿寡妇。

不仅如此，成汤选拔前朝贤人为官，对原夏朝的贤德官员，甚至没有更换其官职，使得农民不离开田亩，商贾不改变商肆，这样一来，夏朝民众都很高兴，就像得到了慈父一般。远近民众都来亲近殷朝，就如同当初亲近夏朝一样，成汤获得天下人的赞誉和好评，商朝政令开始流行。

对于换代灭夏，成汤很久没有去除内心的惭愧。尤其是在推翻夏桀之后，商朝并未出现夏朝初建时的风调雨顺，中原地区还是持续多年大旱，民众生活苦不堪言。因为担心天灾为上天对自己的惩罚，成汤心有余悸。

商汤在位的时候，庭院中突然生出一棵奇异的谷子，黄昏时萌芽，天亮时已有两手合围那么粗了。

下臣请求占卜异谷出现的原因，被成汤拒绝。他说：我听说，吉祥的事物是福的先兆，但是如果遇到吉兆，却做不善的事，福就不会降临；怪异的事物是灾祸前的先兆，但是如果遇到怪异而做善事，灾祸就不会降临。

于是每天成汤早早上朝、迟迟退朝，勤于政事。他探问病人，吊唁死者，务求安抚贵族百姓。3 日之后，庭院中的异谷竟自动消失了。

《吕氏春秋·卷六·制乐》记载的这件奇事，超现实色彩浓郁，无论真假，都是在告诉世人：即便自己曾经做过什么不恰当的事情，只要现在努力而勤奋地工作，多做好事善事，就一定能够得到上天的原谅，逢凶化吉。

氐（dǐ 音同底）氏和羌氏分布于今陕西、甘肃、青海、四川的西部遥远边陲，成汤的贤德传到了那里，氐国和羌国诸侯一同前来商朝王都觐见。《诗·商颂·殷武》歌颂道："昔有成汤，自彼氐羌，莫敢不来享，莫敢不来王，曰商是常……"

商朝建立次年，中原还在大旱之中，民众生活十分艰苦，成汤主动免除所有方国的贡赋，亲自领导抗旱救灾。

商朝建立后的第三年，夏桀在忧愤与后悔中病死于亭山。而中原依旧大旱，成汤下达全国禁止弦乐歌舞之令，希望所有诸侯贵族都能像自己一样克勤克俭，用勤俭节约的精神来缓解旱情。

商朝建立后的第四年，中原还是大旱，《管子·轻重八》载，成汤铸造金属货币，发送给那些因没有钱而卖子求生的民众。这是中国首次发行金属货币的记载。考古表明，商朝早期的主要货币与夏朝一样，是齿类海贝，海贝越大越值钱。商朝晚期，金属铜币才全面流通，而古籍却记载金属货币为早商君主成汤首创。铸造金属货币投入流通，增加货币发行量，是成汤发明的"宽松货币"经济政策，也是中国首次出现政府对商品市场的原始"经济调控"，其伟大智慧对后世产生深远影响。

接下来又过了 3 年，中原继续大旱。至此，连续大旱已整整 7 年，最早两年在夏，后来的 5 年在商，田野颗粒无收，民众实在活不下去。

成汤怀疑这是上天对自己覆灭夏朝的惩罚，太史占卜之后说：应当杀一个人来向神祈雨。

成汤说：我之所以求雨，是为了救济活着的人，怎么忍心杀掉一个活人作为祈祷的牺牲品呢？如果一定要用活祭来向神求雨，那么宁可由我自己来充当那个人吧！

商朝自盘庚迁都至今河南安阳殷墟之后，考古发现有大量战俘奴隶殉葬。今河南偃师都城的夏墓群里，也有活人殉葬。可见从夏到商的奴隶社会，中国都有活人殉葬，而成汤却不肯杀掉一个活人祭祀，决意要用自己的生命来请求上天宽恕，为民众赐雨。

位于今河南商丘的商都南亳附近有一座长满桑树的山，人称桑林。传说唐尧时十日并出、天下大旱，神射手后羿射下了 9 个太阳，然后继续为民除害，在桑林活捉了性情贪婪的大野猪——封豨(xī 音同西)。封豨是"司雨之神"，后羿把它圈禁在桑林的水泽之中，使其继续履行"司雨"义务。所以成汤求雨的地方只能选择桑林，别无二地。

这天艳阳高照，成汤斋戒身心，剪断了自己的头发和指甲，坐上用白马拉着的、没有华丽装饰的白色"素车"，减少了驾驭马车的服御人员，穿着粗布衣裳，身上缠绕着白色茅草，向桑林方向去了。

到达桑林之后，成汤用木头压夹住十指，捆绑起双手，代表自己就是和牛羊一样的鲜活牺牲祭品，将被杀掉活祭，向天帝求福。

成汤祈祷:我小子履，敢用黑色公牛，祭告于皇天后土说——现在天下大旱，我自己也不知道什么缘故得罪了天地。如今我有善不敢隐瞒，有罪也不敢宽饶，这一切都鉴察在天帝的心里。我一人有罪，不要祸及天下千万个方国；天下千万个方国有罪，罪责也都在我一个人身上。不要因我一人的不才，致使天帝鬼神伤害了民众生命。成汤这样说话，是在兑现《汤诰》中的诺言:你们这些万方民众只要有过失，原因都在于我；而如果我一人有过失，绝不会连及你们这些万方民众……

成汤在祈祷中，以 6 件事自责。他说:这场变革不会使我徒然活着，必然能够得到上天的感召。现在上天降下灾祸来警告我，是因为我的政令有所不当吗？是因为我管理不善，使得人臣失职、人民失所吗？是因为我宫室修得太高，过于豪华吗？是因为我听信嫔妃弄权乱政吗？是因为是我法令不严，致使贪污受贿畅行无阻吗？是因为我用人不淑，使得谗媚小人得势吗？这 6 个罪责中我只要触犯了一件，宁可降灾于我一身，也不要让庶民百姓受厄！成汤的话还没说完，只见四方乌云密布，方圆数千里下起了瓢泼大雨……

成汤贵为君王，富有天下，却不惜以生命作为牺牲祭品，用恳切的自责言辞向天帝鬼神祷告，发下如此毒誓，只为了给民众求得天雨，真正是悲天悯人啊！奇怪的是，这一年大雨不断，旱情彻底消除。民众欢欣鼓舞，认为成汤以至诚感动了上天，所以才能转灾为祥。

桑林祷雨之后，成汤认为上天已经真正地原谅了自己，也就彻底去掉了惭

愧和恐惧之心。

商朝为中国第二个奴隶社会，成汤为奴隶主阶级的总代表。但其"桑林祷雨"一生，苦不堪言，与尧舜禹相似，形成了中国国家首领"吃苦在先"的道德文化传统。墨子认为，成汤具有"兼爱"精神，能够使民众相互爱戴，相互谋利，得利分享；孟子的《兼爱》理论，也取法于成汤言行。

（五）逝世西亳

【成汤继承上古中华文明理念，开创用军事行动推翻不义天子统治的先河，用改朝换代推动中国历史发展。其汤武革命的一生，被儒家奉为"小康社会"的"三代之英"，成为深受中华民族世代纪念的先祖。】

商朝第八年，中原地区终于迎来了风调雨顺的农业丰收年景，成汤命令伊尹作歌舞《大濩（huò 音同获）乐》，来纪念桑林祷雨。

《诗经•商颂•那》将《大濩乐》的长篇歌词保留至今："猗（ē 音同厄）与那（nuó 音同挪）与！置我鞉（táo 音同桃）鼓。奏鼓简简，衎（kàn 音同看）我烈祖……"

——多么美好啊！多么盛大啊！陈列出我们的摇鼓。敲鼓咚咚响声宏大，欢愉我们的烈祖。成汤的子孙祭祀祷告吧，赐予我们成功！打起摇鼓嘭嘭响，吹奏管乐声呜呜，曲调和谐音清平，伴随着我们清越的玉磬声。啊！成汤子孙事业显赫，祭祀的音乐和美又庄重。大钟大鼓相和齐鸣，万人起舞盛大辉煌。我们有那么多助祭的好贵宾，大家在一起欢欣快乐！在那遥远的古代，在那从前的时候，我们的先人早就有所作为：早晚朝见，温和恭顺，恪尽职守，谨慎恭敬。敬请列祖接纳享受我们的祭品，成汤子孙虔诚地奉献……《大濩乐》成为历代商朝祭祀祖先的乐舞，至今我们还能从歌词中感受到商朝祭祖时的乐舞大美，可以想见当时祭祀典礼的富丽隆重。

因为连续多年旱灾，从商朝建立开始的8年中，成汤从来没有要求各地方国上缴贡赋，直到风调雨顺、民众得以休养生息之后，成汤首次外出巡狩，视察各国，考察诸侯为商朝王室所管理的各地疆土，并下达了进献令。

两年后，位于今河南偃师二里头的商朝新都西亳建造完成，此时距离商朝建立的公元前1600年，已整整过去10年。为了减少荒年庶民的劳役负担，成汤将都城建设一拖再拖。

离开今河南商丘南亳，成汤搬入偃师西亳居住，同时也将大禹制作的九鼎一并搬入西亳，因为这是华夏重器，象征商朝九州一统的国家中央政权。

当年覆夏建商，成汤考虑将位于今河南偃师二里头村的夏都斟𬩽（zhēnbiàn 音同真卞）作为商朝都城，因为那里有现成的豪华宫殿，可以节约不少建设开支。但成汤想到，还有安置夏后氏遗民、笼络夏后氏人心、巩固统治等问题。综合考虑，成汤还是回到今河南商丘的商国旧邑南亳。而成汤开工建设的商朝新都西亳，就在夏都斟𬩽旁边，仅仅相隔几公里。

商都西亳本为一座小城，成汤去世之后，后代子孙将小城分两次扩建，增加了宫城和大城。1983 年，考古工作者在今河南省偃师市城西发现了商都西亳的确切遗址。

掩埋在地下 3600 多年的西亳古城，总面积近两百万平方米，分小城、宫城和大城三部分。小城的平面呈长方形，面积 81 万多平方米，城墙基槽较浅，墙体保存较差，可见成汤动用庶民奴隶劳工之节俭。

宫城位于小城偏南正中轴线上，占地面积约 5 万平方米，迄今共发现 10 组大型宫殿建筑，分设于东西两区，属殷贵族官邸区。其中，西区由 3 组宫殿前后相通，组成三进深院落的皇家宫廷。宫城北半部有一处长 130 米、宽 25 米的御用池苑，系中国历史上第一处人工引水造景工程。

大城的平面，呈直角"厨刀形"，南部较窄似"刀柄"，将矩形的小城"半包围"。城墙总长度约 5500 米，厚度约 17 米至 22 米，全部用夯土筑成，质地极为坚硬。城墙外建有护城壕河，加固设防。笔者亲自去河南偃师考察，好不容易寻找到了距今 3600 多年的夯土商城，已被考古学家保护起来，叹为观止！

大城北部是手工业作坊区、一般居住区和自由市场区。商朝首座都城，从整体布局上开创了"前朝后寝"的城建规制，为中国最早的"城"与"市"的结合，充分反映出商朝的商业发达。

成汤建造西亳小城意义非凡，为夏商分界的界标。成汤入住之时年事已高，仅仅在新都居住了两年就去世了。《太平御览·卷八十三·韩诗内传》："汤为天子十三年，百岁而崩。"成汤葬于今河南省偃师市西南的桐宫。

为了永远不忘记成汤的功德，商朝在太庙设立了立室奉祀时特别名号，叫"庙号"，成汤的庙号叫太祖。

商朝的庙号最初只有 4 种：创基立业曰"太"（太祖汤、太宗太甲）；功高者曰"高"（高祖王亥、高宗武丁）；世代祭祀曰"世"（世祖盘庚、世宗且甲）；中兴者曰"中"（中宗且乙）。后来按照"祖有功而宗有德"的标准，给予"祖"或"宗"的庙号。

成汤继承上古中华文明理念，开创用军事行动推翻不义天子统治的先河，用

改朝换代推动中国历史发展。其汤武革命的一生，被儒家奉为"小康社会"的"三代之英"，成为深受中华民族世代纪念的先祖。

主要参考资料

【《尚书今古文注疏》《诗经楚辞鉴赏辞典》《晋书》《吕氏春秋》《淮南子》《礼记集解》《左传全译》《管子全译》《孟子译注》《尸子译注》《大盂鼎铭文》《说文解字注》《史记》《汉书》《太平御览》《康熙字典》《古本竹书纪年辑校今本竹书纪年疏》《夏商周断代工程1996－2000年阶段成果报告（简本）》《百度百科·先秦官制》《百度百科·商朝官制》】

奴隶帝师

（一）伊尹身世

【伊尹是商朝承上启下、居于国家政治权力巅峰的重臣，也是中国第一位被古籍和甲骨文同时记载的奴隶，死后进入商朝宗庙，受到后代祭祀。选贤不避奴隶，西方奴隶社会没有，属于中国独特的传统文化，充分体现出中国奴隶社会与西方奴隶社会的差异。】

伊尹是商朝承上启下最重要的大臣，不仅帮助成汤完成覆夏建商大业，而且教育和逼迫商氏子孙继承成汤遗志，是中国历史上首位最具传奇色彩的奴隶帝师和功臣。

《吕氏春秋·本味》载，最初伊尹只是一名知其母而不知其父的奴隶孤儿，母亲是有莘（shēn 音同深）国在伊水河边采桑养蚕的奴隶。母亲生他之前，梦见有神人告诉：只要见到舂米器具石臼（jì 音同就）里面生出水来，你就一直往东走，千万不要回头。

第二天，伊尹的母亲果然发现石臼内有水出现，如同泉涌，但她却违背了神人的告诫，不仅自己没走，反而赶紧通知大家向东逃奔。当通知完所有人之后，她回头一看，已是一片汪洋，要走也走不掉了……

伊尹母亲的身体化为一棵中间掏空的桑树，于是这片有桑树的地方就被叫作"空桑"，位于今河南鲁西豫东，空桑的地名一直沿用到东周晚期。

洪水退去之后，有莘国一名女奴来到伊水河边采桑，碰巧在桑树的空洞里面捡到了婴儿，便将婴儿抱回去上交给了有莘氏诸侯。有莘国诸侯叫家奴庖厨来哺育这个孩子，并要求庖厨去了解这个孩子的来龙去脉。庖厨回来报告情况，于是才有了上述超现实的传说。

有莘国君王给这个婴儿取名为阿衡。衡，本意是绑在牛角上的横木，牛喜欢抵触，所以要用横木来控制。起这样的名字也许出于无意，却似乎与伊尹后来的命运产生了某种联系。伊尹之名应该是阿衡的贵族姓氏，"伊"取伊水之意，"尹"，是商朝"相"的官名，也有正天下、做楷模的意思。

就这样，孤儿伊尹刚出生便成为奴隶。没想到的是，长大后的伊尹不仅继承了母亲的大德，又聪颖智慧、勤学上进。《墨子·尚贤》说："昔伊尹为莘氏女师仆，使为庖人。"可见有莘国诸侯十分喜欢奴隶伊尹，让伊尹学文化，还让他在担任国君女儿家庭教师和仆人的同时，又担任庖厨。伊尹可与古希腊教育史上，以奴仆身份担任奴隶主子弟的家庭教师相媲美，当然，他的年龄要比古希腊国家不知道大了几百岁。

伊尹在成汤生前全力帮助覆夏，商朝建立之后，亲自起草文书、制定国策，立下了不朽功勋。伊尹不仅是政治、军事大才，而且在烹饪、音乐和占卜、医学等方面都有很深造诣。

伊尹因为当过有莘氏的御厨，在成汤朝堂上大谈五味调和、火候掌握，后代出现了"伊尹煎熬、伊公调和、伊尹负鼎、伊尹善烹"等许多比喻厨艺高超的成语。至今中国有些地区还把伊尹奉为"烹饪之圣"。

伊尹擅长歌词乐曲，所以成汤在桑林祷雨之后，命令他创作《大濩（huò 音同获）》，又命他作了《晨露》，修古曲《九韶》《六列》。伊尹的《大濩》乐诗保存在《诗经》之中。

伊尹作为商朝第一大巫师，鸣条之战的进攻路线，就是他的占卜。古代巫师都是医生，伊尹也一样，《说文解字》释意，"尹"作"治也"。《汉书·艺文志》中有《汤液经法》，自古中国医家均认为此书为伊尹所撰。清代名医陈修园在《神农本草经读·凡例》中说："明药性者，始自神农，而伊尹配合而为汤液，仲景《伤寒》《金匮》之方，即其遗书也。"

伊尹是全才，被称之为圣人。成汤去世后，商朝国政大权全部掌握在他的手中，继承成汤未竟事业也由他来完成。伊尹是商朝承上启下、居于国家政治权力巅峰的重臣，也是中国第一位被古籍和甲骨文同时记载的奴隶，死后进入商朝太庙，受到后代祭祀。选贤不避奴隶，西方奴隶社会没有，属于中国独特的传统文化，充分体现出中国奴隶社会与西方奴隶社会的差异。

（二）烹饪论国

【老子《道德经》曰："治大国若烹小鲜。"意思是：行大国之事不能着急，只能循序渐进慢慢来，不仅要掌握火候、适时添料，更要端正掌勺者个人品德。老子比伊尹晚一千多年，也将治国的最高智慧比喻为烹鲜做菜，源出于商朝奴隶伊尹。】

伊尹是成汤最为倚重的大臣。如果没有伊尹的辅佐，覆夏建商之大业不会告成，成汤的所有谋略都有伊尹的直接参与。

当初成汤听说奴隶伊尹贤德智慧，颇费一番周折，才让伊尹作为妻子有莘氏的陪嫁奴隶而来到了商国。

伊尹来到商国之后，成汤即去其奴隶身份，为了消除不祥，还在商氏太庙里点燃苇草火把，又用纯色雄猪之血来洗涤祭器，举行祓除灾邪的仪式。

第二天上朝，成汤以方国诸侯对待大夫的礼节来接见伊尹，要求伊尹为在场的官员讲解美味。众官员很是奇怪，因为即便商国面积不大，朝堂之上也是君臣议政之处，为何要礼遇刚解除奴隶身份的伊尹？还要听与国政无关的美味烹调？

成汤是想让伊尹公开讽喻进谏。士子以讽喻方式进谏，风行于战国时代，却以《吕氏春秋·本味篇》所记载的伊尹高谈阔论，为中国最早的讽喻进谏记录。伊尹作为一名御厨，通过讲解美味烹调而对成汤及商国官员评讲天下大事，比战国时代孟子、墨子等人的讽喻进谏要隐晦得多，至于官员们在朝堂之上究竟听不听得懂？那就看听者的领悟能力了，成汤肯定是心领神会的。

伊尹首先说，商侯您的国家实在太小了，我所要讲的这些美味您的国家都没有。不过，只要您当上了天子，就可以得到这些美味。

这是伊尹此番长篇讲话的核心。伊尹说"为天子然后可具"，暗示成汤要树立敢当天子的远大理想。因为只有放眼天下，才能得到天下。不满足而产生得天下的强烈欲望，才是得天下的原始动力。

如何放眼全天下呢？伊尹说，有3类需要去除异味的动物：生活在水里的腥，吃肉的臊，吃草的膻。这3种动物虽然有"恶臭"，却都是美味，一定要了解其产生"恶臭"的原因。

这三类动物指靠渔业、游牧和农耕为主生存的3类方国。伊尹暗示成汤，一定要去深入了解这些"恶臭"国家的内部情况,只有知己知彼,才能"恶臭犹美"。此次讽喻进谏之后,伊尹立即去夏桀国都斟扑,一待就是3年,就是为了知己知彼,了解夏朝王室的"恶臭"。

当掌握了其他方国的内部"恶臭"情况之后,就是谋划归顺的问题了。伊尹暗示商汤不能心急,说,调和味道的根本,首先在于用水。需要使用5种味道和3样材料,再加上水,多次煮沸。

伊尹强调,煮沸时会发生多次变化,掌握火候是关键。只有用火才能除去掉腥味、臊味和膻味,火时而炽热时而微弱,火候一定要适中。

掌握火候的同时还要适时添加调料。伊尹说,调和味道,必定要用甜酸苦辣咸。调料的剂量虽然很小,但先放还是后放?放多还是放少?都有一定的规律。食鼎中味道的变化,精妙微细,既不能言传,又不能意会,就如同射御技术的精微,阴阳二气的交合,四季冷暖的变化一样。所以,烹调时间长些,却不会毁坏食物。

伊尹说,食物要做得熟,但不要超过火候。食物要做得甜,但不能过度。食物要做得酸,但不能过分。食物要做得咸,但不能损原味。食物要做得辣,但不能浓烈。食物要做得清,但不能过淡。食物要做得肥,但不能油腻。

回顾成汤战胜夏桀的全部过程,整整用了十七八年时间,伊尹掌握火候而慢慢添水加料,是不是掌握到了完美的程度?

接着,伊尹又分别详细介绍:肉中的美味有哪些?鱼中的美味有哪些?蔬菜中的美味有哪些?调料中的美味有哪些?粮食中的美味有哪些?水果中的美味有哪些?伊尹分类介绍的品种不仅繁多,而且指出各种不同美味的具体产地,这些产地囊括了夏朝全部疆土。伊尹的叙述如同汉朝"大赋",洋洋洒洒、气势恢宏,正当听者陶醉其中之时,他却话锋突然一转,说:"马之美者,青龙之匹,遗风之乘。非先为天子,不可得而具。"意思是,最好的马是青龙、遗风这样的千里马。如果不能先当上天子,这些好东西都不可能得到。如此王道霸业,伊尹已经表述得非常直白了。

最后,伊尹直截了当地论述能够担当天子之责的个人素质要求。他说,天子不可以勉强去当,必须先懂得仁义之道。仁义之道不在别人而在于自己。自身具备了仁义之道,就能成为天子;能够成为天子,那么美味就齐备了。审察近,可以了解远,自身具备了仁义之道就可以教化别人。圣人的办法很简约,哪里用得着费力去做许多事情呢?

伊尹传授成汤帝王之道的精髓:"道者,止彼在己,己成而天子成。"仁义之道不在别人而在于自己。自身具备了仁义之道,就能成为天子。如果成汤不具备帝王的仁义之道，伊尹就不可能辅佐他，也不可能做到让天下归心。

成汤取得天下后再次请教：要治理天下，应该怎么办？伊尹还是这样回答，一心只想治理天下，天下是不可能治理好的；如果说天下可以被治理好的话，首先就要端正自身修养。《孟子·公孙丑下》说："汤之于伊尹，学焉而后臣之，故不劳而王。"伊尹先为成汤的老师，然后才成为成汤的臣子，为中国首位帝王之师。

老子《道德经》曰："治大国若烹小鲜。"意思是：行大国之事不能着急，只能循序渐进慢慢来，不仅要掌握火候、适时添料，更要端正掌勺者个人品德。老子比伊尹晚一千多年，也将治国的最高智慧比喻为烹鲜做菜，源出于伊尹。

（三）伊尹立帝

【商朝从初建开始，便没有实行父子传位的夏朝道统，而是由伊尹做主，实行"兄终弟及"制度。如此继承法，虽可避免没有治国经验的幼子当政，却搅乱了传统继位之"正"，客观上给重臣留下选择并控制天子之权，不可避免地为商朝"九世之乱"埋下伏笔。】

成汤去世后，即位的是其次子外丙。

成汤长子太丁虽被立为太子，却早早去世，没有继承成汤王位。甲骨文中留下不少关于祭祀太丁的记载，不知道是否因太丁为帝太甲的父亲。太丁在灭夏征伐中建立功勋，有考古学家认为，太丁曾协助父亲成汤主持军事。

按照夏朝父子即位的传统规则，太子去世，应由成汤的长孙太甲即位，而此时伊尹却偏偏让成汤的次子外丙即位。因为太甲年幼无知，伊尹出以公心拥立了外丙。

帝外丙，名胜，即位后以今河南偃师的西亳为都城，尊其父成汤为"太祖"，给予隆重祭祀，任命伊尹为卿士"太宰"。

伊尹辅政，沿用成汤国策以宽治民，却不料外丙仅执政了两年便去世了。于是，伊尹拥立成汤的小儿子中壬即位。

帝中壬，名庸，即位后继续以今河南偃师的西亳为都城，任命伊尹为卿士"太宰"。没想到中壬仅执政短短4年，也去世了。

成汤的儿子们在父亲去世前后的几年内全部死光，究竟是身体健康问题？

还是死于非命？古籍中没有留下任何蛛丝马迹，如今不便揣测。总之，受益者只剩下了成汤的长孙太甲。于是，伊尹做主，太甲继承王位，成为商朝第四代天子。

战国时社会风气败坏，利己之心盛行，士人不信中国官场曾经有过敦厚美好存在，便揣测成汤的儿子们都是伊尹的傀儡，伊尹大有篡国夺权之野心。然而从实际情况看，伊尹完全可以不让成汤其他儿子登基，直接拥立幼年太甲，似乎更有利于自己听政而把持朝政实权。从利益关系上分析，即便发生过什么朝廷阴谋，也应该不是伊尹所为。伊尹之所以废除夏政，不让年幼无知的太甲即位，拥立成汤早已成年的几个儿子成为天子，这与成汤在《汤诰》中所表达的贤者担任君主的思想并不矛盾，属于汤武革命思想的一部分。

商朝从初建开始，便没有实行父子传位的夏朝道统，而是由伊尹做主，实行"兄终弟及"制度。如此继承法，虽可避免没有治国经验的幼子当政，却搅乱了传统继位之"正"，客观上给重臣留下选择并控制天子之权，不可避免地为商朝"九世之乱"埋下伏笔。

（四）流放太甲

【伊尹流放天子，这种颠倒君臣关系的大不敬行为，却得到孟子赞扬。孟子的民本思想来自于商朝，可见最初的儒家学说是鲜活而有大智慧的，并非作为维护封建统治思想武器后的那般迂腐死板。】

太甲，名至，为成汤嫡长孙。太甲与他的两个叔父一样，以今河南偃师的西亳为都城，任命伊尹为卿士"太宰"。

太甲年纪很轻，刚刚成为天子，伊尹就写了《伊训》《肆命》《徂（cú 音同猝，阳平声）后》等3篇文章，告诉他如何做一个让民众拥护的好天子。

帝太甲元年十二月乙丑日，伊尹安排盛大的商国先王祭祀活动，让太甲以恭敬的态度拜见自己的祖先。尽管这样的祭祀只属于商氏部族，但来自侯服和甸服的诸侯们也在参加之列，百官率领自己的官员们，统一听从伊尹的号令。

这次祭祀活动的主角，显然不是年轻的天子太甲，而是年迈的太宰伊尹。伊尹挑明了讲，举办祭祀活动的目的，就是为了"明言烈祖之成德，以训于王。"用大功之祖成汤的大德来教导天子太甲。

伊尹对太甲讲：夏代先君施行德政的时候，天地万物顺和，到了子孙背叛先君德政的时候，上天才降下灾祸，然后上天借助太祖成汤之手覆灭了夏朝。而自己从讨伐夏桀时代的商都南亳开始，就已经在执行成汤的指示，所以有资格谈论这些。

伊尹告诉太甲：现在我王要继承祖先成汤的美德，就不可以不考虑这个开头，要"立爱惟亲，立敬惟长，始天家邦，终于四海"。

接着，伊尹讲述了成汤的种种美德，尤其强调：成汤能够讲究做人的纲纪，顺从前贤的话，听从谏言而不违反。因为成汤能够明察是非，所以臣下也会尽忠报国。成汤对别人从不求全责备，而且经常好像来不及检点自己一样。以上这些，都是伊尹希望年轻的太甲一定要做到的，核心是"听话"、不要改变成汤国策。

伊尹具体介绍成汤所制定的国法《官刑》，具体讲解什么是"三风十愆（qiān 音同迁）"。然后警告天子太甲：上天的眷顾并不常在一家，做善事的，就赐给百福；作不善的，就赐给他百殃。所以继位君主的修德不论有多么少，天下人都会感到庆幸。而只要行"不善"，即便不多，也会丧失国家！

伊尹在祭祀大会上的讲话，被收入《尚书·商书·伊训》之中。祭祀活动结束后，伊尹又写了《肆命》。肆，陈述之意。《肆命》，陈述天子之使命，讲述天子的行为准则——什么是天子能做的，什么是天子不能做的。之后，伊尹又写了《徂后》。徂，去往之意，具体讲述成汤的国家法度。可惜《肆命》和《徂后》都没能保留下来，后人只能从众多古籍中了解只鳞片爪。

伊尹尽力教导太甲做一个继承成汤事业的好天子，可是在荣华富贵中长大的太甲少不更事，逆反心理很强，不肯顺从伊尹，沉湎于酒色。身为天子的太甲，昏乱暴虐、德业败坏，带头违反成汤制定的《官刑》，企图颠覆商朝典法刑律，大有重蹈夏桀覆辙的危险。

伊尹没有办法，只好再次上书说：商国之西的夏后氏王朝，君主用忠信取得成就，结果辅相大臣也取得了成就；我亲眼看到他们的继任天子没有取得成就，结果辅相大臣也就没有成就。作为成汤的继承者一定要警戒呀！应当敬重作为继位君主的天子法则，如果当上了人君却不尽君道，将会羞辱自己的祖先！

太甲接到伊尹上书之后，依旧像往常那样不看不闻。伊尹急了，直接面见进谏：先王成汤从天将明未明的时刻开始，就起床思考国事，坐着等待天明。他又遍求才智相貌出众的贤才俊彦去开导后人，叫大家不要忘记先祖的教导而自取灭亡。您现在一定要遵从慎行和俭约的美德，在心里谋划国家长治久安大计。这就好像虞国人张开了弓，还要去察看箭尾是否符合法度之后才能发射一样，天子也要审视自己所要达到的目的，遵行祖先的措施。只要您能做到这些，那我就高兴了，天子也会在千秋万世得到美好的声誉！

伊尹就这样苦口婆心地教导天子太甲，希望他能改邪归正，但是太甲根本不听，行为完全没有改变。伊尹只好写下《尚书·商书·太甲上》，对群臣说，继位的君王如此行为就是不义。君王现在的习惯要与他天生的性格结合起来考虑，不能忽视这个不遵循教导的继位君主对国家的破坏作用。现在要立即在桐地建造宫室，让继位君王亲近先王成汤，得到教训，莫让他终身迷误。

桐宫，位于今河南省偃师市西南，是成汤所葬之地。伊尹创造性地设置一个特殊环境来改造太甲的天性，让他去桐宫反思，希望他处于忧伤的环境中，能够建立起作为一名天子所应有的诚信和美德。从此时开始，中国帝王家被废黜的皇子、皇孙到先祖墓地守灵，便有了先例。

伊尹把太甲流放到桐宫去为先祖成汤守灵，自己则取代天子执政，全国平静如旧。伊尹掌管朝政期间，朝会诸侯，主持国事，执行他与成汤共同制定的法度，社会安居乐业。

君臣关系不可随便改变，谋权篡位为儒家礼法所不容。伊尹身为人臣而流放其君，这种颠倒君臣关系的做法，孔孟的学生难以理解。《孟子·尽心上》载，孟子学生公孙丑质疑伊尹："贤人之为人臣也，其君不贤，则固可放与？"意思是，只要天子没有贤德，臣子便可将其流放吗？孟子回答："有伊尹之志，则可；无伊尹之志，则篡也。"具有伊尹这样高尚之志的大臣，可以这样做；否则就是篡位。

从当时的实际情况看，伊尹流放太甲的时间，距离成汤去世只有短短几年。成汤在《史记·殷本纪》的"汤告"中明确告诉大家："毋不有功于民，勤力乃事。予乃大罚殛女，毋予怨。"意思是，各位不能不为民众谋立功业，要努力办好你们的事情。否则我就对你们严加惩办，那时可不要怪罪我。这说明，汤武革命即便没有打破家天下统治，也让社会观念发生了巨大改变：推翻暴君统治，成为合理；让民众满意，放在执政首位。成汤建立起让民众拥护的新社会秩序，继任君主却贪图个人享受而带头破坏国法，老臣和民众当然不会愿意。《左传·襄公二十一年》曰："伊尹放大甲而相之，卒无怨色。""大甲"即"太甲"。放在这样的历史环境大背景下看待伊尹的言行，也就不难理解伊尹流放天子太甲的合理性了。

伊尹流放天子，这种颠倒君臣关系的大不敬行为，却得到孟子赞扬。孟子的民本思想来自于商朝，可见最初的儒家学说是鲜活而有大智慧的，并非作为维护封建统治思想武器后的那般迂腐死板。

（五） 伊尹还政

【中国有帝王之术，也有帝王之道。术，是权谋；道，是根本。帝王之道非权谋而是治国智慧。帝师伊尹始终以帝王之道训导太甲，至今仍有现实意义。】

太甲流放到桐宫之后的行为，有两种历史记载。

一是《竹书纪年》所言：

帝太甲元年，伊尹把太甲流放到桐宫，自立为天子。太甲在桐宫整整住了7年，然后悄悄潜回商都西亳，杀掉伊尹，夺回皇位。太甲让伊尹两子伊陟（zhì 音同制）和伊奋继承伊氏家族，同时将伊尹的田地和宅院由两子平分。

隋唐孔颖达在《孔疏》中，对《竹书纪年》的相关记载作辩证。他说："伊尹不肯自立，太甲不杀伊尹也。必若伊尹放君自立，太甲起而杀之。则伊尹死有馀罪，义当污官灭族。太甲何所感（hàn 音同憾）德，而复立其子，还其田宅乎？"孔颖达认为《竹书纪年》的记载不符合历史常识，伊尹既然犯下灭族之罪，怎么可能让其子继承财产？他认为《竹书纪年》是根据当时"流俗"而有此"妄说"。殷墟甲骨文中有商朝祭祀伊尹的卜辞，或可为孔颖达的推论作考古证据。

二是《尚书》《史记》《左传》所言：

太甲在桐宫守灵，深深体会到了天子权位的脆弱，荣华富贵随时都会离自己而去。他不知道孤独寂寞何日是尽头，后悔没有珍惜天赐的一切。简单朴素的生活条件，使得太甲奢靡而顽劣的秉性有所改变，逐步形成了比较健康的生活方式。

3年中，伊尹不断观察天子太甲在桐宫的表现，发现他已经悔过自责、重新向善，便将其由桐宫接回，归天子之位执掌国政。伊尹对太甲惩恶于前、奖善于后，巧妙利用环境和奖惩手段，挽救了成汤的长孙。伊尹的教育方法，即使就是在今天，也不过时。

帝太甲3年十二月朔日，伊尹头戴礼帽、身穿礼服，迎接天子回商都西亳。伊尹书面报奏：民众如果没有君主，就不能互相匡正而生活；君主如果没有人民，就无法治理四方。上天顾念并帮助我们商氏国家，使继位君主能够获得作为天子的品德，实在是商氏国家万代无疆的大美啊！

太甲安安静静地听着伊尹的报奏，突然对伊尹下跪磕头，出人意料地行了上古最高等级的大拜之礼："予小子不明于德，自厎（dǐ音同底）不类……"太甲说，我这个小子不知道什么是德行，为自己招来了许多毛病。个人欲望过多，就会败坏国家法度；天子放纵自己，就会败坏国家礼制，所以才给自身召来了罪过。"天作孽，犹可违；自作孽，不可逭（huàn音同唤。违、逭，意为逃避）。"过去我违背老师的教导训责，从来不知道责备自己，现在还要依赖于老师您匡救我之恩德，请为我谋求一个善终。

太甲是在以学生的身份对老师行下跪磕头之拜礼，但臣子怎可接受天子的下跪？伊尹哪里敢接受？所以伊尹赶紧下跪，拜叩头礼说：讲究自身的修养，又用诚信的美德来和谐下臣，那就是明君。

学生天子与帝师臣子之间互相下跪磕头作拜礼，几千年中国出现过多次，帝师伊尹与天子太甲，为师生互拜之先。

此时伊尹还在下跪之中，却又忍不住老调重弹，又用回忆成汤来训导太甲：先王成汤慈爱穷困的人民，所以人民都服从他的教导，没有不喜悦的。

伊尹磕头恳求太甲：希望增进天子的德行，效法列祖，不可有顷刻的安乐懈怠！侍奉先人，当思孝顺；接待臣下，当思恭敬！

伊尹老了，直到最后还在唠叨：观察远方要眼明，顺从有德要耳聪。只要能够这样，我伊尹享受继位君主的幸福就会没有止境……

伊尹的这番讲话，为《尚书·商书·太甲中》。奇怪的是，伊尹的老生常谈，此时太甲听来却不觉得刺耳，反而句句入心。他终于能够理解，老臣帝师伊尹之所以居高临下地再三教训他、控制他的言行，并非要取代君王之位，而只是为了不让天子走邪道歪路，同时让作为臣子的自己事业有成，善始善终。伊尹是真心为太甲好，更为国家好……

太甲执政一段时间之后，伊尹还是不放心，又写下了第三篇《尚书·商书·太甲下》，告诉他做天子的智慧，即中国所谓的帝王之道。

此时的太甲已经有了一些实际工作经验，所以伊尹这样说：处在天子的位置其实很孤独、很不容易。只有敬天，上天才能亲近自己；只有仁爱民众，流动人口才能归附自己；只有祭祀鬼神，鬼神才能对自己诚信。

然后伊尹从如何用人、自我修德、基础工作、善于思考等几个方面，具体讲述了天子究竟应当如何治国。

伊尹要求太甲必须学会独立思考和多做实事，说："弗虑胡获？弗为胡成？一人元良，万邦以贞。"不思考，怎么有收获？不做事，怎么能成功？天子一人大善至德，上行下效，天下万邦得以忠贞。

伊尹传授太甲身为君主的正确思维：要从进言者的利益诉求上分辨真假，把国家利益放在首位。臣子的有些话不顺天子心意，天子却一定要从国家的道义角度来考求。臣子的有些话顺从天子的心意，天子也一定要从国家的非道义角度来考求。

从劝说太甲、流放太甲，到太甲回归，伊尹一共写了3篇《太甲训》。在伊尹的谆谆教导下，太甲终成有为君主，其庙号被后代尊为"大宗"。

成汤的国政，是以民为本、让大多数人民过上好日子的国政。伊尹不允许商朝继位君主重走夏桀老路，不允许太甲用花言巧语来改变国策。伊尹之所以采取非常手段，是为了教育和逼迫太甲继承汤武革命的事业。伊尹的结论是：天子不要使用巧辩来扰乱旧政，臣下也不要凭仗娇宠和利禄来安居成功，这样一来，国家就可以永久地保持在美好之中。

中国有帝王之术，也有帝王之道。术，是权谋；道，是根本。帝王之道非权谋而是治国智慧。帝师伊尹始终以帝王之道训导太甲，至今仍有现实意义。

（六）咸有一德

【《尚书·咸有一德》，留下从奴隶到帝师的商朝重臣伊尹最后一文，要求君王以始终如一的诚信取得民心，看似简单，却为中国帝王之道精髓！伊尹思想和智慧，被战国时代各路学派所集体继承。】

在帝师伊尹的谆谆教诲下，太甲修养德行，终于走上了正路，四海诸侯都来归服，百姓也因此得以安宁，于是伊尹决定告老还乡。

伊尹卸去官职重担准备回到私邑，却还是放心不下，最后又写了一篇《咸有一德》。对太甲，伊尹千叮咛万嘱咐：天子的品德必须纯一，不能有双重品德人格。

伊尹认为自己和成汤都是"咸有一德，克享天心"之人，因为具有纯一之德，所以能够合上天之心，接受上天的明教，最后拥有了九州民众，才革除了夏桀虐政。所以，只要品德纯一，行动起来就无不吉利；只要品德不纯一，行动起来就无不凶险。

伊尹告诫太甲，要始终如一、不间断地注意自身的道德修养，日日更新道德意识。

伊尹认为，如何用人是天子品德纯一的表现，说：任命官吏当用贤才，任用左右大臣当用忠良。大臣，上协助君上施行德政，下协助下属治理人民，所以对他们要特别重视。用人要慎重、君臣要和谐、信任要专一。

伊尹还说，德，没有不变的榜样，以善为准则就是榜样；善，没有不变的准则，能够和谐纯一的人就是准则。如果贵族百姓都说，这是君王的话，重要而不能耽搁呀！又说，这是君王的心，纯一而没有私念呀！那么就说明继位君主以诚信获得了民心，能够安享先王成汤的福禄，长期使民众生活安定了。

伊尹告诉天子太甲，如何使自己的品德纯一："七世之庙，可以观德。万夫之长，可以观政。"供奉七世祖先的太庙，就可以用自己对比祖先，看到什么才是功德。从万夫之长的官员行为，就可以看到什么才是理政。

伊尹警告天子太甲，千万不能因自大而小视别人。如果小视别人，自己和别人的力量都将无法发挥出来。他说："后非民罔使；民非后罔事。"君后没有民众就无人可用，民众没有君后就无处尽力。庶民匹夫匹妇如果不能各尽其力，天子就没有人帮助而无法建立功勋。

关于伊尹的去世也有两种记录：

一是《竹书纪年》所言。帝太甲 7 年，太甲从桐宫潜出，杀伊尹。伊尹被杀时，天降大雾，整整 3 天不散……

二是包括《尚书》《史记》在内的其他古籍所言。太甲在桐宫 3 年，改邪归正后回到商都西亳执政。伊尹还政之后就告老还乡了，活了 100 多岁，直到接太甲之位的沃丁时代才去世。帝沃丁 8 年，伊尹去世之时，天降大雾，整整 3 天不散……

两种说法，都有天降大雾、3 天不散之说，历史谜团无人能解。其实，无论是伊尹执政 3 年还政于太甲，还是执政 7 年篡夺帝位后被太甲所杀，都无碍于伊尹从奴隶到帝师，直至担任商朝五代重臣的伟大辉煌。殷商甲骨文卜辞中，屡见祭祀伊尹的记录，其地位之尊，介于殷商氏族先王之间，甚至还有大乙（成汤）与伊尹并列祭祀的卜辞，可见商朝世世代代祭祀伊尹是不争的事实。

伊尹去世后，商朝举办了隆重的国葬仪式。天子沃丁亲自穿丧服，用太牢祭祀。古代诸侯祭祀只备羊、猪，称少牢，而伊尹却享受到了只有帝王祭祀时才用的牛、羊、猪三牲全备的太牢，可见天子沃丁是在用天子礼仪来对待曾经是奴隶的伊尹。沃丁宣读了伊尹的丰功伟绩，并将其安葬在商都西亳，之后亲自临丧 3 年，以示敬重，报伊尹大德。伊尹最初的名字叫阿衡，所以他的祭祀牌位上写着"保衡"。

沃丁任命老臣咎单为太宰，咎单是伊尹多年的同僚。咎单接受成汤之命而写《尚书·明居》，为商朝庶民百姓的行为准则。咎单辅佐沃丁朝政，笃行成汤之法，仍旧采取伊尹的节用宽民之策。咎单写《尚书·沃丁》，用伊尹的事迹来垂训沃丁，鼓励天子沃丁发扬祖制、以德治商。

伊尹是中国首位有甲骨文记载的帝师，辅佐从成汤至沃丁共 5 代国君。成汤去世后，伊尹使商朝 4 代君主整顿吏治、洞察民情，如果不是这样，商朝初年政治不可能稳定，经济不可能繁荣。伊尹奠定了商朝的政治基础，他不仅忠实于成汤个人，更忠实于商朝初建时"以民为本"的国政大法，哪怕就是在帝王教育方面也堪称典范。伊尹获得了其他臣子难以想象的"中华第一贤臣"殊荣，直到商朝末年，每一代天子都把伊尹作为贤臣榜样来祭祀。

伊尹生前写过许多文字，东汉《汉书》录有《伊尹》51 篇和《伊尹说》27 篇，不少已经散失。清代《玉函山房辑佚书书》有《伊尹》一卷。1973 年，长沙马王堆 3 号汉墓出土帛书，有《伊尹》竹书 64 行。

《尚书·咸有一德》，留下从奴隶到帝师的商朝重臣伊尹最后一文，要求君王以始终如一的诚信取得民心，看似简单，却为中国帝王之道精髓！伊尹思想和智慧，被战国时期各路学派所集体继承。

主要参考文献

【《古本竹书纪年辑校今本竹书纪年疏证》《尚书今古文注疏》《史记》《汉书》《左传全译》《吕氏春秋》《太平御览》《墨子》《孟子译注》《诗经楚辞鉴赏辞典》《神农本草经读》《春秋左传正义（孔疏）》】

早商纷争

（一）太戊复兴

【佞臣随时存在，德才兼备的天子并非各代都有。商王太戊贤德而有智慧，起用大批贤臣辅佐，使本已衰落的商朝再度兴盛。可见有贤君才能有贤臣，朝政兴衰之根本在于天子用人。】

早商延续伊尹所制定的"兄终弟及"王位继承制度：成汤去世，次子外丙继位；外丙执政两年去世，小弟仲壬继位；仲壬执政4年去世，成汤长孙太甲继位；太甲执政12年去世，其长子沃丁继位；沃丁执政19年去世，其弟太庚即位；太庚执政5年去世，其长子小甲即位；小甲执政17年去世，其弟雍已即位……不到60年时间，天子频繁更换7位，朝中却再也没有出现像伊尹那样的既有智慧、又无私的贤臣来辅佐。到了雍已时代，商朝国势十分衰弱，许多诸侯不来朝见进贡了。

雍已执政12年去世，其弟太戊（wù音同物）即位，成为商朝第九任天子。

太戊，名密，与以往商朝君王一样，居住在今河南偃师的都城西亳。太戊继位之后，立即起用伊尹之子伊陟（zhì音同制）担任相，并用臣扈（hù音同户）、巫咸等贤人为卿士。臣扈是商汤时代的老臣，商汤灭夏之后，本想更换夏后氏社稷，后又认为不可，于是臣扈著《尚书·臣扈》一文说明原因。

《史记》载，帝太戊7年，商都西亳朝堂之上突然长出了一棵像树木一样的奇异谷子，谷树又与一棵桑树合并交错，紧紧生长在一起，一夜之间，就长到两臂合围那么粗。太戊害怕，向伊陟询问。伊陟告诉他，太祖成汤在位之时，庭院中也曾经出现过奇异的谷树，黄昏时萌芽，到天亮已有两臂合围那么粗，却因成汤的勤政爱民，仅仅3天就消失了，伊陟对太戊说："臣闻妖不胜德，帝之政其有阙欤？帝其修德。"我曾经听说，妖异不能战胜有德行的人，会不会是您的政治有什么失误啊？希望您进一步修养德行。太戊听从伊陟的规谏，勤政修德，治国抚民，桑谷妖树果然 3 天就枯死了。

从帝沃丁 8 年伊尹去世，到帝太戊 7 年朝廷出现桑谷妖树，期间共有 46 年，可见伊尹之子伊陟此时也是耄耋老人了。伊陟告老还乡，太戊不肯用对待臣子的礼仪来对待他，在太庙中称赞他，作《尚书·伊陟》表彰其功劳。伊陟谦让而不肯顺从，作《尚书·原命》一文。原，是再的意思。《原命》，再次解释了大禹和成汤的事业，希望天子太戊继承祖先的历史使命。

伊陟卸职之时，称赞大臣巫咸治理朝政有成绩，于是太戊用巫咸来接替伊陟为相，辅佐朝政。临行之前，伊陟将桑谷妖树从出现到枯死的过程告诉了巫咸，再次阐述"妖不胜德"的政治理念。从此，太戊祭祀山川鬼神加倍恭敬，帝太戊 11 年，巫咸受命向山川祷告，祈神求福。

巫咸治理朝政颇有功绩，曾有《尚书·咸乂（yì 音同义）》4 篇，全面总结巫咸辅佐政事的经验。乂，是治理的意思。

由于太戊起用了一批贤臣来掌管国政，各路诸侯纷纷归顺，商朝再度兴盛：帝太戊 10 年，远方诸侯国仰慕商朝天子明德，前来商都西亳觐见的有 76 个；帝太戊 26 年，西戎的西王母方国派人前来做宾客，《山海经·海外西经》载，太戊派出商朝官员王孟回访西戎的西王母，并采集贵重之药；帝太戊 31 年，太戊任命费国诸侯中衍为车正官职，4 年后，中衍造出新型战车"寅车"，大大提高了商朝军队的战斗力；太戊 46 年，商朝五谷丰登、粮食丰收；太戊 58 年，在今山东博兴县附近的蒲姑之地建立起商国新城，加强对东夷控制；太戊 61 年，东方九夷来宾……辅政大臣巫咸作《尚书·太戊》，记述太戊时代的辉煌历史，颂扬天子太戊从谏修德。

帝太戊执政 75 年驾崩，是商朝在位时间最长的天子，其庙号被尊为"中宗"。西周著名贤臣周公旦评价：殷中宗时，庄严慎重地对待上天赋予的王位，用诚信之道治理民众，小心谨慎，不敢贪图安逸而荒废政事，所以中宗在位 75 年……

佞臣随时存在，而德才兼备的天子并非各代都有。商王太戊贤德而有智慧，起用伊陟、臣扈、巫咸等大批贤臣辅佐，使得本已衰落的商朝再度兴盛。《淮南子》说，如果君主诚信智慧，国家政权必定由正直者执掌，大臣中尽管有人搞歪门邪道，其结果必定是以卵击石；反之，如果君主无诚信智慧，那么得志者必定是谗佞奸邪之徒，忠贞之士只能隐退藏匿。可见有贤君才有贤臣，朝政兴衰之根本在于天子用人。

（二）九世之乱

【"家天下"的王位继承制度，无论"父死子继"，还是"兄终弟及"，均有明显缺陷。但是，不管实行其中哪一种有缺陷的王位继承制度，只要严格执行规矩，就有不公正中的相对公正，不会引发王位争夺而出现九世之乱。社会最大的不公并非制度缺陷，而是强权者根据个人需要而随意更改制度，实行多重标准。】

太戊去世之后，长子仲丁继承王位。太戊究竟有没有弟弟？如今不得而知。

商朝建立以来，成汤和伊尹共同制定的王位继承次序为："兄终弟及。"兄弟全都去世了，然后再由长孙继位。成汤的长子太丁早逝，次子外丙和三子中壬分别按长幼次序，均担任过天子。中壬去世之后，传位于成汤的长孙、太丁的长子太甲。这个继承顺序使得天子的弟弟和儿子都具备了继承权，长此以往，很难不发生混乱。

太甲有没有弟弟不得而知，我们只知道他把王位传给了自己的长子沃丁。于是沃丁又重新按照"兄终弟及"的规矩，传位给了弟弟太庚。

太庚有没有弟弟，如今不得而知，只是知道太庚去世之后，并未按孙辈继承的顺序规定，把王位传给太甲的长孙、大哥沃丁的长子，而是传给了自己的长子小甲，这样一来，商朝的继承顺序就开始乱了。

小甲按"兄终弟及"的次序，传位于弟弟雍已；雍已去世，传位于弟弟太戊。太戊去世之后，还是没有按照次序传位于小甲的长子，而是传给了自己的长子仲丁，这样一来，本来名正言顺应该继位的长孙，反而永远不可能得到继位机会了。

太戊去世之后，商朝温情脉脉的传统道德面纱终于彻底撕开。仲丁之后的新任天子，究竟为诸侯、大臣们和平拥立？还是结党营私夺来？真就说不清楚。从仲丁开始，历经了外壬、河亶甲、祖乙、祖辛、沃甲、祖丁、南庚、阳甲等九王，商朝连续九世发生王位争夺纷争，这就是《史记》所指的"九世之乱"。

从仲丁开始的九任天子各有所为：

1. 商王仲丁迁都

帝仲丁元年，有诸侯侵犯商都，中丁被迫放弃今河南偃师西亳而迁都。仲丁先父的太戊时代，商朝兴盛，诸侯纷纷归顺，怎么一到仲丁即位当年就有诸侯国来犯？因此有人猜测仲丁的王位是争夺来的，这才引起了诸侯讨伐。曾有《尚书·仲丁》一文记载这段历史，但先秦时就已经遗失了。

自成汤建立商朝开始，商朝都城西亳的面积扩大了许多。仲丁放弃商都西亳，一定是不得已而为之。仲丁向黄河中游方向搬迁，选在"嚣"地建都。嚣地，位于今河南西部，为黄河与洛水、济水的交接之处。

帝仲丁6年，蓝夷方国作乱，仲丁亲自率军讨伐，没能够平叛，商朝衰败可见一斑。仲丁执政9年去世，不知是否死于战争。

2. 商王外壬遇叛

仲丁去世之后，弟弟外壬争得帝位。《史记》曰："自仲丁以来，废嫡而更立诸弟子……"可见外壬不是仲丁嫡弟，而是庶弟。庶弟也能当天子，那么有资格担任天子的王室弟子实在太多。商朝天子之位不正，王位竞争可想而知，诸侯国的反叛也可想而知。

帝外壬元年，邳（pī 音同披）国联合姺（shēn 音同深）国同时反叛。姺、邳二方国均为仲虺（huǐ 音同毁）担任成汤左相时所封，都是仲虺氏族的后人。此时，就连成汤忠臣的后代都起来反叛外壬，可见商朝王室的衰败。

外壬执政10年去世，弟弟和儿子争相夺位，其弟河亶（dǎn 音同胆）甲争得帝位。此时商朝内外忧患，矛盾重重，国力剧减。

3. 商王河亶甲征伐

帝河亶甲元年，也许因为黄河泛滥，也许为了把旧都宫殿和王畿土地都让给其他王族权贵，河亶甲沿着黄河下游向东北方向走，迁都到了相地。相地，位于今河南安阳内黄县的黄河故道，距离安阳殷墟很近。稍事整饬之后，河亶甲便开始发动战争。

帝河亶甲3年，王室在大彭方国的帮助下，迫使邳国归顺。

帝河亶甲4年，出兵征讨蓝夷部族。蓝夷，起源于山东半岛，是东夷族的别支，因种植蓝靛染蓝衣料和习惯穿蓝衣而得名。蓝夷部族向南迁徙后，成为瑶族、畲族、苗族的重要成员；向西迁徙后，在山西屯留县的蓝水定居，因被河亶甲所逼，只好继续西行，退到了今陕西的蓝田。

班方国位于蓝夷附近，在今山西屯留县的北边。帝河亶甲5年，姺方国与班方国结交，人员来往密切，于是河亶甲命令彭伯氏族和韦伯氏族率军征讨班方国，迫使班方国臣服。这样一来，姺方国被孤立了，姺方国诸侯只好亲自前去相地商都纳贡，重新归顺商朝。

河亶甲是比较有所作为的，在位时间虽然只有短短9年，却对商朝的稳定做出了重要贡献，更为其后来的祖乙复兴打下了基础，可惜详细记载这段历史的《尚书·河亶甲》一书失传，如今难知更多细节。

4. 商王祖乙复兴

河亶甲去世，其长子祖乙夺得帝位。

帝祖乙元年，为了躲避黄河改道的水患和缓解王族内部矛盾，祖乙不得不离开黄河下游今河南安阳内黄县的相地，再次迁徙商都。

这次祖乙走得很远，沿着黄河向西而去，一直走到了当年大禹治水处的黄河上游与中游的咽喉龙门，把都城建在了今山西耿地的河津。耿地是汾河与黄河交汇的三角地带，土地肥沃、水草丰美。

祖乙刚刚在耿地立足，就任命彭伯、韦伯辅政，因为彭伯和韦伯帮助先帝河亶甲征讨了邳、班、姺等方国，是有功之臣。祖乙万没想到，来到耿地立足未稳，次年就遭遇到黄河泛滥，把新都完全毁坏了。祖乙封弟弟祖丙于耿地，建立起嬴姓耿国，自己则掉头沿黄河东走，来到了位于下游黄河之西的邢地，那里现在是河北省中南部的邢台市。

邢字古通"井"，邢台的干言岗也叫轩辕丘，据说上古黄帝在此处发明了"井田"，史称"黄帝凿井，聚民为邑"。当时邢台百泉竞流，故称"井方"。黄河多次改道，经邢地入海，如今那里早已不见黄河踪影。

帝祖乙3年，祖乙在邢地任命巫贤为卿士，委以重任。巫贤，是帝太戊时的贤臣巫咸的儿子。

帝祖乙8年，祖乙东渡黄河，在济水河畔的庇（bì音同必）地建立了新的商都，那里现在是山东郓城县。因为有黄河毁坏耿地之后接二连三迁都之事，从耿地迁到邢地，又从邢地迁到庇地，不堪折腾，祖乙写下了《尚书·祖乙》一文。

帝祖乙15年，任命高圉（yǔ音同语）为邠（bīn音同宾）侯。高圉是黄帝子孙后稷（jì音同继）的传人，也是周人的祖先。邠国在九州中国遥远的西部边界。祖乙封邠侯高圉，目的是巩固中原对西部地区的统治。

祖乙是一位有作为的君主，在位共19年时间，商朝再次兴盛，所以祖乙受殷人的尊崇程度与成汤不相上下，战国时孟子将其列入商朝"贤圣之君"中。

5. 商王祖辛获位

祖乙去世，"兄终弟及"的规矩没有延续，祖乙的长子祖辛平稳获得帝位。祖辛的叔父祖丙远在黄河中上游的耿地，被封耿国诸侯，鞭长莫及，无法与辛平争夺王位。祖辛上任后没有迁都，仍旧住在今山东郓城县庇地。祖辛在位 14 年去世，然后继续"兄终弟及"的规矩，其弟沃甲得到帝位。

6. 商王沃甲短命

沃甲执政短短 5 年就去世了，哥哥祖辛的儿子祖丁夺得帝位。这是商朝继太甲之后，长孙首次继承王位，可见王位争夺的激烈程度。

7. 商王祖丁占鳌

祖丁执政 9 年去世，留下阳甲、盘庚、小辛、小乙等 4 个儿子。因为这 4 个同父异母的儿子后来都当上了天子，就使得祖丁的 4 位配偶全部纳入商国的祭祀之谱，祖丁在商朝先王行列中独占鳌头。祖丁由 4 个配偶生了 4 个儿子，要不就是庶出之子也当上了天子，要不就是祖丁频繁更换王妃。

祖丁的 4 个儿子最初都没有当上天子，他刚刚去世，其叔父沃甲的儿子南庚就夺得了帝位。沃甲既不是长子，南庚也并非长孙，商朝的王位继承顺序彻底混乱，既不是"父死子继"，也不是"兄终弟及"，完全没了章法，皇子与大臣结党营私，贵族相互残杀，全凭实力强弱接班，商朝国运再度衰落。

8. 商王南庚不正

南庚在位期间，商朝王室内乱不止，诸侯都不来朝见了，又遇上水灾，无法控制局面。3 年之后，南庚只好东渡济水，将国都迁至今山东省曲阜的奄（yǎn 音同演）地。因奄地偏南，所以此王得名"南庚"。南庚执政只有 6 年，庙号"顷王"。顷，本意为头不正。

南庚去世后，祖丁的长子阳甲夺得帝位。这样一来，南庚很惨，因为帝位得来不"正"，又没有一个儿子成为天子，所以在后期的黄祖卜辞中只能以旁系先王的身份祭祀。

9. 商王阳甲衰落

阳甲夺位而得天子，王位传承的纷争，大大削弱了商朝王室的统治力量，国力锐减，边境诸侯内侵，带来了商王朝的第四次大衰落。

帝阳甲 3 年，西征丹山戎，收复了丹山，但他却仅执政 4 年就驾崩了，其弟盘庚即位，此时商朝国势极度衰弱，没有一个诸侯再来朝见。

《史记》曰"帝阳甲之时，殷衰。自仲丁以来，废嫡而更立诸弟子，弟子或争相代立，比九世，乱。诸侯莫朝。"从仲丁到阳甲，商朝王位传承制度遭到极大破坏，兄弟和儿子相互代立，争夺王位，85 年中换了 9 个天子。每次王权更替，都要引发剧烈争夺，屡迁都城，因王权继承而引起的社会动荡，平均每 9 年就发生一次。

九世之乱，并非每一任都是乱世，而是指商朝王位争夺长达九世。尽管河亶甲和祖乙两任天子颇有作为，但也经不住如此频繁的上层政治动荡。天子争位，养成了王室官员贵族的倨傲放肆、淫逸奢侈，方国诸侯背叛不朝，边境遭侵，商朝元气大伤。

"家天下"的王位继承制度，无论"父死子继"，还是"兄终弟及"，均有明显缺陷。但是，不管实行其中哪一种有缺陷的王位继承制度，只要严格执行规矩，就有不公正中的相对公正，不会引发王位争夺而出现九世之乱。社会最大的不公并非制度缺陷，而是强权者根据个人需要而随意更改制度，实行多重标准。

主要参考文献

【《古本竹书纪年辑校今本竹书纪年疏证》《尚书今古文注疏》《史记》《太平御览》《淮南子》《山海经》《康熙字典》《说文解字注》】

盘庚迁殷

（一）迁都受阻

【社会出现许多负面舆论，表面上看起来是民众的呼声，其实舆论工具掌握在以重臣为代表的国家利益集团手中，所以盘庚才对大臣贵戚出重言、放狠话，鲜活地表现出奴隶社会君臣之间的利益博弈。】

帝阳甲去世，其弟盘庚继位，商朝回到"兄终弟及"的继承顺序上来。

盘庚，名旬，登基后居住在今山东曲阜的奄（yǎn 音同演）地商都，励精图治，让社会渐渐稳定。

帝盘庚 7 年，古老的应国诸侯前来朝拜，成为商朝复苏的萌芽。应国位于今山西应县雁门关一带，为黄帝时期著名的应龙氏族后代。这个家族帮助黄帝战胜蚩尤，以及帮助大禹治水的故事，一直流传到今天，东周之前存在了 3 千年之久。

帝盘庚 14 年，盘庚作重大决策——北渡黄河，迁都北蒙。北蒙，又名"殷"，位于今河南安阳小屯村一带，面积约 24 平方公里。商氏族最初的兴盛吉祥之地就是北蒙，400 多年前的夏王芒时代，商氏祖先王亥曾迁徙到殷地北蒙，后来搬回商地。

盘庚为何非要迁都？首先是自然原因，当时发生了天灾。奄都附近有泗水，古代"奄"通"淹"，这里可能经常发生水灾。今山东曲阜附近的高山上，留有"商田"遗迹，"商田"遗迹非常贫瘠，至今还在荒芜。古代发大水的时候，人们被迫上山种地。

殷地北蒙，位于黄河以北、今河南的最北部，地处山西、河北、河南 3 省交汇处，西部是巍峨险峻的太行山东麓，东部是一望无际的黄淮海平原，又有洹河近在咫尺，土地肥沃，无论建设都城还是发展农业生产，自然环境都比奄地优越得多。盘庚一心寻找可以让商朝真正兴旺起来的吉祥之地，彻底结束商朝社会的动荡不安，长治久安。

其次是巩固王位。盘庚之前，商朝出现"九世之乱"，各代王室弟子争夺天子之位，都需要大臣支持，结果养成了官员贵戚倨傲放肆、淫逸奢侈，王室的统治力量遭到严重削弱。由于朝廷无力顾及各地方国，致使诸侯不再朝见纳贡，离心力日增。西北边疆的土方、鬼方、羌方等戎夷方国趁机发展实力，威胁商朝王室中央。如此混乱的局面，反过来又使得商氏贵族内部的矛盾更加激化。一旦迁都，一切都得从头做起，利益重新分配，至少可以使商朝王室官员贵戚的权力受到抑制。盘庚图谋通过迁都来镇压异己，缓解社会矛盾，巩固王位。

在成汤去世之后的 245 年间，商朝前 100 多年均以今河南偃师二里头的西亳为都城。自天子仲丁后，商朝王室就开始争夺王位，近百年间，由于天灾和政治原因，九任天子 5 次迁都：仲丁迁都嚣地之后，外壬未迁都，两代均以嚣地为国都共 19 年。河亶甲从嚣地迁到相地，住了 9 年。祖乙从相地迁都耿地，仅一年时间就再次迁都到庇地。之后的祖辛、沃甲、祖丁均以庇地为都城，总算住了 48 年。南庚从庇地迁都于奄地，住 6 年，阳甲与盘庚均住奄地，已 18 年。

盘庚打算第五次迁都，此时商氏王族，已非 8 次迁都的成汤之前的半游牧氏族，早已习惯农耕，人心思安，谁都不想离开耕种多年的土地，不愿再忍受迁徙折腾之苦。官员怕丢官位，贵戚怕钱财受损，民众反对迁都的态度异常坚决。

商朝上下怨声载道，一致抵制迁都。惊动全城贵戚，盘庚派人吆喝，将他们聚集在一起，直言不讳地说：我的先王迁来奄地，定居在这里，就是看重我们臣民，不使我们受到伤害。如果此地已经不适合我们相互救助地生活下去，那么就用龟卜问个卦吧。占卜结果曰"其如台"，台，我之意，即其如我所欲，我所想做的事情，就是迁都于殷地。

盘庚说：先王在这里居丧的时候，恭谨地遵从天命，还是经常得不到安宁。的确，自从离开西亳都城开始，我们始终不能长久地居住在一个地方，到现在已经是第五个国都了。但是，如果我们现在不继承先王旧制，不继承恭谨天命的古老传统，就无法知道老天为我们决定的命运究竟是什么，居然还敢说去完成先王的烈烈功业吗？倒伏的树木可以长出新芽，上天要使我们国运在新都才能延续下去，继续复兴先王大业、安定天下！

盘庚苦口婆心地向民众阐述迁都道理，要求在位大臣遵守旧制、正视法度。他深知发动民众迁都，阻力不是庶民，更不是奴隶，就是这些王室贵戚和在位大臣。盘庚一针见血地对众大臣说："无或敢伏小人之攸箴！"意思是，你们不要有人胆敢借小民来对我劝谏告诫，反对迁都！

这天盘庚下令，叫众大臣都到朝廷大殿听训。盘庚生气地说，各位众人，我要警告你们，教训你们，收起你们谋划废除迁都的心思吧，去除傲慢才能求得安康！往昔，我的先王也是谋求任用旧臣共同管理政事的。对"修理"国家的打算，先王广而告之，大臣们也从不藏匿起先王的旨意，所以先王对大臣怀有很大的尊敬。只要大臣没有错误言论，民众也就不会有大的事变。现在你等聒聒胡言，信口起而申说那些恶意中伤我的谣言，我不知你们到底要争辩诉讼些什么！现在并不是我放弃了任用旧人的美德，而是你们收纳起了自己的美德，不肯把美德给予我使用！

接着，盘庚苦口婆心地讲述不思进取将一无所获的道理——我对当前的形势，就像观看火一样清楚，如果我也和你们一样不善于谋划和行动，那就是过失。就像渔网系在绳索之上，何时撒网？何时扯绳收网？我都是有条不紊的。就像农夫耕作，辛劳耕种才会有秋天的收成。你们能够克制住私心，把实际好处施给民众，施与亲戚和朋友，这样做了之后，我才敢扬言你们是的确积德了。如果你们不畏惧远近戎狄的祸害，像懒惰的农人一样只求自安，不去劳作到天黑，不使用田地，会失去一切而没有黍稷。

为了阻止搬迁，许多大臣都在散布恶毒谣言，企图让更多的人反对迁都。盘庚警告，这将产生无法收拾的恶劣后果，他说，你们现在不用和谐吉祥的语言去对贵族百姓说话，是自己生出来的恶毒。你们搞乱了社会风气，结果发生祸殃败毁，让作乱盗窃的寇贼奸宄横行，你们是在自己把灾难引到自己身上。你们已经用恶毒诱导民众，将自己去承受这些恐惧哀痛，悔恨自身行为又怎么来得及？现在看看那些奸邪利口的小民吧，他们都知道相互提醒，顾及我规劝的话，顾及不要发出错误言论，而你们却还在肆无忌惮。要知道，我还掌握着你们或短或长的生命呢！你们为何不来亲口对我说话，却用些毫无根据的话语互相鼓动，恐吓煽动民众呢？流言蜚语好像大火在原野上燃烧，不能面向、不能接近，还能够扑灭吗？都是你们众官自己做下了不好的事，不是我有过错！

只要不是战争动员，上古文献中真还没有过如此气势汹汹的天子训话。商朝王廷全然失去了成汤时代的君臣和谐，政治矛盾激化到何种程度，可见一斑。盘庚的确厉害，一眼看穿抗拒迁都的社会情绪变化，其实都掌握在朝廷大臣手中，朝廷大臣才是社会政治舆论的真正倡导者，所以对他们的说话口气十分严厉，不惜威吓。然而此时并不是对抗旨大臣痛下杀手的良机，迁都一事还要依靠大臣去具体实行，所以威吓之后必须安抚。

"迟任"是传说中的上古贤人，曾经说过："有惟求旧，器非求旧，惟新。"盘庚引用这句话来安慰臣子——迟任说，人还是旧的好，器物不要寻旧的，新的好。意思是迁都不会让你们这些旧臣丢官，让众臣放心。

盘庚说，自古以来，我的先王同你们的父辈和祖辈同甘共苦、共享安逸与劳苦，我岂敢对你们实施不当之罚？我不会掩盖你们的善行，世世代代都会说到你们的功劳。我隆重祭祀先王的时候，你们的祖先也将跟着享受祭祀。无论上天赐福还是降灾，我都不敢动用违背道德的赏赐或惩罚。我在现在困难的时候告诉你们，要像射箭有箭靶一样，你们的意志不能与我偏离。你们对上不要侮慢成年老人，对下不要忽视弱小孤幼。你们要各自帮助自己的臣民，听从我一人的谋划，努力使出自己的力量。

盘庚宣布，没有远和近的分别，我将用刑罚惩处那些坏的，用赏赐表彰那些好的。国家有库藏，是你们众人的功劳；国家没有库藏，是我一人的罪过。

为了要求众臣认真对待上述告诫，盘庚说："自今至于后日，各恭尔事，齐乃位，度乃口。罚及尔身，弗可悔。"意思是，从今往后，各人认真地做好自己的事情，治理好职守之事，说话要讲究法度分寸，否则惩罚到达你们身上，不可能不后悔！

社会出现许多负面舆论，表面上看起来是民众的呼声，其实舆论工具掌握在以重臣为代表的国家利益集团手中。盘庚很有政治头脑，所以对大臣贵戚出重言、放狠话，鲜活地表现出奴隶社会君臣之间的利益博弈。《尚书·盘庚上》记载下如此生动而详细的君臣对话，令人拍案叫绝。

（二）强迫搬迁

【公元前1300年的盘庚搬迁，不仅使商王盘庚有准确纪年，而且之后的各代帝王多数有了明确年表。盘庚迁殷是历史重要转折点，商朝由此进入繁荣昌盛，为中国历史一大进步。】

商王盘庚颁布了北渡黄河的迁都具体时间和步骤，仍有不少贵戚臣民在消极怠工。盘庚下令将不肯服从命令的臣民全都集合起来，用自己的至诚之心，广而告知迁都的意义。这天，所有人都到访了，却都不肯亲近朝廷，于是盘庚登上高处，主动靠近他们。

盘庚说：你们一定要听清楚我的话，不要荒废我的命令！过去我的前辈先王君后，没有哪一位不为民众奉献。"保后胥戚，鲜以不浮于天时。"盘庚此话究竟何意？唐代孔颖达《孔疏》解释说，为了使"君令必行"，盘庚"责时群臣不忧行君令也"，所以将自己顺天时而迁都的决定比喻为水，把不肯迁都的贵戚大臣，比喻成不肯在水中浮游之鲜物。他说，天子建立都邑而贵戚大臣跟随，是祖制规矩，可是现在，天子顺天时而发布了政令，贵戚大臣却不肯浮游于"天时"之水而行。他又说：从前，上天曾经长时间地降下大灾荒于殷商王朝，先王没有安于自己所建的旧邑，而是考察臣民的利益选择迁徙。你们为何不回忆我先王君后，回忆这些传闻呢？我也想奉承你们、顺从你们，我和你们的喜乐是共同的。不是你们有罪过我要惩罚你们，我如此这般地呼吁你们到新都去安居，是为你们思考的缘故，是从大的方面考虑商氏王朝的志向和目标。

　　盘庚苦苦相劝，现在我打算率领你们迁移，为的是国家安定。你们全都不理会我抒发自己的苦心，只想用什么"敬思"和"谨慎"来打动我一人。你们这是玩鞠球在自己踢自己，自找苦头，好比上了船你们却无法渡过河去，只好让船上的东西都坏掉、臭掉。你们信任那些不能持续下去的事物，其实只有跟从我，你们的船才不会沉没。你们简直不动脑子稽考利害，难道自己发怒就能使疾病痊愈吗？你们不谋长久之计来思虑灾害问题，而用自己骗自己的办法来解决忧愁。这样下去，将会有了今天而没有明天，你们怎么能生活在得过且过上面呢？现在我命令你们同心一德，不要传播污秽来让自己发臭，恐怕有奸人会依靠你们的身体，使你们的心歪邪。我将迎接和继承上天赋予我的天命，怎么会对你们以威震慑服？迁都是因为我要奉养你们众人。

　　盘庚动情地说，我想到自己神圣的先王君后，他们曾经烦劳你们的祖先，我才把这样大的能耐贡献出来，把你们放进我的怀抱里，好像在燃烧。如果我失政，允许你们长居在这里而不迁往新都，高祖先王君后会大大地、重重地降下灾祸，说为什么不同我的幼孙亲近友好？由于德行出现差失的缘故，上天就将惩罚你们，你们讲不出道理来为自己逃脱！

　　面对这样一群愚昧的贵戚臣子，盘庚只好进行恐吓：我的先王君后，从前劳烦过你们的祖先和父辈，所以你们全都成为被我畜养的臣民，而你们的内心却怀着残害的恶念！我的先王君后，将会把这样的情况告诉你们的祖先和父辈，你们的祖先和父辈会断然抛弃你们，不挽救你们，让你们死亡！现在我朝有一些扰乱国政的大臣，就在你们同列，聚集财物，整天备办那些贝壳钱币和玉器。于是你们的祖先和父辈就会告诉我的高祖先王君后，说：对我们的子孙用大刑吧！于是，我的高祖先王君后会大大地、重重地降下不祥。

　　盘庚苦口婆心地劝说之后，改换口气说，啊！现在我告诉你们，"不易！永敬大恤，无胥绝远！"迁都的决心不会改变！永远要警惕大忧患，不跟随我你们就会断绝未来！

　　盘庚讲，你们可以分别谋划考虑如何跟随我迁都，去除私心杂念，各自把心放在正中。他恶狠狠地威胁："乃有不吉不迪，颠越不恭，暂遇奸宄，我乃劓

（yì音同义）殄（tiǎn音同舔）灭之，无遗育，无俾易种于兹新邑。"假如有人不干好事、不走正道，损害礼法、对上命不恭，在外为奸、在内为宄，诈欺奸邪，我就轻则对其实行刑劓，割掉他的鼻子；重则对其实行刑殄，杀绝其家人，不留后代，不使这些人蔓延到新商都去繁衍种族！盘庚号召，去吧，去谋生吧！现在我将率领你们迁徙，"永建乃家"，建立你们永久的家园！

　　事已至此，官员贵戚如果再不跟随北渡黄河而迁徙，就将被灭族，没有任何商量余地，只好各自收拾行李上路。元朝学者朱祖义在《尚书句解》中解读《盘庚》三文时，忍不住感叹："足以见风俗之薄矣，又足以见盘庚之于民忠厚之至也欤！"

　　盘庚的臣民们十分不情愿地来到了北蒙，建立起新都。这些人怎么也没有想到，盘庚高瞻远瞩，所选定的殷地北蒙是真正的风水宝地，殷商从此兴旺，两百多年不用再频繁迁都，以至于3千多年后的今天，变成了著名的安阳殷墟博物馆，成为珍贵的世界物质文化遗产……

　　公元前1300年的盘庚搬迁，不仅使商王盘庚有准确纪年，而且之后各代帝王多数有了明确年表。盘庚搬迁之后，进入考古学的"晚商文化"时期，商朝历史发生重要转折，政治改善、社会稳定，经济文化都得到很大发展，由此进入繁荣昌盛，为中国历史一大进步。

（三）　盘庚政治

　　【"式敷民德，永肩一心。"是中国历代优秀君王的执政理念和实践。商王盘庚笃行德政，成为周朝开国天子的榜样，充分显示出中华文明之传承，生动诠释了中华祖先道德崇拜信仰建立的过程。】

　　公元前1300年，帝盘庚15年，商朝正式迁都来到北蒙，改都城之名为"殷"、"商邑"、"大邑商"，现在那里叫"殷墟"。"墟"是山丘的意思。从此时开始，商朝国号不仅为"商"，也叫"殷商"和"殷"。

　　盘庚把王公贵戚大臣们居住的地方都先安排妥当，然后才安排好了宗庙和朝廷宫殿的正位，将民众之居置于宗庙王宫之前。

　　盘庚安抚迁居到北亳殷都的众臣——不要戏乐懒惰，要勤勉地公布我之大命！我今天推心置腹，从头到尾地告诉你们这些贵族百姓，我的真实志向。

　　盘庚说，既然国都已经搬迁过来，我也就对你们既往不咎，不会惩罚你们众人，你们也不要共同发怒，联合起来讲我一个人的坏话。从前我的先王光大前人的功业，迁往山地高处躲避水患。现在上天用降下灾害的办法，要求我用德行为自己的国家创造出嘉绩。我们的臣民由于洪水动荡奔腾而流离失所，居无定处，你们怎么反倒责怪我为何震动万民而迁都？上帝极力要求我复兴高祖王亥的美德，所以扰乱抢劫了我们过去的家。我急切、笃实、恭谨地遵从上帝的意志，奉命延续你们的生命，率领你们长久居住在新都。所以我这个年轻人，不是敢于废弃你们的谋划，而是善于遵行上帝的谋度；不敢违背卜兆，是要发扬光大上帝这一美好指示。我内心达到了笃厚敬肃，恭敬地奉行自己对民众的天命，把新邑建设成为永久的国都。我这个放肆的年幼之人，并非故意否定你们意见，而是被神灵大命吊了起来。我不敢违背卦象，只是弘扬天意。

盘庚感叹道，呜呼！各位诸侯邦伯、武官师长，众多官员执事，希望你们都能隐退一下。我要考察你们是努力还是怠惰地辅佐我，是否惦念和敬重我们的民众。我不会任用喜欢财货之人，愿意尊重善于经营民生的人。哪怕是穷人，只要是能够拿出保民安居之谋的人，我都会依次敬重他们。现在我已经把内心羞于说出的志向，无论好还是不好，都告诉了你们，希望不要有不恭敬的！

盘庚在搬迁之前宣布"有惟求旧"，不废旧人；搬迁之后，虽然声言对阻止搬迁的官员既往不咎，却又和颜悦色地低调宣布重新任命官员，这一招非常厉害。难能可贵的是盘庚的新官用人标准：一是"懋（mào音同冒）简相尔"，考察是勤勉还是怠惰地辅佐君王；二是"念敬我众"，考察是否惦念和敬重我们的民众；三是"敢恭生生"、"鞠人谋人之保居"，只要是善于经营民生的人，能够拿出保民安居之谋，即便是穷困者也尊敬。

对于不再聘用的官员，盘庚也说得很清楚，"朕不肩好货"，不会任用喜欢财货之人。盘庚在奄地动员官员搬迁之时，就指出"兹予有乱政同位，具乃贝玉。"不点名地警告，朝中有大臣扰乱国政、聚集财物，整天备办那些贝壳钱币和玉器。现在迁都工程完成，"秋后"清洗、整顿吏治，盘庚强调："无总于货宝，生生自庸。式敷民德，永肩一心。"不要聚敛财宝，要以经营民生来自立功勋。要把恩惠施给民众，永远能够与民众同心！

如今重读盘庚讲话，与成汤德政一致。盘庚的迁都新政，抑制权贵敛财，逼迫官员经营民生，改善民众生活，拳拳报民之心仿佛触手可及，令人感动。

盘庚将殷都安置完成之后，南渡黄河而去了今河南偃师的成汤西亳故都，在那里修缮故宫，居住下来。商朝两次定都于商地西亳：第一次为首次建都，历经成汤、外丙、仲壬、太甲、沃丁、太庚、小甲、雍己、太戊、仲丁等十帝；第二次盘庚以北蒙为殷都、以西亳为陪都，两处都是殷商氏族的发祥之地，盘庚志向不言而喻。

盘庚告谕大臣，从前先王成汤和你们的祖辈们一起平定天下，他们传下来的法度和准则应该遵循。如果我们舍弃这些而不努力推行，那怎么能成就德业呢？盘庚遵循了成汤的德政，此后民众逐渐安定，殷商国势又一次兴盛起来，诸侯们也纷纷前来朝见了。

盘庚19年，任命亚圉（yǔ 音同雨）为邠（bīn 音同宾）国诸侯，即邠侯。亚圉是黄帝第十三世孙高圉的儿子，为当时的周氏部族首领，周人先祖之一。"邠"同"豳"，盘庚时期邠国，为古"豳国"。夏末商初时期，今甘肃宁县的古秦国境内的古豳国，为亚圉祖先公刘所建，是周人的立国之本。

盘庚以铁腕手段迁都殷地，执政28年去世，之后按"兄终弟及"祖制，和平传位于其弟小辛，从此结束了商朝的"九世之乱"。盘庚去世之后，各代天子均居住于殷都，共传十二王而无迁徙，直至公元前1046年商纣灭亡，共计存在254年。

如今河南安阳的殷都经过15次发掘，发现了规模庞大的商都王宫、商朝王陵和祭祀坑，以及大批的青铜器和甲骨文，建立起"安阳殷墟博物馆"，让子孙后代亲眼看见中国三四千年前的远古文明，盘庚所建立的殷都，为中华历史研究立下了无可估量的不朽功勋！

盘庚去世后，殷商王室开始恢复衰败，当初不理解迁都国策的大臣贵戚百姓，深深体会到了盘庚为商朝国家和殷商民众利益的深谋远虑，无比思念，写下《尚书·盘庚》上中下3篇，永久记录他的言行。之后两百多年，殷商民众对盘庚念念不忘。商朝灭亡时，周朝开国天子武王问民众喜欢什么？希望什么？殷商遗老回答，人民希望恢复盘庚的政治。周武王答应恢复盘庚政治，散发米粟，施舍钱财，以此来向民众表示，国家只是天子换了姓氏，自己也和商王盘庚一样没有私心，继承成汤为民奉献的德政，全心全意为民众服务。

"式敷民德，永肩一心。"是中国历代优秀君王的执政理念和实践。商王盘庚笃行德政，成为周朝开国天子的榜样，充分显示出中华文明之传承，生动诠释了中华祖先道德崇拜信仰建立的过程。

主要参考文献

【《古本竹书纪年辑校今本竹书纪年疏证》《尚书今古文注疏》《史记》《太平御览》《吕氏春秋》《春秋左传正义（孔疏）》《康熙字典》《说文解字注》《夏商周断代工程1996－2000年阶段成果报告（简本）》《国学大师网站·尚书句解》】

从善如流

（一）梦求傅说

【傅说是中国历史上第二个被提拔为贵族高官的奴隶，为中国不同于西方的奴隶社会典型，这与举贤不避贵贱，不拘一格地选拔精英人才治国的中国传统执政理念有极大关系。武丁因此而深得后世赞扬，成为圣王的道德典范。】

商王小辛，名颂，住在殷都。《史记》说："帝小辛立，殷道复衰。百姓思盘庚……"

《竹书纪年》记载小辛在位 3 年就去世了，然后其弟小乙继位，执政 10 年，兄弟俩一共执政 13 年。而《史记》记载不一样：小辛在位 21 年，小乙在位 28 年，兄弟俩共执政 49 年。《夏商周断代工程 1996 - 2000 年阶段成果报告（简本）》则以考古为依据，将小乙去世的时间定于公元前 1251 年。如此算来，既然公元前 1300 年为帝盘庚 15 年迁都到北蒙的时间，如果盘庚在殷都执政 23 年，那么小辛和小乙总共的执政时间，既不是 13 年，也不是 49 年，而应该是 26 年。年代久远，中国古籍说法不完全一致是正常现象，符合生活逻辑，反而更加真实。

小乙，名敛，住在殷都。帝小乙 6 年，武丁受命入住殷都。小乙命令长子武丁拜甘盘为师，向商朝著名的道德楷模学习。不久之后，小乙突然把儿子流放至偏僻荒野，据说是有意识地培养武丁。

武丁一度居住在黄河边上一个叫"河洲"的地方，后来从河洲去了成汤的都城西亳。流放的经历，让武丁获得了深入了解世态炎凉和底层民间疾苦的机会。

公元前 1251 年，小乙去世，武丁回到殷都执掌国政。武丁，名昭，继位后主动提出为父亲守丧 3 年尽孝，任用老师甘盘为太宰，将国政全部交与太宰。

守丧 3 年，武丁以不理朝政来显示孝道。其实他很想复兴殷商，却没有找到称心如意的辅佑大臣。3 年守丧结束之后，武丁还是不理国政，只在暗中小心谨

　　群臣着急了，纷纷进谏："呜呼！知之曰明哲，明哲实作则。"意思是，洞悉国情、通晓事理叫作明哲，但真正的明哲是要看行动。他们说，天子君临万邦，为百官作典范，大王的话就是臣子的"作命"，可是您不言，臣下就无从"禀令"啊！

　　这次与以往不同，武丁虽然还是沉默不语，却修书一封给群臣作答：你们要求我君临四方，而我却担心自己的德行修得不好，所以不敢发言。我一直在恭敬地思考治国办法，冥思苦想，梦见上天已经赐给我一位辅佐贤良，此人将可以替我代言。

　　武丁画出梦中之人的形象，群臣百官没有一人是画中人。武丁指示百官到全天下的民间野地中去寻找，终于在今山西平陆县东面一个叫傅岩的地方找到了一个名字叫"说"（yuè 音同悦）的罪犯奴隶，长相与武丁的画像十分相像。

　　傅岩位于今太行山区山西省平陆县之东，为周朝虞、虢（guó 音同国）两地交界之处，是重要的交通要道，因山涧流水常常冲坏道路，官府就让罪犯奴隶们在那里版筑苦役。版筑是中国远古的筑墙技术，在夹板中一层一层填入泥土，用杵夯实，然后拆去夹板木柱，即建成一堵牢固的土墙。那时中国还没有砖头，砖头在战国时期才被发明出来。

　　这名做版筑苦役的下贱奴隶被带去见商王武丁，武丁立即开口，说这就是自己梦中所寻之人。武丁与之交谈，宣布此人果然是真贤圣，立即封其为相，置于自己左右，并用傅岩地名来赐其贵族姓氏，叫他傅说。原来，武丁所要寻找的贤臣原本就不是什么达官贵人，而是在傅岩做版筑苦役的罪犯奴隶！

　　武丁用诗一般的语言对傅说下指示："朝夕纳诲，以辅台德……"请每日朝夕进谏，以帮助我修德吧！好比我是金属，要用你来做磨刀石；我要渡过巨川，要用你来做船桨；如果遇到旱灾，我要用你来做雨露甘霖。请敞开你的心扉，滋润我的心田。药物如果不能猛烈地致人头昏目眩，怎么能治得了顽疾？光脚走路如果不看地面，脚足怎能不受到伤害？希望你和同僚相处好关系，同心同德，共同匡助你的君王，使你的君王效法先王，踏着高祖成汤的足迹，造福兆民。啊！要谨慎恭敬地对待时代赋予的天命，你要考虑取得好的结果！

　　傅说向武丁作答："惟木从绳则正，后从谏则圣……"就像做木工当以墨线为准绳一样，天子君后肯听从谏诤规劝，就能成为圣人。君后您能够承担起圣人的责任，那么臣下我不等命令就知道怎样去为您承受，谁敢对君后您这如此美善的命令有所不敬？……

　　为何仅凭一梦，武丁就能发现埋没于尘埃中的人才？下贱的奴隶，从何处接受教育而知晓天下？除非曾经是贵族，后来沦为战俘而变成奴隶。"梦求傅说"

的记载，比"汤举伊尹"的记载还要令人不可思议，这也就不难理解先秦之后所出现的一些传言。

传说傅说原本就是有才能的贤人，隐居在傅岩，因生活穷厄而自卖自身，住在北海之州的圜土监狱里，穿着粗麻布衣服，带着索链，在傅岩筑城以求衣食。因为当时生产力水平非常低下，个人单枪匹马是没有办法活命的。

有人怀疑：武丁曾被流放民间，在流放生活中认识了傅说。武丁一心学习祖先成汤不拘一格选拔人才的做法，却担心百官不服下贱之人，故意托梦，让百官们自己去到处寻找，然后轻轻松松起用一名毫无尺寸之功的奴隶来担任卿相，而不显得突兀。这样一来，既省去了众官不服，也排除了非议阻挠，反而变成百官求着自己任用，而不是自己主动任用。

以上这些合情合理的推理寻找不到任何先秦典籍为依据，反倒是"梦求傅说"的记载，在先秦时就有《尚书》等许多种。

曾经有弟子子张问孔子，《尚书》上说："殷高宗武丁居丧守孝，住在凶庐，三年不问政事。"为何这样呢？孔子回答：不仅高宗这样，古人都这样。君主死了，文武百官管理各自的职务，都要听命于冢宰（太宰）3年之久。可见孔子因无解而答非所问。

今有学者认为，武丁不语，不是为父守丧，而是患了喉疾。傅说名字在甲骨文中没有出现，历史上究竟有无此人？问题是，为何先秦不同文献，非一人一文同时记载这个故事？傅说的政治思想为何被《尚书》详细记载？傅说在甲骨文中会不会有其他名字代号？这一切已经成为千古之谜！

孟子有一段关于"生于忧患而死于安乐"的名言，以虞舜被唐尧从田野中提拔、傅说被武丁从版筑间提拔作为依据，得出结论："天将降大任于斯人也，必先苦其心志，劳其筋骨，饿其体肤，空乏其身，行拂乱其所为，所以动心忍性，曾益其所不能。"意思是：天要降下重大使命在这样的人身上，一定先使他的内心痛苦，使他的筋骨劳累，使他经受饥饿，使他受到贫困，使他做事不顺利。通过这样的方式使他的心惊动，使他的性格坚强起来，增加他所没有的才能。可见孟子认为傅说是以苦心志、劳筋骨来担当大任的有志者，这样的人即便为庶民奴隶，也可有所作为。孟子这段话，成为中国传统文化之精华，也是几千年中国教育的座右铭。

傅说是中国历史上第二个被提拔为贵族高官的奴隶，为中国不同于西方的奴隶社会典型，这与举贤不避贵贱，不拘一格地选拔精英人才治国的中国传统执政理念有极大关系。武丁因此而深得后世赞扬，成为圣王的道德典范。

（二）傅说论政

【傅说论述治国大政：（1）牢记历史经验，效法古训；（2）任人唯贤；（3）不自夸功绩、不文过饰非；（4）国政勤俭。直到3千多年后的今日中国，傅说的这些治国政治智慧都还在闪光。】

一位是高贵的天子，一位是卑贱的奴隶，武丁用恭敬的态度来对待傅说（yuè音同悦），这样的历史恐怕只有中国才有，是中国与众不同的选拔精英人才治国的传统政治文化。

傅说接受武丁王命，担任统领内服百官的"总百官"之职，在朝堂走上前去向武丁进言，说，啊！古代明王敬奉天道，建立邦国、设置都城，树立隶属天子君后的侯王、君公官职，又以大夫、师长官员辅佐他们，不是为了逸乐，而是用来治理乱民。上天聪明公正，圣主以天时为法令典范，大臣恭敬谨慎地顺从，民众也就顺从而安定了。

这段话的意思是，国家设立分封制度的邦国，设立官员，不是用来玩玩的，而是要让国家上下安定顺从。如果不是这样，乱民就需要得到治理。傅说此话目的何在？是为了王室军事征伐，宣讲道义和正义。

傅说对武丁说，口令轻出会引起羞辱；甲胄轻用会引起战争；衣裳放在箱子里，削减干戈兵器，会伤害自身。君王应该警戒这些，如果这些都能光显出来让大家明白，那么您的渔网也不会休息了。傅说提醒武丁，不能长期不动用军事力量，这样会自取其辱、伤害自身。

如果商朝武丁准备打仗，那么朝廷官员的素质就显得尤为重要，所以傅说接着讲吏治问题。他说：社会的治与乱，皆在于众官。官职不可授予亲近、宠爱之人，只能授予能者；爵位不可赐给品德不良者，当赐给贤人。考虑妥善而后行动，行动又当适合时机。夸自己美好，就会失掉美好；夸自己能干，就会失去功劳。做任何事情，都要做好准备，有备无患。不要开宠幸之门而让自己受侮辱，不要以纠错为耻而形成大错。君王在居室住所里如此行事，国家政事就会如同味道纯正浓厚的美酒一样醇和。

祭祀鬼神，是古人军事行动的重要组成部分。傅说提醒，现在商朝的祭祀礼仪过于繁琐，不利。他说：玷污祭祀，这叫不敬。祭礼烦琐就会出乱，侍奉鬼神就难了。

傅说公开向武丁汇报商朝复兴的谋略，即动用武力，推行任人唯贤的吏治，减少祭礼程序以节约国家支出。武丁心领神会，完全接受，高兴地说，好呀，傅说。你的话令人信服。如果你不进良言，我就听不到可以去行动的话了。

傅说行跪拜叩头之礼，说，知之不难，行之则难。君王从谏如流，秉承先王大德，我如果知而不言，那就有罪了！

武丁非常信任傅说，把傅说当作良师益友。

有一次武丁对傅说拉起家常，说，我这个老小子原先师从甘盘，避到荒野之后，一度居住在黄河边上，然后从黄河回到西亳旧都，之后就中断了学习，没有显著长进了。你当顺从我想学习的志愿而对我进行教诲，好比酿造美酒，你就是酒曲；好比制作羹汤，你就是盐醋。你要从多方面对我进行修正，不要抛弃我，我一定能够履行你的教导。

傅说回答，君王，人们要求增加见闻，是想建功立业。只有学习古训，才会有收获。想建立事业而不把古代的经验教训作为老师，如此建立起永世功业，我还真不知道有这样的事情。"惟学，逊志务时敏，厥修乃来。"学习，要以谦虚的心态接受别人，要以勤奋来鞭策自己，则其所修，就像泉水刚到达时那样，源源不断地喷涌出来。傅说所言，就是成语"逊志时敏"的出处。

傅说所言字字珠玑，他说："允怀于兹，道积于厥躬。"要诚实地做到心怀于此（逊志时敏），道德的积累增多，也要靠自身亲躬。3千多年之后，清朝皇帝乾隆将"道积于厥躬"用于乾清宫对联，至今还在北京故宫保存。

傅说继续讲："惟学学半，念终始典于学，厥德修罔觉。"意思是，那种效法、模仿的学习，只是学习的一半。要学习纵观从开始到结局的方法，掌握全过程思考的常道法则，道德修养就会在不知不觉中增长。3千多年前的奴隶傅说向天子武丁传授"念终始"的思维方式，这样的学习方法放之四海而皆准，无论在什么时代、什么地点，都不失为最先进的教育思维之典。

傅说最后讲，察看先王成熟的法令法度，将永久没有失误。我将依据这些准则法度，敬承您的意旨，广求贤俊，把他们安排在各种职位上。

傅说不任人唯亲，广招贤俊而任命贤才担任官吏，背后有武丁撑腰。

武丁非常感激傅说，说，啊，傅说！现在天下人都敬仰我的德行，已经形成风气。这是你的教化所致，如同四肢成就了人，良臣造就了圣王。当初太保阿衡伊尹辅佐我王成汤，说我若不能使我的王比肩尧舜，内心就感到惭愧和耻辱，好比在闹市受到鞭笞一样。只要有一个人才未获提拔，成汤就说,这是我的罪过！伊尹辅佐我烈祖成汤，使得成汤受到皇天赞美，现在你也要勉力扶持我，那么商朝就不止伊尹一人专享美誉了。君主得不到贤臣就不会治理国家，贤臣得不到君主就无法施展才能。你要能让你的君主继承先王，永保民众。

听到武丁的鼓励，傅说诚惶诚恐，跪拜叩头并发誓，我将用终生精力来实践天子的期望！

帝武丁6年，武丁命令卿士写《尚书·傅说》一文，将傅说的治国理政思想记录下来。武丁的思想主要是：（1）梳理事件始末，牢记历史经验，效法古训；（2）吏治不用私昵小人，爵禄不赏败德之人，任人唯贤；（3）君主不自夸功绩，不文过饰非；（4）国政勤俭节约。直到3千多年后的今日中国，傅说的这些治国政治智慧都还在闪光。

（三）祖己劝谏

【武丁虚心纳谏、从善如流，推行德政、励精图治，使商朝政治、经济、军事、文化得到空前发展，国势兴盛，史称"武丁盛世"。】

武丁在位期间，不仅有傅说、甘盘良臣辅佐，就连长子祖己，都是其著名的贤臣。作为天子，他听得进大臣劝谏；作为父亲，他也听得进儿子进言。

殷商氏族从最初的原始部落开始，就特别重视祭祀鬼神和祖先。商朝在武丁手中越来越繁荣富强，用于祭祀的物品越来越多，仪式也越来越复杂。武丁12年，商朝王室举行报祭殷商太祖上甲微的活动，以示不忘继承祖先开疆扩土之志。夏朝时，上甲微率领商国迁都于殷地，殷商氏族首次兴盛。

傅说曾经多次劝说武丁，铺张祭祀，实乃冒犯神明；繁文缛节的礼仪纯属祸乱之举，更是神所不喜悦的。武丁虽然接受意见，但由于迷信，还是对减少祭祀的繁复，心有余悸。

《史记》载，有一次，武丁在太庙祭祀了祖先成汤，次日，突然有一只雄性野鸡飞到铜鼎的耳朵上"呴呴"地鸣叫。武丁迷信，为此惊惧不安。

祖己说，要先宽解君王的心，然后再纠正他祭祀的事情。于是他对武丁讲："王勿忧，先修政事。"父王不必担忧，还是先把治理国家的政事办好吧。

儿子祖己劝谏父王，上天监察下民的准则，是观其是否符合道义。上天赐给下民的享年寿命有长有短，并不是上天故意要让民死，中断其性命。下民中有人不选择仁义道德，不听道德而犯罪，上天会用尽一切手段让其听从天命而正其德，责问"其奈何！"你到底要怎么办?! 父王您继承了王位，难道不是上天让您继承的吗？应该在祭祀的时候不要丢弃礼仪的正道。

《尚书·商书·高宗肜日》记载下差不多的内容，只是祖己说得更加生动明确："呜呼！王司敬民，罔非天胤，典祀无丰于昵。"君王继承帝位而被民众敬重，您不就是上天的后嗣"天子"吗？既然上天是您的近亲，祭祀上天的时候，对近亲的祭品就不要过于丰厚啦……

武丁时期的畜牧业之发达，甲骨文卜辞有记载，当时一次祭祀所用牛，需要一千头，祭祀牺牲品难以想象地丰厚，难怪先有傅说，后有祖己，他们都要劝谏武丁节约。听从儿子的劝谏，武丁减少祭祀物品，修行德政，全国上下都很高兴，殷朝国势复兴。

《左传·成公八年》说："从善如流，宜哉。"形容君主听取正确的意见及接受善意的规劝，像流水那样快速而自然。唐太宗李世民问谏臣魏征，人主何为而明？何为而暗？魏征回答："兼听则明，偏信则暗。"所谓兼听，是多方面听取意见而明辨是非。武丁虚心纳言、从善如流，推行德政、励精图治，使商朝政治、经济、军事、文化得到空前发展，国势兴盛，史称"武丁盛世"。

主要参考文献

【《古本竹书纪年辑校今本竹书纪年疏证》《尚书今古文注疏》《史记》《太平御览》《左传全译》《吕氏春秋》《淮南子》《康熙字典》《西京杂记全译》《夏商周断代工程 1996 - 2000 年阶段成果报告（简本）》《中国论文网（2014.9.2）·王宁·商王武丁相关问题述略》《国学网（2014.3.13）·王宁·武丁太子孝己相关问题辨析》】

巾帼女将

（一）妇妌祖己

【中国奴隶社会母子互贵。出身高贵才能做王妃，王妃之子才有资格继承王位。反之，儿子成为太子或继承王位，王妃才有资格入太庙受祭。这是商朝奴隶社会王室的家庭伦理关系。】

商王武丁妻妾成群，至少有 60 多位，身份全都是高等贵族女子。甲骨文中常见殷商天子与氏族、方国联姻之事，多数为先用武力征伐使之臣服，然后再进行联姻。武丁或娶臣服之国公主为妃，或将殷商王室之女嫁给诸侯。天子与方国诸侯之间的联姻，强有力地巩固了中央与地方的紧密联系，强化了一统国家的王室控制力度。

武丁嫔妃虽多，但只有一位是王妃（正妻）。王妃故去，再立一位新王妃。在武丁的 60 多名嫔妃中，有 3 位王妃为配享正妻。配享，即死后允许进入太庙，与丈夫一同受到后代祭祀。这 3 位王妃的受祭顺序是：妣辛、妣癸、妣戊。妣戊是武丁的第一位王妃，却排位在最后，与王妃之子的政治地位有关。

武丁第一位王妃的名字叫妇妌（jǐng 音同井），妣戊是庙号。商代君王所有的嫔妃，名字均来自娘家，常用娘家方国或都邑之名，加个"女"字作偏旁，所以"妌"读作"井"，妇妌的娘家是井方国，甲骨文中简称"井方"。

井方国在今河北邢台，武丁时期为殷商的友邦诸侯国，妇妌是高贵的井方公主。

妇妌是农业专家，甲骨文中有许多关于她在今河南商地耕种黍稷时的占卜。妇妌曾经接受武丁之命领兵打仗，亲率大军征伐大商敌国"龙方"，还在朝中主持祭祀，政治地位很高。

武丁亲自为怀孕的妇妌占卜，询问孩子何时出生吉祥？结果是：如果是在庚日分娩则顺利，在本旬的辛日则可能不顺利。最后的结果应验，妇妌在庚日分娩，果然顺利。

妇姘有自己的封地，非常富有，多次向大商王室敬献占卜必备品龟甲和卜骨。古代龟甲是十分难得的宝贝，称为"宝龟"，最多一次，妇姘竟然敬献了100件。

妇姘去世较早，是武丁3位王妃中唯一葬入王陵的。死后庙号为"戊"，被晚辈称之为"母戊"，又称"姘戊"或"姘戊姘"。笔者亲自进入殷墟王陵的妇姘（姘戊）之墓考古遗址参观，巨大的"甲"字形墓穴中：有一个很大的玉戈，表示妇姘是巾帼女英雄；还有集中摆放在一起的22个人头骨；墓室填土中有6个全身人骨；椁室填土中有5个全身人骨……举世闻名的"司母戊大方鼎"，就放置在墓室与墓道连接处，这是妇姘（姘戊）的儿子为她铸造的。鼎内腹壁铭文"司母戊"：母，即母亲；戊，即姘戊庙号；今学者认为，"司"是"后"的镜像反面，应为"后母戊"。后，即君后，夏商周时代指君王，所以国家博物馆将其更名为"后母戊鼎"。

后（司）母戊鼎是迄今世界上出土最大、最重的青铜礼器，呈长方形，重达800多公斤，鼎身为雷纹图案，四周浮雕为盘龙和饕餮（tāo tiè 音同滔贴）纹样，青铜铸造的工艺和艺术水平极高，现收藏于中国国家博物馆，成为中国的"镇国之宝"。

祖己是武丁的长子。今学者推测，既然铸造后（司）母戊鼎的人是武丁的长子，那么祖己应为妇姘（姘戊）所生，否则妇姘就无法进入太庙，不可能列入武丁的配享。

祖己不仅为武丁长子，还参议政事，辅佐父王修政行德，被立为太子，称为"小王"。中国祭祀从夏朝开始就有了"尸祭"，成语"尸位素餐"便是从"尸祭"习俗而来。祭祀的时候，要委派一人作为受祭祖先的化身，充当祖先之"尸"，此人只吃饭而不说话做事，接受百官祭拜，这就是所谓的"尸祭"。商朝王室祭祀祖先，祀典是非常隆重的，祖己曾在尸祭中担任过"尸"，此资格就是太子的地位。

祖己是孝子，曾经一夜5次起床，观察双亲睡觉时候的冷暖、衣服和被子的厚薄、枕头高低的合适，因而享有孝名，死后庙号为"孝己"。

妇姘（姘戊）去世之后，武丁又立新王妃，新王妃是武丁3位配享工妃顺序中的第二位，不知其名，庙号为"姘癸"。姘癸没有参与国事活动的记载，但肯定是有儿子继承王位的，否则不会被列入武丁配享。从后面发生的历史事件看，姘癸的儿子是武丁的继位者祖庚。

祖己虽为太子却没有继承王位，而是早逝于宫廷阴谋。《尸子》载："殷高宗之子曰孝己。其母早死，高宗惑后妻言，放之而死。"意思是，新王妃姘癸排斥祖己（孝己），唆使武丁将太子流放，致使祖己（孝己）饿死在野外，这一年为帝武丁25年。

祖己（孝己）因孝顺而口碑很好，天下人都希望得到他这样的儿子，社会影响力很大，结果却含冤而死，天下哀之。后人有认为此事件是武丁失德，当父亲的没有处理好家庭关系；也有认为武丁自己也被流放过，没想到儿子如此脆弱。孰是孰非，皆为过眼烟云。

妇姘和祖己的人生故事告诉我们：中国奴隶社会并非"母以子贵"，而是母子相互影响。出身高贵才能做王妃，王妃所生的儿子才有资格继承王位，母亲家系决定儿子前途。反之，只有儿子被立为太子或继承了王位，王妃才有资格与丈夫配享，列入受祭行列。这就是商朝奴隶社会王室的家庭伦理关系。

（二）巾帼英雄

【从上古开始，中国贵族妇女的典范就深深打上了劳动妇女的烙印。中国妇女五千年的传统美德是什么？是贤良淑德。中国女性不仅有妩媚温柔，还有巾帼不让须眉的飒爽英姿。好女子既要为夫消愁为国解忧，又要能够承担起生儿育女的家庭责任！中国传统文化：谁说女子不如男?!】

妇好（zǐ 音同子）是武丁的第三位王妃，也是最得宠幸的妻子。与武丁王妃妇姘（jǐng 音同井）一样，妇好的名字也来自娘家，即在娘家方国的名字旁边加个"女"作偏旁。"妇好"在卜辞中也写作"妇子"，可知在卜辞中"好"读作"子"。

妇好是高贵的子方国诸侯之女，至今不知"子方"的地望在何处。武丁曾两次命令主管农业的大臣"螁"（cōng 音同聪）到子方国的"并"地去举行奠祭，可见子方国是商朝的忠实属国，在诸侯方国中占有重要地位。

笔者亲自去殷墟参观了妇好墓葬遗址，得知妇好与妇姘一样，多次主持国家重要的祭上帝（祭祀天）、祭先祖、祭神泉等各类祭祀活动，并拥有自己的封地，经常向王室进献龟甲和卜骨。王妃有自己的封地和财产，只是商朝的情况，中国其他时代都没有出现过。

值得注意的是，妇好并不和武丁经常住在一起，而是待在自己的封地里。武丁多次占卜询问：妇好是不是要到大商来？

妇好直接参与国家政务，武丁经常派妇好外出办事，然后占卜：妇好到某处去？顺利吗？

妇好也经常自己遣人去做事,有时候还和将军沚戜(zhǐ fá 音同只伐)配合为王办事,武丁为她担心,占卜问:妇好和沚戜配合办事,是不是顺利?

妇好还代表武丁完成接见工作,比如会见"多妇"。"多妇"是武丁众后妃的通称,武丁有 60 多位后妃,来自不同的方国,身份均高贵,有甲骨文记载,妇好在"祥"地召见她们,可见妇好的身份是多么高贵不凡。

妇好还代表武丁会见耆(qí 音同其)老。耆老,是当时贵族中 60 岁以上年高德昭的老人。最高统治者会见耆老是为了表示自己尊老敬老,爱护臣属。这么重要的事情武丁也派妇好去做,可见对妇好的信任,也看出妇好的政治地位之高。

最令人瞩目的是,妇好是中国历史上第一位被甲骨文记载较多的女将军。作为商朝最尊贵的夫人,她并没有待在豪华王宫里享受锦衣玉食,而是多次受命征战沙场,经常率兵东征西讨、南征北战,为武丁拓展疆土立下汗马功劳。

武丁的第一位王后妇妌(jǐng 音同井)也曾出征打仗,但其所征伐的方国只有一个龙方,而妇好征伐的方国:土方、下厃(wěi 音同伟)、印方、夷方、羌方等等,多达 20 多个,她是真正的女将军!

"登人"是对募兵召集人的称呼,殷墟卜辞记载妇好作为"登人",亲自在庞地招募兵马。妇好在自己的封地征集了 3 千人,都是从众氏族中抽调出来的非奴隶庶民,组成了军队。最多的一次,妇好募兵一万,然后亲自带兵打仗,把所征伐的方国灭了。

妇好最精彩的战役是和武丁一起征伐印方的一战,印方的具体地点待考。

战前妇好和夫君议定计谋,由妇好和将军沚戜在敌人的西面埋伏军队,武丁则带领精锐部队从东面对敌人突然发起袭击,驱使敌人陷入妇好所埋伏的位置。印方军队在武丁与妇好军队的包围圈中顾此失彼,阵形大乱,终于被围歼。这大概就是中国最早的由甲骨文记载的"伏击战"了。

妇好是武丁所有王妃中战功最为卓著的一位,武丁对她十分依赖,甚至有犯人奴隶逃走,也要让妇好去抓捕。

妇好墓穴出土了许多她生前使用过的青铜兵器:戈、钺、镞(zú 音同族)等。有两件铸有"妇好"铭文的大铜钺,格外令人瞩目。其中一件大钺,长约 40 厘米,刃宽约 38 厘米,重达 9 公斤,钺上有两虎捕噬人头的纹饰,形象生动。笔者在国家博物馆看见真品,心想,如此沉重的斧钺妇女怎么拿得动?其实并非妇好臂力惊人,打仗时候能够手持两柄大钺冲锋陷阵,这件世界上出土最早的青铜大钺并不是实战兵器,而是象征妇好统帅权威的仪仗,由两名将士手持铸有"妇好"铭文的巨斧大钺立于战车两则,威风凛凛,表示这支军队由妇好掌握征伐武丁很爱妇好，每当妇好单独出征之后的凯旋，武丁总是抑制不住喜悦而亲自出城相迎，有一次竟然迎出了城外80多里。

每当妇好怀孕或生育，武丁都要亲自占卜。从卜辞看，妇好生育的次数很多，说明她深受武丁宠爱，有许多子女。妇好因劳累过度而经常生病，有过一次难产。生前，武丁不停占卜询问："妇好其延有疾？""延疾"是生病时间较长，疾病迁延不愈的意思，所以武丁反复卜问妇好的疾病是否还会拖延下去？

妇好究竟是33岁去世？还是辅佐了武丁33年？说法不一。最终究竟死于难产？还是疾病？也不得而知。也许是相爱至深，也许是相敬如宾，武丁对妇好的感情极为特殊，将她深埋于处理军政大事的王宫大殿侧面、自己的旁边。武丁在妇好墓圹之上直接修建宗庙建筑，以便随时看到亡妻陵墓，日夜亲自守护。妇好墓不在商朝墓区而深藏在宗庙建筑之下，如此建造墓穴的方式，不合祖宗规制，前无古人后无来者，所以没有被盗墓者发现，完整无缺地保存到了3千多年后的今天。

妇好的庙号为"妣辛"，被儿子称为"母辛"或"司（后）母辛"。殉葬品丰厚而尊贵，不仅体现出武丁对妻子的敬爱之情，更体现了妇好生前丰富多彩的生活。

墓内有人殉16名、狗6只、钱贝6800余枚，各种铜器、玉石器、骨牙器等随葬物品1928件。妇好三联甗（yǎn 音同演）、妇好偶方彝、妇好鸮（è 音同恶）尊和司母辛四足觥（gōng 音同宫）等，造型纹饰生动精致，是极其罕见的青铜器皿珍品。墓葬有4面铜镜，表明至少在商王武丁时期中国就已经使用铜镜了。墓葬的后（司）母辛方鼎虽不如后（司）母戊方鼎的体积大，但纹饰非常精美，充分显示出商朝奴隶社会手工业制作的发达和贵族物质生活的奢华。

妇好去世之后，武丁率领众儿孙举行了一次又一次隆重的妇好祭祀。有一次祭祀，天空中出现罕见的"火雨"，这是我国历史上较早的一次关于流星雨的记载。

每次祭祀的时候，武丁都会向妇好的在天之灵报告敌国状况，足见妇好的作战能力对武丁所产生的心理影响，非常令武丁敬畏。武丁思念妇好，即便就是夜里梦见了妇好，次日也要占卜一下：不会有什么灾祸吧？

武丁对妇好的离去始终难以释怀，对妇好情深义重到达难以想象的程度，十分担心妇好独自一人在阴间感到孤独，于是为她举办了多次冥婚，先后将妇好的幽魂"许配"于商氏族先祖。

武丁第一次把妇好"许配"给祖先祖乙。祖乙为商朝贤圣之君，曾经在九世之乱的时代让商朝复兴，受殷人的尊崇的程度，与成汤不相上下。也许认为分量不够，后来武丁又把妇好"许配"给比祖乙的时代早得多的祖先太甲。太甲是成汤长孙，当年在伊尹的谆谆教导下浪子回头，终成商朝有为君主之一。妇好已经冥婚两次了，可武丁仍然还是不放心，于是第三次举办冥婚，直接把妇好"许配"给了创建商朝的祖先成汤，这才终于放下心来。武丁认为有这么多伟大的先祖共同照看着他的亡妻，妇好在阴间能够得到安全和关怀了……

前有北魏花木兰替父从军，后有宋朝梁红玉抗金杀敌，如果不是考古发现，中国人至今不知最早出现的巾帼女将，是3千年前商朝武丁的王妃妇妌（妣戊）和妇好（妣辛）。这两位巾帼英雄的墓穴陪葬大鼎：后（司）母戊方鼎和后（司）母辛方鼎，为世界青铜器体积和重量之最，为中华镇国之宝！伟大的中国女性撑起了五千年中华文明的一片天空！

从上古开始，中国贵族妇女的典范就深深打上了劳动妇女的烙印。中国妇女五千年的传统美德是什么？是贤良淑德。中国女性不仅有妩媚温柔，还有巾帼不让须眉的飒爽英姿。好女子既要为夫消愁为国解忧，又要能够承担起生儿育女的家庭责任！中国传统文化：谁说女子不如男？！

主要参考文献

【《古本竹书纪年辑校今本竹书纪年疏证》《尸子译注》《康熙字典》《中国论文网（2014.9.2）·王宁·商王武丁相关问题述略》《智识学术网（2006.6.7.）·王宁·卜辞中所见妇好事迹述略》《国学网（2014.3.13）·王宁·武丁太子孝己相关问题辨析》《河南博物馆解说》《中国国家博物馆解说》《殷墟博物馆解说》】

武丁盛世

（一）视学养老

【视学养老的孝弟（悌）礼制，是商朝武丁的修德重要内容，比古希腊哲人亚里士多德的社会福利思想提前了近千年。老有所养、幼有所教、尊老爱幼，是从原始氏族社会继承下来的中国人道主义的道德传统，绝不可视为封建糟粕文化而抛弃丢失。】

武丁于公元前 1250 年登基，公元前 1192 年去世，在位时间长达 59 年。武丁 3 年，梦求贤臣傅说。武丁 6 年，任命傅说为卿士，然后建立起"视学养老"制度。

视学养老，是一种以尊敬老人来教育学生的中华传统礼仪。商朝的视学养老制度是武丁时代建立的，但视学养老制度并非从武丁才开始，而是从亚细亚社会的原始氏族虞舜时代就出现了。《礼记·王制》曰："凡养老，有虞氏以燕礼，夏后氏以飨（xiǎng 音同享）礼，殷人以食礼，周人修而兼用之。"中国的养老制度，为奴隶社会之前的虞舜所建立，虞舜时代叫"燕礼"，夏后启时代叫"飨礼"，商朝武丁时代叫"食礼"。武丁之前，并非每朝每代每位天子都实行视学养老，大凡实行者，均为君王修德之举。

从虞舜时代开始，华夏就建立官办学校，贵族子弟都要学习礼、乐、射之类的技艺，可能还要学习法典和通用文字符号。

《礼记·王制》载："有虞氏养国老于上庠，养庶老于下庠。夏后氏养国老于东序，养庶老于西序。殷人养国老于右学，养庶老于左学。周人养国老于东胶，养庶老于虞庠，虞庠在国之西郊。"可见上庠、东序、右学、东胶，均为周朝之前公卿子孙的学校；下庠、西序、左学、虞庠，均为周朝之前的贵族学校。学校老师，无论"老"还是"庶老"，都是教书匠，为"退休"官员和贤德贵族老人，只是层次不同。有些教书匠被天子养老，有些教书匠被诸侯养老。国家以这样的方式把品德高、有学问的官员贵族老人养起来，使其发挥余热，每年天子视察学校的时候，在学校举办尊老活动，这就叫视学养老。当时的视学与养老、尊老与尊师，为一个概念。

商朝从帝武丁6年开始，建立了天子每年视察学校，然后在学校举办老人食礼的视学养老典礼，以培养贵族子弟成为有文化教养的国之栋梁。如今我们不知武丁时代视学典礼的细节，但西周的视学养老制度非常完备，其典礼程序是从商朝学过来的。视学典礼的清晨，先击鼓以集合大众，众人到达之后天子莅临，然后举行奠祭先圣先师之礼。天子在旁观礼，如同检阅。祭祀完毕，由学官向天子复命……这样一种尊敬老人和老师的视学礼仪，体现出国家要求全社会尊敬老人、老有所养，所以每年都要举办。西周天子一年之中4次举办这种视学典礼，商朝武丁的次数也许没有那么多，但典礼形式应该差不多。

天子视学之后，还要请这些耆老吃饭。燕，通宴，无论虞舜的燕礼，还是夏商的飨礼或食礼，都离不开宴请。武丁于视学次日举办食礼，请众老吃饭，殷人耆老穿着轻薄的白色绢丝衣服参加食礼。武丁有时会因国事繁忙而无法按时出席视学养老典礼，便委托王妃出面主持，妇好曾代表武丁举办过商朝食礼。

商朝有资格参加视学典礼和出席食礼的耆老，也是划分等级的。当时学校分"右学"和"左学"，"国老"一级的贵族老人，在"右学"举办养老"食礼"；"庶老"一级的贵族老人，在"左学"举办养老"食礼"。商朝视学养老的范围，有鲜明的奴隶社会阶级等级之别，不包括占人口绝大多数的庶民和奴隶。即便如此也会上行下效，武丁为全社会树立了一个尊老爱幼的文明传统，这就叫天子修德。

从商朝武丁开始，中国将从原始氏族社会保留下来的视学养老作为社会制度延续下去、发扬光大，成为中华文明传统。各朝各代天子对幼有所教、老有所养均比较重视，逐渐形成了中华民族尊老爱幼的传统美德。西周时，不仅天子王庭要负责视学养老，地方诸侯也要分担，即"五十养于乡，六十养于国，七十养于学，达于诸侯"。汉朝后，将视学与养老分开，设置教育长官太常，把养老扩展到平民，由皇帝颁布养老诏令：70岁以上老人均可享受养老，徭役尽免，每年领取朝廷下发的酒肉补贴，甚至可以在专为天子驰走的车马"驰道"上行驶……

中国自商朝武丁时代开始延续的视学养老传统，经周（春秋战国）、汉、唐、宋、元、明、清，始终没有丢掉，清朝设置视学官位，各朝天子的视学养老，只是随时代不同变化了形式而已。直到今天，中国退休老人生活富裕

了，政府还在给退休老人以各种社会公共优惠待遇，按退休老人的年龄发放象征性补贴和慰问品，以及从社会法律层面上设立对老人生活照顾不周的"遗弃罪"。

《礼记·乡饮酒义》解释中国设立视学养老传统礼仪之目的："民知尊长养老而后能入孝弟；民入孝弟，出尊长养老，而后成教；成教而后国可安也。"所谓孝弟，源于商朝实行的"兄终弟及"继承制度，凡是"兄终弟及"而成为天子者，在享祀宗庙时均自称"孝弟"，以示对兄长尽孝。周朝之后，中国实行"父位子继"，将"孝弟"改为"孝悌"：孝，指对父母还报之爱；悌，指兄弟姊妹友爱。视学养老的核心，就是以"孝弟（悌）"礼仪建立起良性的社会道德：以老有所养来让家庭安定，以家庭安定来让社会安定，以社会安定来让国家安定。这也是中国奴隶社会后期以及两千多年封建社会，能够把"视学养老"范围推广到庶民平民，并"以孝治国"的根本原因。

中国从原始氏族社会开始的"视学养老"文化，被奴隶社会和封建社会继承为社会制度，发展为孝弟（悌）礼教，是充满人道主义精神的。因为在社会物质不能使全社会人人富裕的情况下，并不是每个家庭都有条件抚养老人而不使生活水平下降的。这个问题的解决，有些国家采取优胜劣汰的"丛林法则"，比如日本的传统文化习俗是将老人背上山去饿死，非常野蛮。而中国的"均贫富"传统文化思想，首先在原始氏族社会中存在，然后在贵族奴隶主中间实行，最后推广到全社会，渗透于生活的各个方面，所以才要求全社会尊重长辈、抚养老人，实行视学养老、孝弟（悌）礼教。社会道德甚至要求，在生命不得不做出生死选择的情况下，也不能抛弃养育自己的父母老人。如此文明教化不是野蛮，不是中国封建文化中的糟粕部分，而是一种让每个家庭成员都活命，让家庭和社会都能和平共处的中华传统文明，即便放置今日世界，也属于高层次的人道主义先进文明。

当然，中华传统孝文化，不仅仅包含"视学养老"，其中存在不少糟粕。但视学养老的孝弟（悌）礼制不是糟粕，而是商朝武丁修德的重要内容，比古希腊哲人亚里士多德的社会福利思想提前了近千年。老有所养、幼有所教、尊老爱幼，是从原始氏族社会继承下来的中国人道主义的道德传统，绝不可一概视为封建糟粕文化而抛弃丢失。

（二）开创盛世

【以民国顾颉刚为首的疑古派，怀疑上古典籍所记载的武丁征伐鬼方和荆楚均为杜撰。如果距离商朝武丁时代仅500年左右的上古典籍为假，3千多年后的民国学者拿出什么事实依据来怀疑？民国学者因崇洋媚外而有否定中国历史的动机，而上古学者杜撰祖先历史，又有什么动机呢？】

自九世之乱后，商朝王室的王权统治遭到严重削弱，无力顾及四方诸侯，许多方国不再朝见纳贡，西北、东南的一些方国趁机发展实力，不断侵袭骚扰，即便就是商朝圣君盘庚，也未能收复失地，到了武丁先父的帝小辛阶段，可谓是内外交困，国家面临分崩离析。

武丁是商朝最有作为的天子之一，雄才大略、志向高远。武丁执政的前部分时间，重整纲纪，修政行德，致力于国力强盛、积厚薄发。武丁组建了由自己统率的"三师"军队，殷墟甲骨卜辞有"王作三师右、中、左"。从执政后的第32年开始，武丁对外动用武力，确定了先向北征伐鬼方，再向南征伐荆方的宏图大略。

鬼方是居于我国北方内蒙古漠南的游牧民族，夏朝之前就存在，也是匈奴的祖先。《山海经》记载其名叫"钉灵国"，那里的人从膝盖以下都长着毛，两脚像是安装了马蹄，行走速度非常快。

《竹书纪年》载，征伐鬼方是一场苦战恶斗的大规模战争，直到帝武丁34年，才好不容易取得胜利。武丁究竟任用何人为帅？不得而知。现在只知道《周易•既济卦》爻辞释义："高宗伐鬼方，三年克之；小人勿用。"意思是，高宗武丁征伐鬼方国，耗时三年才攻克。重大的事情，不称职的小人就不应该任用。可见武丁征伐鬼方，开始任用了不称职之人，控制不住之后才更换良将出兵，取得成功。

鬼方国被武丁征服之后，重新成为受大商严格控制的友好方国，从此鬼方诸侯经常参加商朝祭祀典礼，而且加入武丁征伐羌人的一系列军事行动。不过，从周朝猃狁和汉朝匈奴的情况看，武丁只是暂时解除鬼方对商朝北部的威胁，并没有彻底击溃。周朝时，鬼方人给华夏多次重大打击，直到汉朝以后，鬼方国才因失败而迁徙到了今哈萨克斯坦和蒙古国一带。

帝武丁34年，鬼方被征服之后，武丁立即征伐氐方和羌方。氐方和羌方位于今甘肃、陕西、山西，以及河南西部，氐与羌同源同种，都是羌人，《逸周书·卷七·王会》孔晁注："氐羌，氐地羌，羌不同，故谓之氐羌，今谓之氐矣。"说明，羌地的羌人方国均属于羌方，氐地的羌人方国属于氐方。而氐方和羌方并非只有两个方国，而是羌地与氐地一批大小羌人方国的总称，比如羌龙、北羌、马羌等，均属于氐羌或羌方。

武丁用兵，少则上千、多则三到五千。这年征伐羌方，王妃妇好受命担任主帅，一次带兵居然多达一万三千，大大超过以往。这是因为羌人生活的西北非常辽阔，人众兵悍，如果王师兵力不多就攻不下来。武丁采取集中兵力的办法攻伐羌方，效果很好。这一年，武丁不仅打败了羌方许多小国，还降服了氐方的许多小国，氐方和羌方的重要首领前来朝拜言和。

武丁连年用兵，消灭土方也是比较大的战役。

土方地域广阔，不仅位于今山西、陕西以北，而且到达今内蒙古的广大地区。其部分疆界，距离殷都王畿比较接近，骑马行走，据说只需十几天路程。土方是夏朝王室夏后氏的遗民，大禹曾经在土方治水，《诗经》有"洪水芒芒，禹敷下土方"。"夏"为夏人自称，商人则称其为"土"，"土"的上古发音与"夏"相同或相近，甲骨文中没有"夏"字。

殷商时期，土方与大商关系密切，战争也频繁。和平时期，两地居民以贝壳作为货币进行物品交易，而土方人却不满足于此，屡屡侵夺商地，曾入侵大商东部，劫掠了两个住宅地的居民财物。不仅如此，土方还经常骚扰大商的友好方国，有一次土方入侵大商北部的附属小国"沚"，沚国诸侯只好派人向武丁求救，5日之内连续报告好几次，可见当时情况之危急。

武丁攻伐土方不止一次，曾命令王妃妇好率军征伐土方，但更多的时候是自己召集人马亲征，其随从武将就是沚国诸侯。武丁每次征伐土方，出兵最少3千，最多5千，最终杀掉了土方诸侯，将土方灭国。武丁之后，中国再也没有出现过土方之名，可见吞并消灭之彻底。

就这样，武丁迅速收复西北疆土，囊括了今山西西北部到内蒙古的整个朔州地区。今有学者认为，直到元朝的时候，今内蒙古才成为中国领土，这是不对的。无论商朝还是汉朝以后，内蒙古朔方都属于中国。

西北平定之后，武丁马不停蹄向东南扩展势力范围，征伐"尸方"。"尸方"也不是一个单独的方国，而是由许多过去属于夏王朝的东夷方国组成的联盟，土地广阔、方国众多，势力十分强大。所以征伐尸方，是武丁向东南拓展疆土的重大战争，他亲自做主帅，跟从的主将有王妃妇好和将军侯告。武丁是一名出色的军事统帅，手下将星璀璨，除了王妃妇好之外，还有禽、望乘、雀、亘，等等。

彭国，又名大彭国，是属于"尸方"的一个古老方国，其发祥地是今江苏的徐州。彭氏部落的首领是中国著名长寿神人彭祖，传说是黄帝的七世孙，活了800岁。夏朝夏后启曾经命令大彭国君主"寿"，去平定自己儿子武观所发动的西河叛乱。商朝前期的河亶甲时代，大彭国受命平定了邳人和姺人的叛乱，为商朝王室立下功劳。然而就是这样一个长期忠实于夏商两朝的诸侯国，帝武丁43年，武丁起兵讨伐，派王师灭之，也许因为大彭国越来越强大，不听话了。

《诗经》305首的末篇，是《商颂》的最后一首诗《殷武》，专门为武丁寝庙的落成祭典而作，里面详细记载了武丁征伐荆楚的丰功伟业。诗中吟唱："挞彼殷武，奋伐荆楚……"——殷王武丁多么神勇英武啊，是他兴师讨伐了荆楚！然后说，武丁王师深入敌方险阻，众多楚兵全被俘虏。武丁扫荡了荆楚所统治的领土，成汤的子孙建功立业！

诗中写武丁获胜之后，对荆楚国民进行训诫。他用鄙视的口吻训斥：荆楚为偏僻之地，你们长久居住在中国南方……意思是荆楚位居南方荒蛮之地，从地理位置上看，就应该对文明发达的中原地区俯首听命。然后武丁大讲荆楚与中原的历史关系："昔有成汤，自彼氐羌，莫敢不来享，莫敢不来王。曰商是常……"意思是：自从成汤建立殷商开始，就连那些远方氐羌人也无人胆敢不来献享，没人胆敢不来觐见殷王！他警告荆楚人，现在我商朝天子武丁是天下之长！

武丁教育荆楚人：上天要求方国诸侯接受国家的统一管理，大都城就在大禹治水的地方。他从大禹治水开始讲述中国远古历史，说明从那个时候开始，华夏就已经统一，所以现在的国家只能统一，不能分裂。

武丁让荆楚国民放心：四方诸侯只要每年按时前来朝祭，既不受责备也不受鄙夷，回去之后在封土上好好管理农业就行了。

他说：现在上天命令让殷商君王来监视诸侯，下方众人恭谨从事，赏不越级、罚不滥施，人人不敢怠慢度日。国家的管理模式是，商朝君王把命令下达给诸侯，四方封国全都有福共享……

《诗经·商颂·殷武》用优美的诗歌韵文，把武丁征服荆楚之后的生动画面展现在今人面前，仿佛3千多年时间并不遥远，商王武丁就在眼前说话……

除此之外，今安徽寿县东南一带的虎方，今山东境内的夷方、龙方等，皆被武丁一一征服。武丁威名大震，被他征伐过的方国，远不止上述提及的这些，还有：黎方、串方、亘方、危方、印方、方方、马方、基方、免方，等等，数不胜数。有学者根据甲骨文统计，武丁一生至少征伐了81个方国。

武丁之后，征伐方国的现象大大减少，祖庚和祖甲只征伐了两个，廪辛和康丁时代征伐了 17 个，武乙和文丁时代征伐了 28 个，帝乙和帝辛（纣王）时代征伐了 8 个，远远不能与武丁相比。当然，征伐数量的多少，并不能作为国家统一程度的绝对标准。因为武丁由乱而治之后，后面的社会应该是和平而不是战争，战争只是一种治乱的手段，恰恰说明国家之乱。尤其是商朝末期的帝辛（纣王）时代，实际征伐数目肯定远远大于甲骨文记载，否则殷纣王的兆亿战俘奴隶来源于何处？

武丁的征伐，使得一盘散沙的国家重新聚拢，取得了辉煌成就。当时商朝疆界有不少方国处于原始落后的游牧生活阶段，被武丁拿下之后立即修建城邑，播撒农耕文明的种子。对于新获得的领土，武丁或分封土地给有功将领（如大臣雀被封为"雀侯"），或授爵位给当地归降的氏族方国首领（如"犬侯、祝伯"等），甲骨文记载，封侯爵就有 50 多个，封伯爵的近 40，可见被大商征服的方国何其多！凡是臣服于商朝王室的方国，武丁不仅恢复其对朝廷的贡纳义务，而且经常让他们奉命征伐。比如像仓、侯虎等诸侯，奉王命征伐免方；跟从武丁去征伐夷方的侯告，也是臣服于商朝的方国诸侯。

土地是国家和民族生存的首要条件，人类从野蛮走向文明的奴隶时代，所谓中兴或盛世，均离不开领袖使用武力或以和平手段开疆扩土，世界各国莫不如此。凡是丧失国土的君王，都会被钉在国家民族历史的耻辱柱上；凡是扩大版图的君王，均被视为伟大的民族英雄。武丁就是这样一位雄霸天下的英雄豪杰，维护了大商中国的一统。《竹书纪年》对武丁的评价很高，说其"力行王道，不敢荒宁"。意思是：武丁四处征伐，极大地拓展了商朝疆域，不仅统治了以中原为中心的今河南、陕西、陕北的广大地区，而且东至长江黄河的大彭，西至甘肃高原的周方、鬼方、氐羌，南至汉水巴蜀的楚越荆蛮、缶方、基方，北至内蒙古朔方。武丁的战车碾平了九州，没有遗漏的地方，他的所到之处，礼仪复兴、经济繁荣，人们对他"颂声作"。

以民国顾颉刚为首的疑古派，怀疑《竹书纪年》《周易》《诗经》所记载的武丁征伐鬼方和荆楚均为杜撰。奇怪的是，如果距离商朝武丁时代仅 500 年左右的上古典籍为假，3 千多年后的民国学者拿出什么事实依据来怀疑？难道怀疑就是证据？当年有一大批民国学者，因崇洋媚外而否定中国历史，而上古学者杜撰祖先历史，又有什么动机呢？

（三）奴隶殉葬

【武丁时代战俘奴隶陪葬数量最多，骇人听闻，应归结于上古社会的迷信和奴隶社会的残酷。而战俘奴隶的陪葬数目巨大，又为中国商朝巨大的奴隶来源和奴隶劳动力数量，提供了强有力的历史佐证。】

武丁征战南北，抓捕了大量战俘，最多的是羌人俘虏。武丁将战俘沦为罪人奴隶作苦役，需要之时，则用于人祭牺牲品。

《殷墟文字甲编》卜辞记载，商王曾一次屠杀 30 名羌人奴隶来祭祀河神。笔者亲自前往殷墟考察，见到商朝奴隶殉葬的数目多则千余，少则十几人，那么多白骨遗骸的悲惨景象，惨不忍睹。殉葬奴隶之中，有异族人种、有黄白混血人种，也有华夏人种。卜辞记载，整个殷商时期杀人祭祀所用的"人牲"，至少有 1.4 万多人，其中武丁时期的数目最多。甲骨文里有关武丁时期的人祭卜辞，祭祀所用为 9 千多人，另有 500 多条卜辞未记人数。从殷墟考古发掘观商朝各代人殉情况，多达 3600 余人，再加上一些不能确定的数字，人殉数目近 4 千人。以今人观点看，如此庞大的殉葬人数，武丁和其他商朝君王，根本就不是正常人，简直太残酷了！

可我们不能用如今科学文明的道德观念，来要求 3 千多年前的古人，因为那个时代迷信愚昧。人殉并不是奴隶社会的特征，而产生于中国原始氏族社会的迷信。人们迷信鬼神，认为活人死后就会转化为鬼或神，中国人"视死如生"，认为鬼神世界和现实世界一样，活人需要有人陪伴，死人也需要有人陪伴，最高等级的祭祀活动，定要杀掉活人来进行"活祭"。在奴隶社会之前，人们是把自己的亲人杀掉陪葬的，奴隶社会之后，不用亲人而用奴隶陪葬，在奴隶主看来，这是仁义而不是残酷。更何况，奴隶主王公贵族拥有成群的奴隶驱使，出于从原始氏族社会继承下来的"视死如生"的中华传统孝文化，奴隶主体贴到祖先或神灵也需要奴隶侍奉，屠杀奴隶送往鬼神世界，供祖先或神灵享用，不可能不成为商朝的残酷习俗。

原始氏族社会，战俘都是要被全部杀掉的，否则就会受到报复。奴隶社会不杀战俘而作为奴隶，是因为发明了对付战俘的新办法，那就是把战俘当成像牲口一样的"人牲"来管理，平时让他们像牛一样劳作苦役，需要之时和牛一起被杀掉，用于祭祀。夏商周庶民的生活半依附于奴隶主，虽然很苦，却没有看

到古籍中有奴隶主随便杀害庶民的记载。奴隶社会的特点，是奴隶主不把奴隶看成人类，而看成是像牛羊犬马一样的财产，可以任意驱使、买卖和屠杀。对于奴隶，全社会都没有道德概念，因为奴隶都属于原本就该死掉的。

夏朝、周朝都有活人（奴隶）陪葬，今河南偃师二里头的夏朝无圹墓穴里，人殉骨架就有捆绑挣扎的迹象，只是没有商朝数量多，因为商朝最迷信。商氏族自古认为鬼神比活人更有威力，活人解决不了的祸福吉凶，都要用占卜来请示祖先神灵，因为祖先神灵会保佑自己的后代，后代怎敢不对祖先神灵慷慨祭祀？夏朝时，迷信尚未发展到商朝程度；周朝时，人们进步了，减少了迷信色彩，推翻殷纣的牧野之战，就是周人破除迷信的结果。更何况，随着农耕面积和建筑业的发展，周朝奴隶主需要使用更多的奴隶劳动力，就像舍不得杀掉农耕之牛一样，奴隶主舍不得杀掉更多奴隶。

关于殷墟发现的人殉陪葬，不少学者认为，既然其中有许多羌人遗骨，就肯定是战俘而不是奴隶，以此作为中国没有奴隶社会的论据。其实当时的战俘与奴隶没有区别，因为战俘就是罪犯，罪犯就是奴隶。

众所周知，古今中外屠杀战俘，主要是为了减少吃饭人口。所以，不仅在原始氏族社会、奴隶社会、封建社会，就连现代战争之中，屠杀战俘事件都屡禁不止。如果武丁决定屠杀战俘，肯定会在短时间内动手，否则怎么养活？如果武丁以战俘来给自己的王妃做人殉，那么王妃必须与战俘同时死掉，怎么可能？反过来说，如果王妃去世之时，没有抓到战俘怎么办？难道不用人殉了？中国从来就没有以战俘作为人殉的历史记载，即便笔者在殷墟看到有一处歪七倒八堆在一起的人殉，解说员介绍说是高鼻梁大眼睛的异族男性青年，是与华夏人种不一样的羌人战俘，但这些羌人战俘难道不会是先沦为奴隶之后，再杀了作为祭品的吗？更何况，殷墟还有一些非羌人的大人、小孩人祭骸骨呢？

武丁于公元前1192年去世。此人长寿，在位第50年之时，已高龄90多岁，又灭掉了豕韦国。执政第59年时，百岁而逝。

《诗经·商颂·殷武》记载，武丁的都城富丽堂皇，是四方学习的榜样。武丁的寝庙，用景山之巅挺拔参天的松柏制作，人们把巨树砍断远搬，削枝刨皮，然后加工成长长的方椽，那寝庙的楹柱排列整齐，粗壮而溜圆。人们在歌颂：他的威灵光辉鲜明，既享长寿又得康宁，是他保佑我们后人……

武丁时期的文化遗存相当丰富，纺织、医学、交通、天文等无不繁荣，其宫殿、墓葬、作坊等遗存都有发现。尤其是青铜业有了突破性进展，青铜分铸技术被广泛运用，所以出现了后（司）母戊大方鼎、偶方彝、三联甗（yǎn 音同演）这样的重器。武丁所开创的盛世局面，为商代晚期社会生产的发展，乃为西周文明的繁盛，打下了良好基础。

孟子评价："由汤至于武丁，贤圣之君六七作。"汉代司马迁评价："武丁修政行德，天下咸欢，殷道复兴。"古籍《竹书纪年》也给予武丁很高评价："王，殷之大仁也。"意思是：武丁是商朝的大仁之君。

武丁的庙号被尊为"高宗"。庙号为商朝独创，最初非常严格，以"祖有功而宗有德"为标准，开国君主一般是祖，继嗣君主有治国才能者为宗，武丁庙号为高宗，是"宗"的最高等级。

武丁时代战俘奴隶陪葬数量最多，骇人听闻，应归结于上古社会的迷信和奴隶社会的残酷。而战俘奴隶的陪葬数目巨大，又为中国商朝巨大的奴隶来源和奴隶劳动力数量，提供了强有力的历史佐证。

主要参考文献

【《古本竹书纪年辑校今本竹书纪年疏证》《礼记集解》《周礼注疏》《史记》《诗经楚辞鉴赏辞典》《山海经》《孟子译注》《易经入门》《康熙字典》《夏商周断代工程 1996 – 2000 年阶段成果报告（简本）》《殷墟文字甲编》《中国论文网（2014.9.2）·王宁·商王武丁相关问题述略》《智识学术网（2006.6.7.）·王宁·卜辞中所见妇好事迹述略》《殷墟博物馆解说》】

殷商衰败

（一）祖庚继位

【中国与西方历史典籍的最大区别，就是由多部古籍、多位史官学者，记载同一段历史，虽然历史脉络大体一致，但细节经常出现相互矛盾的地方。从生活逻辑出发，究竟是中国古籍更接近于历史真实？还是西方由一部上古典籍通吃全部历史、没有细节矛盾，更加接近于历史真实呢？】

武丁偏爱幼子祖甲，祖甲很可能是王妃妇好的儿子。武丁晚年决定让祖甲继承天子之位，但祖甲认为祖庚是哥哥，自己如果逾越兄长而乱朝纲，是为不义，就主动离开殷都，自己流放自己，到民间成为一介庶民。《尚书·周书·无逸》记载了这段历史。祖甲为何不肯成为天子？是汲取了前朝九世之乱的教训。凡违礼之举，都会给国家政治开一个坏头，使得江山再次陷入混乱与衰败之中。所以祖甲效法父亲当年之举，到底层社会去切身体察民情，直到哥哥祖庚去世，才回到都城。

祖庚，名曜（yào 音同耀），公元前1191年继位，以殷为都。他立志继承父亲遗志，作《尚书·高宗之训》，此文今已散失。在祖庚统治期间，商代的经济文化和国力都十分强盛。

祖庚并非武丁长子，长子是太子祖己（孝己）。关于祖庚和祖己的故事，几部重要典籍的记载是相互矛盾的。

《竹书纪年》曰："（帝武丁）25年，王子孝己卒于野。"《尸子》和《帝王世纪》也说，祖己受后母迫害，流放野外而死。又《竹书纪年》曰："（帝武丁）29年，肜祭太庙，有雉来。"可见肜日发生"呴雉升鼎"之时，祖己已经死去了4年。而《尚书》却记载，"高宗祭成汤，有飞雉升鼎耳而雊，祖己训诸王，作《尚书·高宗肜日》《尚书·高宗之训》。"说明武丁（高宗）29年肜日祭祀成汤的时候，祖己不仅活着，而且借野鸡飞到鼎耳之事，劝谏父王祭祀节约。《史记》不仅采纳

《尚书》的记载，而且又说："帝武丁崩，子帝祖庚立。祖己嘉武丁之以祥雉为德，立其庙为高宗，遂作高宗肜日及训。"也就是说，司马迁认为，祖己没有死，祖庚时代依旧活跃于大商的政治舞台。据此，今有学者来了个大综合，因祖己流放而祖庚得到继位，祖己流放未死，无罪而回到殷都辅佐祖庚。祖庚继位当年，祭祀先父高宗武丁之时，祖己回忆当年"呴雉升鼎"不祥，作《尚书·高宗肜日》《尚书·高宗之训》，训诸王……

祖庚在位时间，究竟是 7 年还是 11 年？说法不一。祖庚去世之后，按"兄终弟及"的继承顺序，祖甲回到殷都，成为商朝第 25 任天子。

中国历史典籍与西方历史典籍，最大的区别，就是由多部古籍、多位史官学者，记载同一段历史，均惜墨如金，用只言片语，缺乏生动情节。他们的记载，虽然历史脉络大体一致，但细节上经常出现相互矛盾的地方。不像西方历史典籍，用上百、上千年时间写出的《新约》《旧约》，故事完整、逻辑严密、情节生动，就连语言风格都千百年如一人手笔。从生活逻辑出发，究竟是中国由多部上古典籍记载同一段历史、经常出现细节矛盾，更接近于历史真实？还是西方由一部上古典籍通吃全部历史、没有细节矛盾，更加接近于历史真实呢？

（二） 祖甲复衰

【今人责备中国缺乏西方的所谓法制精神。而事实上，中国奴隶社会之前就有《典刑》，之后各朝各代均有严法酷刑。奇怪的是，每当修订刑罚之时，国家反而衰败，甚至因为"以（酷）法治国"而王朝覆灭，国家兴旺均为"以德治国"。可见"以德治国"是"以法治国"的基础，是国家团结、人心凝聚的根本。】

祖甲，名载，即位后住在殷都。对于商王祖甲的历史，司马迁只写了一句："帝甲淫乱，殷复衰。"而比《史记》更早的《竹书纪年》和《尚书》，则记录得更为详细，没有全盘否定，尤其对祖甲让位一事，评价甚高。《尚书·周书·无逸》曰："王旧在野，及即位，知小人之依，能保惠庶民，不侮鳏寡。"意思是，君王祖甲是从乡野之中回到朝廷即位的，知道要让庶民小人有所依靠，要保护和施惠于庶民，让庶民中的鳏寡孤独者皆有所养。可见祖甲对武丁时代的"视学养老"，不仅继承而且扩大了范围，注意到要改善庶民生活。这是中国自进入奴隶社会以来没有出现过的记载，说明商朝社会开始发生深刻变化。

当然，也可以从另一个角度看待祖甲对庶民生活的改善，也许因为社会贫富差距实在太大，王室生活极端奢侈淫逸，造成社会矛盾激化。无论祖甲对祭祀疯狂到什么程度，而且还重新修订了《汤刑》，都没有能够阻止商朝的衰落。

祖甲比先父武丁更热衷于祭祀，以为祭祀就是学习父亲行修德政、报效祖先功德。祖甲觉得过去的祭祀很乱，没有一定规矩，上任之后，创造了"周祭"之法。所谓"周祭"，就是"遍祭"：从每年第一旬甲日开始，按照商王及配享王妃的次序，以及其庙号的天干顺序，用几种不同的祭祀方法，全部祭祀一遍，就叫"周祭"。这样一来，用第一种祭祀方法遍祭，从先帝上甲开始到先帝祖庚为止，祭祀一共需要9旬（90天）。如此之后"周祭"还没结束，还要另换方法、按新顺序再祭祀一遍，就这样循环往复，直到把全部祭祀方法都用完了才算结束。如此一来，商朝几乎每10天祭祀一次，每9旬换一种祭祀花样，周而复始，不显枯燥。祖甲认为这是修德。

祖甲"修德"12年之后，开始了一次西征。中国西部方国，夏时称为"织皮、昆仑、析支、渠搜"等，商时卜辞已出现"戎"字，周时统称为"西戎"，西戎当然也不止一个方国。祖甲这次征伐某西戎之国，仅用了较短时间就大胜而归，获得一座"丹山"。帝祖甲13年，某西戎国前来主动朝拜，此"西戎"不是别人，而是周人祖先组绀（gàn 音同干）。周人是从中原迁徙到西部去的农耕民族，不是西戎，但由于长期混同于游牧民族，所以组绀被中原人视为西戎。祖甲很高兴，任命组绀为邠（豳）侯。今殷墟留下甲骨文证据，祖庚和祖甲仅征伐过两个方国，可见武丁盛世之后，这兄弟俩得祖上之余荫，国泰民安。

没想到时间长了，祖甲居然忘乎所以、生活淫乱，带坏了朝廷和社会的风气，大商政局混乱，出现衰败。帝祖甲24年，祖甲重新修订《汤刑》，就是为了加强对官员、贵族和庶民的控制。奴隶没有人身权力，奴隶主任意行事即可，无须动用《汤刑》国法。

《汤刑》之名为"成汤之刑"，其实并不是成汤时期的刑罚，成汤只制定过针对官员的严格刑罚《官刑》，以及针对庶民百姓的宽松守则《明居》。商朝各代所执行的《汤刑》，可能是以《官刑》为基础，不断补充出来的刑罚，所以后人认为，《官刑》是《汤刑》中的一部分。《汤刑》一直被商朝后代所遵循，而祖甲重新修订，自然是要加重刑罚，因为社会混乱，控制不住了。

《汤刑》的立法思想是夏朝《禹刑》的继承和发展。夏朝使用大禹制定的《禹刑》，据说多达3千条：大辟杀头之刑两百条、刖（yuè 音同月）足断脚之刑 300 条、切生殖器之宫刑 500 条、刀割鼻子之劓（yì 音同意）刑和刀切额头以注入黑色的墨刑，各一千条。商朝《汤刑》据说只有300条。为何只有《禹刑》的十分之一？是因为《汤刑》的300条之下还有细分，其"体重"只会大于《禹刑》。祖甲修改后的《汤刑》，除了保留以往《禹刑》和《汤刑》条目之外，刑罚种类更多，更加严格，比如如果有人把家里的垃圾灰倒在了公道（路）上，就要被斩手。

《汤刑》是一部初具规模的中国奴隶制刑法法典，也是一部成文法典，祖甲修订后的《汤刑》更趋完备。战国著名思想家荀子主张"刑名从商"，从另一个侧面说明《汤刑》在中国历史上所产生的重大影响。

祖甲后期，因国家政局不稳而重新修订《汤刑》，这原本是件依法治国的好事。万没想到的是，祖先成汤《官刑》所发挥出来的巨大威力，到祖甲时候就不灵了，更加失去人心。为何？成汤制定《官刑》之时，正值6年大旱的饥荒期间，他禁弦歌舞，桑林祈雨，铸造金币送给卖子求生的穷人，大得人心。成汤的这些德行，祖甲有其中一项吗？没有！有人说，祖甲《汤刑》，是因为时代不同而水土不服，未必。真正的原因是祖甲不具备成汤那样的品德，未能从始至终严于律己一辈子。否则祖甲的功劳簿明明摆在那儿，汉代史学家司马迁为何只字不提？反而说：甲帝淫乱，殷朝再度衰落！司马迁向来严谨，估计祖甲晚年生活非常淫乱，如果君主淫乱，所重新修订的《汤刑》如何能够服众？

《竹书纪年》把商朝衰败的原因归结为祖甲修订的《汤刑》，说："迨其末也，繁刑以携远，殷道复衰。"意思是：祖甲晚年对远近诸侯民众使用了很多繁复重刑，结果使得商朝又回到衰落之中。商朝失国之前，《汤刑》再次被纣王强化，增加了炮烙之刑，用炭火烧热铜柱，罪人从铜柱掉下而烧死，更让人不寒而栗。

这就产生出一个有趣的历史现象，今人责备中国缺乏西方的所谓法制精神。而事实上，中国奴隶社会之前的虞舜时代就有了《典刑》，之后夏朝有《禹刑》、商朝有《汤刑》、周朝有《吕刑》……各朝代均有严法酷刑。奇怪的是，每当修订刑法之时，国家不是兴盛而是衰败，甚至因为"依（酷）法治国"而王朝覆灭、改朝换代。而国家兴旺均为"以德治国"。

中华文明非常讲究道德文化传统，"依（酷）法治国"并不是治国万能之药，酷刑压服不了民众。黄帝、尧舜、大禹、成汤，尽管都曾使用武力统一中国，而且不废刑罚，但他们都是把以身作则、品德高尚、杜绝腐败作为基础治国之道的。夏商两朝太康、武丁使国家中兴，也莫不从个人修德做起。可见"以德治国"是"依法治国"的基础，是国家团结、人心凝聚的根本。

（三）武乙犯天

【中国奴隶时代，将天子了解民间疾苦与国家兴亡相联系，以去除淫逸享受、关心民间疾苦作为天子修德的内涵，这是中国传统文化对历代执政者的基本要求。】

帝祖甲27年，祖甲将双胞胎儿子王子良和王子嚣同时定为王位接班人。祖甲在位33年去世，儿子廪（lǐn 音同凛）辛即位，不知王子良是否是廪辛？

廪辛也叫冯辛，名先，即位后住在殷都。《竹书纪年》说其在位4年就去世了，然后其弟庚丁继位。庚丁，名嚣，也叫"康丁"，即位后住在殷都，不知王子嚣是否为庚丁？

《陕西地情网·陕西省志·大事记》介绍，商王廪辛曾征伐羌方，杀了羌方的两个诸侯方伯来祭祀祖父武丁和父亲祖甲。商王庚丁继位后，动用了5个氏族的力量来征伐羌方。古籍对廪辛和庚丁的记载很少，但殷墟甲骨文留下此兄弟俩17次征伐的历史印迹。武丁之后，祖庚和祖甲只征伐了两个方国，而廪辛和庚丁却征伐了17个方国，这说明后人已经把武丁的功劳损失掉了太多，商朝由盛而衰，又要动用武力来维护统一中国了。

《竹书纪年》记载庚丁在位8年去世，而《夏商周断代工程年表》则从公元前1191年的祖庚开始，到公元前1148年的庚丁去世，将4代君王的在位时间确定于一共44年，比《竹书纪年》记录减少十二年。

武乙是庚丁的儿子，名瞿，成为商朝第28代君主。武乙即位后，最初居住在殷都，3年后把国都迁往黄河以北。执政的第15年，又把商都从黄河以北迁到了"沬"地。沬，位于今河南省北部鹤壁的淇县，殷商末期纣王在此建立陪都，改称朝（zhāo 音同招）歌。

武乙时期，殷商继续衰微，越来越多的方国难以控制。据《后汉书·东夷传》记载：武乙时，"东夷寖盛大，分迁淮岱，渐居中土。"意思是：东夷像水一样浸湿盛大起来，各方国部族分别从淮河、泰山一带迁移，势力渐渐到达商朝的中原统治核心地带。

武乙南北征伐，西部征伐过旨方，南部征服归国。他非常信任迁徙到岐山周原定居的邻国诸侯古公亶（dǎn 音同胆）父，任命古公亶父为周国诸侯，让周国替他控制西部边疆。古公亶父去世之后，周王季历又成为武乙的得力助手，屡立战功，帮他打程国、伐义渠、克鬼戎，武乙对季历欣赏有加，不仅赐美玉、赐宝马，而且赐给土地。

武乙是商朝后期比较有作为的君王，他和儿子文丁南征北战，父子两代共征伐了28个方国，为武丁之后征伐数量最多的君王武乙。如此努力地挽救商朝国势，但还是成效不大。

武乙生性嚣张，无法无天，触犯众怒。武乙的父亲庚丁晚年迷信巫教，使得巫教在商朝十分兴盛。而商氏族从原始氏族社会开始就特别敬奉天神，不知道为何武乙偏偏不信神，是个传统敬神文化的叛逆者。

如果武乙放在内心对天神不恭也就算了，可他非要张扬，公开向天神挑战。天神看不见摸不着，他就叫下人制作了一个木偶，称其为"天神"，然后亲自与木偶天神下棋，说是要与天神赌个输赢。他命令属臣代替木偶落子，只要属臣下棋输了，武乙就亲自去侮辱那个被称为天神的木偶。

武乙又叫下人制作了一个皮革囊袋，里面盛满血液，悬吊在半空中。武丁亲自弯弓搭箭、仰面射去，结果射中了，皮囊里的鲜血倾盆而下，他得意扬扬地自夸，这就是在"射天"，即射杀天神……

武乙的这一切大逆不道的行为，严重地触犯了当时的传统道德，从朝廷到社会，没有人能够在心理上承受对天神的羞辱，也使得后代史官众口一词，对其评价极差。西汉司马迁《史记》说"帝武乙无道"。南朝范晔《后汉书》说："武乙暴虐"。唐代司马贞的《史记索隐》说得最为彻底："武乙无道，祸因射天。"也就是说，武乙的无道，是因为严重触犯了天神……

帝武乙在位35年，死得非常蹊跷。公元前1113年的一天，武乙到黄河与渭河之间的地方去打猎，天空中突然出现巨雷，武乙被暴雷震死。

大商王室从祖甲晚年淫乱开始失去人心，于是企图用酷刑国法来压制不满，其结果是民心尽失。后来的几代商王还是不知修德，一方面沉迷于舒适享乐，一方面企图用武力维护国家统一，甚至不惜用挑战天神的办法来威慑四方，结果是彻底背离民众敬天的传统文化，越威慑越失控，商朝只能继续衰落下去。

《尚书·周书·无逸》周公旦曰："自时厥后立王，生则逸，生则逸，不知稼穑之艰难，不闻小人之劳，惟耽乐之从……"他批评祖甲之后的几代商王，都是生下来就舒适、生下来就安逸，不知春耕秋收之艰难，不关心庶民小人之劳苦，只知道沉迷于享乐……中国奴隶时代，将天子了解民间疾苦与国家兴亡相联系，以去除淫逸享受、关心民间疾苦作为天子修德的内涵，这是中国传统文化对历代执政者的基本要求。

主要参考文献

【《古本竹书纪年辑校今本竹书纪年疏证》《尚书今古文注疏》《史记》《太平御览》《吕氏春秋》《尸子译注》《康熙字典》《夏商周断代工程1996－2000年阶段成果报告（简本）》《中国论文网（2014.9.2）·王宁·商王武丁相关问题述略》《陕西地情网·陕西省志·大事记》】

周人先祖

（一）周人始祖

【尧舜时代，后稷作为朝廷官员、贵族首领，带领民众农耕。丰收之后，不分公私、没有贵贱，同祀天帝、共庆收获、齐享欢乐。这也许就是中国远古亚细亚社会的真实图景，就是被后人所向往的"大同"社会！】

周人始祖叫后稷（jì 音同季），因擅长农耕而被传为农神。《山海经》《竹书纪年》《史记》等许多古籍都有记载。

后稷的父亲叫帝喾（kù 音同酷）。帝喾，姬姓、名俊，贵族姓氏为高辛氏。帝喾为黄帝直系后人，继帝颛顼（zhuān xū 音同专须）而统领天下，成为九州天子。

后稷有 3 个不同凡响的同父异母兄弟。一个兄弟叫"契"（xiè 音同谢），为帝喾的天文官、尧舜的司徒官，因帮助大禹治水有功而受封于商地，成为殷商始祖。另一个兄弟叫"挚"（zhì 音同志），帝喾将天子之位传给他。帝挚开创了天子生前内禅于贤的中国政治文化，认为自己能力不行就主动禅位于其弟"尧"。帝尧，就是后稷第三个不同凡响的兄弟，抗旱治水、德才兼备，开创了中华非血缘关系的帝位禅让制度先河，其大公无私，达到了原始氏族社会人民首领的最高境界。

后稷的母亲是有邰（tái 音同台）氏方国女子，名叫姜嫄（yuán 音同源），有邰氏方国位于今陕西省武功县西南。姜嫄为帝喾王妃，可见当时社会并未建立起奴隶社会所通行的王位继承规则，即便为王妃之子，也不一定能继承天子之位。

《竹书纪年》和《史记》均有记载，姜嫄嫁给帝喾之后，很长时间没有怀孕，就举办了一场叫禋（yīn 音同因）的祭天礼仪。这种祭天方式，是先烧柴火升烟，然后把牲口的身体部分，以及珍贵的玉帛，全都放在柴上焚烧。看着祭天的熊熊火焰，姜嫄在内心虔诚祷告，祈求上天让她怀孕生子。

有一天姜嫄外出郊野，见到一个巨人的大脚印，心想，这可能是天帝的脚印，便满心欢喜地踏进了巨人脚印，然后站在巨人脚印里祈求天帝保佑，当时便心有所感。

回家之后，姜嫄很快怀孕，孩子在肚子里一会儿震动，一会儿安静。奇怪的是，怀孕刚满十个月的产期，孩子就自动从娘肚子里滑了出来，母亲安全无患，产门不破也不裂，身体健康。姜嫄暗自思忖：莫非是上天不愉快？嫌我祭祀的牺牲不够多？自己生出儿子只是个意外？

姜嫄怀疑此儿不祥，就把刚出生的婴儿扔进了一个狭窄的小巷，表示不敢违背上帝旨意。但是奇怪的事情发生了，不论是羊还是牛，都一起走进窄巷，主动给婴儿喂奶。

这个时候，姜嫄开始怀疑自己对天意的理解有错，但还是想再次试验一次，看看此儿降临究竟是否为天意？是否果真有上帝的保佑？她把儿子抱出小巷，又扔到了树林里，恰巧此时有人来砍树，樵夫怕伤了婴儿，把孩子抱走，放在了寒冷的冰地上。此时奇怪的事情再次发生，许多鸟儿飞过来护住婴儿，用双翅膀在上面盖着、底下垫着，不让孩子受冻。

群鸟飞去之后，婴儿哇哇大哭，哭声又长久又洪亮，就连大路上都听得清清楚楚。姜嫄赶紧跑过去，紧紧抱住儿子，带回家好生抚养。由于两次丢弃，所以她为儿子取名为"弃"。

关于后稷出生前后的超自然描述，是中国古籍记载所有先祖的惯例，没有这些神奇，便不足以证明周人祖先具有"天命"。周人改朝换代为承接天命，只有祖先为天子，才具备政治上的合法性。

《诗经·大雅·生民》载，弃儿特别聪明，才学会爬行就知道自找食物送进嘴里。长大之后特别喜欢种地：种大豆，大豆棵棵肥；种庄稼，满田谷穗个个美；种苎麻和麦子，苎麻麦子盖满田野；种瓜儿，大瓜小瓜堆成小山……

弃儿的种田方法也比别人好，能够分辨土壤性质，先拔除乱草然后耕地，再选取良种播种。种子萌芽，长出地面，一丛一丛，既整齐又旺盛。禾芽慢慢地长出，禾苗渐渐地长高，发茎秀穗，谷粒灌浆饱满，穗头结结实实，沉甸甸地下垂，人见人爱。

后来弃儿在母亲娘家、今陕西省武功县附近的邰地成了家，没想到上天让他在这里找到了两种黑黍。一种叫秬（jù 音同巨），一种叫秠（pī 音同痞），都是一个黍壳中含有两粒的黍米。后稷将黑黍培育成高产庄稼，邰地到处长满黑黍，收获的庄稼多到拿不走的程度，只好先堆放在大田里。

穈（mén 音同门）是谷子的一种，为赤苗，长出的是红米；芑（qǐ 音同起）是高粱的一种，为白苗，长出的是白米。这也是弃儿播种的农作物，他在邰地种植，含苞的麇芑遍地都是。

收获时节，弃儿带领众人肩挑背扛，把粮食带回家去祭祀神灵。人们想要获得农业丰收，全靠老天爷风调雨顺，所以弃儿希望通过祭天来让全族都过上好日子。过去人只用牛羊来祭祀天神，现在增加粮食来祭祀天神，为弃儿首创，充分显示出上古社会从游牧转变为农耕的深刻变化。

祭祀神灵的场面真够热闹，《诗经》生动地记载了弃儿族人集体劳动的欢快场面：

有人忙春谷，有人忙舀米，有人簸粮食，有人踩糠皮。响嗖嗖的是淘米，汽腾腾的是蒸饭。还有一群人在谋划——祭祀还需要香蒿和牛油……

大肥公羊剥了皮，把羊肉串起来，架在火上烤；把羊肉切成块，放在火里炙。又烧又烤供神享，祈求来年更丰收。女人们把烧熟的祭品高高举起，装在高脚豆盘容器里面。就这样，豆盘、瓦盆全都用上了，香气腾腾地充满了族人的祠堂。然后大家一起祷告：天帝快来好好受享啊，那肉食祭品是在胡地放牧的羊儿，实在很香。

弃儿因具有农耕特长而被帝尧封为农官。帝尧让他教给民众种植庄稼的先进方法，让各方国氏族都得到好处。弃的官职取"弃"的谐音"稷"，为"后稷"。稷，为百谷之长，所以中国以稷为谷神，国家也用"社稷"来指代。

先秦古籍《吕氏春秋·士容论第六》记载后稷所言："务耕织者，以为本教也。"意思是，致力于农耕纺织，是教化民众的根本。他用反问的办法帮助农人理解原始的"科学"种地：你能把洼地改造成高地吗？你能把劣质泥土除掉，而代之以湿润的泥土吗？你能使土地状况合宜，并用垄沟排水吗？你能使籽种播得深浅适度，并在土里保持湿润吗？你能使田里的杂草不滋长蔓延吗？你能使田地透气，吹遍和风吗？你能使谷物拔节多多，茎秆坚挺吗？你能使庄稼穗大，坚实均匀吗？你能使籽粒饱满，麸皮轻薄吗？你能使谷米油性大，吃着有咬劲吗？就这样，后稷用自己的先进农耕技术，为华夏农业文明做出了巨大贡献。

后稷当了农官，还是没有贵族姓氏和封地。帝尧让位于虞舜之后，虞舜说："弃在黎民和百姓开始挨饿之时，担任了农师，播种各种谷物。"于是继续让后稷担任"后稷"农官。帮助大禹完成治水之后，后稷才获得了贵族姓氏，有了封土，那就是邰国。虞舜让其氏族以祖先黄帝的"姬"为姓，于是，邰地就出现了后稷的姬姓族人。

千余年过去，周人始终不忘祖先后稷的功德，周初郊祭的时候，后稷作为祭天的配享，受到最高等级的祭祀。周人合唱《诗经·周颂·思文》："思文后稷，克配彼天……"怀念文德无比的后稷，功德可以匹配上天。用粮食安定民众，无人不受你的恩赏。你把麦种赐给我们，天帝让你来率领我们繁育。我们再也不要区分彼此的疆界了，让农耕的典章长久地遍及整个华夏……

后稷出生于天子家庭，却为庶民身份。这说明当时的中国，上至天子、下至官员贵族首领，其子女也是庶民，要与其他人一样从事艰苦劳作。弃，原本有名而无氏，被封农官多年，取得成绩之后，才得到了"后稷"氏号，而拥有了属于自己的封土方国和氏族，如此情况同样出现在天子虞舜身上，可见中国的土地分封，其实上在夏朝奴隶社会之前就已经出现。但尧舜时代的土地分封与夏朝之后的奴隶社会有所区别。前者，官员要取得很大成绩才能得到封土，而且不能由全体子女继承，后者则相反。

后稷生活在尧舜时代，从古籍对后稷的记载中，我们没有看到贵族官员骄奢淫逸、不劳而获，而是看到后稷以朝廷官员和贵族首领的身份，带领民众农耕，丰收之后，不分公私、没有贵贱，同祀天帝、共庆收获、齐享欢乐。《诗经•周颂•思文》反复吟唱："无此疆尔界，陈常于时夏。"意思是，农耕不必区分彼此疆界，在华夏大地遍布农政！这也许就是中国远古亚细亚社会的真实图景，就是被后人所向往的"大同"社会！

（二）公刘井田

【公刘因建立邠（豳）国而被周人视为周国之祖，同时也是周人在商朝实行"井田制"的第一人，意义深远。】

后稷（jì 音同季）是黄帝后代，尧舜农官，周人始祖。后稷去世之后，其后人失去了官职。夏朝初年，夏后少康灭掉乱臣韩浞而恢复了帝位，同时也恢复了后稷后人的农官之职，叫"不窋（zhú 音同族）"。夏末之时，后稷的后人再次失去了"不窋"农官，这就意味着夏王要收回今陕西省武功县附近的邰国封土，最后一代"不窋"族人面临着沦为奴隶的危险。于是，这位不窋带领全族沿着泾河北行，逃奔到岐山之北的戎狄牧区。

不窋定居的地方，是今甘肃省东部庆阳一带。商朝时这里称为"鬼方"，西周时这里叫"北豳（bīn 音同滨）"，春秋战国时这里为"义渠戎国"属地。来到如此荒凉之地后，这个祖祖辈辈以农耕擅长的不窋氏族，不得不且耕且牧，长期与游牧戎狄生活在一起。

不窋去世之后，其子"鞠"继位担任首领。鞠去世后，其子公刘担任首领。

公刘立志改变游牧习俗，继承祖先后稷基业，大力从事农业生产，深得族人爱戴，威信很高。

公刘首先让众族人由穹庐帐篷迁徙而转为土木房屋定居，然后巡视考察土地适宜种些什么，亲自划定田界疆土，全面恢复祖先农耕生活方式，初步形成了方国疆界。

公刘要求所有人勤劳耕作，将堆积在露天的收获谷物全部装进仓库，之后又全部制成了干粮，再一袋一袋地包装起来。当时的口袋，大袋有底叫作"囊"，装满粮食用车运，小袋无底叫作"橐"（tuó音同驼），便于随身携带。公刘之所以这样做，是打算带领所有人迁徙。公刘迁移的原因，有可能是躲避游牧戎狄的侵扰，也有可能是找到了更适合于农耕的地方。

这个时候，公刘的邠（豳）方以团结一致为光荣，同心协力跟随他，民众挎弓带箭，拿着盾戈斧钺等各种武器，浩浩荡荡地向南进发。

今甘肃省宁县附近的邠（豳）地为公刘迁徙的目的地，到达之后，众人放眼望去，是一片广袤的平原，全族人的心情都因此而非常平顺舒畅，没有一人长叹埋怨。公刘也很开心，一会儿跑到小山之巅坐坐，一会儿又回到平地站站。此时公刘方国的人口已经很多，大家都开始为安家而忙碌起来。

公刘时代已迈入商朝，公刘也早已不是后稷尧舜时代的原始氏族首领，物质生活大不一样。他身佩美玉瑶石、腰挎镶嵌美玉刀鞘的华丽佩刀，是身份尊贵的贵族诸侯老爷。虽然穿戴豪华，但公刘做事却踏踏实实。他亲自勘察原野，寻找水源，测量土地，爬上南岗，决定在一块叫"京师"的山地建立方国都城。几百年后，周文王把中原丰镐都城叫作"丰京、镐京"，中国京城的"京"字，就来源于这里。

公刘在京师建立起来新的邠（豳）国，建造起王室宫殿，派人横渡渭水，把砺石和锻石采伐过来作为房屋基础。宫殿建好之后，公刘大宴四方宾客，大殿里说话的说话，讨论的讨论，来宾全都是贵族，这些贵族都围绕在邠（豳）国王宫附近相依而居。

公刘大宴宾客，贵族们也很有威仪，容貌端庄，迈着"官步"前行。公刘为宾客安排了座席、几案，贵族们按照礼仪登席入座，儿案靠着几案，全都聚集在公刘的身旁。

公刘首先率领众宾客告祭天神，然后叫下人到猪圈去捉猪，现场烧烤，以供酒宴之用；公刘把葫芦剖成两半当作食具，请宾客吃肉，让来宾饮酒。最后，公刘宣布，自己继续担任邠（豳）国君主，由来宾们担任各类族长和官员。豳地距离中原殷商王畿，至少为数千里之外的"要服"，古代通行不便，天高地远却好处多，公刘的邠（豳）国诸侯是自封的，并没有经过殷商王室批准。而商朝这时候的方国，其成员早已不是由方国诸侯的单一贵族姓氏而组成的几个部族联合体，而是包括许多不同贵族姓氏部族联合体的方国，族长是方国诸侯的基层官员和管理者。

公刘因建立起强大的农耕邠（豳）国而被周人视为开国之祖，同时也是周人祖先实行"井田制"的第一人。《朱熹·诗集传》说："一井之田九百亩，八家皆私百亩，同养公田，耕则通力而作，收则计亩而分也。周之彻法自此始。"意思是：公刘设一井之田为900亩，而不是殷人的70亩。8家通力合作耕种100公田，然后8家再各自耕种100亩私田，最后再按900亩田地的平均产量收取这100亩公田的粮食。后来周朝"井田制"所使用的"彻法"，就是从公刘开始的。周朝的"彻"，把夏朝的"贡"和商朝的"助"结合起来：耕种时，采取让庶民集体耕种公田。为了防止庶民耕种公田时出工不出力，所以收获时，又采取按平均亩产缴纳粮食的办法。公刘所发明的新"井田制"，真是让奴隶主贵族把各朝的好处都占全了。《孟子滕文公下》曰："野九一而助，国中什一使自赋。"意思是，周朝在农村实行九分抽一的助法，在都市自行交纳十分抽一的赋税。这应该是比较成熟的周朝的"彻"。

邠（豳）国土地辽阔，东西方向很宽，南北方向很长。公刘察看了平原，又察看山冈，勘察日照的南北阴阳，还观察流泉灌溉的方向。他把庶民的营地设于3块高地上，因为从商朝开始，就是"因井田而制军赋"。据《汉书·刑法志》载，当时"因井田而制军赋……有税有赋。税以足食，赋以足兵。"军赋是这样设置的：以"四井为邑，四邑为丘……四丘为甸。甸，六十四井也，有戎马四匹，兵车一乘，牛十二头，甲士三人，卒七十二人，干戈备具……"也就是说，庶民男子集中居住在营地，营地平时是农耕编制，战时是军事编制。一旦打仗，从甲士兵卒，到武器装备、后勤补给，全都由"井田"庶民自备。天子军赋的承担者是诸侯国，诸侯国军赋的承担者是庶民。奴隶不住在"营地"，另由官府看管，因为奴隶不参加作战。

安排好营地之后，接下来公刘开始度量那些高高低低的地方，然后选出一块又一块良田，作为自己的公田。

公刘选择良田为公田的行为，在周朝变为成例。西周建立之后，从上至下的官员贵族奴隶主都把"井田"分为3类，把位于河流附近、背山向阳的平展土地，把土地中最好的部分，成千上万块地留给自己作公田，把城郊的贫瘠土地分配给庶民耕种私田。因为公田面积实在太大，所以也叫"大田"。

公刘的做法在当时是属于公平的，因为无论如何，也属于耕者有其田。邠（豳）

在公刘的带领下很快发展壮大起来，人口越来越多。公刘命人渡过漆水、沮水和渭河，伐木以供使用，使得出门之人有旅费，居家之人有积蓄，人们的生活都靠他的领导而好了起来。各姓的族人都感念他，甚至其他地方的贵族，也带着自己的族人庶民、奴隶，迁来归附他。

就这样，邠（豳）国土地面积不断扩大，先是把外流河"皇涧"，变成了内流河，然后国土面积又跨过邠（豳）地的"过涧"河，人口密度越来越大，最后逐渐发展到了芮水流域。公刘去世后，儿子庆节继位，在邠（豳）地建立了国都京师。

公刘因建立邠（豳）国而被周人视为周国之祖，同时也是周人在商朝实行"井田制"的第一人，意义深远。周朝事业的兴盛从此时开始，诗人们创作《诗经·大雅·公刘》来怀念他的功德。

（三） 豳风七月

【《诗经·豳风·七月》是一首用现实主义手法描写殷商社会的诗篇，生动展现出公刘时代邠（豳）国底层农耕庶民的真实生活。中国奴隶社会农庶与贵族奴隶主公侯之间的半人身依附关系，一目了然。】

《诗经·豳风·七月》，是一首用现实主义手法描写殷商社会的诗篇，整首诗歌都是一位庶民农人的真情倾诉，生动展现出公刘时代邠（豳）国底层农耕庶民的喜怒哀乐和真实生活——

七月大火星宿向西偏，九月本该授寒衣。十一月北风呼呼吼，十二月冻得索索抖。粗布麻衣无一件，如何不死在这年底的腊月天？

正月开始修锄犁，二月下地春耕早。老婆孩子同耕种，把饭送到南田郊，农官看到喜眉梢。

七月大火星宿向西偏，九月本该授寒衣。春天阳光暖融融，黄鹂婉转歌声美。姑娘挎着深竹筐，沿着小路步蹒跚。伸手采摘嫩桑叶，春来白日长又长。人来人往采白蒿，姑娘心中悲伤，怕被公子强带回。

七月大火星宿向西落，八月要把芦苇割。三月要把桑枝剪，取来斧头斫枝条。高枝过长砍不留，攀枝采摘嫩桑叶。七月伯劳叫得欢，八月织麻纺线忙。染了黑丝又染黄，染出红色最鲜亮，都为公子做衣裳。

四月远志草结籽，五月知了阵阵叫。八月田间收获忙，十月草木叶脱落。十一月上山去打猎，猎取狐狸皮毛好，都给公子做皮袄。十二月打猎练武功，小兽捕到归自己，大兽猎到献王公。

五月蚱蜢哥弹腿叫，六月纺织娘振翅飞。七月蟋蟀在田野，八月来到屋檐下。九月蟋蟀进门口，十月钻进我床下。堵塞洞儿熏老鼠，封好北窗糊门缝。叹我妻儿好可怜，眼看又要换年岁，迁入屋内把身安。

六月食用野李山葡萄，七月野葵豆类一锅烧。八月要把红枣打，十月下田收庄稼。酿成春酒美又香，主人长眉又益寿。七月靠瓜充饥肠，八月葫芦是主粮。九月拾起秋麻子，采摘苦菜又砍柴，农夫活命菜当粮。

九月菜园筑成打谷场，十月要把庄稼收进仓。黍稷早稻和晚稻，粟麻稻麦全入仓。叹我农夫好辛苦，刚收完庄稼，又为官家筑宫房。白天上山割茅草，夜里赶着搓绳索。赶紧上房修好屋，开春就要播百谷。

十二月凿冰响冲冲，正月里搬入冰窖中。二月开初祭祖先，献上韭菜和羊羔。九月寒来始降霜，十月清扫打谷场。两槽美酒大家尝，宰了小羊杀大羊。大伙登上那公堂，举杯共同敬主人，齐声高呼寿无疆！

有人见这首诗中的劳动者生活过于悲惨，便以为是邠（豳）地的奴隶，其实不是。奴隶，在商周铜鼎铭文中称之为"鬲、隶"，在《诗经》中称之为"仆（奴仆）、类（属类）"。古籍将庶民称为"黎民、农人、农夫"，"民"包括官员之外的贵族和庶民。而《诗经·豳风·七月》明确使用了"农夫"一词，可见劳动者不是奴隶而是庶民。更何况，夏商周时代的奴隶，是不可能参与诗中所描述的田猎活动和岁末祭祀敬酒的，奴隶只会比《七月》中的农庶生活更惨。

殷商奴隶时代，农人庶民一年四季的劳动内容均由贵族王公安排，就连过冬的衣服都要由奴隶主统一发放，这样的生活是近似于奴隶的。战国时代，只有对奴隶才"授衣"。1975年12月湖北省云梦县出土的《睡虎地秦代竹简·金布律》，其中有对奴隶发放夏衣和冬衣的记载："受（授）衣者，夏衣以四月尽六月稟（bǐng音同丙）之，冬衣九月尽十一月稟之。"稟，为赏赐。"囚有寒者为褐衣"，褐色麻布之衣为奴隶的囚衣。《金布律》强调"稟衣者，隶臣、府隶之毋（无）妻者及城旦。"发放衣服的对象为：奴仆、家中没有妻子的所有奴隶，以及筑城的劳役囚犯。而《七月》诗中一唱三叹的著名诗句："七月流火，九月授衣……"就是"冬衣九月尽十一月稟之"的意思，只是商朝邠（豳）国中不是奴隶而是庶民在呼喊：大火星宿快要走了，九月就要到来，早点给我们发放冬衣呀……

商朝时代不仅对奴隶，而且对农人庶民也要"授衣"，说明当时农庶的生活与奴隶差不多，只是不会像奴隶那样被随便杀掉而已。诗中的农庶即便有田可种，还是要靠吃野菜度日，要由贵族王公支配时间，贵族公子随时可以把庶民女子掠走睡觉，诗中唱道："女心伤悲，殆及公子同归！"农庶生活如此，与邠（豳）

国诸侯公刘"维玉及瑶，鞞琫（bǐng běng 音同丙本）容刀"，身佩美玉瑶石、腰挎镶嵌美玉刀鞘的华丽佩刀的形象大相径庭。从这里，我们看到商朝社会农庶与奴隶主之间，至少是一种半人身依附关系，近似于农奴。诗中无数次出现"公侯之事"，便是农庶在无偿地给贵族奴隶主服劳役。

公刘与后稷都是被周人所歌颂的伟大祖先，却生活在完全不同的时代。《诗经·大雅·生民》为今人留下了原始共产氏族社会同甘共苦的农耕欢快场面，而《诗经·豳风·七月》却为今人留下了奴隶社会两极分化的农庶哀乐。通过《诗经》对周人祖先的吟唱，笔者对中国由原始氏族时代的无阶级社会，进入到奴隶时代的有阶级社会，这期间一千多年的历史沧桑，感同身受！

主要参考文献

【《古本竹书纪年辑校今本竹书纪年疏证》《史记》《汉书》《诗经楚辞鉴赏辞典》《山海经》《吕氏春秋》《康熙字典》《朱熹·诗集传》《睡虎地秦墓竹简·秦律十八种·金布律》】

周国崛起

（一）古公迁徙

【周人的崛起与殷商有相似之处：出现德才兼备的首领，首领具有远见卓识，上下同甘共苦、艰苦奋斗，民众同仇敌忾，图谋霸业。殷商的衰败与夏朝也有相似之处：出现背道离德的君王，君王缺乏政治智慧，上下各怀私利、好逸恶劳，民众贪生怕死，不思进取。】

公刘去世后，其子庆节继位；庆节去世后，其子皇仆继位；皇仆去世后，其子差弗继位；差弗去世后，其子毁隃继位；毁隃去世后，其子公非继位；公非去世后，其子高圉（yǔ 音同语）继位。

帝祖乙 15 年，不窋的子孙高圉封为邠（豳）被殷商天子祖乙侯，中国遥远的西部边疆，从此出现了被商朝王室正式任命的邠（豳）国，名正言顺了。殷商卜辞有"侯邠（豳）"记载，按商朝体制，说明此时周人受命于商朝，称"邠（豳）方"。因为高圉能够遵循后稷而有正式立国之业，西周建立之后，周成王 7 年冬天，立高圉庙而报祭。

高圉去世之后，其子亚圉继位。帝盘庚 19 年，殷商天子盘庚册命邠侯亚圉。按《竹书纪年》年表计算，此时距离高圉被封邠（豳）侯的时间，相差 61 年。

亚圉去世后，其子公叔组绀（gàn 音同甘）继位。帝祖甲 13 年，公叔组绀亲自前往大商朝拜，商王祖甲册封其邠（豳）侯。

值得注意的地方有 3 点：一是从帝盘庚 19 年到帝祖甲 13 年，期间有近百年历史，《史记》将其记载为邠（豳）国两代诸侯，可能有误。二是《竹书纪年》记载："十三年，西戎来宾，命邠侯组绀。"可见周人当时被中原视为"西戎"。三是周人没有按照商朝"兄终弟及"制度，而是实行夏朝"父死子继"的规矩继位。

公叔组绀去世后，其子古公亶（dǎn 音同胆）父继位。

公元前 1147 年商王武乙登基，此时邠（豳）国因饱受西部戎狄威逼，在诸侯古公亶父的率领下，放弃了公刘所创建了300多年的邠（豳）国，由今甘肃省宁县一带迁徙到了周原。从此，古公亶父的邠（豳）国不再称之为"豳"，而被称之为"周"——生活在周原上的人。

周原位于陕西关中平原的西部，占今陕西岐山、扶风两县的一部分，这里气候宜人，水源丰富，土肥地美，非常适于农耕和狩猎。周原一面靠山，北倚岐山；三面靠河，东有漆水、南有渭水、西有汧（qiān 音同千）水。岐山和3条河，形成了御敌的天然屏障。

古公亶父，姬姓，名亶，是创建周朝的著名君王周文王的祖父，也是周人发展史上的关键人物，具有承上启下之伟业，所以周朝建立之后，追谥他为周太王，又作周大王。

古公亶父是公刘的第九代传人，所居住的邠（豳）地，西边是戎狄薰育部族，薰育部族就是春秋战国义渠戎国的祖先，今甘肃宁县焦村乡西沟村已发现义渠古城。

古公亶父继位之后，在邠（豳）国重修后稷、公刘的大业，积累德行，普施仁义，国人都爱戴他。《史记》记载，此人特别善良，从来不与戎狄发生冲突，薰育部族的戎狄经常前来侵扰，夺取财物，古公亶父就主动把财物让给他们。结果这样一来，薰育戎狄越发贪婪，不仅抢夺财物，还想强占土地和人口，搞得邠（豳）国民众非常愤怒，忍无可忍，欲奋起反击。没想到古公亶父居然不同意，说：民众拥立君主，是想让君主为大家谋利益。现在戎狄前来侵犯，目的是夺取我的土地和民众。被他们抢走的民众跟着我或者跟着他们，又有什么区别呢？如果民众因为我的缘故而去打仗，就会产生牺牲。如果牺牲了别人的父子兄弟，我以后还怎么去做他们的君主呢？我实在不忍心这样干。

为了既不引起战争，又不得罪族人，还要避免薰育戎狄的抢劫，古公亶父与王妃太姜商议——寻找新地点迁徙为好。古公亶父的王妃太姜，祖上是几百年前从中原后稷封国迁徙过来的有邰氏族，王妃聪明贤惠，古公亶父凡事都喜欢与她商量。

《诗经·大雅·绵》用优美的语言记载下周人的史诗：这天一大清早，古公亶父骑上快马，离开豳都家乡，沿着渭水河向西走。他渡过漆水、沮水，翻越梁山，终于发现岐山之南有一大片未被开垦过的土地,那里叫"周原"，也被称为"豳南"，即邠（豳）地之南。

有一天，邠（豳）国民众突然发现古公亶父带领家人离开了，于是全国上下一齐出动，所有人都带着家人离开了邠（豳）地，如同一根藤蔓，像大瓜拉小瓜那样，扶老携幼、拖拖拉拉地跟着来到了岐山脚下。邠（豳）国周围的邻国民众，听说古公亶父如此仁爱，也有许多人离家，跟着迁徙到了岐山之南的周原。

刚刚到达周原之时，这里是一片荒原，没有房子居住，只好挖洞筑窑抵挡风雨，日子过得非常艰苦。

古公亶父与王妃太姜一起勘察地形，废除掉戎狄穹庐帐篷的风俗，营造城郭，建筑房舍，把民众分成不同邑落安定下来。

周原幅员辽阔、土地肥沃，就连堇（jǐn 音同仅）菜和荼（tú 音同涂）菜之类的苦菜，吃起来也像麦芽糖一般甘甜。大伙儿又商量又谋划，刻龟甲占卜来求取安家的好地方，结果神灵暗示，就在此时此地可以建筑房舍。这样一来，所有的人都在岐山脚下安心下来，同时向四面八方开荒，然后丈量土地、确定田界。一时间，疏通沟渠，整治田垄，在从西到东的一大片土地上，男女老少都在忙于干活。

古公亶父召来司空官管理工程，召来司徒官管理土地和劳役，巨大的"城市建筑工程"就这样启动了。

司空官和司徒官带领众人拉紧墨绳垂吊直线，竖起夹板筑土墙，建起了庄严整齐的周人宗庙。接着，铲土壤壤掷进筐，填土轰轰声音响，版筑捣土噔噔噔，刮刀乒乒削平墙，几百堵土墙齐动工，震耳欲聋的夯土之声，就连擂响一丈二尺直径的大鼓，都听不见一点声响。

就这样，周国岐都的外城门建起来了，那城门又高又大好雄壮。宫殿的正门建起来了，那大门真是既庄严又雄伟。堆起土台做祭坛，祭祀社神，祈祷的众人排成了行。

古公亶父还命人将除了桑树之外的柞木等野树都拔尽，在大路两旁种上了青松翠柏，让通向中原的交通要道无遮拦、无阻挡。由于古公亶父建起牢不可摧的岐都，让薰育戎狄无法按习惯抢劫，气得要命；昆夷戎狄进攻不成，气喘吁吁地逃跑了。当时，居住在岐山下的原住民是羌戎，古公亶父让自己的农耕氏族与游牧羌戎结为婚姻联盟，友好相处……

古公亶父在周原恢复了祖先后稷、公刘之业，推行"务耕织、行地宜"的农业发展政策，又设立和完善了各种官职来办理各种事务，周国就这样逐渐强盛起来，奠定了周人灭商的经济、军事基础。

商王武乙 3 年时，为了安定西北、笼络周人，武乙册封古公亶父，把事实上早已属于周人的岐山之阳，正式赐给古公亶父当封邑。于是，在周原这片土地上，正式出现了国号为"周"的诸侯国，姬姓周族从此在这里繁衍生息。当时并没有人知道，中国悄然出现的这个名字叫"周"的小方国，非同小可，因为从古公亶父开始，中华历史正式拉开了周人翦商、图得天下的序幕……

古公亶父是上古周族的杰出领袖，也是一位具有远见卓识的政治家。他不与薰育戎狄争斗，是因为内心怀有宏图大略，从建立周国之初，就一心想着如何向中原方向发展。《诗经·鲁颂·閟宫》记载："后稷之孙，实维大王。居岐之阳，实始翦商。"记述古公亶父的功绩：后稷那位后代嫡孙，正是我们伟大的先君太王。他迁居到岐山之南，从此开始翦灭殷商。周人剪商大计，从那个遥远的时代就已经开始。通过4代人的不懈努力，经过101年时间，才最终完成……

周原遗址如今已被考古发掘，从陕西省宝鸡市凤翔县去那里的路线是最近的。周原遗址出土了大量卜骨和卜甲，还有数量巨大的珍贵青铜器，周人的社祭建筑基址、铸铜作坊遗址、民居建筑基址均被发现，可见在周文王迁都丰镐京都之后，周原仍是周人重要的政治经济文化中心。

周人的崛起与殷商有相似之处：出现德才兼备的领袖，领袖具有远见卓识，上下同甘共苦、艰苦奋斗，民众同仇敌忾，图谋霸业。

殷商的衰败与夏朝也有相似之处：出现背道离德的君王，君王缺乏政治智慧，上下各怀私利、好逸恶劳，民众贪生怕死，不思进取。

（二）　九命西伯

【商王文丁加封周国诸侯季历为"九命西伯"一事，说明夏商的贵族爵位并不代表贵族等级，所谓"公侯伯子男"，是西周以后才出现的贵族爵位等级。】

帝武乙21年，周国诸侯古公亶（dǎn 音同胆）父去世，儿子季历继位。

周人历来严格执行夏朝的长子继位制度，而季历并非为古公亶父的长子，甚至连次子都算不上。古公亶父的长子叫太伯，次子叫虞仲。季历是周王正妃太姜所生的小儿子，按道理，轮不上此人继承周国的诸侯王位。

季历与兄长们的关系很好，人善良、品德好，还是个热心肠，并非争权夺利之小人。季历之所以破格继位的关键，主要是因为他娶了今河南汝南一带的挚国二公主，任姓，叫太任。

这原本就是一次周与商的政治联姻。挚国君主是殷商大臣，虽不一定为商朝王族，那也是住在商朝王畿之内、身份显赫的贵族诸侯，所以，太任在婆家的地位很高。尊贵的太任从不颐指气使，对婆婆太姜低眉顺眼、非常孝顺，而且她与太姜一样，都是品行良好、聪明贤惠的妇人，平日里仪态端庄，说话谨慎。

有一天，太任夜里睡觉，梦见有一位巨人与自己交合，后来真的就怀孕了。

太任是中国历史上有古籍记载的胎教先驱，《列女传·母仪传·周室三母》中说，太任怀孕期间，目不视恶色，耳不听淫声，口不出傲慢之言。结果儿子周文王出生之后，果然明达圣哲，"以一而识百"，母亲教一，儿子能自己认识从一到百的数字，人们都说是太任进行胎教的缘故。

从这以后，中国就产生了孕妇胎教传统：女子怀孕之后，睡觉不能侧身，端坐不能靠边，站立不挡通行，吃饭不食怪味……这些都是孕妇安全。然后还有美育胎教：食物不是方方正正的不吃，座席不是正正规规的不坐，眼睛不看邪恶画面，耳朵不听淫乱音乐。最后发展到贵妇们夜里命盲人乐官前来朗诵诗歌，说唱正人君子的故事……据说这样胎教出来的孩子，容貌端正、才德过人。

如今看来，3千多年前的太姒胎教，是有科学道理的。太姒认为，婴儿是万物中最弱的，一切来源于母亲，所以孩子的形状和声音都与母亲相似。怀孕的时候，母亲必然有所感觉，母亲的善恶感觉，就是肚子里孩子的善恶感觉。

太任对肚里的孩子进行了许多胎教，却不知为何，儿子居然出生在臭气熏天的猪圈里。《竹书纪年》载，太任去猪圈解手，一不小心就生下了儿子，虽然顺产，但猪圈也实在太脏了，可见当时中国没有发明出像样的厕所。

太任给儿子起名叫"昌"，这就是后来的周文王。古公亶父的这位孙子，不仅"子以母贵"，而且与中华许多著名祖先一样生有异象，胸部有4个乳房。姬昌长大之后，龙颜虎肩，身高10尺，这些都被认为是"有圣瑞"。于是古公亶父说："吾世当有兴者，其在昌乎？"我们家族有一代要兴旺起来，恐怕就要在姬昌身上应验吧？

此话一出，长子太伯和次子虞仲便明白了父王的心思，知道他是想让三子季历继位，以便将来传位于孙子姬昌。

夏朝王位"父死子继"，商朝王位"兄终弟及"，古公亶父想让小儿子季历继承王位，无论如何必须在长子和次子全都去世之后。太伯、虞仲不愿服从父亲，做"过渡"性质的君主，为避免性命之忧，先后逃到南方荆蛮之地。所谓南方荆蛮之地，其实就是今江苏苏州一带，距离西部岐山的周原，有数千里之远。到达南方之后，太伯和虞仲均顺从当地习俗，在身上刺了花纹，剪掉了头发，表达出永远不回周国的决心，这才算是把王位主动而彻底地让给了小弟季历。

太伯和虞仲虽未即位，但他俩都曾按规矩，先后被古公亶父立为储君，所以在后代周人祭祀中占有牌位。

季历继位之后，周人称其为"公季"，周武王灭商之后追尊其为王季，也称周王季。公季当周国诸侯的时候，实行父亲古公亶父的政教，努力施行仁义，获得大量人心，许多诸侯方国愿意依附他。

因为季历具备与商朝贵族联姻的优势，周国加强了与商朝君王的联系。帝武乙24年，也是季历上任的第三年，季历率领周国军队攻伐程国，十分卖力地为商王武乙"修理"天下。

程国的位置，在今河南洛阳市东的"毕"地。这个方国传说是黄帝的火正之官"重黎"的后代，国君毕程氏，也叫程伯。程伯为了增加贵族爵位而减少了官员俸禄，群臣貌似都感到匮乏，勾结庶民而坑害民众。如此混乱之国，被公季在"毕"地彻底消灭，这是首次胜利。这以后，季历经常在程国故地居住，周国从此在中原有了立足之地。

帝武乙30年，公季亲自率领周国军队，向多次骚扰其族人的薰育戎狄部族发起进攻，此时薰育部族已改名叫义渠戎国。《逸周书·卷八·史记》曰："昔者，义渠氏有两子异母，皆重。君疾大臣，分党而争，义渠以亡。"义渠氏有两个同父异母的儿子，皆处高位。国君后来得了病，大臣们分为两党而相争斗，公季巧妙地利用义渠戎国的内部矛盾，俘获了义渠国君，为祖先报仇雪恨，大胜而归。

帝武乙34年，商朝举办重要祭祀活动，为了取得大商信任，公季亲自去殷地朝见商王武乙。武乙非常高兴，赐给公季土地方圆30里、美玉10双，良马10匹……给了土地，商王的犒赏非常丰厚。

这样一来，季历底气十足，放手打仗，次年就攻伐西洛鬼戎。西洛鬼戎也叫"鬼方"，就在季历祖先公刘的邠（豳）地附近。季历得胜归来，俘获大小头目20个。周人因长期居住在戎狄游牧区域，战斗力非常强大，所以殷商王室将周国作为中原的西部屏障。

公元前1113年，为帝武乙35年，武乙被雷震毙，其子文丁正式即位。

文丁，名杞，即位之后，又将国都从沬都（朝歌）迁回到今河南安阳的殷都。

帝文丁2年，燕京戎来犯。燕京戎，简称燕，是活跃于商朝末期和周朝的游牧民族。燕京戎的活动范围很大，今山西省静乐周围，南下沿汾水两岸，直到祁县以西、邬县以北，方圆两百多里都是燕京戎的区域。季历受商王文丁之命而征讨燕京戎狄，遭到了顽强抵抗，结果打了大败仗。

帝文丁3年，殷都出现了类似夏桀末年时候的大旱灾，都城所依赖的洹河之水，一日三绝，这被古人视为商朝即将灭亡的征兆。

商王文丁4年，今山西长治一带的余无国戎狄来犯，殷都告急。周国诸侯季历奉商王文丁之命征伐，大获全胜，余无国败而降周，这样一来，周国的势力更大了。

为了消除商王文丁对自己的担心，周王季历亲自去殷都报捷，并献上了战俘和其他战利品，季历被文丁嘉封为"牧师"。牧师含有"方国伯长"之意，也就是说，季历被授予了夏时成汤所拥有的"专征讨伐"之权，即掌握了代天子征伐诸侯的权力，以后可以合法地想攻打谁就攻打谁。

周国的地理位置在今陕西的岐山之南，大约属于一两千里之外的"夷服"了，距离商朝政治经济文化中心的殷都很远，季历要见一次商王很不容易，所以他很早就想在中原程国故地建造一座自己的城邑。这个愿望终于在帝文丁5年的时候实现。程邑成为周国除岐邑之外最大的食邑，季历从此可以经常住在程邑而不回岐都。就这样，周国的政治、经济、文化、军事中心逐渐东移，为最终在程邑南边的丰镐建都，打下了良好基础。

帝文丁7年，始呼国戎狄进犯，始呼国地处商朝沫都（朝歌）北面、太行山脉附近。于是周王季历又义不容辞地征伐，始呼戎兵败而降周。周国也由此成为商朝最大的诸侯国。

帝文丁11年，季历打败了翳（yì 音同义）徒国戎狄，俘获了这个方国的3个大头目，亲自前来向商王文丁献捷。朝廷之上，商王文丁首先嘉奖了周国诸侯季历的功劳，然后把秬鬯（jù chàng 音同巨唱）香酒和圭瓒（guī zàn 音同归赞）酒具赏赐给季历。

秬鬯，是商朝以黑黍和郁金香草酿造出来的香酒，用于祭祀降神及赏赐有功诸侯。圭瓒，是商朝的一种玉制酒器，形状如勺，以圭为柄，也是用于祭祀的。这两种赏赐，都显示出商王文丁给予季历以非凡的政治待遇。

紧接着，文丁又加封季历为"九命西伯"，号称"周西伯"，即位于中原之西的方国诸侯之长。其实，周王季历早就已经是"牧师"，牧师就是"方国伯长"的意思，有"专征讨伐"之权，但"九命西伯"不同，政治地位更高。

西伯，是爵位而并不代表贵族爵位等级，是一种对王室外廷事务官职的任命。商朝没有严格的贵族等级，侯与伯只是对诸侯的不同称呼，一般先世袭土地再追认诸侯的为侯，由天子封赏土地而任命的诸侯为伯，侯爵并不一定比伯爵地位高。

九命，代表官职的等级。命，是命服之意，如同今日职业服。官员上朝所穿官服不同，官职品阶等级也不一样，商朝官员的命服，因等级不同而各有定制，上朝之时，君王看命服，就对下级的官位品阶一目了然。

商朝后期，官员的品阶有"九命"至"一命"之差，"九命西伯"为最高等级，后来被周朝继承为严格复杂的"九命"官爵制度。商王文丁对周王季历所封赏的"九命西伯"，相当于西周的官爵等级中最高的"九命上公"，这是商王文丁所能给予方国诸侯的最高政治地位，此刻也成为季历一生中政治生涯的顶峰。

《竹书纪年》载，封赏告一段落之后，原本喜气洋洋的场面风云突变，商王文丁不知对周王季历提出了什么要求,季历不同意,两人发生了剧烈争辩。随后情况急转直下,文丁突然将季历抓了起来,隔离到兵库中去了……可怜的季历,担任"九命西伯"后只风光了个把小时,就被活活困在了殷商兵库之中,然后慢慢地饿死——这就是商王文丁为了遏制周国势力扩展而杀害周国诸侯季历的经过。

商王文丁为何突然杀害功臣季历?其实并不奇怪,因为文丁执政11年来,虽然有所征伐,但过于依赖季历替自己打仗。而季历能征善战、功高盖主,文丁再无可赏赐,不可能不对他有所忌惮。作为军事家的季历对大商毫无防范,可见并不具备优秀政治家所应有的政治智慧,所以中国历史也不可能在他的手中改朝换代……

商王文丁加封周国诸侯季历为"九命西伯"一事,说明夏商的贵族爵位并不代表贵族等级,所谓"公侯伯子男",是西周以后才出现的贵族爵位等级。

主要参考文献

【《古本竹书纪年辑校今本竹书纪年疏证》《史记》《诗经楚辞鉴赏辞典》《逸周书汇校集注》《列女传译注》《康熙字典》《夏商周断代工程1996 – 2000年阶段成果报告(简本)》】

商周恩怨

（一）审时度势

【为父报仇重要？还是联姻通好重要？"识时务者为俊杰，通变者为英。"霸业因时而生，识时务而审时度势，是中国传统政治大智慧。】

公元前 1102 年，是极不寻常的一年。这一年，执政 11 年的商王文丁杀掉了周国诸侯季历，然后自己也去世了。文丁的儿子帝乙即位的时候，商朝的国势更加趋于衰落。帝乙，名羡，居住殷都。

同在这一年，周王季历的儿子姬昌继承了周国诸侯王位。姬昌，也叫西伯昌，他就是毁灭商朝的周朝奠基者，史称周文王。公元前 1102 年，是周文王继位之元年，有象征吉祥的神鸟凤凰聚集周原岐山之上，为周国大吉之兆。

父亲季历无端被商王所杀，这让周文王非常痛苦。《太平御览·卷八十三》引《（古本）竹书纪年》："帝乙处殷二年，周人伐商。"可见周文王姬昌为父报仇而开始征伐殷商。

为了缓解上辈结下的杀父之仇，商王帝乙用通婚的办法来缓和殷商与周国的矛盾，把有莘（shēn 音同身）氏国君的二公主"太姒"，做媒许配给周文王姬昌，于是周国停止征伐而恢复与殷商友好。

太姒，姒姓，为夏朝大禹的夏后氏母系族人。太姒家乡有莘国在今河南洛阳的伊水一带，那里是早商重臣伊尹的家乡，这也许就是有莘氏与殷商王族关系亲密的原因。而周文王姬昌远在今陕西宝鸡岐山的周原，即便有中原程邑作为落脚点，程邑也在今陕西西安东部，距离伊水很远。周文王姬昌在渭水迎娶太姒，可见太姒是从伊水送到渭水南岸来相亲的，而周文王姬昌也从遥远的岐山（岐都），来到中原程邑的渭水之滨迎亲。

据传《诗经·周南·关雎》写的就是有莘氏太姒与西伯姬昌的爱情故事。周文王姬昌第一次在渭水河边遇到太姒的时候，立即被她那天仙一般的美貌深深吸引。诗歌很美："关关雎鸠,在河之洲。窈窕淑女,君子好逑……"大意为:雎鸠小鸟在关关歌唱,在那河中的沙洲之上,出现了一位文静而美丽的少女,她就是贵族小伙梦寐以求的姑娘……诗歌一唱三叹,叙述小伙子最初追求没能如愿,翻来覆去难以成眠,朝思暮想之后,用鼓瑟弹琴表达爱慕,终于换来了姑娘的笑颜……中国远古时代,无论什么地位显赫的贵族,如果不用唱诗的办法求婚,恐怕都讨不到心仪的妻子。这种风俗,是从伏羲时代传承下来的婚姻文明,一直保存至今,中国边远地区的少数民族还在唱山歌求婚。

太姒究竟与商王帝乙是什么关系? 尚不清楚,但肯定与帝乙关系密切,而且社会地位不低。《周易·泰卦》爻辞写:"帝乙归妹,以祉元吉。"意思是:帝乙嫁出自己的妹妹,以此得福,大吉。太姒是帝乙的妹妹吗? 两人并非同一姓氏。有学者认为,妹,是女子的意思,不一定是妹妹。

周文王姬昌先按传统对太姒下吉祥的聘礼,然后把婚礼办得盛大隆重、喜气洋洋。《诗经·大雅·大明》记载:"文王初载,天作之合。在洽之阳,在渭之涘。文王嘉止,大邦有子。大邦有子,伣(qiàn 音同欠)天之妹。文定厥,亲迎于渭。造舟为梁,不显其光。"意思是,周文王姬昌刚继位的时候,就有了天作之合的美满姻缘。在洽水之南、渭水河边,周文王姬昌彬彬有礼地去见大商的未嫁女子。那大商的未嫁女子,就像天帝的妹妹一样美丽。占卜确定了吉时,周文王姬昌亲自到渭水之滨迎接,造了好多船只,船船相连而作"鹊桥"横跨河面,把美丽的新娘从渭水之南迎接到了渭水之北,如此隆重的婚礼显得很光荣。

太姒出嫁的时候,女方的亲朋好友反复唱起了欢快的《诗经·周南·桃夭》:"桃之夭夭,灼灼其华……"桃花怒放千万朵,色彩鲜艳红似火。这位姑娘要出嫁,喜气洋洋归夫婿! 早生贵子后嗣旺! 齐心携手和睦家!

新娘子娶进家门的时候,男方的亲朋好友反复唱起了欢快的《诗经·周南·樛(jiū 音同纠)木》:"南有樛木,葛藟(gé lěi 音同隔蕾)累之。乐只君子,福履绥之……"南边弯弯树枝丫,葡萄野藤攀缘它。君主结婚真快乐,上天降福赐给他! 上天降福保佑他! 上天降福成全他!

夫妻步入洞房,前来闹洞房的亲朋好友反复欢唱《诗经·周南·螽(zhōng 音同终)斯》:"螽斯羽,诜诜(shēn 音同身)兮。宜尔子孙,振振(zhēn 古音同真)兮……"蝈蝈张翅膀啊,群集低飞翔啊。你的子孙多又多,家族正兴旺啊! 世代绵延长啊! 和睦好欢畅啊! ……

就这样,美丽的有莘氏次女,被风风光光地娶进周文王姬昌的家门。

结婚之后,周文王姬昌在自家建立规矩,把家规首先用于太姒王妃,并涉及自己的兄弟,意图为周国的社会秩序树立起一种"长幼有序、男尊女卑"新风尚。

太姒十分贤惠，继承婆母（太任）的行事风格，建立了良好的家庭传统。太姒为丈夫生下了10个儿子，并把儿子教育得非常好，其中：长子为父捐躯，被殷纣王杀害；二子继承文王大业，成为周朝开国君主周武王；四子周公旦才德双馨，成为周朝著名贤臣……掌管礼仪的官员作《诗经·大雅·思齐》，歌颂太姒"齐家贤助"之功绩。

用联姻来化干戈为玉帛，是中国化解仇恨的传统做法。然而对于周文王姬昌来说，到底是为父报仇重要？还是与殷商联姻交好重要？的确是个问题。周文王姬昌此时并无彻底毁灭殷商之实力，如果继续攻伐，与商为敌，绝非胸有大志者所为。所以周文王姬昌接受这桩美满的联姻，顺坡下驴，为审时度势之必然。

《吕氏春秋·孝行览第二·首时》针对此事评论："圣人之於事，似缓而急，似迟而速，以待时。王季历困而死，文王苦之……时未可也。""圣人之见时，若步之与影不可离。"意思是：圣人的事情，好像很迟缓，无所作为，而实际却很迅速，能够成功，这是为了等待时机。父亲季历被商王文丁囚困而致死，使周文王很是痛苦……之所以没有讨伐，是因为时机尚未成熟。圣人与时机的关系，就像步行时的影子与身体不可分离一样。《晏子春秋·霸业因时而生》留下千古名言："识时务者为俊杰，通变者为英（豪）。"霸业因时而生，识时务而审时度势，是中国传统政治大智慧。

（二）南仲朔方

【中原农耕方国不断扩大耕地面积，不断与周边游牧部族混血，汉人血源几乎包涵了中华所有民族。周文王大将军南仲西抗昆夷、北击猃狁，创建朔方，就是华夏本土各部族之间相互攻伐、血缘融合的历史过程。】

帝乙3年6月之夏，周文王姬昌卧病在床，周国发生了5天的地震。奇怪的是，地震的范围，东南西北均不超出周国四郊。当时百官都请求周文王姬昌：我们听说，地之所以震动是因为君主的缘故。群臣都十身恐惧，请求周文王把灾祸移走。

周文王姬昌问，怎么移走它呢？

臣子们回答，征发徭役、兴师动众，增筑国都的城墙，大概就可以把灾祸移走吧。

周文王姬昌说，不可！上天显示妖异是为了惩罚有罪之人。我必定有罪，所以上天借此而惩罚我。如今兴师动众来增筑城墙，只会加重我的罪过。我愿意改变过去的行为，增加美善的品德，来移走灾祸，或许可以免除灾祸吧！

于是周文王姬昌慎重地使用礼仪等第、爵禄品级、动物皮革等结交诸侯；谨慎地使用辞令、货币、布帛等对豪杰侠士以礼相待；用爵位、等级、田地来赏赐群臣，没过几天病就好了。《吕氏春秋·卷六·季夏纪·制乐》评论："此文王之所以止殃翳妖也。"这全在于周文王姬昌用以止息祸殃、灭除怪异的方式得当啊。

这年秋季，北方黍稷扬花秀穗，就在这即将收获的季节，昆夷前来进犯，目的是抢粮过冬。由于联姻，商周矛盾得到缓解，不再为敌，商王帝乙下令，叫周国的大将军南仲发兵抵抗。

昆夷，为中国西北地区的众多部族，属于《山海经》中描述的犬戎一类。殷商时期，今陕西彬县岐山一带的泾水、渭水流域有昆夷，甘肃内蒙古一带也有昆夷。北方的昆夷，西周时被称为猃狁，周国位于岐山之阳，所以《诗·小雅·采薇（序）》曰："文王之时，西有昆夷之患，北有猃狁之难。"这次抵御的昆夷，其实就是北方的猃狁。

周文王姬昌服从商王命令，派大将军南仲出征，《诗经·小雅·出车》详细记载了当时的情景：兵车派遣完毕，都在牧野待命，南仲将军在周文王姬昌的居所中得到立即领军打仗的指命，只因国家多事多难，战事十万火急。

诗中的"居所"和"牧野"，很难说是周国岐都还是中原程邑。因为殷商的语言习惯是：邑（城）之外谓之郊，郊外谓之牧，牧外谓之野，野外谓之林。而周文王姬昌并不一定全都住在周原岐都，为了便于和殷商王室联系，他经常居住在中原程邑。但周原的岐都位于西北，距离昆夷较近，如果军队从中原程邑出发，那就太远了，所以周文王姬昌的这个"居所"和"牧野"，周原岐都的可能性比较大。

南仲将军来到牧野，召集武士作为自己的驾车前驱，又将全军集合在城郊召开誓师大会，郊外到处插着画有龟蛇图腾的大旗，到处竖着用牦牛尾装饰的军队仪仗，鹰旗和龟旗交错挥舞，旗帜招展，士气高涨……

北方的昆夷猃狁非常凶狠，又在荒蛮之地居无定所，所以南仲将军担心士兵行军辛劳，没有必胜把握。于是周王传达商王帝乙的命令，要求南仲前往朔方筑城。

朔方位于今内蒙古的河套西北部及后套一带，为鄂尔多斯西部及巴彦淖尔西南部，朔方之西北部与昆夷猃狁为邻。朔方极为寒冷，自然环境恶劣，《唐诗·高适·燕歌行》："山川萧条极边土，胡骑凭陵杂风雨"，"大漠穷秋塞草腓，孤城

落日斗兵稀。""边风飘摇那可度，绝域苍茫更何有。杀气三时作阵云，寒声一夜传刁斗。"就是唐代诗人对朔方要塞的军事环境描述。尽管环境险恶，朔方筑城之后，周军还是有了后勤保障，兵车战马众多，旗帜鲜艳缤纷，将军威风凛凛、仪表不凡。

南仲将军横扫朔方昆夷猃狁的军事行动并不顺利，用了一年多时间还没有结束。战争这么艰难，环境这么艰苦，时间这么长，这是当初谁也没有想到的。冬天的后勤补给非常困难，根本运不过去，所以到了第二年春天，周国军队只能靠吃野菜度日，饥渴、郁闷、想家……士兵们一边采摘刚刚冒头的柔嫩野菜，一边唱："采薇采薇，薇亦柔止，曰归曰归，心亦忧止，忧心烈烈，载饥载渴，我戍未定，靡使归聘……"他们吟诵，采薇菜呀采薇菜，薇菜刚刚冒嫩头，说回家了说回家，心中多么烦忧愁，忧心烈烈如火烧，又饥又渴实难熬，驻防地点不固定，无法派人送家书……将士们的情绪非常低落。

战争在开春后继续进行，战士们渴望结束战争，一进入战争状态就士气高昂。他们歌唱自己的南仲将军：那光彩鲜艳的是什么？是那盛开的棠棣花！那高大华丽的是什么？是将帅乘坐的指挥车！四匹雄马高又大，步伐整齐好威风，将帅乘车来指挥，士兵用车做隐蔽。将帅佩戴弓箭袋，只因防备突然袭，每月作战好几次……

很快，第二个寒冷的冬天又要到来，周国军队决定暂且撤离朔方。归途不易啊！雨雪霏霏，满路泥泞，从将帅到士兵，无不忧心忡忡，他们唱着："昔我往矣，杨柳依依，今我来思，雨雪霏霏，行道迟迟，载饥载渴，我心伤悲，莫知我哀……"周国岐都这边，周文王姬昌心急如焚，他与周军家人的心情一样，每天都在盼望周国军队早日到家。《诗经·小雅·杕杜》写家中妻子思念出征官兵，特别悲哀："有杕（dì 音同帝）之杜，其叶萋萋。王事靡盬（gǔ 音同古），我心伤悲。卉木萋止，女心悲止，征夫归止……"棠梨孤独生路旁，叶子繁茂苗壮长。王家战事无休止，我的心里多悲伤。野草树木又葱绿，女子心里多悲伤，盼望征人早还乡……

孔颖达《毛诗正义》说此诗为周文王慰劳远征归来的将士所做的歌，今人不信。其实《毛诗正义》没错，错的是今《诗经》的研究学者，只知文学而不知历史，更无法体会当年周国军队的艰难困苦，为何悲哀超过喜悦。回想第二次世界大战，德国军队开始虽然在俄罗斯得胜，但从寒冷的西伯利亚回到家乡，不被冻死在路上的，少之又少……

即便如此，威仪赫赫的南仲将军还是于次年春天再次出征，这次讨伐西戎昆夷大获全胜。周军捉住了昆夷首领进行审问，然后押着一大批俘虏凯旋，周国终于平定了昆夷猃狁，驱除了北方危机。

包括"百度百科"在内，不少学者把南仲当成周宣王时代的将军，是错误。先秦《竹书纪年》载："三年，王命南仲西拒昆夷，城朔方。"《毛诗故训传》是现存最早和最完整的《诗经》注本，《毛传》云："王，殷王也。南仲，文王之属。"明确指出"南仲"是殷商时代周文王的下属。

商朝抗击昆夷猃狁，本质上是国家内部游牧文明与农耕文明的矛盾，而非现代意义上的国与国之间的民族矛盾。

以西北游牧少数民族为例：夏之前叫"犬戎"，在今陕西、甘肃一带游牧，先秦古籍《山海经·大荒北经》称："犬戎与夏人同祖，皆出于黄帝"。夏商时叫"羌戎、昆夷"，在今陕西、甘肃、河北、内蒙古一带游牧，其中包括夏后氏遗民，也包括白种羌戎。殷墟陪葬的羌人奴隶之中，不仅有大量白种人，还有不少混血人种。西周春秋战国时叫"猃狁、西戎、北狄"，在今陕西、河北、甘肃、内蒙古、宁夏一带游牧。汉朝叫"匈奴"，在内蒙古、漠南、新疆一带游牧。唐朝叫"突厥、回纥"（hé 音同和），游牧在甘肃、漠北、新疆、内蒙古、蒙古以及中亚……不难看出，这些西北游牧民族原本生活的地方离中原很近，随着战败不得不逐步朝着自然环境极差的中国西部和北部迁徙，甚至匈奴后人西突厥汗国也被唐朝所灭，其部分遗民只好举族离开自己祖祖辈辈生活的土地，前往西亚去参与摧毁欧洲的古罗马帝国。

汉族名称出现很迟。汉人是中原农耕氏族与周边各氏族的混血民族，血源几乎包涵了全中国现有大部分民族。炎黄部族与蚩尤部族混血之后，中原部族与四方各地继续混血。夏人祖先大禹的母亲是巴人；商人祖先契的母亲是东夷；周人很长时间被中原人视为西戎……中原农耕氏族不断扩大耕地面积，不断与周边氏族混血，从黄帝时代开始，用了3千多年时间相互攻伐，直到汉朝结束之前，人数最多、土地面积最广的农耕民族大融合才基本完成，于是各少数民族对其以"汉人"区分。

中国从南到北，从东到西，有战败不降的部族、流放不灭的部族、拒绝农耕的部族。其中没能走出今中国国土的部族，形成了华夏少数民族，他们或逃亡深山打猎，或迁徙荒原放牧，或奔走人迹罕见之处刀耕火种……

当然，也有个别外来民族与华夏混血而形成中国少数民族。比如中国元朝时，蒙古军西征，西域阿拉伯人和波斯人大批迁入中国，与汉、蒙、维、藏、傣、白等华夏民族混血，逐渐形成了回族。

周文王大将军南仲西抗昆夷、北击猃狁，创建朔方，就是华夏本土各部族之间相互攻伐、血缘融合的历史过程。

（三）纣王功过

【中华传统文化并非以成败论英雄。回顾中国历史，维护国家统一、开疆扩土的君王均为民族英雄。纣王帝辛为人所不齿的根本原因，不是没有功劳，而是失去民心，将几百年历史的殷商王朝基业丧失殆尽！】

关于商王帝乙的去世时间，《竹书纪年》与《夏商周断代工程》有很大差异。《竹书纪年》记载帝乙执政 9 年去世，之后儿子商纣王帝辛执政时间长达 52 年。而《夏商周断代工程》却记载帝乙在位 26 年，帝辛在位 30 年。《夏商周断代工程》以考古科学作为依据，应该准确。可见，上古典籍将商王帝乙的有些事情，记到了儿子商纣王帝辛的头上。

为叙述故事方便，本章以下时间采纳先秦《竹书纪年》的错误年表，让商纣王帝辛提前 17 年即位，而让其父帝乙执政 9 年就提前"去世"。如此一来，商王帝乙"去世"之后 17 年，无论是征伐东夷，还是作炮烙之刑，功与过都"转让"给了商纣王帝辛……

纣王帝辛的父亲帝乙，是最后一位葬于殷墟王陵的商王。殷墟王陵，是我国目前已知最早、最完整的王陵墓葬群，占地两百余亩，已相继发现 13 座大墓、两千多座陪葬墓和祭祀坑，出土了数量众多、制作精美的青铜器、玉器、石器和陶器，举世闻名的后（司）母戊方鼎就发现于这里。商朝经济非常繁荣富裕，开创了中国帝王陵寝制度的先河。

商王帝乙在位的最后一年，不知何故，把商国都城从殷都又迁回了今河南省淇县的沫（mei 音同妹）邑朝歌，纣王帝辛就是在沫邑（朝歌）继位的。因沫邑城西有朝（zhāo 音同招）歌山，纣王帝辛便将沫邑改为朝歌，并加以扩建。

朝歌的军事地理位置还是不错的，东有淇河为险阻，西有太行山作屏障，城池南北各有 3 道城垣。那里虽早已成为废墟，但至今还有古城垣遗存。

帝辛，名受，所以也叫受辛。纣，本义为驾车马后部的革带，为中性词汇。而《吕氏春秋·功名》却加了个注释："贱仁多累曰纣。"这样一来，纣，就被解释为做了许多践踏仁德的坏事，为贬义词"残义损善"之意了。纣，是死后周人送给他的贬义谥号，而不是商朝庙号，世称商纣王。

商朝自武乙之后，不知不觉，恢复成夏朝的"父死子继"，武乙去世，其子文丁继位，文丁去世，其子帝乙继位，帝乙去世，其子帝辛继位。

《太平御览·卷八十三》引《帝王世纪》载："帝乙有二妃，正妃生三子：长曰微子启，中曰微仲行（衍），小曰受。庶妃生箕子，年次启，皆贤。初，启母之生启及行也，尚为妾。及立为后，乃生辛。帝乙以启贤且长，欲以启为太子。太史据法争之，帝乙乃立辛为太子。"此文意思是：帝乙的王妃生下了 3 个儿子，微子启、微仲行（衍）、受（帝辛、纣王）。帝乙的庶妃也生了一个儿子，叫箕子，年龄紧挨在微子启之后，箕子和微子启都成了贤者。当初王妃生下微子启和微仲行（衍）的时候，还是小妾身份，立为王妃之后，生下了受（帝辛、纣王）。帝乙认为微子启是长子而且贤德，想立微子启为太子，但太史据法力争，认为只有受（帝辛、纣王）才算真正的嫡出，帝乙只好立辛（纣王）为太子。其实，在帝辛的曾祖父武乙之前，商朝还是"兄终弟及"，而此时居然严格到如此程度，可见"父死子继"是多少代人用鲜血买来的"家天下"政治教训，即便商王想变更，大臣也不允许。

纣王帝辛个子很高，长相姣美，为天下人中之杰。他肌肉发达，行动迅速，力气超人，有倒曳九牛之威，抚梁易柱之力，能徒手与猛兽格斗，打起仗来，数百人一起上，都不是他的对手。纣王帝辛天资聪颖，接受能力很强，却妄自尊大，刚愎自用。他很有口才，仅凭自己一人的智慧就足可以拒绝臣下谏劝，无须智囊团。当然，纣王帝辛不听劝谏后也会出现失误，却有办法文过饰非，用语言巧妙地把错误掩饰过去。此人十分狂傲，经常自持其能地在大臣面前夸耀，凭着武力和声威处处抬高自己，以为全天下所有的人都比不上他。

纣王帝辛即位当年，授封九侯、鄂侯、周侯为"三公"。

九侯，即鬼方国诸侯鬼侯，夏商对鬼方的征伐不止一次，商朝武丁征服了鬼方之后，鬼方再次反叛，直到帝武乙 35 年，周王季征伐西部鬼戎，俘虏了他 20 个"翟王"，这才算是又归顺了大商。鄂侯，也有古籍称邢侯、邢侯，为纣王的朝中大臣。周侯，就是周文王西伯姬昌了。

三公，是商朝最尊贵的位置，当初伊尹向成汤进言，认为三公是可以担任"相"的，比卿士位置高，不是犯了大罪，不要让其退位。结果这个职位就不常设置，高级官吏统称卿士，尤其到了商朝末年，这只是一种地位崇高的名义特殊待遇。纣王一次封赏 3 个大贵族诸侯为"三公"，很明显，是在用收买人心的办法，将中原西北方向的重要诸侯方国全都安顿妥当。

纣王帝辛的确很能干，西部封爵安定，东部亲自率兵平叛众多东夷方国叛乱，把商朝疆土向外拓展。他讨伐今江苏徐州一代的淮夷，把商朝势力扩展到江淮一带。又不断胜利，最后把商朝国土扩大到了今山东、安徽、江苏、浙江、福建沿海。

这些功劳无论是父子两代，还是他一人所为，均不可抹杀。纣王帝辛的失误在于，南征北战取得胜利之后便妄自尊大，未防范西部周国，生活奢靡淫荡，残酷超出限度，缺乏政治智慧。故而纣王帝辛用武力打下来的方国，最后人心都归顺了周国。

《吕氏春秋》对夏桀、商纣灭亡的分析很有道理：桀、纣如果不灭亡，即使不贤，耻辱也不至于到亡国的地步……亡国的君主，就听不到他有什么好。如今，让国土重新统一的人民领袖毛泽东为其"翻案"："纣王是个很有本事、能文能武的人。他经营东南，把东夷和中原的统一巩固起来，在历史上是有功的。"可见中华传统文化并非以成败论英雄，比较实事求是。

回顾中国历史，维护国家统一、开疆扩土的君王均为民族英雄。纣王帝辛为人所不齿的真正原因，不是没有功劳，而是失去民心，将几百年历史的殷商王朝基业丧失殆尽！

主要参考文献

【《古本竹书纪年辑校今本竹书纪年疏证》《史记》《诗经楚辞鉴赏辞典》《太平御览》《山海经》《吕氏春秋》《晏子春秋全译》《易经入门》《唐诗选》《夏商周断代工程1996－2000年阶段成果报告（简本）》《毛泽东1958年11月读斯大林〈苏联社会主义经济问题〉的谈话》】

帝辛姬昌

（一）帝辛恶政

【客观看待人类历史，纣王的奢靡和残酷，如果放在古罗马奴隶社会，并不一定会失国。但中国奴隶社会是从原始氏族社会直接过渡而来，早已形成一整套传统道德文化。所以，对己缺乏道德约束，对人缺乏利益关爱，是纣王失政的根本原因。】

帝辛3年，都城一隅出现怪事，一只麻雀生出了鹯（zhān 音同沾）鸟。鹯鸟也叫"晨风"，是一种类似于老鹰的猛禽。此类事情如果发生在前朝，会引起殷商王室的恐慌，一定是要占卜吉凶的，而纣王帝辛却全然不加理会。西汉史官司马迁说其"对鬼神傲慢不敬"。

纣王帝辛喜欢用武，也嗜好喝酒，扩建沙丘上的园林楼台，捕捉大量飞禽走兽，放置于内。纣王喜欢过奢侈生活，琼玉装饰房间，玉石建造大门，用象牙筷子吃饭，听到有人骂他过于奢侈，他面不变色，不加理睬。

纣王帝辛热爱收集各种珍贵的东西，全都收藏于后宫。他多方搜集狗马和新奇玩物，填满了宫室。擅长阿谀奉承的大臣、后宫众多美女，只要讨得他的欢心，都可以得到自己想要的宝贝。为了满足这些享受和军事装备的需要，他加重赋税，把朝歌郊外的鹿台（南台）钱库的钱堆得满满的，把钜桥粮仓的粮食也装得满满的，诸侯贵族甚为不满。

《史记》曰，纣王帝辛宠爱女人，喜欢淫荡作乐，在他所任命的"三公"之中，九侯是西戎鬼国的诸侯。为了讨好，九侯把自己美貌如花的心爱女儿献给了纣王，这让纣王帝辛十分欢喜。却不料西戎鬼国公主是个冷美人，不喜欢淫荡。纣王帝辛大怒之下杀掉了美人，同时迁怒于其父，将九侯施以醢（hǎi 音同海）刑，即杀人后把人剁碎，制成人肉酱。《吕氏春秋》记载，纣王帝辛杀鬼国公主，是为了满足好奇心，摘取镶嵌在公主身体中的玉环，想看看异族女子是如何将玉

环植入身体的。

同为"三公"的鄂侯在殷商王室担任重臣，对纣王帝辛的暴虐残忍实在看不下去，强言直谏、争辩激烈，结果纣王帝辛迁怒于鄂侯，对其实行脯（fǔ 音同斧）刑，即杀掉人之后，再制成人肉脯。就这样，商朝几百年地位最尊贵的三公，从任命到杀害都变成了天子的个人享乐，国家政治被纣王帝辛游戏化地玩弄于股掌，"三公"中只剩下了周侯。周文王姬昌不敢谏言，私下里暗自叹息。

帝辛 4 年，不少东夷方国背叛了商朝，纣王帝辛打算出兵横扫东夷，在今山西长治县西南的黎国举行了大蒐（sōu 音同搜）之礼。"大蒐"是纣王帝辛借用敃猎活动来组织军队、任命将帅、训练士卒的重要军事活动，也是备战的重要手段，极具重大性和重要性。

"大蒐"之后纣王帝辛征伐东夷，大获全胜，为了惩罚那些敢于背叛的诸侯，他把当了战俘的诸侯悬吊在桔槔（gāo 音同高）吊杆上示众。纣王帝辛启用了一种叫"炮烙"的酷刑，这种刑罚太残酷了，逼着活人在涂满油膏的铜柱子上往上攀爬，下面点燃炭火，铜柱子发热，活人抓不住、爬不动、熬不住了，只好坠落到炭火里活活烧死。纣王帝辛用如此酷刑来折磨将要死去的战俘罪犯和他不满意的官员贵族，令那些想要反叛的诸侯胆战心惊。

帝辛 5 年，朝歌南郊建造了两年的鹿台初步完成。鹿台也叫南单，其作用相当于夏桀时代"均台"，用于祭祀神灵和举办诸侯国盟会，同时也是殷商的钱库。纣王帝辛于鹿台举行祭天仪式，结果就在祭祀过后的半夜，天空中突然出现了 10 个太阳，并下了一场夹带很多泥土的大雨，让放在鹿台的商朝镇国之宝"九鼎"移动了位置。《墨子·非攻下》解读："上天不愿享用其德，祭祀失时。"墨子说纣王帝辛错过了祭天时机，上天不再眷顾他了。

纣王帝辛鹿台祭祀的第二年春天，周文王在中原程邑附近的毕地作"礿（yuè 音同月）祭"，却平安无事。礿祭，是古代宗庙的时祭之名，夏商为春天礿祭，周朝改为夏天礿祭。为何上天接受了周文王的祭祀？却不肯接受纣王帝辛的祭祀？东汉王充在《论衡·祀义》中解读："纣杀牛祭，不致其礼；文王礿祭，竭尽其敬。"王充的意思是：商朝的祭祀规矩，不仅要使用牛牲，还要使用奴隶人牲。纣王帝辛只用了牛牲，没有达到祭祀礼仪的标准；而周文王竭尽全力、礼数俱全。

《太平御览》引《帝王世纪》曰，帝辛 9 年，有苏氏背叛，纣王帝辛征伐有苏国。有苏国属于东夷，位于今河南省温县苏王村一代。有苏氏献出了自己的女儿苏妲己（dájǐ 音同达几），纣王帝辛大悦，赦免有苏国，纳妲己为王妃，经常与妲己一起沉醉于美酒之中。

妲己，己姓，字妲，貌美而淫荡，正合纣王性情。《史记》记载，纣王帝辛

220

宠爱妲己，为她在鹿台"作琼室，立玉门"，建造豪华倾宫，喝酒淫乐。纣王身边从来不离妲己，乐师"涓"创作出新的淫荡俗乐，纣王帝辛在靡靡之音、柔弱之歌的伴奏下，让舞女跳着北方未开化地区的原始舞蹈，与妲己同乐。

纣王帝辛召集大批乐工和戏子，聚集在沙丘林苑，用美酒充当池水，把肉悬挂起来充当树林，让赤身裸体的男男女女在其间追逐戏闹，通宵达旦地饮酒寻欢，这些也是妲己所好。

贵族百姓有怨恨责怪的，诸侯有敢于叛逆的，纣王帝辛对他们处以死刑，甚至使用炮烙之刑。炮烙是妲己所喜欢观看的酷刑，只要有活人落下烧死，她就高兴地笑起来。妲己所称赞的人，纣王帝辛给他升官而成为贵人；妲己所憎恶的人，就会被纣王帝辛杀掉。这就是成语"牝（pin 音同聘）鸡司晨"的来历，比喻王妃窃权乱政。周武王在灭商誓言中说，老母鸡一旦打鸣，家境就要衰落。

帝辛 5 年时，虽然在鹿台祭祀时遇到了不吉的麻烦，但纣王不信邪，继续扩建，把鹿台打造成了巨大的王宫，浩大的工程总共历时 7 年，终于在帝辛 10 年时正式完工。《帝王世纪》描写纣王帝辛在鹿台"造倾宫，作琼室、瑶台，饰以美玉，七年乃成，其大三里，其高千丈，其大宫百，其小宫七十三处……"纣王帝辛和妲己住在鹿台尽情享受，宫中设了 9 个集市，纣王帝辛带领众人坐在车子里喝酒，骑在马背上吃烤肉，别人顶多一夜狂欢，他把 120 天当成一夜狂欢。这年夏天 6 月，庄稼还没有收割，纣王帝辛又带领亲信到西部狩猎，这些人追逐野兽，践踏了民田，西部的诸侯和贵族百姓都不敢说话。

帝辛 17 年，周文王出征，为纣王驱赶北方的翟狄。这年冬天，纣王帝辛出游于淇水，淇水在殷都朝歌的东面，上古时为黄河支流。

《水经注·淇水注》载：这天早晨，有位老人正想要渡过淇水，犹犹豫豫、自言自语地说，这河也太难渡过去了。纣王帝辛感到奇怪，左右人回答：这老人骨髓不多了，所以早晨感到特别寒冷。纣王帝辛顿时起了好奇之心，立即砍断老人小腿，观察腿骨里面的骨髓究竟少到什么程度？

纣王凶残成性，喜欢把活人喂给饿虎吃；且好奇心极重，曾刨开孕妇之腹，观看里面胎儿的变化；杀死忠臣比干，观看他心脏的颜色，毫无怜悯。《太平御览》引《六韬》文责备纣王帝辛："喜射人，喜以人食馁虎，喜剖人心，喜煞孕妇……"

其实，帝辛执政的前 17 年，如果按《夏商周断代工程年表》的时间表计算，许多残酷不应是纣王帝辛所为，尤其发明炮烙之刑，可能是其父王帝乙发明了之后，添加进《汤刑》的，后来被纣王帝辛多次使用。不过，纣王帝辛极其糜烂的生活方式和极其残暴的政治手段，为不止一部上古典籍所记载。西周早期与商朝末年相隔不远，纣王行为世人皆知，要说墙倒众人推，这些全部都是周朝王室和后人的污蔑造谣，尚缺乏证据。

客观看待人类历史，纣王帝辛的这些奢靡残酷的行为，如果放置于欧洲人兽角斗的古罗马奴隶社会，并不一定失国。但中国奴隶社会是从原始共产氏族社会直接过渡而来，早已形成了一整套传统道德文化，只要不合社会传统道德的事情发生于君王身上，便为严重失政而造成诸侯失控。如果中国上古君王也建造了似于古希腊、罗马时代帝王的豪华宫殿，出现了乱伦的"土耳其浴室"，留下贵族男女赤身裸体在森林里群居嬉戏的真实画面，肯定不会作为艺术品欣赏，因为民众不能接受。

所以，分析纣王帝辛失民心的时候，《吕氏春秋·贵直论第三·过理》认为君主不是不能享受，而是"乐不适则不可以存"。吕不韦说，亡国君主都一样，虽然天时各异、行事不同，但都把不约束、不节制当作快乐，其丧尽天良的行为远远超出了社会民众可以忍受的道德范畴。

分析纣王帝辛行恶政之时，《吕氏春秋·离俗览第七·用民》认为，君主不是不能使用刑罚，而是刑罚应建立在给别人关爱和利益的基础之上。曰："威亦然，必有所托，然后可行。恶乎托？托于爱利。"刑罚之威定要有所凭借，然后才可以执行。作恶难道可以作为凭借吗？要凭借于给别人关爱和利益！"爱利之心息，而徒疾行威，身必咎矣。此殷、夏之所以绝也。"君王熄灭了给人关爱和利益之心，而只是徒然施刑罚之威，自身必定遭殃。

所以，对己缺乏道德约束，对人缺乏利益关爱，是纣王失政的根本原因。

（二）姬昌政治

【纣王帝辛遇到文王姬昌也许是天意，而天子政治清明、修养品德，则是人为努力。周文王治国理政的水平，殷纣王望尘莫及。所以殷商并非一仗不慎而败于周国，几百年基业尽失，实为必然。】

周文王姬昌是一位内圣外王的诸侯。自从继任父亲季历的西伯之位开始，他就效法后稷、公刘法则，一心一意开拓农耕，治理国家。

《诗经·大雅·旱麓》是为周文王姬昌祝福的小诗，开头言："瞻彼旱麓，榛楛（zhēn hù 音同真互）济济。岂弟（kǎi tì 楷悌）君子，干禄岂弟。"意思是：瞻望那边旱山之山麓，榛树楛树是多么茂密。姬昌是个和乐平易的好君子，求福就要凭借和乐平易。为何歌颂周文王要以"旱山"的榛树、楛树起兴？因为那里是周文王开辟出来的周国新土地，周文王带领周人在旱山山麓刀劈柞树、斧砍梧树，开荒种地。

旱山据考证在今陕西省南郑县附近。南郑县位于陕西省西南边陲、汉中盆地西南部，北临汉江，南依巴山，属于暖温带。如此适宜农耕好地方，很快就成了周国的米粮仓，周文王姬昌深知增加经济实力不能依靠重赋。

《旱麓》反复夸奖周文王姬昌是个好君子，之所以能够求到福禄，全凭平易和乐的好性格，不邪不奸，而且很会培养年轻人。

《孟子·梁惠王下》曰："昔者文王之治岐也，耕者九一，仕者世禄，关市讥而不征，泽梁无禁，罪人不孥。"《太平御览》解释：周文王当初还是西伯姬昌的时候就开始实行王政，让岐山民众修井田，800亩分给8家耕种，100为公田，所以叫"耕者九一"。纣王帝辛的税赋很重，而周文王恢复古代的法规，当官者世代都有俸禄，如果集市上有哪个"门户"不满而发出非难的，就不向其征税了。水泽、河桥都不设禁，官民共享，罪人只有自己成为奴隶，其妻儿均不受连累。

孟子又说："老而无妻曰鳏（guān 音同关），老而无夫曰寡，老而无子曰独，幼而无父曰孤。此四者天下之穷民而无告者。文王发政施仁，必先斯四者。"鳏寡独孤这4种穷人庶民是没有办法告状的人，周文王发布政令、实施仁政，必先考虑到这4种人的利益。这是中国自阶级社会以来，第一次有奴隶主诸侯关心到庶民利益。

周文王姬昌喜欢做善事，政治水平很高，足足用了25年时间取信于广大诸侯和民众。帝辛元年受封为"三公"之时，周文王姬昌就已经拥有了雍州之域。之后，他又把势力扩展到了江汉流域，到帝辛21年之时，周文王姬昌已经威信很高，暗地里成为广大诸侯的实际盟主。

帝辛21年3月春天，周文王姬昌集合了6个州的诸侯，讨论如何服侍商朝。《竹书纪年》直接将此事记载为"诸侯朝周"。因为全国一共只有九州，周文王却能够号令六州，这不等于实际占有了殷商三分之二的天下吗？纣王帝辛听信家族宗室的谗言，对周文王姬昌大发脾气，震怒到达没完没了的地步。这样一来，诸侯们都很不高兴，归附周文王的诸侯更多了。

回到程邑之后，周文王姬昌还是不忍心背叛殷商，就写下了《逸周书·卷二·程典》，以公开文告形式，命令3位忠实于自己的官员认真学习领会，这就是周国的司徒、司马、司空。周文王告诉他们如何忠于职守，治理好周国，显示出很高的治国理政水平。

周文王姬昌在文中说：请你们帮助我体察民情，不要因为事小而不重视。如同毛发在身，拔了会痛，不得不仔细。政事失误就有灾难发生。发生灾难而无准备，就会对死亡没有警惕。要用历史事件来警惕现在，防备必须慎重，必须思考土地问题。思考土地问题就必须慎重对待制度建设，思考制度就必须慎重对待众人，思考众人就必须慎重对待德行，只有为官者德行开启，才能够没有灾祸。

周文王姬昌说：请你们慎重对待德行。必须亲自实践才能做到"恕"，只有做到了"恕"，才能具备明德。如果把德行当作上天来敬重，对下就会慎重。只要下级肯为上级付出，竞相出力而相互谦让，谦让的美德就会流行起来。

何为"恕"？孔子解释为"己所不欲勿施于人"，那就是以己之心推想他人之心，连自己都不喜欢的事情，就不要再让别人去做啦，这样一来，民众就不会有不满意的。这里，周文王姬昌强调官员要"躬体力行"，因为如果不深入了解基层，就不会知道自己内心的好恶，又如何了解民众呢？这两个方面的"慎"，都是周文王姬昌针对司徒官员说的，因为司徒为地区官员之长，相当于组织部长，掌管所有民事。

周文王姬昌又说：请你们对下慎重。对下慎重，必先成为上级的羽翼。位于上与下的中间，要更接近于下层，这样就会省去许多争斗而变得和顺。如果产生背叛，势必发生争斗，而相安就会和顺。危机之事快要发生而不治理国家政治，不治国就无法选择良将贤才，不选择良将贤才民众就会愚钝，民众愚钝就会害了上面。所以，要用已知的教训来选择官吏，愚钝的民众就会服从管理。慎重地遵从教化，让社会上下不同层次均各有法度，以防备灾害和消灭外敌。要学习军事文告，依靠山川，沟通舟车水陆交通，以便利于事务。

现在，如果士大夫没有混在善于经商者之中，如果士子没有不知晓大义，那么社会就不可能分不出上下长幼次序。比如，如果不把工匠集中居住，物品就不足以供官府；如果族与族之间没有小市镇位置的区别，就没办法给他们赏赐。为上者不明事理，为下者就不会顺从而不知丑陋。官员行为轻率，多因愚昧无知。

这段话，周文王姬昌是针对司马官员说的。因为司马执掌国家军队，佐政辅国，权势重大。所谓对下慎重，重点是：不背叛君王，不僭越等级次序，服从军事管理，将社会人群归类，维护社会不同等级的利益。

周文王姬昌继续说：请你们慎重对待土地。慎重对待土地，就必须先画成地图，然后标明各地的物产，还要标明物产好坏。要测量土地的高低，学会利用池塘水沟，珍惜农事季节，把田野修成相同行列，在里面填实泥土。要根据土地差异制定田赋，田赋设置要得当。要适于农人庶民共同完成公田事务，让他们在公田干活感到愉快。

请你们慎重对待所用。对待所用要爱惜，工匠砍伐木材，商人交易他们的货物，都要搞清楚，百物鸟兽鱼鳖无不都是在顺时生长。谷物没有成熟的时候，要节省用度，不要超过限度地滥伐。湿润的物品不要起火，山林像野草那样瘦小的时候不要砍伐，齿牙没有长全的小牛羊不要宰杀。要想得到美好的生活，就不要对万物有损害地使用，使用的时候一定要在思想中慎之又慎，要防备对大自然的恩赐有所不敬，不要老想着多多享用。所用少了，万物就与自己亲了，用万物能够承受的方式，来长久使用万物，远虑通畅，近虑也就安详了。居安思危，于始思终，用眼前的思虑来防备将来，用遥远的需求思虑近处，这样真正到老年的时候，思虑也就和顺了。不要违背这些"人与用"之间的规律，只有严加防备才能做到不违背。

周文王姬昌的最后两个"慎"字，是针对司空官员说的。因为司空全面掌管国家经济，水利、农业、土木工程，均在其管辖之内。周文王姬昌所强调的不是如何增加农耕产量，创造经济财富，而是再三告诫不要对地球自然万物资源斩尽杀绝，力求人类与万物和谐而长远地发展。

周文王姬昌在周国程邑所颁发的《程典》，有很高的治国理政的智慧。其中"慎德躬恕"、深入基层，"己所不欲勿施于人"的为官之道；"慎守其教，小大有度"，按社会等级层次来管理国家的方法；"不滥其度"、"薮林不伐"，处理好环境保护和经济发展的关系，按自然规律来发展经济……不仅被孔子发展成为儒家学说，即便放置今日，也不失为治国优秀政治。

纣王帝辛遇到文王姬昌也许是天意，而天子政治清明、修养品德，则是人为努力。周文王治国理政的水平，殷纣王望尘莫及。所以殷商并非一仗不慎而败于周国，几百年基业尽失，实为必然。

主要参考文献

【《古本竹书纪年辑校今本竹书纪年疏证》《尚书今古文注疏》《诗经楚辞鉴赏辞典》《史记》《逸周书汇校集注》《太平御览》《吕氏春秋》《墨子》《论衡全译》《康熙字典》《夏商周断代工程1996－2000年阶段成果报告（简本）》】

文王军事

（一）武事之典

【文王与成汤一样，军事行动以获得天下为目标，以不破坏国家统一为前提。《武称》是伟大的古典军事学著作，也是周文王军事思想的总纲。3千多年前的商朝末年，竟产生出如此高水平的系统原始军事理论，是中国文化智慧的骄傲。】

周文王姬昌从继位开始，就谋划用武力来显示周国的威严，这是他灭商计划的重要组成部分。可贵的是，周文王姬昌不仅用武力攻伐殷商天下，而且总结出一系列军事理论，《逸周书·卷二·武称》就是中国最早的原始军事学典籍之一。

《武称》：武，指军事；称，量轻重。《武称》即称量军事。此文从头到尾讲述周国军事总体谋略，系统阐述武事的"经、顺、用、毁、闲、尚、时、胜、追、抚、定"，文字虽然不多，却面面俱到，不愧为周文王原始军事理论经典之作。

（1）经，讲总纲："大国不失其威，小国不失其卑。敌国不失其权。岠险伐夷，并小夺乱，□强攻弱而袭不正，武之经也。"

面对大国要不失我的威严，面对小国要不失我的谦卑，面对敌国要不失我与之军事抗衡的力量。要利用各种山势要隘来攻伐平地，兼并小国、夺取乱国、以强攻弱而袭击诸侯品德不正的方国，这就是武事之"经"。经，是织布的竖纱，编织物的纵线。上述几句话虽然简略，但每个字都是周文王用来贯穿国家军事活动的"纵线"，是国家动用武力的总纲。其中，"□强攻弱而袭不正"，是武事纲举目张的"经线"。

（2）顺，讲目标："伐乱伐疾伐疫，武之顺也。"

首选有内乱的国家、有弊病的国家、有疫病流行的方国讨伐，就是武事之

"顺"。顺，与逆相对。有内乱、弊病、疫病的国家，均为"不正"之国，人心涣散、政治动荡，就是弱国，选取这样的目标攻伐，军事上顺利。

（3）用，讲方法："贤者辅之，乱者取之，作者劝之，急者沮之，恐者惧之，欲者趣之，武之用也。"

辅佐诸侯贤明的方国，夺取诸侯乱邦的方国，奖勉诸侯操劳的方国，恐吓诸侯懒惰的方国，威胁诸侯恐慌的方国，求取诸侯贪欲的方国，这就是武事的"用"。用，可施行也。对不同诸侯性情的方国，施行不同的办法，不一定全部使用武力，要区别对待，这是高超的军事策略和智慧。

（4）毁，讲反间："美男破老，美女破舌少。淫图破□，淫巧破时，淫乐破正，淫言破义，武之毁也。"

对敌国诸侯君主，用美少男来损害其老年身体健康，用美女来损害其肾脏阴虚，用淫邪欲望来破坏其思维能力，用奇技淫巧来破坏其农时，用纵欲作乐来破坏其公正，用花言巧语来破坏其正义，这就是武事的"毁"。毁，破坏之意。使用拖人下水的各种腐败之谋来破坏毁损敌国，不知纣王帝辛的淫邪奢靡有没有周国的"功劳"。当然，苍蝇不叮无缝蛋，为何腐败之计不坏周国诸侯？

（5）闲，讲停战："赦其众，遂其谷，抚其□，助其囊，武之闲也。"

赦免败国民众，对他们所有的错误既往不咎，安抚民心，使他们口袋里的东西有所增添，这就是武事的"闲"。闲，即无事，这里指无军事活动。周文王姬昌对战败国民众，不是疯狂掠取财富，而是让其安居乐业，并以此作为军事上的重要手段之一，目的是为了收复战败国的民心。因为周国征伐的目的不是扩大领土，也不是获取奴隶，而是要得到整个九州，使民心叛商而归与周。让天下诸侯民众心甘情愿归周，不再打仗，这不就是军事之"闲"吗？把消灭战争作为军事手段，周文王姬昌的战略思想，站得高、看得远。

（6）尚，讲准备："饵敌以分，而照其储，以伐辅德，追时之权，武之尚也。"

用诱饵分化敌人，探知敌方储备，铲除敌方有才能的谋臣，权衡对战机的追逐把握，这就是武事的"尚"。尚，匹配之意。分化瓦解敌方，了解敌方储备，铲除敌方智囊，权衡作战时机，都是与征伐相匹配的军事准备工作。

（7）时，讲时机："春违其农，秋伐其稿，夏取其麦，冬寒其衣服，春秋欲舒，冬夏欲亟，武之时也。"

春季出兵，是为了使敌国违背农时，没时间春耕；秋季出兵，是为了收割敌国稼穑（sè 音同色）谷物，减少敌国秋粮，影响秋种；夏季出兵，是为了割取敌国麦子，减少敌国夏粮；冬季出兵，是抢其御寒衣服，使其受冻。所以春耕秋种的两季，攻伐要从容而缓慢，拖延时间；冬藏夏收的两季，攻伐要次数频繁，使其不得安宁。这就是武事的"时"。时，是时令季节。征伐的时令季节不同，征伐的目的也不尽相同，所以打仗也要讲究"天人合一"。如此古典军事学，顺时而为，灵活多变。

（8）胜，讲优势："长胜短，轻胜重，直胜曲，众胜寡，强胜弱，饱胜饥，肃胜怒，先胜后，疾胜迟，武之胜也。"

战争中，兵器长胜于短，轻装胜于重负，快速直攻胜于时断时续地曲攻，兵力多胜于少，武力强胜于弱，饱食之兵胜于空腹而觊于食物之兵，肃静地指挥胜于愤怒地指挥，先发制人胜于后发制人，出兵迅速胜于迟缓，这就是武事的"胜"。胜，指军事优势。周文王姬昌从武器装备、讲到作战方式、用兵数量、武力对比、后勤补给、指挥情绪、出兵时间和速度，几乎面面俱到。这些用兵之道，放置今日也并未过时。

（9）追，讲技巧："追戎无恪，穷寇不格，力倦气竭，乃易克，武之追也。"

追击戎敌要谨慎，对于走投无路的残敌不要猛烈追击，待其筋疲力尽之时，才容易制服，这就是武事的"追"。追，紧跟之意。"穷寇不格"，不是指放掉走投无路之残敌，而是不要置对方于绝境，逼其殊死反击，是要给穷寇留出一定的回旋余地，拖其体力之后再令其束手待毙。周文王姬昌是《孙子兵法》"穷寇勿迫围师必阙"一兵法的"祖宗"。

（10）抚，讲军纪："既胜人，举旗以号令，命吏禁掠，无取侵暴，爵位不谦，田宅不亏，各宁其亲，民服如合，武之抚也。"

战胜敌国之后，要举令旗发号令，让所有士兵停止军事行为。此时官吏要禁止士兵入室抢劫施暴；战败国贵族们的爵位，无须叫他们让出来；民众的田地和住宅都不要使其有所缺损。只要让战败国民众所有的亲友都安定下来，民众也就会像合拢穿衣那样地归顺周国。这就是武事的"抚"。抚，是安慰、周济、保护之意。战争中，手无寸铁的民众很容易成为军队抢劫对象。周文王姬昌学习成汤灭夏做法，军纪严明，对敌国民众秋毫无犯，自然容易得到敌国民众的衷心拥戴，使周军大放异彩，成为民心所向。把对敌国民众的安抚，总结到军事兵法典籍之中，周文王为中国历史第一人。

（11）定，讲臣服："百姓咸骨，偃兵兴德，夷厥险阻，以毁其服，四方畏服，奄有天下，武之定也。"

围困敌国，当城内人都饿成骨头架子之时，就可以停止用兵而兴办德教。但是一定要掘地平毁敌方所有的军事险阻，用毁坏军事设施来让其没有反抗能力，彻底臣服。当四方各国都惧怕且服从周国的时候，周国拥有了全天下，这就是武事之"定"。定，是不动不变的意思。围困饿死敌国是攻伐之"定"；让各国惧怕服从，是定天下之"定"。这就是周文王通过武事平定天下的军事总结。

文王与成汤一样，军事行动以获得天下为目标，以不破坏国家统一为前提。《武称》是伟大的军事学著作，也是周文王军事思想的总纲。"武称"一词，被后人引申为"勇武的声名"。夏朝大禹和商朝成汤都很会打仗，周文王姬昌全面继承他们的思想，与之最大不同，是写下了《武称》等一系列军事学著作，传与当时、留给后世。3千多年前的商朝末期，竟产生出如此高水平的系统原始军事理论，是中国文化智慧的骄傲。

（二）武事之道

【周文王讲武事"六制"，却不讲打仗方法，而把政治作为武事之灵魂，放于首位，把"不战"作为武事的最高境界，这就是军事之道。中国传统文化，历来讲究"术"与"道"结合，军事亦如此。】

周文王姬昌的军事著作很多，《逸周书·卷二·人武》主要讲述军事之道。
周文王的"六制"，即6种军事规定：政、攻、侵、伐、搏、战。

（一）何为军事之政？曰："政有四戚、五和。"

周文王的军事政治就是"四戚、五和"，分析可以团结哪些力量？怎样团结。所谓"四戚"：（1）内部同姓；（2）外部姻亲；（3）同学同道；（4）同乡邻里。

戚，指由婚姻、同道、邻里而联成的一系列社会关系，这些社会关系都是团结力量的核心。

所谓"五和"：（1）有符合自然规律的收成而无恶疾灾荒；（2）有好的人缘而无恶的嫌隙；（3）有共同爱好者可以巩固友谊；（4）有共同厌恶者可以相互帮助；（5）对远朋近友不要分亲疏冷淡。

和，指相安、和谐，包括天时收成物质基础与团结众人的思想基础。这9个方面，共同构成了周文王姬昌的"军事政治"，政治的核心是团结人。

（二）何为军事之攻？曰："攻有四攻、五良。"

所谓"四攻"：（1）攻，符合天道自然的运行规律；（2）攻，符合地理环境，因地制宜；（3）攻，符合社会人们公认的道德；（4）攻，符合行动顺利。

所谓"五良"：（1）取仁德；（2）取智慧；（3）取勇武；（4）取才能；（5）取技艺。

以上9个方面，除了军事上的天时地利人和之外，强调的是军事指挥者的德才兼备。打赢战争，周文王着眼于战争之外。

（三）何为军事之侵？曰："侵有四聚、三敛。"

所谓"四聚"：（1）以喝酒表达仁义；（2）以音乐招徕人心；（3）广聚司徒所属的封人小官，因为他们驻守边疆，掌管筑城，对疆界地形和城防了如指掌；（4）以诚信设置起朋友圈墙。

所谓"三敛"：（1）介绍男女婚配；（2）劳役量取其次等；（3）恭敬地对待人死。

聚，是会合，集合的意思；敛，是收拢，聚集。"四聚三敛"讲述如何浸润人心。侵，渐进也，即浸润。喝酒、赏乐、结交，设圈，然后利用婚姻介绍、减少劳役、吊唁丧事，如此一点点、一滴滴，循序渐进地让方国顺服，这就是周文王姬昌的"军事之侵"。

（四）何为军事之伐？曰："伐有四时、三兴。"

"四时"是：（1）春季伐罪，让敌国违背农时；（2）夏季伐罪，抢食敌国的谷物；（3）秋季伐罪，夺取敌国的收割；（4）冬季伐罪，夺取敌国的收藏，令其挨冻。

"三兴"是：（1）以政治的理由出兵，要求诸侯治理国政，不误农时；（2）以治乱的理由出兵，要求诸侯治理国家的混乱；（3）以伐饥的理由出兵，要求诸侯解决饥饿问题，让民众吃饱。

周文王姬昌的"四时"伐罪，是说明在这4个季节出兵，对自己有利而对敌国有弊，后面的"三兴"，都是出兵伐罪的人为理由。周文王说："此七者，伐之机也。"只要寻找到了这7个理由，就找到了出兵的时机。

（五）何为军事之搏？曰："搏有三哀、四赦。"

"三哀"的原文已经遗失，"四赦"是：（1）放弃得胜之后炫耀胜利；（2）取得威慑之后，让诚信恢复；（3）免除死罪，让人人都为获得生命而快乐；（4）放弃做民众所不喜欢的事情。

搏，本意为捕捉。不是武力搏斗，而是用搜索人性弱点的方式来捕捉军事胜利的机会，这就是周文王姬昌的"搏"。他说："此七者，搏之来也。"只要捕捉到了人性的这7个方面的弱点，军事上的胜利也就来了。

（六）何为军事之战？曰："战有六厉、五卫、六库、五虞。"

所谓"六厉"：（1）以仁者来激励品行；（2）以智者来激励道德；（3）以武将来激励勇敢；（4）以军旅来激励士卒（5）以马官来激励驭手（6）以射师激励步卒。

所谓"五卫"：（1）声明仁德，内怀宽宥；（2）公开学识，出谋划策；（3）亮出武力拿出勇敢；（4）亮出才能委派贤士（5）亮出技艺委派官衔。

"六库"的原文已经遗失，"五虞"是：（1）用一鼓作气，去掉军队疑心；（2）准备后继部队，用以救援；（3）用副车举旗作为军队指挥，迷惑敌人；（4）采纳虞官之谋。商朝的虞官，掌管山河、苑囿、畋牧，了解地形；（5）后继部队紧跟在后，以防不备。

周文王讲武事"六制"，却不讲打仗方法，而讲军事政治，把政治作为武事的灵魂，放在首位。他说："善政不攻，善攻不侵（浸），善侵（浸）不伐，善伐不搏（捕），善搏（捕）不战。"把"不战"作为武事的最高境界，这与几百年后中国第一部兵书《孙子兵法》中"不战而屈人之兵，善之善者也"，大有同工异曲之处，可见孙子的"兵法"是从周文王这里汲取营养的。

周文王最后总结说："无竞无害，有功无败。"对军队而言，不采取武力争竞角逐是无害的，只要达到了目的，能够取得功勋，军队就不会衰败，不能将武事狭隘地仅仅理解为打仗。这就是军事之道。中国传统文化，历来讲究"术"与"道"结合，军事亦如此。

【周文王的两篇"明武"，把军事战术讲解得如此细致清晰，总体意图是让周国军队运用军事政治，学会如何打仗，如何执行纪律。周文王是周国最高军事指挥官，同时又是循循善诱的真正军事教官。】

周文王姬昌的军事思想很详细，在写下《大武》讲述军事之道后，又接连写下《逸周书·卷二·大明武》和《逸周书·卷二·小明武》。明，清楚、懂得、公开、明了。所谓"明武"，就是把军事战术解剖开来，仔细分析，让军队官兵了解。

周文王在《大明武》中再次强调，周国不是为打仗而打仗，是为了用威严扶持正义、安定九州。他的军事行动，不是为了让国家分裂，而是为了让九州统一得到治理。

他说："畏严大武，曰维四方畏威，乃宁……"所谓维系着四方国家的畏惧和威严，指发动能够产生畏惧和威严的重大军事活动，只有发动这样的战争，才能让四方安宁。上天之所以安排武事、整治军队兵器，是用来匡扶正义和矫正违背者的。国家顺从天意而设了"司徒、司马、司空、司土、司寇"等5种官职爵位，如果官员伯侯治理国家、执掌国政昏厥，那就是所谓的"亡国"。

讲完这些政治方向之后，周文王姬昌这才开始讲解军事战术：面对敌人的城墙和护城河，要测量其高度和深度。走进敌军境内之后，要处处小心提防灾祸，尊敬自己严厉的上级，才能在战争中减少因失误而带来的惩罚。布阵要像行云那样密实，进攻要像刮风那样迅疾，战车要如同羽翼一般护卫在中军两旁。这样一来，即使周国军队走入困境，也没有人不勇武刚强。

他说，认真对待战事，一定要搞明白10种作战艺术和10种作战依靠。

10种作战艺术是："一大援"，告知外有大援；"二明从"，告知后有增随；"三余子"，告知有庶民从军；"四长兴"，告知是为长久兴盛；"五伐人"，告知是讨伐有罪之人；"六刑余"，告知罪犯奴隶可立功赎罪；"七三疑"，会使用多种疑兵之计；"八闲书"，会使用反间书信；"九用少"，会指挥少而精的部队；"十兴怨"，会给敌国制造怨恨。

10种作战依靠是："一树仁"，树立仁德；"二胜欲"，战胜私欲；"三宾客"，使臣游士；"四通旅"，通旅商人；"五亲戚"，同姓姻亲；"六无告"，鳏寡独孤；

"七同事"，共事同僚；"八程巧"，能工巧匠；"九□能"，聪慧能人；"十利事"，装备精良。

发挥出这 10 种作战艺术与 10 种作战依靠的军事作用，就可以使战争胜负得到强有力的转变。

周文王说：战争要顺应天时，天时有寒暑，有刮风、下雨、饥荒、疾病，民众没有办法居住了，就会迁徙流散来躲避自然灾害。当农人改行做生意的时候，把淫荡传给敌国，把美女送给敌国。如果敌城的主人拒不接受，杖责棍打行贿者，那么就直接把周国军队开到敌国城下，站在高高的土山上窥视城内，日夜都不放松。只要周国军队的方队阵式和圆队阵式共同发挥功用，敌国怎么防御得了？周文王提醒，即便攻城行动简单易行，也要谨慎而不怠慢，这就叫作军事的"明武"，清楚地懂得了军事。

周文王又说，如果城墙很高，难以平视，就用泥土来填塞，开出一条能够行走之路，把渡过护城河的船橹等工具很快传递过去。还可以凭借自然条件：顺风放火，用火攻；阻水决堤，用水攻；用大脑智慧，写告示明示敌军人数之寡……

无论是从旁侧挖隧道、还是在城外建造指挥台，或拆毁城墙，或填塞河溪，周文王都要求，老弱者要单独居住在一起，如果谁要争论辩解，就让他走开。

攻城之后，要用平和的态度让敌国民众顺服，役使敌国民众也要适当，要彻底清除敌国的武器军备。战事到此终了，这样才叫作军事上的"大夷"、大平安。

写完《大明武》之后，周文王意犹未尽，又写了一篇《小明武》，作为对《大明武》军事战术的补充。

周文王说，凡是攻击的方法，一定要占据有利地形，而且要顺应天时。还要学习今人，参考古人。攻击"逆政"，如同破坏关隘险阻。设立五教，是要嘉惠其下民。"矜寡无告，实为之主。五教允中，枝叶代兴。"只要我们让鳏寡者都没有告求，事实上就成了他们的主人。用五教进行教育，善政就会枝繁叶茂代代继兴。

那么什么是"逆政"呢？周文王讲，敌国君主如果是伪善的巧言令色之人，就会热衷于在后宫打扮女人；就会把荒芜的田地当成田猎场所，沉迷于追逐野兽；就会游玩于林苑高台，欣赏台下池中的泉水清流。如果国君淫乐无尽，百姓必然含辛茹苦。这时候，只要上面下达让民众困苦的政令，就会让民众陷于极度痛苦之中。上者扰民下必动乱，这样一来，周国军队就可以敲着军鼓、渡过渭河，开赴其都邑郊外，诚心诚意地对其行使殷商王法，大行讨伐。

周文王交代，周国军队要摆开气势浩大的"一"字列阵，无烦闷、无愤怒地有条不紊进攻，顺着大道攻入街巷，不要袭击巷道两边的住户。周国军队不要接受当地居民的货物贿赂，在巷道进攻的时候，只准使用弓箭、弩机，不准使用杀伤力更大的武器，以免误伤住户。只要内心念叨着对上下神灵的祈祷，那些分散在上天的神灵们就不会下来阻止周国的战争行为。

当周国军队迅速攻到敌人城下之时，要使用所有的冲车和云梯，挥动号旗以作为指挥。士兵们的内心满怀忧愁，都巴望战争赶快结束，所有人都会奋勇杀敌。这时候，军队不要抢劫杀食六畜，不要把小孩妇女都集中起来。只要所有人挥动臂膀，喊声如雷，将军领头站在马车上造访于敌国城下，军鼓排成行，鼓声与士兵呼声齐鸣，5人为伍、10人为什的"什伍"编制队形整齐，就具备了威慑力量。上有轩冕官爵的赏赐，下有斧钺法规的惩治，得胜之国对敌国进行五德教化，这就叫"明武"，清楚地懂得了军事。

周文王的两篇"明武"，把军事战术讲解得如此细致清晰，总体意图是让周国军队运用军事政治，学会如何打仗，如何执行纪律。周文王是周国最高军事指挥官，同时又是循循善诱的真正军事教官。

（四）武事之定

【"定有四海"是周文王武事之灵魂。他始终以文德武教统帅军事，立足于国家一统前提下的安定民众、均衡财富、发展生产。中国原始军事思想达到如此政治高度，不难理解孙子、毛泽东等众多优秀军事家的大智慧从何而来。】

周文王姬昌的军事思想充满了智慧，没有单纯军事观点，始终贯穿国家一统、实行德治的政治思想。他认为，使用武力攻占之后，一定要让敌国民众获得安定。为此，专门写下《逸周书·卷二·允文解》。

所谓"允"，意思是诚信，"允文"即文德。《诗·周颂·武》曰："允文文王，克开厥后。"意思是：写下《允文》的周文王，开创了一代基业，建立了周朝。可见《允文》不仅为战争活动的武事文德，更有安邦立国的政治文德。周文王说，想要安定并巩固胜利，所以要用文德作为纲纪。《允文》是安民告示，不仅到处张贴，而且悬挂在所有旌旗之上。

《允文》宣布：对战败国收缴武器、发放财物，不许民众离开自己的居所。然后周文王让战败国的文官武将接续原有职务，沿用所有小吏，让大夫恢复旧日命服穿戴，以消除他们的忧伤与羞辱。战败国官府里的财物无论是少还是多，全部用来赏赐贫穷士人，救济和补助瘦弱病疾者。重新划分战败国的公田与私田，平均分配徭役和田赋。这样一来，就连孤儿寡母都没有了诉求，战败国的民众所获丰厚，皆大欢喜。

周文王派人寻访战败国前朝君主的所有外戚，登记他们的住处，把同一姓氏的外戚全部迁到一起，选择同姓、同氏者，立为各氏族的宗子，不使这些宗族断子绝孙。周文王以男子年龄15岁以上作为军事服役的标准，使成年男女都得以婚配，以光明诚实的文德进行教育，战败国民众如同得到了父母关怀。周文王说，用宽和的办法治理国家政治，谁能不听从？听从之后就会对自己原来的行为后悔，谁还会长年累月地在夜里偷偷供养过去君王？

周文王从白天到黑夜地宣讲这些道理，抓住一切机会宣传文德武教，结果战败国的民众，死了的想复生，活着的想再任旧职。周文王姬昌说，人人都知道不会被我们抛弃，就会爱护并守候自己的家门。"上下和协，靡敌不下。"只要上下和谐，就没有敌人攻不下。

周文王说，让战败国的达官贵人手执玉器，住在他们的殿宇，庶民都在耕种，从儿童到壮年都不需要帮助，只要所取不违背他们的心意，国内就通行无阻。如此一来，民众盼望我军到来，如同等待父母。所以"一旦而定有四海"，这天下，如果一日就可平定，便会包有四海，不会四分五裂。

"定有四海"是周文王武事之灵魂。他始终以文德武教统帅军事，立足于国家一统前提下的安定民众、均衡财富、发展生产。中国原始军事思想达到如此政治高度，不难理解孙子、毛泽东等众多优秀军事家的智慧从何而来。

主要参考文献

【《逸周书汇校集注》《诗经楚辞鉴赏辞典》《康熙字典》】

不辱使命

（一）羑里囚周

【周文王在羑里被拘7年，忍他人之所不忍、行他人之所不行，通晓天地人之变而演《周易》。可见成大事者，不辱使命、坚守信念而发愤图强，意志坚强至关重要。】

周文王姬昌对贤士谦下有礼，美名远扬，为接待，有时忙到中午顾不上吃饭，各地都有贤者来归附他。

帝辛21年春天，冀东孤竹国诸侯去世，发生了继位谦让。原因是孤竹国君去世之前，想让小儿子叔齐继承王位。叔齐不愿破坏长子继承的制度，坚持让哥哥伯夷来继承，伯夷又因为不愿违背父亲的意愿而拒绝继位。兄弟俩相互谦让王位，不约而同地先后选择出逃，国人没有办法，只好选择先王次子做了孤竹国的君主。伯夷和叔齐离开孤竹国后又碰面了，此时已成为名闻天下的贤者。哥儿俩到哪里去？听说周文王非常敬重老人，他们反复商量，最后说："盍往归焉！"为什么不去投奔西伯姬昌呢！于是就去周国谋得了官职。

有一位名叫鬻（yù 音同玉）熊的士子投奔周国，被周文王任命为"火师"，即祭祀时候的持火之人。此人始终用儿子对父亲一样的态度来侍奉周文王，可见其恭敬。鬻熊在灭商过程中取得功勋，成为楚国始祖，曾孙受封于楚地，建立起楚国。

胶鬲原来是个卖鱼和贩盐的商人，被周文王发现了才能，举荐给了纣王帝辛作为周国内应，为覆商建周立下大功。

闳（hóng 音同洪）夭和泰颠都是周文王从狩猎者中拔举出来的，能征善战，让西土戎国顺服。此二人和散宜生、南宫适共为"文王四友"。

周文王姬昌大得人心的情况，纣王帝辛并不是一无所知。但周文王表面处处维护殷商，即便用兵，也是替殷商征伐，合情合理。更何况，如果不是有周国作为中原屏障，抵御西北夷狄，商都朝歌将受到威胁。纣王帝辛看在眼里、急在心里，却毫无办法。

帝辛 21 年春天，诸侯朝周，纣王眼睁睁看着周文王姬昌号令了九州三分之二的诸侯前来"侍商"，事情虽然落在"理"字上，却构成了对王室的威胁。殷商宗室对此表示担忧，纣王帝辛大发雷霆，到达"震怒无疆"的程度，结果却惹得许多诸侯不高兴，归附于周文王。

帝辛 22 年冬天，王室在渭水之滨举行重要的军事备战活动"大蒐（sōu 音同搜）礼"，渭水之滨是周国程邑的"家门口"，纣王借畋猎而集合将领、训练士卒，威慑周国……

纣王帝辛有一名重臣，人们叫他崇侯虎，为崇国诸侯，崇国在今陕西西安户县沣水一带。《太平御览》引《吕氏春秋》曰，崇侯虎与文王同列为诸侯，德不能及文王，经常感到嫉妒。渭水大蒐礼的次年，崇侯虎说姬昌坏话："西伯昌，圣人也。长子发，中子旦，皆圣人也。三圣合谋，君其虑之。"其实武王发和周公旦只是周文王的次子和四子，关键是此两儿为周文王的左膀右臂。崇侯虎提醒纣王："西伯积善累德，诸侯皆向之，将不利于帝。"崇侯虎还告密，九侯和鄂侯当年被杀，西伯昌同情他们，在暗地里叹息！

崇侯虎的谗言终于让纣王找到了理由。帝辛 23 年，周文王姬昌被纣王帝辛囚禁在今河南安阳附近的羑（yǒu 音同有）里古城，时间长达 7 年，羑里至此成为商朝国家监狱。羑里是个中国古代文化深厚的地方，今考古工作者在羑里古城发现了龙山文化遗址，文化层深达 7 米之厚，证实早在 4600 多年前，就有人类居住。

当年纣王帝辛杀害九侯、鄂侯，施行了醢（hǎi 音同海）刑和脯（fǔ 音同斧）刑，为何对周文王囚而不杀呢？有性格因素。周文王性格温和，顺服而不顶撞，纣王很难找到冠冕堂皇的理由来杀害他。《左传·襄公三十一年》记载，诸侯们把周文王当成圣人，圣人被抓，全国轰动，许多诸侯主动上奏纣王，请求把他们也抓到羑里，与周文王囚禁在一起，这就使得纣王不得不有所忌惮。周文王在广大诸侯中的威信太高，纣王帝辛怕触犯众怒，既不敢杀，又不敢放，只好囚禁。

笔者在河南各地考察夏商文化古迹之时，亲自去羑里遗址，看到了周文王嫡长子伯邑考之墓。伯邑考，姬姓，名考，字伯邑，是周武王姬发的哥哥。《太平御览·卷八十四》记载，周文王将长子伯邑考留在商都，长期充当周国人质，伯邑考为纣王驾车。为了寻找杀害周文王姬昌的理由，纣王帝辛对其长子伯邑考实施了醢（hǎi 音同海）刑。纣王杀害伯邑考之后，剁碎、烹熟，制成肉羹，赐给周文王。纣王这样刺激他："圣人当不食其子羹！"圣人应当不会吃自己儿子肉做成的肉羹！

中国自夏朝奴隶社会开始，就有韩浞杀害东夷首领后羿之后，命令其子食用其父后羿之肉的历史事件，如果后羿儿子食用了父亲，那就代表彻底背叛和效忠。所以，此时如果周文王不食其子，纣王就拿到了周文王背叛殷商的证据。为了实现灭商目标，不让纣王帝辛拿到杀害自己的借口，周文王姬昌逆来顺受，居然忍痛吃下了用自己儿子做成的肉羹，于是纣王到处宣传："谁谓西伯圣者？食其子羹尚不知也。"谁说西伯是圣人？他食用自己儿子做成的肉羹，难道不知？

伯邑考惨死，是不可能留下任何墓冢的，然而今羑里遗址尚存伯邑考之墓，此墓又名"兔儿冢"。据当地老百姓说，当年周文王吃下肉羹之后，找地方再吐了出来，兔儿冢就是周文王吐儿肉羹的地方。当时周文王吐出来的肉都变成了小兔子，一蹦一跳地跑掉了，所以羑里城附近的老百姓说兔儿冢也叫吐儿冢，还流传一句俗语：羑里城的兔子打不得。在民众眼里，兔子就是伯邑考的灵魂，给伯邑考立坟，就是纪念伟大的周文王。

在羑里囚禁的 7 年中，周文王不仅没有精神崩溃，而且将中国人祖伏羲首创的"八卦"，推演成为"六十四卦"，他根据夏商所发生的历史事件，写出了可供当时人解读的"卦辞"，著成《周易》一书。《吕氏春秋》形容这些"卦辞"，都是"郁厄之辞"，即富于许多文采的灾难之文。在羑里，纣王帝辛经常虐待周文王，有时候把他从牢房拖出来，扔在石山上，让他靠荒地、山坡上的蒺藜野菜活命。周文王愤而写诗："殷道溷溷（hù 音同户），浸浊烦兮。朱紫相合，不别分兮。迷乱声色，信谗言兮。阖阖之虐，使我愆兮。幽闭牢阱，由其言兮，遘（gòu 音同够）我四人，忧勤勤兮。"意思是，殷商的道路多么肮脏污秽，到处浸湿污浊烦人。红与紫混合，分别不出颜色。这里到处都是迷乱声色，令人听信谗言。用关闭每一扇中门来虐待我，使我感觉自己有罪。关闭在这幽暗的地牢之中，任由别人说什么去吧。与我相交的那 4 个人，你们要忧虑地多多辛苦了。

有人猜测，周文王在狱中预知闳夭、散宜生等臣子正在想方设法救他出狱，因为周文王所推演的《周易》可预知未来。《周易》的确是一部可以用于占卜、预见未来的奇书，也是哲学著作，是集中华民族古代智慧大成之书，被后世列为"五经之首"，历代儒家、道家……皆以此书为学经，同时也是春秋战国诸子百家之源。由于这个原因，羑里古城遗址成为中国"易文化"发祥之地，后人为纪念，在城址上修建文王庙。

笔者去羑里文王庙的时候，正是春寒料峭的公历 4 月，中原尚在寒冷之中。外面寒风凛冽，文王庙内却恍若隔世，绿草茵茵，春风和煦，有数量惊人的燕子在庙堂房梁上穿梭，喃喃燕语，竟吵闹到听不见人们讲话的声音。尤其是文王庙正堂，更比两侧庙堂里的燕子不知多了多少，不惧人声。问工作人员，说是年年如此，驱之不离。而与文王庙并列的是姜子牙的太公庙，同样坐北朝南，阳光不少，却只有稀少的几只燕子绕梁。难道燕子在姜太公与周文王之间有所选择？最奇怪的是，整座羑里古城遗址，宫殿楼台亭阁很多，其他地方却没有一只燕子，如非亲临，便不知有此奇事，更不知如何解释此自然现象。

《史记•报任安书》说："古者富贵而名摩灭，不可胜记，唯倜傥非常之人称焉。盖文王拘而演《周易》……大抵圣贤发愤之所为作也。"意思是：古时候富贵而名字湮灭者多得不可胜数，只有那些卓越洒脱而不平常的人才名垂青史、被后人称颂。比如周文王被拘禁而推演了《周易》……这些都是圣贤发愤而有所作为。司马迁还说："此人皆意有所郁结，不得通其道，故述往事、思来者。"这些人的感情压抑郁结，理想不能实现，所以记述过去的事迹，使将来的人深思……周文王在羑里被拘7年，忍他人之所不忍、行他人之所不行，通晓天地人之变而演《周易》。可见成大事者，不辱使命、坚守信念而发愤图强，意志坚强至关重要。

（二）太公钓鱼

【姜尚说："天下非一人之天下，乃天下之天下也，同天下之利者，则得天下；擅天下之利者，则失天下。"此言为中国从古至今"执政为民"思想之源，得到周文王高度认同。】

姜尚是周文王姬昌最富有传奇色彩的倚重之臣。

姜尚，姜姓，吕氏，名尚，字子牙，所以很多人称其为"姜子牙"。辅佐周文王后，称"太公望、姜太公"。归周初年封"太师"，后被周武王尊为"尚父"。

《史记•齐太公世家》载，姜尚出生于东海之滨，是东夷人，先祖为尧舜时代的官员四岳。四岳辅佐大禹治水有功，虞舜时代受封于今河南南阳一带的吕地，获得贵族姓氏"吕。"姜尚出生之时，早已家境贫寒，沦落为"自由民"性质的庶民。

有人说，姜太公博学多闻，曾经为纣王帝辛做事，因纣王无道而离开，然后四处游说方国诸侯，均未能得到知遇之君。也有人说，姜尚穷困，曾为"夫入妇家"的赘婿，因不擅生计，种田的收获不足以偿还种子，打鱼的收获不足以偿还渔网，最后可怜到被老妇逐出家门的地步。此人50岁在朝歌当宰牛卖肉的屠夫，又当过酒店跑堂卖酒的，六七十岁还在贫穷中。

周文王大臣闳（hóng 音同洪）夭和散宜生对姜尚久闻其名，此两人正急于救周文王出狱却无谋，于是前往相邀。姜尚曰："吾闻西伯贤，又善养老，盍往焉！"我听说西伯姬昌贤德，又善待老人，给人养老，何不前往！

《太平御览·卷八十四》引《吕氏春秋》载，此3人为了赎出周文王姬昌，到处寻找美女、奇物献给纣王帝辛，走了很多地方，终于得到了有莘（shēn 音同深）氏两位绝色美女，还有水中的文贝（商朝货币）、上好的白马、朱鬣神马，以及其他一些珍奇宝物，然后通过纣王帝辛的当朝宠臣费仲，全部献了上去。其中的朱鬣神马，白色身躯上有红色的颈毛，双目金黄，《山海经·海内北经》曰："（犬封国）有文马，缟身朱鬣，目若黄金，名曰吉量，乘之寿千岁。"

《史记·周本纪》说，纣王看到陈列在庭院里的宝贝而大悦，说："此一物足以释西伯，况其多乎！"这说明纣王正需要找台阶下台，释放文王。纣王表面上是因接受周国贿赂而释放文王，实际上是考虑到周文王的威望，忌惮民意。

帝辛29年，周文王终于从羑里监狱回到程邑。这年姜尚72岁，每天都在渭水北岸钓鱼，希望通过钓鱼机会面见周文王。

这天，刚从殷商羑里出狱不久的周文王要出外畋猎，临走之前，找史官占卜一卦。史官说，将有大收获，所得猎物非熊非罴（pí 音同皮），上天将派遣太师来辅佐姬昌。史官担心周文王不信，又强调说，我的太祖史畴当年曾经为大禹占卜畋猎，结果大禹外出畋猎，果然得到了良臣皋陶（gāo yáo 音同高姚），这次的兆头亦如此。

周文王立即外出畋猎，果然在渭河北岸一个叫硒溪的地方，看见了正在垂钓的姜尚。《太平御览》引《尚书帝命验》曰，周文王姬昌赶紧下车，上前拜揖——盼望您已经7年，直到今天才在这里见到您。为何说"七年"？也许周文王在狱中7年演绎伏羲《周易》的时候，就早已知道了姜尚，此刻正急于见到他。

姜尚起身，改称自己为"吕望"。因为"吕"是他的贵族姓氏，表明自己虽然穷困潦倒，祖上也曾经是贵族阶级。姜尚回答道：我吕望曾钓得玉璜，上面的文字大意说，姬姓受天命，由姬昌来提拔你，辅佐姬昌的旌旗。于是周文王邀请姜尚上车，站在自己的左侧，左侧为车之尊位，周文王亲自拿起缰绳，为姜尚驭马驾车而归。

这段佳话越传越神。唐代时，姜太公钓鱼的钩子变成了根本钓不到鱼的直钩，还出现了著名的歇后语：姜太公钓鱼——愿者上钩。现在中国各地都有"钓鱼台"，帝王或著名人物钓过鱼的地方都叫"钓鱼台"，就连国家最高政治级别的北京国宾馆，也因800多年前有几个皇帝曾经在这里钓鱼而叫"钓鱼台"。3千多年来，中国凡叫"钓鱼台"的地方，无不隐喻政治。

《六韬·鬼谷子·文师》中，也有关于"姜太公钓鱼"的历史记载。周文王畋猎，占卜得到吉兆，斋戒3天，然后乘坐猎车，驾驭猎马，到渭水北岸打猎，终于见到坐在长满茅草的河岸钓鱼的姜子牙。

文王上前慰劳并询问，您喜欢钓鱼吗？

姜尚回答："臣闻君子乐得其志，小人乐得其事。今吾渔，甚有似也，殆非乐之也。"意思是，钓鱼不一定乐于钓鱼啊！我是君子，真正喜欢的事情是实现内心志向，而并非个人生活之事。

文王问，志向与钓鱼，两者之间有何相似之处呢？

姜尚回答，钓鱼有3种权术，用厚禄诱饵之术、用死亡威胁之术、用感官吸引之术。钓鱼的目的是得到鱼，用情要深，可以从中察看大道理。

文王说："愿闻其情。"

姜尚讲解，水源深厚，水流才能不息；水流不息，鱼类才能生存，这是情。树木根深，才能树高叶茂；树高叶茂，果实才能结成，这就是情。君主与士子情投意合，才能亲密合作；亲密合作，事业才能成功，这也是情；言语应对，是情的外表装饰；言语对话到达使用情的地步，那就到达事业的极致了。现在我说话达到情的地步，毫无隐讳，不会引起您的反感吧？

文王回答："惟仁人能受谏，不恶至情，何为其然？"只有具备仁德品质的人，才能接受最直率的规谏，而不会厌恶达到"情"这样深度的讲话，我为什么要反感呢？

姜尚又说，钓丝细微鱼饵才能可见，小鱼才会食饵；调整钓丝，鱼饵味香，中等大小的鱼就会食饵；钓丝粗长，鱼饵丰盛，大鱼就会食饵。鱼贪吃我的饵食，就会被钓丝牵住；人才使用君主俸禄，就会服从于君主。所以，用香饵钓鱼，鱼可供烹食；用俸禄得到人才，人才尽为所用；以家庭为钓丝获取别国，别国就可以被连根拔掉；以别国作为钓丝获取天下，天下就可以一网打尽。

说到这里，姜尚不禁感叹道，可叹啊！曼美绵连的广大土地，有聚必散；黑寂幽昧的高远天空，其光必远。微妙啊！圣人的德教，谆谆诱导就在于具有独创之见。欢乐啊！圣人所思虑的事情，是使得天下人在社会秩序中都有位置、各有所归，种植能够聚在一起的树林。

文王又问，即便已经种植了聚在一起的树林，又该用什么办法才能使天下归附呢？

于是，姜尚重复了一句虞舜、大禹、成汤都说过的千古之言："天下非一人之天下，乃天下之天下也，同天下之利者，则得天下；擅天下之利者，则失天下。"即，天下不是一个人的天下，而是天下所有人共有的天下。只要能同天下人共

同分享天下的利益，就可以取得天下；想独揽天下所有利益，就会失掉天下！

姜尚详细解释，天有四时，地有财富，天地能与人们共同享用的就是"仁"。只要有"仁"的地方，天下之人就会归附。免除人们的死亡，解除人们的苦难，拯救人们的祸患，接济人们的危急，这就是"德"。只要有"德"的地方，天下之人就会归附。与人们同忧同乐，同好同恶，这就是"义"。只要有"义"的地方，天下之人就会归附。凡是人，都厌恶死亡而乐于生存，喜欢仁德而追逐利益，能让天下人生存和谋求利益的，就是"道"。只要有"道"的地方，天下之人就会归附。

姜尚这番借钓鱼之题而即兴发挥之语，提出了取天下的战略目标，还提出了取天下的措施和方法，完全可以看作是周国覆灭殷商的战略决策和政治纲领。听到这里，周文王已完全了解到姜尚与自己心意相通，且有胸怀治国经武的雄才大略，再次拜谢后说，您讲得太好了！我怎敢不接受上天的旨意呢！于是，邀请姜尚上马车，一起回到周国都城，拜他为师。

《史记·齐太公世家》的记载是，周文王遇见姜尚，经过一番交谈后说，过去我的先祖曾经说过，当有圣人到周国的时候，周国就可以兴事了。您难道真的就是那位圣人吗？我盼望太公您已经很久了！所以姜尚也叫"太公望"，与周文王同一辆马车回周国，立为师。

中国民间特别喜欢姜子牙，其原因是明代小说《封神演义》中的神话故事的影响。如同希腊神话故事，《封神演义》将天神也卷入人间的争斗，姜子牙为书中第一主角，其神机妙算、大智大勇的形象，至今深入民心。

姜尚保留下来的政治军事文章，全部被收入《鬼谷子·六韬》。其中：《文韬》论治国用人，《武韬》论用兵，《龙韬》论军事编制，《虎韬》论特殊作战、武器和阵型，《豹韬》论战术使用，《犬韬》论军队指挥和训练……这些思想对几千年中国兵家的影响极大。宋代以后，《六韬》一直被怀疑为伪书，尤其是清代，确定《六韬》为伪书，但1972年4月，山东临沂的西汉古墓中发现了大批竹简，其中就有《太公》50多枚，伪书之说不攻自破。

鬼谷子为春秋战国时代奇才，道家代表人物，纵横家鼻祖，他的学生张仪对秦统一中国，起到了非常大的作用。鬼谷子保存了姜尚的思想，功不可没，同时也说明姜尚生前改变了商朝历史，死后改变了春秋战国，其政治军事思想，对改变上古中国历史，起到了很大作用！

周文王与姜尚一拍即合。姜尚说："天下非一人之天下，乃天下之天下也，同天下之利者，则得天下；擅天下之利者，则失天下。"此言为中国从古至今"执政为民"的思想之源，得到周文王高度认同。

（三）以德翦商

【"以德翦商"，此权谋屡试不爽，因为这不是阴谋而是阳谋。周文王原本道德高尚，代表社会进步力量，以德政对比暴政，自然占领了社会道德制高点，让天下顺服。代表恶势力的纣王不是不想做，而是利益决定其不可能去做。】

帝辛29年，西伯昌从羑里脱身归国之后，立即与姜尚暗中策划"翦商"之谋。翦，同剪，为剪除之意，用剪子一点一点地绞。具体方法：一是周以德政对比殷商暴政，占领道德制高点，让众诸侯方国顺服。二是对顺服于殷商的方国以及与周为敌的方国，采取军事行动，最后达到军事推翻殷商政权的目的。

《左传·昭公七年》载，周文王以"三公"的身份颁布了《有亡荒阅》律令，亡，指奴隶逃往；阅，指察看。规定：有奴隶逃亡，搜捕面积可以到达"荒服"；谁的奴隶归谁，任何人不准藏匿逃亡奴隶。这条律令究竟是针对谁？诸侯人人心知肚明。后来周武王出兵讨伐殷商，理由是："纣为天下逋逃主，萃渊薮。"意思是：纣王是收留天下逃奴的窝主，是藏污纳垢的匪巢。

《有亡荒阅》颁发后，各方国都在大规模清查逃亡奴隶，并且把追捕到的逃奴相互交还给原主。诸侯们热烈拥护，因为他们全都是奴隶主，于是就有了更多的诸侯背叛纣王而归服文王。

按照与姜尚拟定的剪商计划，帝辛30年春之3月，周文王姬昌率领所有对殷商有反叛之心的诸侯前往朝歌，向纣王帝辛纳贡。周文王此次会盟诸侯、集体纳贡的目的，是要让纣王对周国的会盟放松警惕，便于暗地与诸侯们集体商讨联合反叛事宜。

按照既定方针，周文王趁纳贡之机，主动向纣王帝辛献出洛水以西的一片土地，请求废除炮烙酷刑。商末的炮烙酷刑不是用来对付奴隶的，而是用于对付叛逆官员和王公。炮烙之刑对于内心想要反叛的诸侯来说，具有很大的威慑力量。周文王不惜用自己的国土来换取对炮烙之刑的废除，当然是经过深思熟虑的，其目的不言而喻。纣王担心文王内心对囚禁之事留下芥蒂，居然出卖了忠实于自己的崇国，讲："谮西伯者，崇侯虎也。"说你西伯姬昌坏话的是崇侯虎啊！言下之意，自己从过去到现在，都对周文王非常信任，只是有这么一段时间，受到了小人挑唆……诸侯们得知炮烙酷刑被废除，并没有感谢纣王帝辛，而是对周文王姬昌更加拥戴。

暗中通过推行德政来让众诸侯方国顺服,是周文王与姜尚拟定的"以德剪商"计划的重要步骤。周文王原本性格温和、为人正派、政治清明,尚未成为管理一方诸侯之"王"的时候,就已经在许多方国诸侯中建立起威信,诸侯们也愿意找他来裁决争端。

虞国位于今山西省平陆县,芮国位于今山西省芮城县,为交界邻国。两国诸侯为疆界问题发生纠纷,闹得不可开交,无法自己解决矛盾,就想请周文王仲裁。诸侯国之间发生矛盾,不找天子帝辛而去找西伯姬昌,这本身就很说明问题。

《史记·周本纪》记载,虞、芮两国诸侯到达周地之后,发现周国民风淳朴,民众之间相互谦让,长幼有礼,便惭愧了起来,说:"吾所争,周人所耻,何往为,只取辱耳。"意思是,我们所争执的东西,为周人所不齿,为什么还要来呢?见到西伯姬昌之后,只能自取其辱。于是两国诸侯相互作揖,各自返回,都把疆界田地让出,然后才离去。其他诸侯听说了这件事情,都很感动,说,西伯姬昌恐怕就是那个承受天命的君王了。以后凡是有矛盾、闹纠纷的,都来找西伯姬昌评判,周文王成了天下诸侯的道德楷模。

《太平御览》引《吕氏春秋》曰,周文王派人挖地,发现了死人的骸骨,官吏向周文王报告,周文王命令将其埋葬。官吏说,这是没有主人的尸骸呀!周文王回答:"有天下者,天下之主;有一国者,一国之主。今我非其主耶?"意思是,现在我难道不是这骸骨的主人吗?然后下令,"以衣棺葬之"。天下人听说了这件事情,说,周文王的恩泽到达了枯骨,更何况对人呢!

《太平御览》引《贾谊书》曰,周文王睡午觉,梦见有人登上了城墙,呼唤自己,我的腐骨在东北角上,赶快用君主的待遇埋葬我!周文王回答,是!一觉醒来,周文王叫官吏速去查看,果然发现腐骨。于是周文王说,快用君主的待遇埋葬他。官吏说,这是没有主人的腐骨,请允许用五等大夫的待遇埋葬吧。周文王说,我在梦里已经答应了,怎么能背叛呢,士人民众听说了这件事情都说,我们的君主不因为是做梦而背叛腐骨,更何况对人呢!

关于周文王德行的这些故事,无论真实还是演戏,都在民间到处流传,使周文王得到了许多民心。

《宋书·卷二十七·符瑞》曰,当初黄帝在世的时候,有谶(chèn 音同称)言曰:"西北为王,期在甲子,昌制命,发行诛,旦行道。"大意是:将来有个在西北称王的人,时间大约在甲子,一个叫"昌"的人要创造基业的,施行诛伐,像旭日东升那样实行治国之道……周文王先父季历继位 10 年的时候,有飞龙齐集,把殷都朝歌的牧野覆盖得满满的,民间传说,这是有圣人要从天而降,圣人即将在凡间兴起的符号和征兆。后来季历的王妃太任，梦见有巨人与之交合，然后在猪圈生下了周文王姬昌。《墨子·非攻下》记载，周文王被囚羑里之前，臣子泰颠投奔于他，路上见到黄河中浮出了帝王受命于天的神秘文书图箓，地下出现了形状如狐、背上有角、乘上能增寿二千岁的乘黄神马。姜尚出游，看见有一位红皮肤的人从洛水中出来，授予他一书，上面写："命曰吕，佐昌者子。"周文王姬昌也说夜里做梦，梦见有日月附着自己身上，又有神鸟鸑鹥在岐山啼鸣……以上这些，都是关于周文王具有天命神授的传言。在那个十分迷信的时代，这些都是非常重要的政治舆论宣传。

帝辛 32 年，初春之后 60 天，天空中真的出现了预兆改朝换代的星象——"五星聚房"，即有五颗行星聚集在天上"房宿"位置。房宿，位于二十八星宿之中，其主要部分在今"天蝎"星座。二十八星宿，是中国古代天文学家为观测日、月、五星运行而划分的二十八个星区，古人用此来预测祸福。其中第七宿为"东方青龙"，"房宿"位于青龙之腹，为五脏之所在，万物在这里被消化，所以"五星聚房"预兆改朝换代。"五星聚房"是《竹书纪年》的记载，并说之后还有赤乌聚集在周国祭祀的宗庙。赤乌，是传说中的太阳神鸟。

《墨子·非攻下》说："赤乌衔珪，降周之岐社，曰天命周文王，伐殷有国。"《宋书·卷二十七·符瑞》说，"五星聚房"之后有凤凰衔书，飞翔在周文王的都城。书上说："殷帝无道，虐乱天下。皇命已移，不得复久。灵祇（qí 音同其）远离，百神吹去。五星聚房，昭理四海。"意思是，殷帝纣王无道，凌虐扰乱天下。星宿所预示的天命已经转移，殷商的国运不会再长久。神灵远离，百神吹去，五星聚集房宿，已经将天意所昭示的道理向四海发布……很显然，周国在利用"五星聚房"的天象大造剪商舆论，越传越神。

中国古人确信，有一种无法控制的神秘力量和自然意志，主宰着国家和个人的命运，这种力量就是所谓的天命神灵。天命神灵既非佛教、伊斯兰教、犹太教、基督教那样的宗教佛祖或安拉、上帝，也不是本土道教中长生不死的各路神仙，而是通过上天星宿预示，通过灾害惩罚，通过祖先保佑。所以，凡为周文王之类的改朝换代君王，甚至包括姜子牙之类的开国元勋，都必须让世人相信其享有"天命"，并获得"神灵"保护，只有这样，才能在上古中国获得执政的合法性，才能服众，才能让民众跟随，从而形成一股巨大的时代力量。"五星聚房"被古人视为天命神灵对改朝换代的预告，对周国大吉大利，也为"以德剪商"舆论宣传提供了良机，更使得周文王坚定自己负有覆商建周使命的崇高信念。

"以德剪商"，此权谋成汤灭夏之时已经用过，为何屡试不爽？因为这不是阴谋而是阳谋。周文王原本道德高尚，代表社会进步力量，以德政对比暴政，自然占领了社会道德制高点，让天下顺服。代表恶势力的纣王不是不想做，而是利益决定其不可能去做。

主要参考文献

【《古本竹书纪年辑校今本竹书纪年疏证》《史记》《太平御览》《吕氏春秋》《左传全译》《墨子》《宋书》《逸周书汇校集注》《山海经》《康熙字典》《史记三家注》《六韬鬼谷子》】

内圣外王

（一）王道霸业

【周文王是儒家"内圣外王"的典型：对外，实施王道霸业；对内，具有圣人才德。周文王以王道霸业为攻，以圣者仁心为治，是要建立起中国奴隶社会的新国家、新秩序。儒学崇尚"内圣外王"，并认为"造反有理"。】

姜尚多谋善变，《史记·齐太公世家》说："周西伯昌之脱羑里归，与吕尚阴谋修德以倾商政，其事多兵权与奇计，故后世之言兵及周之阴权皆宗太公为本谋。"周文王姬昌暗中与姜尚策划谋反，使用了许多权谋和奇计，后代谈论用兵之道和周朝隐秘权术的，多遵从姜尚的基本策略。

帝辛31年，周文王姬昌将周国军队集中在今陕西西安附近的毕地，当众把最高兵权授予姜尚，让其成为全军统帅。

帝辛32年，密国发兵攻打阮国和共国。阮国和共国是今甘肃省泾川县泾水流域的两个相近的小国，均为周国的附属国。

密国，也叫密须国，位于今甘肃灵台县，是周原岐山之北的一个强悍的部族，也是今甘肃省最早的古国。此国具有一定实力，野心很大，出兵目的很可能是通过攻打阮国和共国，最终进犯岐山之南的周国，向外扩展疆土。

《西周墓葬里的青铜王国（甘肃日报2016.7.26.）》引《资治通鉴外纪》载，周文王本来并没有注意到这个密国，而是一心想征伐邘国。邘国在今陕西户县之北，与崇国为邻，当初在纣王面前说文王坏话的崇侯虎，就是崇国诸侯，周文王想征伐邘国的作战动机不言而喻。

周文王问姜尚：我对邘国用兵，怎么样？

姜尚回答：密须氏作战动机非常可疑，很可能是在走一条进攻周国的曲折路线，我们先打它。

管叔是周文王的三儿子姬鲜，支持姜尚说："其君天下之明君，伐之不义。"

意思是，我们周国的君主，是天下的明君，应该先伐不义之国。

姜尚同意管叔意见，补充说：先王（季历）打仗，是攻打叛逆的，不攻打顺从的；攻打险毒的，不攻打和悦的。

周文王说："善！"表示赞同。

周文王亲自与姜尚一起出征，《诗经·大雅·皇矣》记载下当时的情景：周文王的左右整齐地站立着两排贤臣，个个手里捧着玉璋，表情端庄而肃穆，他们的举止让士兵们敬仰。周文王告诉出征的将士们，自己已经得到了天帝的旨意。天帝告诉自己：不要徘徊、不要犹豫、不要动摇，也不要有非分妄想，一定要迅速出动，抢先渡过泾水，占据军事高地才好！周文王的"天帝"真厉害，居然连抢渡泾水这样的军事部署都下达了。

由于这是一次远征，周国军队先在岐山之阳的渭水之滨安营扎寨、整装待发，然后大造船只。渡过泾水的时候，河面上百舸争流，众人心齐船如箭，六军奋勇齐争先，情景壮观。

就这样，按事先预谋好的进行军事部署，周军抢占了十分有利的军事地形。密国军队在进犯阮国、共国的行军路上，迎头突然被周国军队挡住去路。周文王向远处的密国诸侯大声喊话："密人不恭，敢距大邦，侵阮徂共，王赫斯怒！"意思是，密国对周国不恭敬，胆敢威胁我大邦殷商之国，攻打阮国，徂没（cú mò 音同猝末）共国，我对这样的行为十分气愤、勃然震怒！密国军队被这突如其来的周军队吓住了，密须君王只好先行撤退再作图谋。

周国军队从阮国边境凯旋，班师回朝之途，周文王愉快地登上岐山向周国土地瞭望，豪迈地说："无矢我陵，我陵我阿！无饮我泉，我泉我池。度其鲜原，居岐之阳，在渭之将。万邦之方，下民之王。"意思是：现在没人胆敢侵犯、把箭射向我的山丘，只有我可以控制我的土地！没有人胆敢饮用我的泉水，只有我才能用泉水灌满我的水池。我要让这片广大土地色彩鲜明、轮廓清楚，我要让岐山之南的领土扩大，紧靠渭水之滨。我要让周国成为拥有万邦的国家，我要成为天下所有民众的大王！此时，周文王的豪情壮志，溢于言表……

战事还没有结束，周国接下来的军事行动是直接攻打密国。《资治通鉴外纪》记载："密须之人自缚其君而归西伯。"甘肃当地人传说，密国君王密须十分喜欢征战，本来就不得人心。大战在即，密国的上空突然出现了一道彩虹，于是密国人便认为明主将至，内部反叛，将自己的国君捆绑起来，交给周文王，周国不战而胜。

密国投降之后，周文王并没有把密须人变成奴隶，而是将他们从遥远的岐山之北带到了中原程邑。《竹书纪年》曰："帝辛33年，密人降于周师，遂迁于程。"密须氏为姞（jí 音同吉）姓，长途跋涉到达中原程邑之后，周文王赐其姬姓，从此与周人合二为一，融合为同族。密国民族文化也与周国融合，密国有著名大鼓和大辂（lù 音同路）车，用在了周文王检阅军队的仪式上。辂，为古代车辕上用来挽车的横木；辂车，是一种特别大的马车。自周文王后，大辂车便成为中国古代天子的乘车。

《太平御览》引《淮南子》说，周文王从羑里回到周国之后，就像是换了个人。建玉门，找漂亮女童来观看，整天敲击钟鼓欣赏音乐。纣王帝辛听说了，高兴地说："周伯昌改道易行，吾无忧矣。"意思是，周国的西伯姬昌不当圣人而改道易行了，现在我没有了后顾之忧。而实际上，周文王这一切举动都是为了迷惑纣王帝辛。因为吞并密国，扩大了周国势力，提高了周文王的声望和号召力，也减少了周国东进殷商的后顾之忧。

《竹书纪年》载，帝辛 33 年，周文王回到中原程邑，纣王帝辛原谅了西伯姬昌，赐给他弓箭斧钺等武器，并把周文王提拔到具有对方国进行"专征"的最高军事权力等级。这样一来，周文王可以不经纣王授命，想攻打谁就攻打谁，成为西部地区真正的诸侯之长。这是一个标志性事件，周人将这一年称为西伯昌受命元年。

帝辛 34 年，周文王把耆（qí 音同其）国灭了。耆国是南太行山中的一块盆地，位于今山西省长治市的黎城县，最初是炎帝安排蚩尤九黎族人农耕的国家，被周文王灭掉之后，改名为黎国。耆国是朝歌的屏障，帝辛 4 年，纣王帝辛打算出兵横扫东夷，就是在这里举行了大蒐（sōu 音同搜）之礼，周文王伐耆，实际上构成了对商都朝歌的直接威胁。

借着纣王帝辛对周文王姬昌的信任，这一年周文王又把邘国消灭了，这是他很早就想做的事情。邘国与崇国相邻，都在今陕西省户县，周文王拿下邘国之后，下面可以攻伐崇国、消灭崇侯虎，报羑里囚禁之仇。当然，周文王决心消灭崇国，绝不仅仅是为了报仇雪恨，还想把周国的新国都建在那里，有更加深远的政治军事上的战略考虑。

崇国位于今陕西西安户县的沣水一带，城墙高大而坚固，仅凭周国的一国之力没有必胜把握，须得到其他诸侯国的支持。此时周文王已经享有专征之权，受命为"王"，他成功地召集了几个不同方国的同盟军，帮助周国征伐。

与两三年前攻伐密国的战前动员令一样，周文王又说自己听到了天帝的声音。《诗经·大雅·皇矣》记载，周文王告诉大家，天帝对自己说："予怀明德，不大声以色，不长夏以革，不识不知，顺帝之则。"意思是，你怀有美好的品德，不需要大声训斥、疾言厉色，不需要依仗刑具兵革建立威严，你要在不知不觉中，顺从上帝的自然法则。他说天帝还对自己讲："訽（gòu 音同够）尔仇方，同尔弟兄，以尔钩援，与尔临冲，以伐崇墉（yōng 音同拥）。"要辱骂你的仇敌，联合盟国兄弟之邦，用你那些爬城的钩援、拼杀的戈刀，还有攻城的临车、冲车，讨伐并攻破崇国城墙。

周文王的上帝是军事内行，每次都会告诉他具体的作战方法。周文王的两次战前动员，以及一系列利用天命的舆论宣传，可以看出周文王敬鬼神的态度已发生深刻变化。究竟是写出《易经》的周文王驾驭了"天命"？还是利用天命神灵作舆论动员？还是听从了姜尚之权谋？

就这样，刚刚完成戡邗伐耆的周国联军，正式对崇国宣战。周文王从容镇定，叫军队注意策略，不要硬拼，要联合同盟方国一起攻打。崇国城墙非常坚固，以周国为首的多国部队士气高涨、声势浩大，攻城的战车轰隆出动，临车、冲车全部都上，步兵跟着战车一起行动，没有士卒胆怯害怕。崇国城墙坚固高耸，周国士兵以长梯和钩援攀爬，士兵们前赴后继、奋不顾身地冲锋陷阵，终于攻破了崇国。这次胜利非常巨大，商朝联军以割下敌人的左耳朵来计数献功，抓来的俘虏成群结队，士兵们从容不迫地割取敌人左耳，装满了箩筐。

胜利之后，周文王祭祀天神，招降和安抚崇国民众，中原四方邦国再也没有敢于抗拒周国的了。

切莫以为西伯昌谥号"文王"就是个文人，其实此人不仅写了许多军事著作，而且很会打仗。他就是儒家"内圣外王"的典型：对内，具有圣人才德；对外，实施王道霸业。周文王以王道霸业为攻，以圣者仁心为治，是要建立起中国奴隶社会的新国家、新秩序。儒学崇尚"内圣外王"，并认为"造反有理"。

（二）圣者仁心

【周文王圣者仁心，所设计的周礼，无疑是高于宗教、规范阶级社会政治道德的大智慧，有利于阶级社会的安定团结。社会等级产生在前，奴隶社会产生于后，阶级剥削的经济基础才是中国等级制度之源，而非周文王或孔子的儒家文化。中国只有把社会主义公有制度坚持下去，周文王的等级礼仪思想才能彻底退出中国文化的历史舞台。】

帝辛 34 年，今陕西西安附近沣（fēng 音同丰）水之滨的崇国被消灭之后，周文王立即在那里大规模建设周国的丰镐（hào 音同号）京都，丰镐是中国历史上最早称为"京"的城市。

最初周文王打算只建设一个丰京作为周国新都。丰京外围，南有高耸俊峭的秦岭作为天然屏障，其他三面都是大河，形成天然壕沟：北靠洨水、西靠潏水、东靠沣水。《诗经·大雅·文王有声》记载下丰京建设过程：文王举兵攻克崇国，建起丰京真是漂亮。挖好壕沟又筑城墙，城防设施与国都既般配又坚固。不贪私欲品行正，文王功绩显昭彰，如同厚实的丰京垣墙……

丰京开始建造之后，周文王又进行占卜，结果却是定都于镐京更加吉祥。镐京位于丰京之东，相隔沣水，直线距离不超过 10 里。于是周国又按照龟卜所定地点建镐京，在沣河两岸种上了粗壮的柳杨。

镐京的外围，南有洨水、东有潏水、西有沣水，成为天然壕沟；沣水在今西安马王村处转折向东流去，又构成了镐京北界。此 3 水均源于秦岭终南山，大禹治水之后，水量丰富而四季恒定，这使得镐京外围四方之河，均具有充足的水量。再与镐京城墙之下的人工壕沟内外结合，形成双重沟堑安全保障。就这样，丰镐京都整体处于山水环绕的密闭地形之中，所有天然地理条件，均形成了军事屏障。丰镐京都的防卫主要依赖 3 条河流，而这些都是祖先大禹的遗爱，所以周人在《诗经》歌颂丰镐之时，赞扬大禹治水功劳："丰水东注，维禹之绩……"

镐京是丰京的延展扩建，隔沣水河两岸相对，两京合并称为丰镐。周文王主要住在丰京，周武王主要住在镐京。后来丰京渐渐成为周国宗庙和园囿所在之地，镐京成为国家理政中心，

新都尚未建成，这年冬天 12 月，西部昆夷乘着周国大兴土木、休憩养兵之机前来进犯。昆夷戎狄来势汹汹，一日 3 次到周国程邑的东门挑衅，周文王只好于次年正月丙子日派兵抵抗。

未曾想到屋漏偏逢连夜雨，周国于帝辛 35 年开始遭遇到大饥荒，五谷不收。这时，周文王带头穿上了麻布衣服，减美食、无奏乐、不射礼、严法纪，在程邑下达了救灾的《逸周书·卷二·大匡》诏令，实行了一系列新经济政策，比如：丧事简办、宾礼不办、赈灾救困、平均口粮、国家借贷、商贾均利、恢复生产……在镐京尚未完工的情况下，周文王从程邑提前搬到丰京居住了。

帝辛 36 年正月春天，周文王要求诸侯会盟朝周，共同出兵征伐昆夷。周文王下令在渭河上架设桥梁，以方便军师进退，并亲赴渭水之滨督造军事木舟，终于赶跑了昆夷。其实此时的周文王，早已年高体弱。

周文王命令太子姬发加紧在沣水东岸建设镐京，镐京终于在帝辛 37 年建成，

周国也正式将都城迁到了今陕西西安附近的丰镐京都。周文王选择了一块既安全、又能兴盛的上善之地，使得周人从商朝晚期到西周结束，350 年之中，丰镐都成为周的政治经济文化中心。《诗经》唱：从此东南西北无人不服我周邦，四方诸侯前来依附，文王成为国家的主干和栋梁……

据《礼记·周礼·考工记》记载，丰镐京城都是矩形城市，即"方方九里之城"。总体布局为"九经九纬"：城每面 3 个城门，4 面共 12 个城门；南北向的街道共 9 条，东西向街道也是 9 条。这也就是说，通向每个城门的有 3 条平行的街道，构成了左出右入、车从中央街道出入的格局。

都城王宫大殿门向南而开。祖庙建在王宫东边，应和"左者人道所亲"。社稷坛建在王宫西边，应和"右者为地道所尊"。集市建在王宫北面，有"市者利之所在，必后而背之"之说。除了上述街道、祖庙、社稷坛、王宫、市场之外，外围区域为居民区。据说这种布局是周文王所认为的最理想的"天地人和"的政治制度。

丰镐是中国历史上第一座规模宏大、布局整齐的城市，开创了中国城市平面布局方整、宽畅、宏伟的先河，建构了中国城市平面布局的总规制，成为后来城市总体布局的典范。经现代考古科学精确定位，确定两京遗址面积总计近 17 平方公里，是一座巨型都城。

大灾之后迁都，使周国的政治威望得到进一步提高。诸侯们纷纷朝周，以求目睹新都的辉煌。

诸侯们步入王宫，一边参观一路唱诗，从外唱到内，从大厅唱到卧室，甚至唱出了对周文王私生活的想象，还用唱词对周文王作善意的戏弄。他们这样唱：

——前有潺潺溪涧流水，后有幽幽林木南山，翠竹摇曳山水生姿，松林茂密山峦苍青。兄弟知礼同住有序，相亲相爱情深亲长，无相欺瞒、无相算计。

周王弘扬先祖基业，营筑百堵宫室大殿，东南西北打开门户，聚住一起全家和睦，欢声笑语世人羡慕。

绳勒木板筑版咯咯，石杵筑墙夯土拓拓，墙屋坚固风雨不侵，鸟雀鼠虫攸速离去，君主快快迁居安住。

宫殿庄严肃穆，如箭杆棘刺、士兵肃立。宫殿雄壮高耸，如鸟儿振翅；宫殿飞檐翘脚，如雉鸡飞升。君王快快登堂听政。

居室殿庭，宽阔平整；廊柱擎立，高耸笔直。大殿正庭，宽明畅快；屋角深处，炜炜敞亮。君王快快入室安居。

下垫蒲席，上铺竹席，就寝入睡安然无忧。晚上卧睡，早起占卜，询问睡梦异凶吉祥。

卜官细问梦境：是熊是羆（pí 音同皮）？是虺（huǐ 音同毁）是蛇？卜官细解梦兆：梦见熊羆生男吉祥，梦见虺蛇生女兆瑞。若生公子，寝室卧床、穿衣着裳、抓玉弄璋。公子哭声洪亮、祭服辉煌，将来为我周室，君王侯王。若生女孩，铺席睡地、褓褓裹身、纺锤把玩。公主性格柔顺、无是无非，将来操持酒食，父母无烦……

诸侯们随口编出的唱词活灵活现，不仅让今人深入了解到晚商王宫的建筑特点，而且显示在周文王姬昌的家里，早已建立起长幼有序、男尊女卑的礼仪等级制度。这个大家庭无一人胆敢不遵守周文王所制定的等级家规，和睦群居。周文王在世之时，周国没有王子之间争夺王位的你争我斗，一派亲爱祥和，受到世人羡慕。

周文王生活在 3 千多年前的奴隶社会，当时社会劳动生产力低下，连铁器都未广泛运用于农耕，不可能改变阶级压迫现状而实现人人平等。殷商末期，纣王帝辛破坏了奴隶社会所公认的传统道德，全国上行下效思想混乱，王公官员和贵族民众不辨是非、不遵法纪，社会以谋私利、去善良为正常。为了重树社会道德，周文王写下《度训》《命训》《常训》《文酌》等 4 文，收于《逸周书·卷一》，其核心是"爵以明等级，级以正民。正中外以成命，正上下以顺政。"意思是：用官爵身份来明确社会等级，用等级来端正贵族民众思想。用正"内外有别"来成就君王之命；用正"上下尊卑"来顺畅政令。周文王首先在周国和自己家庭进行实践，效果显著，祥和一片。

人类任何社会均需要道德维系。中国人靠道德哲学，外国人靠宗教信仰。中华文明是一种超越宗教的哲学。中国祖先周文王，没有发明宗教来规范社会道德，而是设计出一种"不公正之中的公正性"制度，教化贵族民众安于现状，不逾越等级，尽力做好本分之事，并以此作为"行仁义、明耻辱"的道德准则，从而去实现阶级社会民众之间的和睦与仁爱，周文王不愧为圣者仁心。

周文王去世后，儿子周公旦继承和发展了先父周文王等级礼仪思想精髓，于西周初年为官场和社会制定出具体化的《周礼》，实现了"成康之治"，从周成王至周康王，两朝 40 多年不用刑罚。春秋时《周礼》的思想核心，又被孔子儒家发扬光大，在阶级社会中推行"有差别的仁爱精神"，从而提出小康社会理想。西汉封建帝王又独尊儒术，儒家的"周礼"就这样深刻地影响了中国封建社会几千年，成为中国阶级社会的道德行为标准。直至今天，周文王"等级礼仪思想"改头换面，仍旧悄然渗透于中国政治与社会生活之中……

今人以儒家经典《周礼》为封建等级制度的万恶之源，实为本末倒置。社会等级产生在前，奴隶社会产生于后，周礼将阶级社会等级明确化和制度化，阶级剥削的经济基础才是中国等级制度之源，而非周文王或者孔子的儒家文化。周礼无疑是高于宗教、规范阶级政治和社会道德的大智慧，有利于阶级社会的安定团结。如今新中国成立，宣传共产主义思想，追求人人平等，目标是消灭阶级剥削。只有把社会主义的公有制度坚持下去，周文王的等级礼仪思想才能彻底退出中国文化的历史舞台。

主要参考文献

【《古本竹书纪年辑校今本竹书纪年疏证》《诗经楚辞鉴赏辞典》《史记》《太平御览》《吕氏春秋》《礼记集解》《逸周书汇校集注》《周礼注疏》《康熙字典》《西周墓葬里的青铜王国》（《甘肃日报》2016.7.26.）】

经济改革

（一）文王救灾

【中国人对自己国家的"古典经济学"缺乏了解，不知道此时欧洲大多数地方尚处于原始生产状态，所谓伟大的思想家，一个都没有，而中国的周文王早在3千年前，就尝试将原始"计划经济"与原始"商品经济"相结合，产生出原始"市场与计划"相结合的经济管理思想，客观上对抑制奴隶主敛财、改善民生，起到推波助澜作用，是巨大的历史进步。】

帝辛35年，周文王姬昌居住在中原程邑，周国遭受到了3年大灾，五谷不收。为了救助难民，减少灾害，周文王对周国实行经济改革。

周文王的经济改革是从政事纠错开始的。他下达了名为《逸周书·卷二·大匡》的诏令。匡，纠正；大匡，就是大范围纠正失误。

周文王下诏书给周国之外的各方诸侯州牧，结果来了3个州的诸侯。于是周文王召集友邦诸侯和周国的宰冢、卿士、三老（三公）、三吏大夫、诸大夫，以及所有的执事官员，全部到王庭接受召见，寻找国家得"疲惫之病"的原因。

周文王向众臣询问：政事有无失误？刑罚有无乖违？哀乐有无过度？宴飨有无过丰？用度有无浪费？关市税收如何？山林匮乏程度？田宅荒芜程度？沟渠损坏程度？水旱灾害程度？有无怠惰过错？官员骄奢顽劣暴虐？

周文王首先诚恳地向来自3个州的方国诸侯检讨自己："不谷不德，政事不时，国家罢病，不能胥匡，二三子不尚助不谷。"周国没有谷物收成，是我缺乏德行，政事不合时宜。现在国家得了"疲惫"之病，不能挽救，如果你们这两三州的方国不能崇尚救助，周国民众就没有谷物粮食吃了。

周文王掉头对官员说，你们要考察基层官员是否尽职，要亲自到乡里了解情况，要通过耆老长者，掌握了所有坑害民众的人和事，详细追问缘由，使坏事真相无法隐瞒。到了祭祀祖庙的那一天，周文王当着祖宗牌位发出警告："有不

用命，有常不赦！"凡有不尽力、不听命令的，我将使用祖宗留下的刑罚，绝不宽恕！

命令颁布之后，周文王走入内宫，不肯继续享用8种珍贵的食品。那就是《礼记·周礼》中记载的：用肉汁烹调并浇上油脂的米饭或者黍食，烤猪、烤母山羊，用牛羊鹿獐的里脊肉制成的食物，煎制而成的牛羊肉，将鲜牛羊肉的薄片浸入酒醋等调味品中而制成的食物，用狗肠网膜油蒙在狗肝上烤制而成的食品等。周文王带头减少美食，上行下效，百官们纷纷比照周文王而朴素起来，都不敢吃熟肉美食了。到了规定的朝见日之晨，周文王穿着庶民的麻布衣服上朝，这样一来，朝中没有官员再穿颜色鲜艳的高级丝帛彩服了。

周文王向外求援、带头节俭为救灾第一步，第二步是整顿吏治。他亲自对官员的任职情况进行考察，到乡里了解利民举措的实施结果。他亲自赈灾，想方设法广泛救助灾民，没有官员敢阳奉阴违。有官员骄奢顽劣凶残，周文王要求彻底清查并坚决辞退，在各地搜捕敢于对抗周室朝廷者。

周文王救灾的第三步，是实行经济改革。经济改革的第一步是"什伍相保"，强迫农耕。

商朝末期，周国管理制度就是周朝国家制度的前身，已具备"国人"与"野人"的雏形。《孟子·公孙丑下》说"三里之城，七里之郭"，环绕于周国都城方圆7里，居住在城郭之内的人，在西周时被称为"国人"，以区别于住在郊外的"野人"、"鄙人"。"国人"中的农庶，都是祖祖辈辈从周国原始氏族公社转变过来的族人，他们虽然受到井田制的剥削，但与周国王室有血缘关系，合族聚居，受到乡大夫的管理，还有服兵役的权利和义务。这些人处于半军事化管理之中，出乡离土有严格禁令，《管子·立政·首宪》说："一道路，博出入，审闾闬（lú hàn 驴汉），慎筦（guǎn 音同管）键。"意思是城郭范围之内还要进行分割，修筑围墙，堵住出口，给农庶只留一条路口出入，有专人审问外出农庶的居住地点，由专人掌管放行钥匙。所以"国人"农庶的人身权利是部分受到限制的。而居住在郊外的"野人"，主要来源于被征服方国的庶民，这些人没有私田，不参加"井田制"，是从事农耕的奴隶，担负起供给"天子奉养、百官录食，庶事之费"之责，孟子说："无君子莫治野人，无野人莫养君子。"（均见《孟子·滕文公上》）可见商周主要由"野人"奴隶在养活奴隶主。今有学者认为，野人不是奴隶而是庶民，属于自由人平民。而事实上，城郭之内的"国人"农庶都没有完全的人身自由，算不上"平民"，难道"野人"会比"国人"的人身自由更多？甲骨卜辞中有小臣、臣正，大约是从奴隶中挑选出来做奴隶们的头领的官吏。"小耤臣"、"小众人臣"，都是商朝管理农业奴隶的官吏，如果没有大量的"野人"奴隶，还需要设置这样的官职吗？商周转换时期，"野人"奴隶已经成为养活国家官员的主要劳动力，国人庶民的生活是有所改善的，中国奴隶社会越来越成熟。

周文王在大灾之年的经济改革，主要抑制对象是王公贵族富豪，救助的是"国人"中的工、农、士、商庶民。在抑制王公贵族豪强奢靡消费之后，周文王劝说游手好闲的游居者注意农时，不要耽误庄稼的茂盛生长期，对城郭之内不想干活的懒惰农庶，实行了5人为"伍"，2伍为"什"的互相担保，强迫农耕。他还要求男性农庶担当起"一户"的家庭责任，户户都有农夫出门耕种。为了鼓励农庶种地，周文王关照：让各地农庶的仓廪分设在原地，由各地官员动员和命令农庶缴纳公粮。按规定征收谷物之后，各地要组织竞争性质的比赛，看谁积藏的粮食更多。他说："藏不粥籴，籴不加均。"即便有了藏粮也不要卖掉，因为卖掉粮食就会加重社会经济的不平衡。

周文王经济改革的第二步，是"乡正保贷"，国家贷款。

周文王学习成汤在灾年铸造金属货币向市场投放。但与成汤不同，成汤是直接把国家铸造的货币发放给穷人，周文王则要求广泛放贷，让乡大夫来为农庶作借贷担保，相当于建立起原始"国有银行"。他还要求："成年不偿，信诚匦之类，以辅殖财。财殖足食，克赋为征。"意思是，即便是丰年，也不要急于让农庶偿还贷款，只有这样真诚地进行救助，才能有利于农庶生财。等到给农庶的贷款生出钱来，粮食真正充足了之后，才可以让农庶还贷和增加税收。

周文王经济改革的第三步，是"开关通粮"，统购统销。

周文王发明了类似于现代经济学的"统购统销"经济政策，要求按人口供给食物，限制有钱人多买粮食，强调："数口以食，食均有赋。"只有让粮食平均了，民众才交得出赋税。过了一段时间，有些地区的灾情得到缓解，粮食有了积累。为了推行"食均"的粮食平均政策，周文王要求"外食不赡，开关通粮"，有了多余的粮食不要私自搞救济，而要由周国王室组织转运到外乡缺粮之地。要求"粮穷不转，孤寡不废"。没有粮食的地方，人也不要迁徙逃荒；包括孤寡之人，周国王室也都会有粮食供应。周文王不允许粮食停止流动，即便就是戍守边城，只要留下足够粮食即可，不许储存。他派出军队平均分配粮食，"驰车送逝，旦夕运粮。"运输粮食的车子跑得飞快，车队长得看不见尽头，人们不分早晚地运送粮食。

周文王经济改革的第四步，是"币租轻乃作母，以行其子"，鼓励经商，稳定金融。

为了在灾年搞活周国经济，周文王向四方商人下达《大匡》布告：商人应当广泛外出，愉快地交流货物。坐船过渡，路上住宿，都要感到所至如归才好。

周文王亲切关怀庶民商人，目的是鼓励他们经商。周文王通过货币发行来对市场进行调控，说："币租轻，乃作母，以行其子。"如果因为救灾而放贷宽松，造成市场上钱币和田赋"分量轻"，钱不值钱了，那么周国就发行"重币"作为小面额货币之"母"，让大面额货币沉淀，让小面额货币在市面上通行，这就相当于减少了货币流通量，以稳定金融市场。

1958年11月，在读斯大林《苏联社会主义经济问题》的谈话时，毛泽东主席说到了商品生产，顺势发挥："商朝为什么叫商朝呢？是因为有了商品生产，这是郭沫若考证出来的。"这是有道理的。商朝的贸易交换早就开始，商品经济已相当发达，从周国的救灾政策中，可以活生生地感受到商朝的商品经济已经发展到何种程度。

周文王经济改革的第五步，是"权内外以立均"，打击黑市，控制物价。

《大匡》公告："易资贵贱，以均游旅，使无滞。"用于交易的物资，无论贵贱，都要以均价流通，不要让贸易活动停滞下来。周文王以行政手段调控市场，力求在商品流通的过程中，既不让物价暴涨暴跌、让人们感到公平，同时又使得交易行为活跃而不停顿。周文王考虑到灾年的"食品安全"和"投机倒把"问题，说："无粥熟，无室市。"任何人不得出售熟食（避免疾病），不得在暗室中交易（防止黑市）。为了交易公平，周文王制定出地区差异的商品"平均价格"原则，以及邻里之间的实物"均等交换"原则。《大匡》说："权内外，以立均，无蚤暮，间次均行。"要衡量本地与外地物价，制定出平均价格，价格要做到一天之内早晚没有变动。城邑有围墙的住宅区，闾里邻居之间，物资交换也要均等。这样做的结果，市场稳定、交易公平，减少了许多社会矛盾。

周文王认为，商人可以从民众取利，但不能过分，所以必须狠狠打击囤积居奇、以涨价为目的的投机行为。周文王在《大匡》中说："均行众从，积而勿□，以罚助均，无使之穷，平均无乏，利民不淫。"意思是：只有实行均贫富政策，民众才能跟随君王。对囤积居奇而不肯出售者，将用罚没货物的办法来实现均贫富。这样做的目的是不让富者沦为贫困。只有平均社会物资，才能做到社会没有困乏，有利于民众行为不朝淫逸方向发展。

周文王本身为周国最大的奴隶主，所采取的经济政策，都是在自己封国领地上进行的。周文王的经济改革，目的是在一定范围内实现财物相对平均，减少贵族沦为穷人和庶民饿死的人数，客观上是对奴隶社会经济的一种大胆突破。周文王发明了周国贷款和调控货币发行的办法，用公平交换原则，来调控奢靡和鼓励农业生产，在自然经济的基础上，搞活小商品经济，他的经济思想方向，是发展农业、搞活流通、计划经济、鼓励经商、实现一定范围内的共同富裕。

　　周文王救灾，政治手段与经济手段双管齐下，进行经济改革，这在以自然经济为主的奴隶社会专制集权时代，是比较容易做到的。中国人对自己国家的"古典经济学"缺乏了解，不知道此时欧洲大多数地方尚处于原始生产状态，所谓伟大的思想家，一个都没有，而中国的周文王早在3千年前，就尝试将原始"计划经济"与原始"商品经济"相结合，产生出原始"市场与计划"相结合的经济管理思想，客观上对抑制奴隶主敛财、改善民生，起到推波助澜作用，是巨大的历史进步。

（二）买粮救荒

　　【周文王的经济思想基础，是原始共产氏族社会保留下来的"均贫富"文化，减少贫富差距，是中国仁德之内涵。周文王的经济改革，致力于在一定范围内走"共同富裕"之路。儒家孔子之所以能够提出"大同"、"小康"理想，不是凭空想象而发明，许多是从周文王的言行中总结出来的。】

　　困难灾害时期，周文王姬昌颁布《逸周书·卷二·大匡》，要求周国厉行节俭："无播蔬，无食种，以数度多少省用。"不要放弃播种蔬菜，不要吃掉种子，要学会用数目去计算物资的多少，节省用度。周文王要求贵族王公：一是祭奠不要邀请宾客；二是不要使用祭祀品；三是穿洗涤过的旧官服而不要制新；四是不举办3年一次的乡大夫射箭饮酒礼仪；五是奏乐不得合奏；六是房屋只修不建；七是资助而不是败坏农事；八是非公卿者不能享用宾礼，即便就是举行宾礼，食物也要简单，不许使用大量餐具；九是哭丧不许超过一日，殡丧规格下降一等，婚丧嫁娶、送往迎来亦是如此，均需简化……周文王用国法强调："有不用命，有常不违！"有不认真执行命令者，当用过去既定的刑罚处置，决不违背！

　　荒年中，庶民饿死得实在太多了，所以周文王对庶民的丧葬也提出具体要求："庶人不独，葬伍有植。"庶民不能单独埋葬，埋葬25人，才能做一处有绿化栽植的墓地。穷人庶民成批量地死去，奴隶更不知饿死多少，定为饿殍遍野。《大匡》布告中提到"孤寡不废"，哪里都能做到呢？也许当时周文王所能够做到的，只是"减少"死亡……

　　度过这次荒年危机之后，周文王用经济手段治国安邦的经验更加成熟。他

在《逸周书·卷一·籴（dí 音同敌）匡》中写下了自己应对不同年景的"经济学"思想。籴，买粮；匡，救助。题目的意思是"买粮救荒"。

周文王说，丰年粮食充足，宴享宾客与祭祀都要用盛大仪式。训话与演奏的声音要洪亮，服饰要华美和礼仪要隆重，都要超过平常。供品中要有鲜美的菜蔬，蓄养牲畜者要修饰和完善生产设施，有多余的劳动力要从事各种技艺。宫室城郭要维修，新屋宫殿要建造，务必完备。丰收之年要食用佳肴美味，日子要过得充实。

粮食丰收之年的经济政策，实际上是在为歉年、饥年、和大荒之年的经济调整做铺垫。周文王要求大家充分利用丰年好时光，该享受的享受，该娱乐的娱乐，该修缮的修缮，该建设的建设，把要做的事情赶紧做掉。

歉年，是粮食收成减少之年。周文王说，"歉年"的经济政策是：减少奢靡，增产节约，调剂劳动力，加大对农业的劳动力投入。因为歉年粮食不充裕，宴享宾客与祭祀，都要使用中等水平的典仪。不穿彩服，奏乐只用钟鼓两样乐器。所有需要修缮和美化的地方，均不给修治。管理戎马、田马、驽马的"三牧"人员，管理车库、兵库、祭器库、乐库、宴器库的"五库"人员，可以互相补充兼管，所有的劳动力都要从事农业生产。

饥年，是粮食收成不好或没有收成之年，也是饿肚子之年。周文王说，"饥年"的经济政策是：杜绝奢侈，禁止奢靡，减少福利，对商人征税，用税收参与市场买粮，用买来的公粮救济缺粮者，用货币经济的手段救饥。在饥年，民众是饿着肚子的，所以不许偷懒，要做事尽力，杜绝宾客宴享，祭祀时供品要少。奏乐不用钟鼓，所有华美之物都要禁用。牲畜不要成群饲养，车子不要做雕饰，兵器不要新造，福利不要过多。赋税的征收对象以商人为主，用来救济缺粮的穷人，不准商人出售熟食而引发疾病。要随乡而异地了解灾情，务必有区别地资助和匡救，以安定真正的缺粮之人。

大荒之年，粮食颗粒无收，土地荒芜，要饿死人。周文王说，"大荒"的经济政策是：只许进行口头祈祷，不许用食物进行祭祀。周国不许举办任何娱乐活动，因为欲壑难填。周国不修订刑罚，严格执行过去的法规。鼓励住在房子里的富人，用物品去救济住在露天里的穷人。

救困是大荒之年的中心工作，周文王亲自巡察各方灾情，卿大夫亲自发通知要求有粮食储备者卖粮，无法种地的多余劳动力协助运粮。周文王说："开口同食，民不藏粮，日有匡。"周国粮食开仓同吃，所有人都不许私藏粮食，这就叫救灾！

大荒年偷窃抢劫者增加，周文王说，门人或庶民能够蓄养的只有牛羊，"与民大疾惑,杀一人无赦。"大荒之年,对于那些偷窃抢劫把民众气得生大病的坏人,对于妖言惑众、蛊惑民心的坏人,全部都要杀掉,一个也不能赦免!商朝畜牧业非常发达,但允许经营畜牧业的只有贵族王公的门人和庶民。周文王用周国法律来维护社会秩序,保护庶民。

对于军队的用度,周文王也相应调整经济政策:大荒不攻伐,男子守卫边疆,兵戎禁止出境打仗。另外,军队"五库"不许修缮,士兵的丧礼不许遵循过去的法度,处处都要查看是否用钱很少。

《籴匡》对厉行节约的王公贵族宣布奖励:"礼无乐,宫不帏,嫁娶不以时,宾旅设位有赐。"即,礼仪不奏音乐者、宫室不设帷幔者、嫁娶不择时日者,为客卿、羁旅之人提供座位者,王室有赏赐!

周文王的经济调控思想非常灵活,用唯物态度对具体问题作具体分析,政策多变而有实效,其思想基础,是原始共产氏族社会保留下来的"均贫富"文化,减少贫富差距,就是中国"均贫富"之仁德内涵。周文王的经济改革,力求减少除奴隶之外的民众生活贫富差距,至少要减少民众的饿死人数,致力于在一定范围内走"共同富裕"之路。儒家孔子之所以能够提出"大同"、"小康"理想,不是凭空想象而发明出来,许多是从周文王的言行中总结出来的。

（三）国家储备

【人类发展到工业时代之后,西方出现了无数经济学理论,其结果是资源浪费,物种灭绝,环境污染,人类生存受到极大影响。但无穷无尽的利益驱使,仍旧不能制止当代人类用落后的"完全自由市场经济学"理论饮鸩止渴。而周文王的"国家储备"经济思想,无一字不强调人类经济与自然环境和谐发展。周文王的中国古典经济学论著虽然简略粗犷,却是当今世界最先进、最科学的思想之一,没有过时。】

上古劳动生产力低下,农耕经济完全靠天吃饭。晚年的周文王姬昌,对周国经济如何在丰年或灾年时均能正常运转,有很多想法,出现了类似现代经济学的"国家战略储备"思想,从而创造了"国家资源积蓄"的中国古典经济学原则。

帝辛41年暮春3月,周文王病重,住在镐(hào音同号)京,把太子姬发叫到床前,讲述建立周国储备的战略思想,留下《逸周书·卷三·文传》。文,指周文王；传，指"传之子孙"。

周文王问："天有四殃，水旱饥荒，其至无时，非务积聚，何以备之？"天有4种灾祸：水灾、旱灾、饥年、荒年。灾祸的到来，没有固定时间，如果不从事积蓄，用什么来防备它？他引用《夏箴》里的箴言，说明没有储备对国家的危害。箴，指针刺，好比治病的石针，用以批评过错，防止祸患，这种文体盛行于夏商周3代。《夏箴》和《商箴》都只留下一些残余的句子，经常被周人引经据典。《夏箴》曰：庶民小人没有积蓄够吃两年的粮食，遇上饥荒，妻子儿女就不属他所有了；贵族大夫没有积蓄够吃两年的粮食，遇上饥荒，臣子妻妾以及车马就不属他所有了；国家没有积蓄够吃两年的粮食，遇上饥荒，百姓民众就不属它所有了。周文王要求儿子警惕和思考这个问题，如果不思考、周国不实行战略储备，灾祸临头就不远了。

周国究竟如何进行储备？周文王提出了非常重要的资源积蓄原则：

一是非时不用　周文王说："山林非时，不升斤斧，以成草木之长，川泽非时，不入网罟，以成鱼鳖之长。"山林不到季节不举斧子，以成就草木的生长；河流湖泊不到季节就不下网捕鱼，以成就鱼鳖的生长。他还说：不吃鸟卵、不吃幼兽，以成就鸟兽的生长；按季节打猎，不杀小羊，不杀怀胎母羊；不用小牛犊拉车，不驱赶小马驹奔跑……

二是遂材为用　周文王说："土不失宜。土可犯材，可蓄润湿，不谷树之竹苇莞蒲，砾石不可谷，树之葛木，以为絺绤，以为材用。"泥土不易丢失，既代替木材，又可以用来蓄水。不能种谷子的地方，可以种上竹子、芦苇、水葱和香蒲。砾石之地不能种谷子，就种上葛藤与树木。葛麻可以用来织布，要尽材以用。"故凡土地之间者，胜任裁之，并为民利。"凡是领地与领地之间有间隙的地方，都要利用起来让其生财，聚合起来为民众生利。

三是百物和德　周文王说："鱼鳖归其泉，鸟归其林，孤寡辛苦，咸赖其生，以遂其材……"鱼鳖养在水里，鸟兽归入山林，孤寡辛劳困苦的人就可以靠其为生。树木长大成材，工匠就可制成器物。各行各业都能得到差不多的利益，商贾就可以让货物流通起来。他说："工不失其务，农不失其时，是谓和德。"工庶不耽误工作，农庶不耽误农时，这就叫作和德。

四是开塞禁舍　周文王反问儿子，不明白开放、关闭、禁止、施舍道理的人，如何得天下？用修德学习来获取令人尊敬的名声，那才是圣人之道。他说："诸横生尽以养从，从生尽以养一丈夫。"让百物生命旺盛、四处横生，百物就能滋养许多人；让百物几乎绝种，那么百物就只能养一个人。所以，只要不杀怀胎母兽，不砍未成材的树木，不错过农事季节，像这样下去10年，大自然就会给周国"积蓄"。周文王比喻，生 10 个杀一个，可供使用的东西会堆积出 10 层；生 10 个杀 10 个，可用之物顿时空虚，要求儿子如此积蓄 10 年，说："有十年之积者王；有五年之积者霸，无一年之积者亡。"储备了 10 年堆积之物的方国为王；储备了 5 年堆积之物的方国称霸；储备不到一年的空虚方国，必然灭亡。

五是人地相称 周文王最后讲到了周国储存土地人口的重要问题，说明人口要与土地相称的辩证关系。他说："土多民少，非其土也。土少人多，非其人也。"如果土地多人口少，那土地就不是自己的土地了；如果土地少人口多，那人口就不是自己的人口了。所以在土地多的时候，就要把政令发布到四方，鼓励四方土地上的人口流入周国；在土地少的时候，就要先让庶民安排好家室，然后再到外地去劳作，向四邻土地输出劳动力。

中国夏商奴隶社会，庶民和奴隶是主要劳动者，奴隶完全不能流动，而庶民可以在王公贵族的允许下，流动到外地劳动，但在流动出去之后，就失去了原有私田，所以周文王十分重视这个问题。周文王再次引经据典，先引用《夏箴》的箴言："中不容利，民乃外次。"国内不能容纳利益，百姓就到外地居住。又引用《开望》的箴言："土广无守，可袭伐；土狭无食，可围竭。二祸之来，不称之灾。"土地宽广无人防守的，可以袭击讨伐；土地狭小没有粮食的，可以围困待其枯竭。别的方国如果发生了这两种祸患，都是因为土地的多少与人口的多少不相称而带来的灾难。《夏箴》和《开望》这两篇夏代典籍均以失传，都提示了土地与人口的关系，是国家生死存亡的大事。周文王是在告诉儿子，如何处理好周国的人口储备与土地储备之间的辩证关系。

周文王讲完方国储备的各个方面，又开始讲方国储备经济政策的令行禁止，说这些都关系到周国的生死存亡，关键是要有控制力。他说："兵强胜人，人强胜天，能制其有者，则能制人之有。令行禁止，王始……"兵强胜人，人强胜天。能控制住自己的人，就能控制住别人；不能控制住自己的人，别人就会来控制他。国家政策令行禁止，是王道的开端。令出专一叫"神明"，令出二人叫"分光"，令出三人叫"无适异"（无所适异），令出四人叫"无适与"（无所适从）。臣民无所适从，方国必然灭亡……

其实，中国的国家储备行为 5000 年前就已经开始。从传说中的黄帝开始，直到殷商时代，均设有"官山"，由国家垄断矿产资源，就是防止私有化之后的乱采伐和资源浪费。周文王引经据典讲国家储备的重要性，是继承和发展了中国上古文明。周文王去世之后，整个西周时代，均建立了集中储蓄各种物资的国家储备制度，包括储备人才，统一管理工匠……

周文王创造了"国家储备"的原始经济学思想，最为可贵之处，是涵盖了从植物到动物、从土地到人口的全方位储蓄。他的非时不入、遂材为用、百物和德、开塞禁舍、人地相称……无一字不在强调人类经济与自然环境的和谐发展。

人类由农业社会发展到工业社会时代之后，西方出现了无数经济学理论，其结果是向大自然贪婪索取，资源浪费，物种灭绝，环境污染，人类生存受到极大影响。在经历了无数惨痛教训之后，当代人类已经意识到：只有切实保护人类赖以生存的自然生态环境，经济建设和人类文明才有可能持续发展。但无穷无尽的利益驱使，仍旧不能制止当代人类用落后的"完全自由市场经济学"理论饮鸩止渴。

中国在3千年前奴隶社会时代，至少比西方早一千多年，出现了周文王这样伟大的古典经济学家。周文王所留下的中国古典经济学论著虽然简略粗犷，却是当今世界最先进、最科学的思想之一，没有过时。只可惜至今没有重放异彩……

主要参考文献

【《古本竹书纪年辑校今本竹书纪年疏证》《逸周书汇校集注》《礼记集解》《孟子译注》《管子全译》《康熙字典》《百度百科·先秦官制》】

文王遗产

（一） 告诫后嗣

【国家统一原则，是中国周朝之前就建立起来的文化传统，因为中国从来就不是联邦或邦联性质国家。周文王早已拥有调动三分之二以上诸侯的能力，却依旧为纣王的下属诸侯官员。如果中国殷商时代与欧洲古代相同，那么周文王追求一国独大即可，完全不必顾忌华夏一统而要对后嗣留下"剪商建周"的告诫。】

帝辛35年正月，周文王迁到今陕西西安的丰京居住，王妃太姒做了一个怪梦，梦见殷商王室大殿里到处生长着荆棘。

《太平御览》引《帝王世纪》载，周国太子姬发在周国宫门前种下了一些梓树，却没有想到梓树变成了棫（yù 音同玉）木。棫木是今陕西普遍生长的灌木小树，像松柏一样枝干带刺。太姒受到惊吓，难道自己的夜梦应验到了周国？赶紧把殷商朝堂荆棘丛生之梦告诉了周文王。周文王非常重视，被吓到了不敢独自占卜的程度。他把太子姬发召来，让姬发出面带领群臣，命令祭祀时负责祭告鬼神的官吏祝出场，用钱币对宗庙里的先祖群神全都祷告了一遍，然后在明堂叫卜官占卜。占卜的结果是此梦吉祥，于是周文王和太子姬发一起跪拜神灵，感谢这个吉祥之梦，表明周国要从"皇天上帝"那里接受商朝的"大命"。这事件无论真假都说明了一个问题，周文王感觉自己年老，来日无多，对改朝换代未竟之大业十分着急……

这个月的十五、丙子日，发生了月食，周国君臣祭拜。文王心有所思地对后嗣说：我们现在祭祀，举行拜礼，向远处望去，月食不定在什么时候就突然出现了。你们可以利用这个时间来开导晚辈后人，了解周国图谋的事情。你们应该这样说："呜呼，于来，后之人，余闻在昔，曰明明非常维德，曰为明食无时。汝夜何修非躬，何慎非言，何择非德……"啊，都来吧，周国君王的家人，我从前听人说过，呼唤光明，而光明是要用不同寻常的德行来维系的，要在没有月光的月食之时呼唤光明。你们为何不在这样的夜里躬身修德？为何不慎重地对待你们的语言，选择自己的德行呢？你们应该对自己的晚辈说，要恭敬地听从天命，如果商贾卖不出货物，就要谋虑思考问题的所在了。如果你们的手上没有绳索，就要招致祸患。过去不是说，没有去除就没有采用、没有优秀就没有差次吗？如果不对"人灾"问题进行思考和图谋，你们都会迷失方向，成为被人抛弃和诋毁的"非人"。

周文王从修德，讲到了如何与人共谋。说："维德之用，用皆在国，谋大，鲜无害。"周国只有重用有道德的人，谋图方国大事，才能比较少地受到危害。周文王又讲到了争斗，说："维周于民，人谋竞，不可以后戒，后戒宿，不悉日，不足。"意思是，要遍告周国民众，现在人人都要图谋角逐，不可以忘记君王的告诫。君王已经告诉你们"五星聚房"星宿天象变化，殷商剩下的日子不多了！周文王在这个月食之夜的告诫，每个字都是在交代后嗣子孙一定要完成覆商建周、改朝换代之大业。

这年二月朔日，周文王姬昌久久站立于丰京的后庭，闷头沉思。京城掌管王室造墓的官员似乎看透了周文王的心思，作"八儆、五戒"向他献策。

"八儆"讲君王如何处理好方国政治内务，周文王要求这位官员大声诵读出来：一儆"□旦于开"，早晚旦夕之间，敞开心扉胸臆。二儆"躬修九过"，躬身自修德行，远离多种过错。三儆"族修九禁"，领导宗族修德，远离多种禁律。四儆"无竞维义"，相互不竞不争，维护情谊正义。五儆"习用九教"，采纳多种德教，反复学习运用。六儆"□用守备"，完备官吏职守，任人唯德唯才。七儆"足用九利"，发现多种便利，充分实施利用；八儆"宁用怀□"，怀柔万物生灵，施行国家储备。

"五戒"讲君主如何处理好家庭内务，通过联姻来团结方国诸侯，这位官员继续诵读：一戒"祗（zhī 音同只）用谋宗"，要用恭敬的态度来发挥出全宗族的力量，图谋周氏祖祖辈辈的理想。二戒"经内戒工"，经营好妻妾联姻之国的亲密关系，不要让联姻方国付出劳役之工。三戒"无远亲戚"，对姻亲方国要一视同仁，没有远近亲疏之分。四戒"雕无薄□"，用雕刻出来的高级器物送礼，不要分轻重厚薄。五戒"祷无忧玉，及为人尽不足"，祈祷所用的玉器要丰厚，不要担心用玉数量太多，不要对祭祀先祖用玉不足。

"八儆、五戒"提醒和告诫周文王的后嗣子孙，如何躬身修德，正确处理好国家政治和宗族姻亲关系，因为政治关系和亲属关系，都是最终使用武力消灭殷纣的中坚力量。其中的"祗用谋宗"，要求动员和发挥出全宗族所有力量，完成周人祖祖辈辈的宏图伟业。京城掌管王室造墓官员所讲述的"八儆、五戒"，都是周文王与姜尚所制定的剪商建周图谋，所以周文王听完之后，立即向他行拜谢之礼，然后说：一定要让我那些还没有后代的年轻儿子们警醒，千万不要把我们谋图争夺殷商之心收藏起来，要告诫我的后嗣都要使用你的权谋，"维宿不悉，日不足"，不能对象征周国国运的"五星聚房"星宿天象变化不熟悉，殷商之日不足、不长久了……

《诗经·鲁颂·閟宫》曰："后稷之孙，实维大王。居岐之阳，实始翦商"，意思是，周人翦商并非从周文王才开始，自迁徙岐山之南的周原起，文王的祖父古公亶（dǎn 音同胆）父就带领族人远离戎狄，开荒建国，建立了挺进中原的"剪商"宏图大志。之后，周侯西伯季历继承父亲遗志，因攻伐太盛而牺牲了生命。又经过周文王几十年的呕心沥血，周国整整 3 代人的努力，才实现了如此大好局面。所以，垂暮之年周文王的最大心愿，就是要求后嗣再接再厉，完成这块土地上真正意义的周朝一统天下。

周文王共有 18 个儿子。王妃太姒所生嫡子有 10 个，依次是：长子（伯邑）考、次子（武王）发、三子（管叔）鲜、四子（周公）旦、五子（蔡叔）度、六子（曹叔）振铎、七子（郕叔）武、八子（霍叔）处、九子（康叔）封、十子（冉季）载。其他嫔妃所生庶子有：郜叔、雍伯、姬郑（毛叔郑）、姬绣（错叔绣）、姬高（毕公高）、原伯、酆（fēng 音同丰）侯、郇（xún 音同旬）伯。晚年的周文王经常会想：这些儿子们，能像自己那样治理好周国和民众吗？能够对付得了纣王帝辛吗？能够继承自己，完成覆商建周大业吗？他担心子孙后代贪图安逸，辜负几代祖先所付出的努力，不能实现自己毕生的理想。周室后人感恩文王对子嗣后代的教诲，将这两件事情收入《逸周书》之中，以《小开》和《大开》命名。开，为列举、写出之意。儆，为使人警醒，不犯过错之意。戒，告诫。此两文可视为周文王对全体周氏后嗣的嘱托。

国家统一原则，是中国周朝之前就建立起来的文化传统，因为中国从来就不是联邦或邦联性质国家。周文王早已拥有调动三分之二以上诸侯的能力，却依旧为纣王的下属诸侯官员。如果中国殷商时代与欧洲古代相同，那么周文王追求一国独大即可，完全不必顾忌华夏一统而要对后嗣留下"剪商建周"的告诫。

（二）辟雍灵台

【建造辟雍和灵台，标志周文王事业的巅峰。周文王不仅给自己的后嗣，而且给整个中华民族留下了意义深远的文化遗产。】

帝辛35年初，周文王从程邑迁到丰京居住。帝辛36年春正月，镐（hào音同号）京建成，周国迁都丰镐，诸侯朝周表示祝贺。帝辛37年，周文王又在镐京建"辟雍"（bì yōng音同必拥）。

《康熙字典》解释："天子诸侯通称辟"，"四方有水曰雍"。辟雍是位于镐京的一座四面环水的美丽宫殿，也是周国王室行礼奏乐的离宫。《太平御览·卷五百三十四·礼仪部十三》曰："武王于镐京行辟雍之礼日，四方来观者皆感化其德，心无不归服。"《诗经·大雅·文王有声》："镐京辟雍，自西自东，自南自北，无思不服。皇王烝哉！"意思是，辟雍建在镐京旁边，周武王在镐京举行辟雍之礼的时候，四面八方的诸侯都来观赏，全都被周文王的德行所感化，东西南北没有人心里不服，说周文王真是个明王！

周文王所建造的辟雍，后来成为周朝王公贵族最尊贵的学宫，如同今日国家最高等级的"公办大学"，对中国3千多年来的教育事业影响深远。东汉以后，中国历代王朝皆有辟雍，作为尊儒学、行典礼的场所。周朝设置的辟雍宫殿为圆形，围以水池，前门外有便桥。元朝于公元1306年建造的北京辟雍，遵循周朝"辟雍泮水"之旧制而建造，四周以回廊和水池环绕，池周围有汉白玉雕栏围护，池上架有石桥，通向辟雍的4个门，只是坐北向南，平面呈正方形。从清康熙帝开始，皇帝一经即位必须在此讲学一次，以示朝廷对国家教育的重视。北京辟雍金碧辉煌，历经明清两代至今，已有700多年历史，是中国唯一留存的周文王"辟雍"文化的古建筑，门匾"辟雍"为清帝乾隆书写，如今成为中国教育博物馆所在地，永久保存周文王的宝贵遗产。

周文王姬昌的威望不断提高，帝辛39年，殷商宗室的史官辛甲背叛了纣王帝辛，而投奔周文王姬昌，他的全部弟子跟着去了丰镐。西汉国家藏书目录《汉书·艺文志》，在道家类中有史官辛甲所著《辛甲》29篇。班固加注曰："纣臣，七十五谏而去，周封之。"意思说，辛甲向纣王的谏言多达75次，纣王均充耳不闻、不加理睬，于是辛甲选择背叛，投奔了周文王。辛甲在周武王同宗兄弟召公奭（shì音同是）的推荐下，成为西周王室的著名史官，其长子封于今山西长子县。凡国家濒于动乱的前夜，嗅觉灵敏的官员都会事先离开，中国从古到今都一样。

帝辛40年，周文王姬昌在今甘肃灵台县的密国旧址建造灵台。《淮南子》说周文王灭密国之后立即建造了灵台，但是《竹书纪年》记载，灵台是在密被灭之后的第七年才建造完成的。

最初灵台叫天台，周文王不是天子，却要建造一座天子祭祀天神的天台，也许他预感到自己即将离世，有生之年无法成为天子，无法见到殷商覆灭之日。

《诗经·大雅·灵台》曰："经始灵台，经之营之。庶民攻之，不日成之。

经始勿亟，庶民子来。"周文王打算建造灵台，筹划好了，建造并不求快，却没想到当地庶民实在太热情，没用几天就建成了，周文王觉得这是神灵的关系，改天台之名为"灵台"。

灵台建好之后，周围又建成了休闲娱乐的园囿，起名叫灵囿。这灵囿就是个野生动物园，当周文王来到灵囿池沼休息的时候，看到原来生活在这里的母鹿继续安然睡卧，母鹿毛色光亮闪烁而体态肥美；看到白鸟羽毛洁净，纷纷在灵囿定居；看到满池的鱼儿在蹦跳……从这时开始，周人开始兴建园囿。

灵囿还建造了离宫，里面安放钟架和鼓架。首先挂起的是鼍（tuó 音同驼）皮大鼓，这种鼓是用扬子鳄的皮做成的；然后再一溜排地按音阶高低，挂起了十几个铜编钟。盲人乐师擂鼍鼓、敲编钟，演奏起美妙的音乐。

《孟子·梁惠王》曰："文王以民力为台为沼，而民欢乐之，谓其台曰灵台，谓其沼曰灵沼，乐其有麋鹿鱼鳖。古之人与民偕乐，故能乐也。"意思是，周文王建造灵台，民众是非常高兴的，灵台建好之后，湿地有麋鹿鱼鳖，民众也是非常高兴的。周国人君周文王与民同乐，是有"能乐"之本领。

周文王建灵台所隐喻的政治文化，如今还在使用。上海豫园明代建筑，入园门的第一座建筑叫三穗堂，堂前上方高悬匾额："灵台经始。"取之于《诗经·大雅·灵台》首句"经始灵台"，其内涵就是周文王经营得民众之助、"与民偕乐"的灵台文化。

周文王姬昌建造灵台，可以举行天子身份的祭天仪式，这让纣王帝辛很不高兴。他不知道周文王目的究竟是什么，派大臣胶鬲（gé 音同隔）到丰镐去向周文王求索"玉版"。

版，指简牍。以玉石作为简牍，就是所谓"玉版"。玉版不是普通玉片，上有图形或文字，象征祥德或休咎。东晋《拾遗记·唐尧》中说，唐尧在位之时，因有盛德，在洛水与黄河交界之滨，得到一尺见方的玉版，上面画着天地形状。虽然这只是志怪小说，但足以说明玉版的珍贵在于政治含义。所以，纣王向文王索要玉版，是用暗示的方法向周文王询问——仍旧忠实于殷商吗？

可笑的是，难道给出玉版就代表忠诚？更可笑的是，胶鬲实为周文王在殷商安插的奸细！胶鬲原本为卖鱼贩盐的商人，被周文王发现了才能，推荐到纣王那里去当周国内应，此人十分聪明，深得纣王信任，最后居然做到比较高的官位，可见纣王没有识人智慧。反间计，是毁灭国家王朝最重要的武器之一，周文王运用娴熟。纣王派胶鬲前去索取玉版，周文王为了不暴露其真实身份而故意不给。纣王果然认为胶鬲与周文王没有交情，重新派最信任的大臣费仲前去索要。

费仲是个善于阿谀、贪图财利的佞臣，早就成为周国的贿赂对象，与周国关系"好"得很，周国通过收买此人而给纣王送礼，从而使得周文王出狱。纣王用费仲来管理国家政事，结果就连纣王自己的宗室贵族也不来亲近他了。于是周文王将玉版交给费仲进贡给纣王，让纣王对建造灵台放心，皆大欢喜。

周文王在帝辛 41 年就离开了人世，建造辟雍和灵台，标志周文王事业之巅峰，周文王不仅给自己的后嗣，而且给整个中华民族留下了意义深远的文化遗产。

（三）文王遗嘱

【周文王临终遗嘱言简意赅，由治国理政升至中庸哲学的高度，即便对三千多之后的今天，也大有裨益。周文王的思想，是长期影响中国主流文化的核心元素，他留给全中华民族子孙后代的精神财富和高超智慧，万古流长。】

迁都丰镐之后，九州中国有更多诸侯听从周国调遣，与周戮力同心。周文王姬昌却进入到生命的最后时段。

帝辛 41 年，周文王居住到鄗（hào 音同号）京，得了卧床不起的重病。他召见太公姜尚，当时太子姬发也在床边。文王说："呜呼！天将弃予，周之社稷将以属汝。今予欲师至道之言，以明传之子孙。"唉！上天将要结束我的寿命了，周国的社稷大事就要托付给您了。现在我想听太师您讲讲至理名言，以便明确地传给我的子孙后代。

姜尚问，君王您想要询问些什么呢？

周文王说，古代圣贤的治国之道，应该废止的是什么？应该兴起的又是哪些？能够把其中的道理讲来听听吗？

姜尚回答："见善而怠，时至而疑，知非而处，此三者道之所止也。"见到善事却懈怠不做，时机来临却迟疑不决，知道错误却泰然处之，这 3 种情况就是先圣治国之道所应废止的。

姜尚又说："柔而静，恭而敬，强而弱，忍而刚，此四者道之所起也。"柔和而清静，谦恭而敬谨，强大而居弱，隐忍而刚强，这 4 种情况是先圣治国之道所应推行的。

姜尚说结论："故义胜欲则昌，欲胜义则亡；敬胜怠则吉，怠胜敬则灭。"所以，正义压倒私欲，国家就能昌盛；私欲压倒正义，国家就会衰亡；敬谨压倒懈怠，国家就能吉祥；懈怠压倒敬谨，国家就会灭亡。

这段故事记载于《六韬·文韬·明传》，是周文王拜托姜尚担任太子姬发的老师，完成自己的未尽事业。年老体衰的周文王，预感到生命不久，而覆商建周大业却并未完成，十分担心。

这年暮春三月，周文王又把太子姬发召来，专门讲述治理国家的理财之道。他说，呜呼，我的身体已经很老了！我要告诉你，我这一辈子所保持和坚守的东西，你要传给子孙后代。

周文王对自己做出评价："吾厚德而广惠，忠信而志爱，人君之行。不为骄侈，不为泰靡，不淫于美，括柱茅茨（cí 音同持），为民爱费。"意思是，我厚德广施、忠信慈爱，这都是为人君主的行为。我没有做过任何骄纵奢侈之事，没有做过十分浪费的事情，没有贪恋华美，就连柱子上的漆皮旧得被刮掉，也没有允许重新雕饰。我住的宫殿屋顶，是用茅草来覆盖的，我这是在为民众而珍惜费用啊！周文王要求太子警惕和思考周国的战略储备问题，提出了一系列资源积蓄原则，强调人类经济与自然环境的和谐发展，创造了上古中国伟大的"国家储备"经济学思想，这些宝贵的思想都留在了《逸周书·卷三·文传》中。

3月庚辰这天，周文王感到身体非常不适，告诉左右，自己连做梦都担心后嗣子孙不能守住基业。他把太子姬发叫到床前，说："汝敬之哉！民物多变，民何乡非利，利维生痛，痛维生乐，乐维生礼，礼维生义，义维生仁。"你自始至终都要谨慎不懈啊！民众的事物是多变的，没有一个乡不是趋利的，趋利有害则生苦痛，知苦痛则知足而快乐，快乐则能遵守礼节，遵守礼节则会生出合宜合义，合宜合义则会生出仁慈。周文王这是告诉太子姬发，如何引导民众向善。

他又说："民之适败，上察下遂信，何乡非私，私维生抗，抗维生夺，夺维生乱，乱维生亡，亡维生死。"意思是，民众是很会毁坏乱来的，在上者细察下面，才能知道他们是否诚实。没有一个乡是没有私欲的，有了私欲便产生对抗，有了对抗便产生劫夺，有了劫夺便产生动乱，有了动乱便产生逃离，有了逃离便产生死亡。周文王这是告诉太子姬发，民众如果向坏的方向发展，是怎样一个过程。

周文王告诫姬发一定要千万守住谨慎，不要丧失。要命令各级官吏，早晚都不要忘记谨慎，就像做民众的向导那样引导民众向善。他问姬发："汝何慎非遂？"我为何要求你谨慎而不能为所欲为呢？然后自问自答：因为为所欲为者走不远，既不治本也不治标，既不见微亮也不见光辉。如同田野中没有土壤就不能增高水位，没有水就不能流淌啊！

周文王说，啊，谨慎不懈吧！破坏了树木的根系，树冠一定会枯槁，为何不去借鉴草木茂盛的自然法则呢？殷商实行户口编制，将若干民众编作"一甲"，若干甲编作"一保"。周文王说："不维一保监顺时，维周于民之适，败无有时，

盅后戒，后戒谋，念勿择。"不要去维系一保的利益而要去借鉴如何顺时，要维系整个周国民众的适宜。殷商随时都会失败，一定要记住君王我的告诫，记住我告诫的权谋，继续下去，不要重新选择。周文王的这些话，都被记入了《逸周书·卷三·文儆》。

过了8天，周文王的病情还是不见好转。周文王惦记着距离上次庚辰日谈话已经过去好几天，唯恐失去对太子最后作教导护育的机会。戊子日，周文王自己洗了脸，把姬发叫来，作了最后一次遗嘱，这就是《保训》。次日己丑日，周文王就昏迷了过去，从此再也没有醒来……

《保训》一文，既未收入《尚书》，也未收入《逸周书》，直至2008年7月，才从海外拍卖市场回流到中国清华大学，故称为"清华简"。经碳素14科学测定，为战国中晚期竹简，秦朝之前就被埋入地下，所以未受到"焚书坑儒"的影响，能够最大限度地展现先秦古籍的原貌，了解中华文化的初期面貌和发展脉络。用天干地支相配时间对照，《保训》与《逸周书·文传·文儆》在时间与内容的逻辑关系上是吻合的，可见中国多数古籍具有信史性质，值得信赖。

周文王说："发，朕疾适甚，恐不汝及训。昔前人传保，必受之以詷（tóng音同童）。今朕疾允病，恐弗念终，汝以箸（书）受之。钦哉，勿淫！"姬发，我的病情越来越重，恐怕要来不及对你作训诫了。过去前贤传给后人作永久保存的保训，接受者是一定要当面同声诵读的。现在我的身体已经由轻度不适而转为实实在在的疾病，恐怕不能把内心所惦记的全都讲出来，你就以记载箸录的形式接受吧。你要恭恭敬敬，不要肆意随便！

周文王最后一次留给儿子的遗嘱，提出了"中"的哲学思想，此思想被孔子发展为"中庸之道"。

周文王说："昔舜久作小人，亲耕于鬲茅。恐，救中。"过去虞舜很长时间是当庶民小人的，亲自耕种于鬲茅历地，在生存的恐惧之中求得了"中"。意思是，虞舜明白了人类在自然中生活的道理，因为人类位于天和地之间的中间位置，所以只有顺应自然天和地才能生存，这就是人类生存的自然"中"道。

周文王说，虞舜造诣很深并有大志，从来不回避自己是庶民身份，遇到万种灾难，内心却依然产生出很多欲望。虞舜从自然"中"道里悟出了种植技术，传授给上下远方之人，让人们都学会用最容易的办法达到种植的最高造诣。他探测万物在白天与黑夜中的阴阳变化，让所有的种植都不违背山川而逆行。周文王说："舜既得中，言不易实变名，身兹备，惟允，翼翼不懈，用作三降之德。帝尧嘉之，用受厥绪。"舜领悟中道之后，别人都说他没有改变诚实和名誉，美德增加，自身变得更加完备。他翼翼不懈地思考中允公正，把这些作为"三降之德"。帝尧夸奖舜，授予他继承自己未竟的事业。所谓"三降之德"，《尚书·洪范》说："一曰正直、二曰刚克、三曰柔克。"周文王说，虞舜是因为领悟了"中"，才得到"德"，最后成了天子。

讲完虞舜事例，周文王又以殷商始祖上甲微来举例，讲述"中"的哲学："昔微砌（qì 音同弃）中于河，以复有易……"殷商始祖上甲微，为报杀父之仇而灭了有易方国，周文王说上甲微后来在诸侯河伯那里借到了"中"，同意让有易氏复国。有易人服罪后，上甲微也就不再害得他们继续逃亡，双方都回到诸侯河伯那里取"中"而和解。上甲微不忘志向，传给子孙后代到达成汤，成汤恭恭敬敬而不敢懈怠，终于接收到了上天所赋予的改朝换代之大命。周文王的意思是，成汤继承了上甲微的"中"道之德，才有了当天子的天命。告诫姬发，你也要谨慎而不怠慢啊！周文王的意思很明显，要求太子姬发深刻领悟"中"的哲学，才能承受到天命。

周文王说，我听说这些事情也没有很长时间，意思是自己对"中"的哲学领悟得太迟，所以生命没有得到有所延长。现在姬发你要非常恭敬，不能有丝毫懈怠，你现在要以虞舜和上甲微的"中"道作为参照，有所凭借，不要等到身受天命之时，才想到谨慎而不怠慢，千万不要肆意随便！

周文王最后再次强调："日不足，唯宿不羕（yàng 音同样）。"殷商的日子已经不多了，那"五星聚房"的星宿天象早已揭示，只有星宿才知道是否会不祥。

周文王活了 90 多岁，执政时间长达 50 年，临终之前，头脑始终非常清楚，时时刻刻总结自己执政几十年来的治国经验和人生智慧，谆谆告诫太子姬发。四次谈话，是周文王分 4 次给太子姬发留下的遗嘱，也是治国理政最重要的 4 个方面。

周文王第一次告诫，是周国的治国之道——学习古人有益的治国经验，了解应该废止什么，提倡什么。

周文王第二次告诫，是周国的经济管理思想——建立国家储备，强调人与自然共存而和谐发展。

周文王第三次告诫，是周国的治民管理智慧——民心趋利多变，君主做好向导，为多数民众谋利。

周文王的第四次告诫，是承受"天下大命"的哲学思维——中。

在虞舜，"中"是人位于天地之间的自然法则。舜顺应自然法则，并将"中"运用于人类农耕，故得天下。在上甲微，"中"是处理方国矛盾的社会法则。其后代成汤谨慎遵循"中"道，故得天下。因此，掌握了天地之"中"、把握了公允之"中"，这样的人就能够承受改朝换代之天命。

　　周文王的临终遗嘱，由治国理政升至中庸哲学的高度，非常深刻，即便对3千多年后的今天，也大有裨益。周文王的思想，是长期影响中国主流文化的核心元素，他留给全中华民族子孙后代的精神财富和高超智慧，万古流长。

　　帝辛41年春天3月，周文王埋葬在今陕西省西安市或咸阳市的毕地。这里距离丰镐京都只有30里，是周文王授兵权与姜尚之处，也是周文王使用军事手段剪商的开始，后来周武王和周公旦都葬在这里。

主要参考文献

【《古本竹书纪年辑校今本竹书纪年疏证》《尚书今古文注疏》《逸周书汇校集注》《诗经楚辞鉴赏辞典》《六韬鬼谷子》《史记》《太平御览》《淮南子》《孟子译注》《汉书》《拾遗记校注》《康熙字典》《清华简〈保训〉释读补正·李学勤·中国史研究（2009年第3期）》】

韬光养晦

（一）武王学习

【周武王具有努力学习、明辨是非、虚心纳言、果断处事的能力，更具备驾驭能人的智慧，使得周公旦和姜尚一辈子为武王事业鞠躬尽瘁，为文王理想死而后已。】

帝辛41年春天3月，周文王因病去世，太子姬发继承西伯之爵，谥号为周武王。周武王姬发的正妻叫邑姜，是太公姜尚的女儿。

周武王出生便喜欢脑袋上仰，有望而上视的"望羊"远视习惯；还有牙齿重叠的龅牙"骈齿"。骈齿本为丑陋之貌，但特殊长相自古就被认为是圣人之像，前有帝喾（kù 音同酷）、后有孔子，均与周武王姬发相同，生有骈齿。

西周青铜器铭文中出现周武王之名，常为"珷"（wǔ 音同武）字，如玉石的意思。姬发是周文王最为得力的儿子和助手，常年南征北战，主管周国内外重大事务。周武王深得其父真传，接任周国诸侯王位之时人已到达中年，政治经验丰富，一心一意承继先父文王事业，继续剪商。

周武王正式登位之后，于帝辛42年元月举行任职典礼。他以先父文王为榜样，任命姜尚为卿，即最高一级"相、太师"，因为姜尚是他的岳父，所以并授予姜尚"师、尚父"尊称，意思是可尊敬的老师和高尚的岳父。周文王任命同母之四弟周公旦为卿，做"辅相"。任命异母之十五庶弟姬高（毕公高）、同宗之兄弟姬奭（shì 音同是）（召公奭）为重臣辅佐。这样，姜尚、周公旦、毕公高、召公奭等4人，就形成了周武王的智囊团。

帝辛42年，《墨子·非攻下》说殷都朝歌不祥之怪事频出：有女妖在夜晚出现，有鬼在晚上叹喟，还有女子突然变成了男人。天下了一场肉雨，朝歌大道上生出了荆棘。而就在8年之前，周武王姬昌的母亲太姒曾做过一个怪梦，梦见殷商王朝堂大殿到处生长着荆棘，此梦似乎得到了应验。这一年，纣王的状况

是更加控制不住地放纵……

而周国这边，帝辛 42 年元月，周武王姬昌把最信任的四弟周公旦召来说："呜呼，先父未完成的功业，是在周国普遍禁止五戒。"五戒，指游牧戎人的 5 种习惯：一是不担心国家财政匮乏，寄托于一年四季意外免除灾害；二是官吏奸诈推卸责任，拿刑法做买卖，处刑不明；三是失去德行，纵情歌舞、贪恋美色；四是自私自利，唯权势而辅佐，唯父母而祝祷；五是不停地盘旋游荡而搬家，国家人口如同枝叶凋零。周国祖先曾经从中原农耕转为西戎游牧，又从西戎游牧转为中原农耕，难免遗留游牧戎人的风俗习惯。周武王说："五戒不禁，厥民乃淫……五者不距，自生戎旅。"如果五戒不禁止，周国的贵族民众就会变得放纵淫迷。如果周国"五戒"现象不多的话，那么周国军队就自己产生了。

于是周武王提出了"柔武"思想：以仁德为根本、以道义为方法、以守信为举动、以成功为翻新、以决胜为谋划、以节制为胜算，致力于审时度势、纲纪为序，用均衡辛劳困苦来和谐闾里乡邻。如果见敌寇就拿起斧戚，必然会分散方向。战胜他国如融化，不一定非要动用武器和战鼓，善战者不需要搏斗。周武王说："故曰柔武，四方无拂，奄有天下。"周武王之所以将上述思想称为柔武，是为了使得四面八方诸侯国对周国都没有拂逆。只要做到柔武，那么我们周国也就覆盖了整个天下。周武王的"柔武"思想，将周文王以德剪商之谋演绎到出神入化程度，得到四弟周公旦的深度认同。兄弟俩决心把先父文王既定的剪商权谋继续执行下去，不操之过急，耐心等待时机成熟。

可是周武王毕竟与其父周文王性格不同，他实在厌恶殷商，为自己不能立即灭殷而十分焦虑，就连做梦都在想着如何灭纣。有一天，周武王梦见 3 位神人对他说，我已经使殷纣沉湎在酒乐之中，你去攻打他，我一定使你彻底戡定他。做了这样的梦之后，周武王就整天只想一件事情，如何进伐殷攻纣，灭商兴周。据说，上天不知何时还赐给了他一面黄鸟之旗。

帝辛 43 年一月，武王居住在丰邑，悄悄询问周公旦："呜呼！余夙夜维商，密不显，谁知。告岁之有秋。今余不获其落，若何？"啊呀，我朝思暮想的灭商之事，现在保密而不公开，又有谁能知道呢？告诉我，哪年是有能收获的秋天？如果不去收割即将落籽的庄稼，颗粒落地怎么办？

周公旦则认为周国修德还不够，劝他不要莽撞，说："兹在德，敬在周，其维天命，王其敬命。"现在需要增加的是德，周国最需要的是谨慎。周国维系着天命，您要敬重天命呀！周公旦提醒兄长注意维护而不要失去与姻亲远戚的和睦，时刻想到先父文王勤恳谨慎的样子，想想父亲战战兢兢地敬重什么？爱好什么？厌恶什么？否则就危险了！

一番话醍醐灌顶，让周武王顿时冷静了下来。古人席地而坐，周武王直起身作"长跪"姿态，向弟弟行拜礼，说，我答应你！过去听说国家有四戚、五和、七失、九因、十淫，我并非不重视，只是不明白。今天你的话都是在纠正我，我不会废弃善言而自我闭塞，一定恭敬地对待你的这些明戒。周公旦见兄长如此，也急忙直身对武王行跪拜礼，说，您这样就是顺从了天意。上天之所以对母亲太姒降梦，是因为殷商将亡。现在殷室王庭果真生出了葛藤荆棘，生葛藤就是上天在佑助周人。只要大王英明，用老话中的"和而不同"之言，谁敢不恭敬？

接着，周公旦详细讲解"四戚、五和、七失、九因、十淫"，说今商朝王室正是如此，所以我们一定要取代它。这是上天赋予我们的大命，我们如果不去承受就反而危险。如果终止先父文王的功业，忍看民众受苦，是不吉利。如同农夫种田，从事耕作却不锄草，任由野草长在庄稼地；庄稼成熟而不去收获，任由禽兽去吃掉，人类却在忍受饥饿，叫谁去可怜？

兄弟情深，掏心挖肺，戮力同心，周武王感动至极，再次向四弟行跪拜大礼，说：我听你的话！呜呼，我得日夜战战兢兢地谨慎行事，何必对那些不道德、不合理的事情畏难或厌恶呢？我如果不能慎始敬终，那就危险了！周公旦的忠厚仁爱胜过他人，所以周武王对他绝对信任，无论军国大事，还是其他疑难小事，总是喜欢与四弟商量。

帝辛43年正月十五日，周武王又开始受不了，告诉周公旦："呜呼，余夙夜忌商，不知道极，敬听以勤天命。"我日夜痛恨殷商，不知何时才是个头？当然啦，我还是会谨慎地听从你，以勤奋工作来服从天命。周公旦吓得立即下跪，作揖叩头，行九拜中最隆重的稽首大拜之礼，然后以父王顺应通晓"三极"，亲自端正"四察"，遵循运用"五行"，警戒看待"七顺"，顺势依照"九纪"，并加以详细讲解，来阻止周武王的莽撞。周武王再次被提醒，向四弟行拜礼道，我答应你！听说从前的训典都合于法规。你是为了不使我蒙蔽才说了提醒我恭敬谨慎之言，今后我要每天使自己合于法则，弥补不足。

为了让周武王记住这两次对话，周公旦写下《大开武》和《小开武》两文，保留在《逸周书·卷三》之中。

周文王姬发抓紧学习上古典籍。有一次整整学习了3天，然后召见尚父姜尚，咨询道："昔黄帝、颛顼（zhuān xū 音同专须）之道存乎？"姜尚回答，他们的大道保存在丹书之中。

丹书，最初是中国神话朱雀所衔的瑞书，夏商周时代，特指以朱笔记载犯人罪状的文书。夏商周囚犯均为政府官家的奴隶，所以留丹书作为奴籍档案。春秋时晋国内乱，乱臣栾盈的武士叫督戎，力大无穷，搞得晋平公的重臣范宣子一筹莫展。《左传·襄公二十三年》记载，有个叫斐豹的晋国奴隶挺身而出，说："苟焚丹书（如果焚烧关于我的丹书，解除我的奴隶身份），我杀督戎。"就这样，斐豹成为春秋时代第一位得到解放的奴隶。此为夏商周丹书的真实含义。

周武王知道"黄帝、颛顼之道在丹书"之意，并不是指奴隶花名册，而是姜尚在教导他实行上古原始氏族社会领袖黄帝和颛顼的仁政，不要实行纣王帝辛的暴政。但周武王却因为这句话，而给尚父姜尚颁发了享有免罪特权的周国"丹书"，含义是自己要依靠姜尚来发兵征伐殷商，即便有错也可以免罪。姜尚自然是心领神会的，但毕竟时机未到，还需韬光养晦，所以装聋作哑。周武王发明了"免死丹书"，后西汉创始人刘邦将丹书刻于铁券，发明了免死金牌"丹书铁券"。

周武王具有卓越的军事、政治才能，性格却不如周公旦、姜尚沉稳。虽然周公旦、姜尚的政治军事水平都比他高，治国经验也比他丰富，思想学问更比他深厚，都是对中国文化历史影响深远的政治家、军事家、思想家和教育家，但周武王具有努力学习、明辨是非、虚心纳言、果断处事的能力，更具备驾驭能人的智慧，使得周公旦和姜尚一辈子为武王事业鞠躬尽瘁，为文王理想死而后已。

（二）戡黎观兵

【周武王因噩梦而转向灭黎，孟津八百诸侯助周灭殷，却变成了观兵演习，可见周人恐惧殷纣实力之深。孟子"为汤武驱民者，桀与纣也"为实话，夏商覆灭，并非夏桀殷纣实力不强，而是他们的行为把民心推向了成汤、武王。】

帝辛43年春天，纣王帝辛举行了大阅兵。之后发生了地震，峣山崩塌，三川枯涸。峣山位于今河南平顶山鲁山县西部，按中国迷信的说法，峣山地震是政治预兆，对殷商极为不利。

帝辛44年二月丙辰日，周武王姬发住在镐（hào 音同号）京，与周公旦"交流"学习体会，他认为"言有三信，信以生宝，宝以贵物，物周为器"，只有信用，才是能够为周国所使用的珍宝，因此而作了《逸周书·卷三·宝典》。

周公旦听完《宝典》作揖叩头，兴奋地说，我虽能讲清那个宝，却担心没有子孙继承而使宝衰败。即便产生了信用之宝，如果没有产生仁德，恐怕还是会因为没有后代继承而产生不出王室的新宝，我担心失去人心聚集，王道废弃。

周武王向他行拜礼说，你这话如同龟甲动物的外壳，限定了社会的法式范围。我要劝勉贵族民众安于自己的位置，广泛教化。但是如果推行了信、义、仁之宝，还发生社会混乱，那就怪不得我了。我上设荣誉俸禄，不怕谁人不喜欢"仁"；我用"仁"来引导他们珍爱俸禄，引导他们认可周国典程常法，让他们既得到俸禄又增加名誉，上下相互劝勉，谁人会不去竞相为"仁"？这是为子孙后代考虑，这个宝要长久不变。

帝辛44年，周武王居住在丰京的时候，有人将纣王帝辛怪罪周国不作为，准备征伐周国的军事情报告诉了他。周武王望着周公旦反问："呜呼，商其咸辜，维日望谋建功，言多信，今如其何？"殷商的罪过简直太多了，我每天都盼望着谋建功业。这个情报应该是可靠的，现在我们应当怎么办？

周公旦说，时机已经到了！我们可以按原计划进行起兵之前的战备，主要是：与周国姻亲外戚取得一致，调整并任用能人为官，秘密准备武器弓矢，降低物价，给商人贷款，边民禁止迁入周国，牛羊禁止在道路上驱赶，城邑之外禁止住人。周武王补充，还要广泛进行热爱周国的思想教育，"帝命不謟（tāo音同滔），应时作谋，不敏殆哉"。上帝的天命不可疑惑，我们要顺应时机而先做谋划，再不迅速行动就危险了。周公旦称赞"言斯允格"，夸奖周武王之言非常恰当，说，士卒全体顺从，周国也就一心了。于是周武王将伐殷商而顺应天意、革除殷命的伟大意义向周国民众宣传，重复晓喻武事。

周武王积极做起兵讨伐殷商的准备工作，过了一个多月，四月初一的夜里被噩梦惊醒。周武王立即发出警报，召见周公旦说，啊呀，我们对殷纣的计谋已经泄露了！我做了噩梦，殷商惊吓了我。我们现在想顺从也没有了条件，想进攻又不可能获得成功，立即称王又条件不足，我十分担心现在的准备工作不足以兴兵，忧虑很深！

周公旦说，天下人不会预料到周国的谋略，惊梦是在警告你，正确而正义的行动，就是现在不要去做称王的事情。您要敬谨天命，恭敬地用手捧着，就像以行稽首大礼那样的态度去对待古籍，才能成为天子。您要做的还是宽政行德，守护而不要丢失，不要给老虎添翅。不骄傲自大，不吝啬财富，只要时机到了，就会天下无敌。

周武王向弟弟行拜礼说，好啊！我听说过这样的话，记住自己的谋划，把谋划隐藏起来，既不泄露出去，也不竭力去做，只做维系天命的事情而已。周武王说："余维与汝监旧之葆，咸祗曰，戒戒维宿。"现在我就和你一起监管旧日之谋，都恭敬地说："以警戒准备的态度，对待星宿（五星聚房）。"

这之后，武王下达了《武顺》和《武穆》诏书，晓喻武事的意义以训导贵族百姓，要求民众做好战争防备，甚至要求：共同行路，也要量度远近，以防备不测；城墙残缺少防守的，就不进入其境，以免误入陷阱。此两文保留于《逸周书·卷三》。

帝辛44年，周武王借纣王责怪的机会改变作战方向，以"黎侯不从王命"的名义替殷商征伐黎国，乘机端掉黎国，还让纣王帝辛找不到理由攻伐周国。

黎国就是当年被周文王攻伐的耆（qí 音同其）国，耆国灭亡后又建立了新的方国，恢复最初炎帝所建的古黎国的称号。此处地势险要，春秋战国时为兵家必争之地，称"上党"，意思是："居太行山之巅，地形最高，与天为党也。"自古就有"得上党可望得中原"之说。

周武王对黎国进行了一场大规模杀戮，黎人四方逃散，远走他乡。《诗·大雅·桑柔》曰："民靡有黎，具祸以烬。"可见周武王的杀戮几乎达到鸡犬不留程度。历经了残酷战乱的黎人，后来即便有重新返回新黎国的旧黎国遗民，均世代隐氏更名，与最初的"黎"割断关系，这就是今日山西黎城县没有黎姓的原因。北魏时期，取周武王戡黎而将这里命名为"刈（yì 音同义）陵县"。刈：杀割；陵：坟墓。即杀戮的坟墓……

《尚书·商书·西伯戡黎》记载，周武王戡黎国之后，纣王帝辛的大臣祖伊慌了起来。因为黎国距离殷商朝歌（zhāo gē 音同招哥）很近，朝歌之西向来以太行山为屏障，而现在周武王拿下了黎国，一旦周国背叛，朝歌就没有了屏障。周武王得黎国，为征伐朝歌扫平道路，殷商大臣祖伊看得真真切切，而纣王却不肯相信一向顺从于自己的周国敢于背叛，他更愿意相信自己的军事实力。

祖伊是夏朝大禹车正官奚仲的后人，也是商朝先祖武丁长子祖己的直系嫡亲后代，在今山东省滕州附近拥有薛国。祖伊是纣王帝辛十分信任的重臣，所以讲话比较直接和大胆，他说：大王啊，上天恐怕要断绝我们殷商的国运了！那善知天命的人用大龟来占卜，觉察不到一点吉兆。此时的祖伊，既怨恨周国，又胆战心惊，一边报告一边埋怨：不是先王不力助我们这些后人，而是因为大王您淫荡嬉戏、自绝于天。所以上天才抛弃了我们，不让我们安居饮食。大王您既不揣度天性，又不遵循常法，结果现在我们的臣民没有谁不希望殷国灭亡的，他们说，上天为何还不改变，不降威罚呢？天命已经不再属于我们了，大王您现在打算怎么办呢？

纣王不以为然地说，啊呀！我生下来就做国君，我的命运难道不是早就由上天决定了吗？

祖伊反问，啊呀！但是您的过错实在太多了，已经传达到了上天，难道还能再祈求上天福佑吗？殷商行将灭亡，从您所做的政事之上就看得出来，殷商能不被周国消灭吗？

祖伊见纣王如此轻敌，立即辞官回自己的薛国去了。回国之后，祖伊说，纣王已经无法规劝了！

拿下黎国之后接下来的 4 年，周武王继续以德剪商，暗地里做征伐殷商的准备。帝辛 47 年，殷商掌管记录国家历史、法律、祭祀等方面书籍的内史向挚叛逃奔周，还带走了殷商王室一大批图画法律等典籍。帝辛 48 年，天空中出现了两个太阳，土神夷羊出现在朝歌牧野。出现夷羊，是殷商将亡的征兆；双日并出，是夏朝灭亡前出现过的预兆……

帝辛 51 年冬 11 月，周武王要求四方诸侯到孟津黄河渡口军事会盟，等于公开了对殷商的军事行动。

武王来到距离丰镐 30 里的毕地，隆重祭祀先父文王。《诗经·周颂·我将》记载下周武王祭祀的祷词："我将我享，维羊维牛，维天其右之！仪式刑文王之典，日靖四方。伊嘏（gǔ 音同古）文王，既右飨之。我其夙夜，畏天之威，于时保之。"意思是：我把祭品献上，有牛又有羊。保佑我们吧，上苍！各种典章我都效法文王，盼着早日平定四方。伟大的文王，请尽情地享用祭品。我日日夜夜，敬畏上天的威命，保佑我大功告成。

唱完祷词，周武王挥剑跳起了自己创作的"象舞"。象舞，是周武王亲自创作的一种乐舞，以模拟用兵时的击刺动作，象征自己武功高强。周武王边唱边跳，这就是《诗经·周颂·维清》："维清缉熙，文王之典。肇禋（zhào yīn 音同照因），迄用有成，维周之祯。"意思是，清明啊！功绩啊！光明啊！文王之典籍！自从开始祭祀天命，至今始终有成，维护周邦的祥瑞……

祭祀完毕，周武王登上战车，把文王灵位牌捧在手里，下了战车就把灵位牌供奉在中军之帐。部队往东开拔，周武王没敢称呼自己为周王，而是自称为"太子发"，宣称是奉周文王之命前去讨殷，不敢擅自做主……周武王此去的目的地是今河南洛阳的黄河渡口孟津，要进行横渡黄河的军事演习，并检阅部队。这是周武王继承父亲王位的第十年，此时周国完成文王大业的准备工作已经充分，周武王想通过一次东征纣王的演习，观察到底能有多少诸侯前来云集响应。

没想到，早已成为周国臣子的伯夷、叔齐此时突然冒了出来。他们上前拽住周武王的战马，强行进行劝阻：父亲死了尚未好好安葬，就动起干戈来，能说得上是孝吗？以臣子的身份而杀害殷商天子，能说得上是仁吗？用暴力去推翻暴君，就是以暴易暴，会伤害许多人，还不一定能成功……这让周武王一下子就感到了来自内部的道德压力。其实此时周文王早被安葬，周文王只是动用先父灵牌而已。周武王身边的人气得抽出宝剑，想要杀死伯夷和叔齐，姜尚却拦阻说："这是两位义士啊！"扶起他们，送走了……

伯夷、叔齐是孤竹国的两位王子，因相互谦让王位而离家出走。他们虽然在周国为官多年，却丝毫不知周文王有灭商权谋，更没做好周国背叛殷商的思想准备。孤竹国是冀东地区最早的方国，建于夏末，兴于殷商，衰于西周，亡于春秋，存在约有940多年。其范围及其广袤，涵盖今太行山以东、内外蒙古，以及东北和朝鲜地区，今河北唐山滦南是孤竹国的中心。孤竹先人为先商部族的子姓、墨氏一支。商族南下中原时，墨氏一支留在故土作为后盾，源源不断地将战略物资运抵中原。商朝初年，墨氏被封为孤竹国诸侯，几百年来，只要有殷商存在，就有孤竹国的安全感。孤竹国与殷商是宗族关系，所以伯夷、叔齐无论如何也要阻止周武王与殷商为敌。后来殷商覆灭，这俩兄弟以殷商遗民自居，不仕周朝，不食周粟，在今甘肃省渭源县的首阳山采薇而食。偏有多事老丈提醒：野菜不也是周朝的吗？于是哥俩决意不食一物，最后被活活饿死，此为后话。

眼前，周武王排除了伯夷、叔齐的干扰，继续策马前进。周武王向司马、司徒、司空等执受周国王命符节的官员宣告：大家都要严肃恭敬，要诚实啊，我本是无知之人，只因先祖有德行，而承受了先人的功业。现在我已经制定了各种赏罚制度，来确保完成祖先的功业。然后周武王发兵。

《史记·周本纪》记载，当周国军队到达孟津的时候，各方国纷纷响应而背叛殷纣，不召自来与周武王会师的有八百诸侯。

十一月戊子日，武王南渡黄河进行实战演习。军队出师之际，姜尚作为最高等级的卿士，左手持着黄钺，右手握秉白旄，誓师说："苍兕（sì 音同似）苍兕，统领众兵，集结船只，迟者斩首！"兕，为古籍《山海经》中神兽，其状如牛，苍黑，独角，犹如犀牛。

《太平御览卷八十四》引《尚书中候》载，周武王乘舟横渡黄河，王船到达中流时，有一条很大的白鱼跳到了周武王的王舟甲板上来。周武王俯身取鱼，见鱼长达3尺，眼睛下面有红颜色的纹路，形成了文字，说"殷纣可伐"。周武王在鱼身上写了几个世上通用的文字，鱼身上的纹路就消失了，于是武王将鱼焚烧表示敬告上天。

军队安全渡过黄河之后，周武王在岸边安营扎寨。当晚，又发生了怪事，有一团火停止在周武王居住的屋子，火团像液体那样流动，然后变成了一只赤乌，赤乌口中衔着谷穗。负责占卜的官员解释：谷者，代表后稷（jì 音同季）之德；火者，代表焚烧鱼以敬告上天；天火流动下来，吉兆。

此时诸侯们都说："纣可伐矣。"武王却说："女未知天命，未可也。"你们不了解天命，现在还不可以，然后掉头班师回朝……

《太平御览》引《帝王世纪》曰："武王自盟津还，返于周，见适人，王自左拥而右扇之。"周武王从孟津回到周国丰镐京都，丰镐民众的妻子们看见他，都拥了上去，有的从左边拥抱周武王，有的从右边给他扇扇子，可见周国民众对周武王征伐殷纣的这场孟津演习，开心得不得了啊！

周武王因噩梦而转向灭黎，孟津八百诸侯助周灭殷，却变成了观兵演习，可见周人恐惧殷纣实力之深。孟子"为汤武驱民者，桀与纣也"为实话，夏商覆灭，并非夏桀殷纣实力不强，而是他们的行为把民心推向了成汤、武王。

主要参考文献

【《古本竹书纪年辑校今本竹书纪年疏证》《逸周书汇校集注》《尚书今古文注疏》《左传全译》《诗经楚辞鉴赏辞典》《史记》《墨子》《孟子译注》《太平御览》《康熙字典》】

殷末三贤

（一）箕子麦秀

【商朝灭亡，箕子远离，成为今朝鲜大韩建国第一人。《麦秀歌》是中国现存最早的文人诗，饱含箕子泣血捶膺般的痛苦情感。箕子的故土悲国情愫，引起中国历代无数仁人志士的深切共鸣。】

箕（jī 音同基）子据说是纣王帝辛的叔父，纣王父亲帝乙的弟弟。因封国在今山西省晋中市太谷县的箕地，故称箕子。

当初，纣王使用象牙来制作筷子，箕子就悲叹：他现在制作象牙筷子，将来就一定还要制作玉杯；制作玉杯，就一定想把远方的稀世珍宝占为己有。车马宫室的奢侈豪华也必将从这里开始，国家肯定无法振兴了。

纣王不喜欢良臣，只要是良臣，即便是至亲也远离，所以身边的良臣越来越少，佞臣越来越多。纣王有不少心腹，比如说周文王坏话的崇国国君崇虎侯便为其中之一。当初纣王用炮烙之刑，受到朝廷内外强烈反对，崇虎侯与佞臣恶来一起献计：那就将本应受炮烙之刑的罪人，从膝盖开始，把整个小腿都砍掉。他们企图用新酷刑替换旧酷刑。崇虎侯在崇国覆灭之时，被周文王杀掉。

恶来与飞廉为父子俩，都是纣王所倚重的佞臣。《山海经》中，古飞廉是蚩尤的助手，也叫风伯，身似鹿，头如雀、有角，身有豹纹，腚有蛇尾，行走起来像风一样迅速。古飞廉在逐鹿大战中，被黄帝女儿魃（bá 音同拔）和应龙杀死。商朝飞廉为古飞廉氏族后人，以善于行走而为纣王效力。周灭商后，飞廉又参与了纣王儿子的叛乱，在周成王手中被杀。

恶来是飞廉的儿子，不仅足走千里，而且是大力士。恶来比父亲飞廉还厉害，不仅能生捕犀牛和老虎，而且手指一画就能杀人，深得纣王信任。恶来善于毁谤，喜进谗言，让诸侯们非常害怕，越发疏远殷商王室。《墨子·所染》"殷纣染于崇侯、恶来"，指纣王受佞臣影响，感染上许多坏毛病。中国成语"助纣为虐"，说的就是恶来这样一批佞臣，整天帮助纣王干坏事。

帝辛 51 年，武王从孟津军事演习返回之后，纣王帝辛更加淫乱，毫无止息。《史记·宋微子世家》载，箕子进谏，纣王不听，有人对他说："可以去矣。"箕子说："为人臣谏不听而去，是彰君之恶而自说于民，吾不忍为也。"作为人臣向君主进谏，君主置之不理，便离他而去，这是在张扬君主的恶行而自己取悦于民众，我不忍心这样做。于是箕子披头散发、假装疯癫，成了被关押起来的罪人奴隶。

比干被杀之后，箕子弹琴聊以宣泄内心的悲哀。《乐府诗集·卷五十七·琴曲歌辞一》中所记载的《箕子操》，传说为箕子的弹唱："嗟嗟，纣为无道杀比干。咩（miē）重复嗟独奈何！漆身为厉，被发以佯狂，今奈宗庙何！天乎天哉！欲负石自投河。嗟复嗟，奈社稷何！"操，即品行、行为。箕子哭比干被杀、哭殷商社稷将亡，哭自己无奈，恨不得投河自尽。《周易·明夷》有爻辞"箕子明夷"。明，显露；夷，伤也。指的是箕子生活在昏君殷纣时代，作为殷商王室的直系血脉，无法逃避，只好把自己的一切聪明才智隐藏起来，佯狂以自晦其明，只有这样才能免去杀身之祸。本卦"坤上离下"，坤为地，离为日，太阳在土地的下面，有悖自然，不吉利。

周武王覆灭殷商之后，命其庶弟毕公高携九弟姬封（康叔），放出了被纣王囚禁的所有贵族，又命令族兄召公奭（shi 音同是）前去亲自释放被囚禁的箕子。箕子被释放之后，殷商遗民全部臣服于周武王，可见箕子影响之大。

箕子出狱后不愿臣服于周武王，趁乱逃往自己的封地——今山西晋城陵川的箕山，过了一段短暂的隐居生活。箕子在箕山用黑白石子摆卦占方，不知从何时起，箕山就被改名为棋子山或谋棋山了。

覆灭殷商之后，周武王立即修葺箕子的住宅，使其显赫彰明，并在箕山找到了箕子，请教治国之道。箕子不好意思拒绝，就从大禹治水说起，对周武王讲解上古经典《洪范》，为今人留下了治国典籍《尚书·周书·洪范》。洪，大也；范，法也。《洪范》是君王治理国家所必须遵守的 9 种根本大法。

箕子为了避免去周朝做官，周武王前脚刚走，他后脚就率领弟子与殷商遗老故旧迅速离开箕山，向东奔向与殷商有族缘关系的朝鲜去了。《箕子·百度百科》引朝鲜古籍《鲜于氏奇氏谱牒》载，箕子耻于担任周朝大臣，跑到今朝鲜平壤，跟从他的殷商移民有 5 千人，诗书礼乐及百工器物全都具备。周朝知

中国经典故事系列

商

故事

解读

殷末三贤

道后，武王尊重其意愿而不封周朝大臣，封箕子为朝鲜方国诸侯。箕子有心理障碍，开始不肯接受，后来接受分封成为"朝鲜侯"，也叫"韩侯"。韩，方言大也。

古朝鲜方国，包括今中国辽东半岛东部与今朝鲜半岛北部，箕子王室在此传国900多年，箕子王朝的最后一任诸侯叫箕准，被人篡夺了王位，携追随者逃离而南下，开发了半岛南部的今日韩国，又立国两百年。朝鲜平壤自古建有箕子陵，数次修缮，历代朝鲜君主均对箕子陵定期祭祀。

箕子把中原文明带到朝鲜半岛，颁布并实施了具有宪法性质的"八条之教"，使得全社会"无门户之闭而民不为盗"。箕子设"箕田"教民农耕，又把中原礼义、桑蚕织作等都带了过去，使得古朝鲜人习惯于中原衙门官制和礼乐制度，包括饮食起居，均沿袭中原习俗。朝鲜人穿衣从古至今喜欢白色，就是"殷人尚白"习俗的延续。这些，在西汉《汉书·地理志》中记载得比较具体。

如今朝鲜考古，在平壤城南发现箕田，可看出殷商农业文明对于古朝鲜的影响。朝鲜古籍《鲜于氏奇氏谱牒》记载，箕田方正有规则，与中国商朝甲骨文中的"田"字相吻合；每田分4区，每区有田70亩，与中国"殷人七十而助"的文献记载相一致。

3年后，箕子去丰镐京都朝见病中周武王，路过故都，见殷商宫殿变成废墟，禾黍丛生，悲痛至极。箕子想大哭一场，但是不行；想小声哭泣，又感到近于妇人性格，于是触景生情吟出《麦秀》诗："麦秀渐渐兮，禾黍油油。彼狡僮兮，不与我好兮！"麦子尖尖吐穗，禾黍绿油苗壮，原本是喜人的丰收景象，然而，这里是箕子所付出一生热爱之情的殷商百年故都呀！如白驹过隙，几年便沧海桑田，箕子悲恸、愤懑、伤心欲绝，忍不住声嘶力竭地叫喊——那个顽劣的美小子啊！不愿意与我友好……狡童，本为褒义词美少年，指纣王。纣王人长得漂亮而且能干，竟断送了殷商几百年基业！然而即便悲愤如此，箕子也不愿对纣王使用贬词，可后世"狡童"却专指如纣王一样的昏君了。殷商遗民听到《麦秀歌》之后，无不悲伤地痛哭流涕。

《麦秀歌》是中国现存最早的文人诗，保存在《史记·宋微子世家》中，饱含箕子泣血捶膺般的痛苦感情。纣王拒谏，加害忠良，殷商亡国，成为箕子挥之不去的心灵创伤。晋代文学家向秀《思旧赋》谓："叹黍离之愍（mǐn 音同悯）周兮，悲麦秀于殷墟！"宋代文学家王安石《金陵怀古》云："黍离麦秀从来事，且置兴亡近酒缸。"箕子的故土悲国情愫，引起中国历代无数仁人志士的深切共鸣。

（二）比干剖心

【比干为中国历史上第一位以死谏君的忠臣。"文死谏、武死战"，文臣比干之忠，忠于殷商社稷而非忠于昏君殷纣，对中华文明影响极大。】

比干据说也是纣王帝辛的叔父，为纣王父亲帝乙的弟弟，幼年聪慧，勤奋好学，20岁便以卿士"相"的位置辅佐哥哥帝乙，之后又接受帝乙托孤，辅佐纣王，担任"孤卿"官职。比干从政40多年，主张减轻赋税徭役，鼓励发展农牧业生产，提倡冶炼铸造，富国强兵。比干劝说纣王帝辛多次，而纣王暴虐荒淫，横征暴敛，滥用重刑，根本听不进比干的谏言，非常烦他。

当初，周文王从羑里监狱回到周国，暗地里修德行善，许多诸侯背叛纣王而归附周国。周文王姬昌以德剪商慢慢做大，纣王帝辛人心尽失，作为前朝王子的比干，看在眼里急在心里，多次上谏提醒纣王关注周国，纣王就是不听。

《史记·殷本纪》记载，微子是纣王帝辛的亲大哥，进谏被纣王拒绝之后准备出逃，比干却说："为人臣者，不得不以死争。"于是，比干义无反顾地继续对纣王强行直谏。

关于比干之死，有3种说法：

一是西汉《列女传·孽嬖（niè bì 音同涅必）传》：妲己（dá jǐ 音同达几）见活人受炮烙之刑，从涂满油膏的铜柱上坠落下来，在火炭中挣扎而被烧死，便开心地笑了。比干实在看不下去，当场对纣王说："不修先王之典法，而用妇言，祸至无日。"纣王大怒，认为他妖言惑众，妲己在旁边煽风点火："吾闻圣人之心有七窍。"于是纣王下令把比干的心脏剖开，看看其心脏里面到底有没有七窍。

二是西汉《史记·宋微子世家》：箕子进谏，纣王不听而将其贬为奴隶，比干说："君有过而不以死争，则百姓何辜？"意思是，君王有过错，当臣子的如果不以死相争，那么不就是辜负了百姓吗？于是比干到纣王面前直谏。纣王大怒，说："吾闻圣人之心有七窍，信有诸乎？"纣王借门要看看圣人之心是否真的存在"七窍"，杀比干观察其心脏。

三是唐中书令温彦博的《林姓源流总序》记载：见纣无道，微子去，箕子囚，累谏不听，比干叹曰："主过不谏非忠也，畏死不言非勇也，谏而不从，且死忠之至也。"于是，比干当纣王之面强行直谏，3天不肯离开纣王住所。纣王气坏了，责问他凭什么在自己面前如此自恃强横？比干回答："善行仁义，所以自恃。"

287

纣王愤怒地说：“闻圣人心有七窍，信有诸！”于是杀了比干，解剖尸体，看他的心脏长成什么样子。

清朝名臣林则徐为中国著名禁毒民族英雄，修家谱《西河郡林氏族谱序》，讲到了比干被杀后的情况。林则徐说，过去林家最初的祖宗出自于“子”姓，就是比干,在殷商担任“副宰相”。比干遭遇到了纣王的无道之世，屡次直言上谏。纣王不听，剖其心脏而将其杀害。比干的夫人陈氏怀孕3个月，逃到今河南省淇县的长林石室之中，生下了一个男孩，起名叫泉。周武王克商之后，封比干墓，四处寻找比干的后人，召其夫人陈氏和儿子泉回家居住，并赐姓“林氏”，改比干儿子“泉”之名为“坚”，意思是：取林中石上所产、节硬坚贞的意思。周武王封比干之妻陈氏为“夫人”，夫人在周朝专指诸侯之妻，地位非常尊贵。周武王封比干之子坚为博陵侯，成为食邑方圆百里的诸侯，并赐博陵侯林坚的子孙世袭其爵位。博陵，为郡名，地点在黄河之西，即今河北安平县。

比干一生与周国为敌，以生命死谏而为殷商尽忠，可是殷商天子纣王却用残酷手段杀死了他。周国武王成为天子后，深感其忠信大德,命大臣闳（hóng 音同洪）天建造比干墓，封比干为“垄”。垄，是国神的意思，比干就这样成了周朝的国神，个中缘由，实乃商朝与周朝本为华夏一统中国，周文王的改朝换代为中国奴隶社会的贵族革命。

周武王在今河南卫辉附近为比干立墓，从此打破从大禹传下来的“坟而不墓”的丧葬传统。比干墓冢修葺得又高又大，以铜盘刻铭文作为墓志铭。今铜盘铭文留下两种碑刻：

一是元朝官员张淑临摹的“汝州法帖”，原帖为周武王所写铜盘铭原文：“前岗后道，左林右泉，万世之宁，此焉是宝。”焉知何意？是在说此墓的方位可保万世安宁？

二是今河南偃师市唐朝时出土的“新铜盘铭”。当地唐朝时代的农民，在耕地刨土的时候发现这枚带有铭文的铜盘。此铜盘铭文交代，这是西周周穆王按照周武王所写的比干墓铜盘铭原文誊写出来的“新铜盘铭”。明万历15年，卫辉知府周思宸将周穆王的“新铜盘铭”刻于石碑。碑文刻：“俯仰古今有‘感斯文’，书之日识月云时。”意思是——低头抬首从古至今迅速俯仰，有“感斯文”出现，书写于太阳出现、月亮说话之时。焉知何意？

如今学者将前者“汝州法帖”所写的周武王铜盘铭，称为“独阙斯文”；将明朝官员石刻周穆王的“新铜盘铭”，称为“感斯文”。

春秋孔子路过卫国朝歌古地，感慨比干事迹，称其为“仁”，挥剑而刻“殷比干莫（墓）”4字碑文。后北魏孝文帝迁都洛阳之后，因敬仰比干忠于社稷，于太和 18 年，拜谒今河南卫辉的比干墓，然后建比干庙，立太和碑，留有碑刻《吊殷少师比干文》。其碑文大意是：鬼侯已被做成肉酱，比干看不见吗？鄂侯已被做成肉脯，比干听不见吗？微子离去，比干不知道吗？箕子成为奴隶，比干不觉醒吗？他为何轻生死，与那些贤臣一致呢？比干何其热爱大义啊！如今比干的勇毅回归自然了吗？他的遗体变成灰烬之后，舍不得轮回，重新与我们在一起？呜呼义士，为何不能成为我朝臣子？！如今北魏孝文帝所立比干之庙，庙内碑碣林立，从春秋孔子的剑刻碑（孔子唯一存世真迹），到大清乾隆亲书御碑，共有 64 座，遗迹几乎涵盖了历史上的所有朝代，充分说明在中国历史上，几乎每个王朝的皇帝都在纪念比干。

比干为中国历史上第一位以死谏君的忠臣，树立了中国文臣操守之最高境界，被称为"天下第一仁"。常言道"文死谏、武死战"，文官应为坚持正义而不惜生命进谏，武将应为战争胜利而不惜生命奋战。文臣比干之忠，忠于一统殷商而非忠于昏君殷纣，对中华文明影响极大。

（三）微子叛纣

【殷末三贤，微子求生而主动归降，箕子装疯而被迫归降，只有比干，毫无私心地忠实于殷商社稷。前两者因归降于一统中华，所以此三人均受到后世称赞，客观上造成了中国文化道德标准的多义性。】

微子，名启，是纣王帝辛同父同母的大哥，商王帝乙的长子。微子启因出生时母亲尚未扶为正妃，为庶出身份而不能即位，所以成了纣王帝辛的大臣。

《尚书·周书·微子》记载，微子启多次进谏，纣王不听。周武王戡黎之后，大臣祖伊向纣王面谏殷商危机，纣王还是不听，微子启暗自思忖，自己不能再上谏言了，纣王是至死也不可能清醒的。微子启认为纣王对自己的天命犯下了不可逆转的过错，打算一死了之，又想离开纣王而出逃，长期在这两种选择之间徘徊不定，无论选择哪一种，作为殷商王室的直系血脉，他的心理障碍都非常大。

究竟选择自杀？还是选择离开？微子启实在拿不定主意，就给殷商王室的父师（太师）疵和少师强俩人写了封信。

"父师（太师）、少师"皆为殷商官职，为国家管理乐工的正副官员。周朝与殷商官制不一样，周朝父师（太师）、少师为宰相和副宰相的意思，而殷商的宰相官职为"尹、保、卿、宰、相"。

微子启是这么说的，父师（太师）、少师，殷商已经不能治理好四方诸侯了，我祖成汤制定的常法在先，而我纣王却沉溺于酗酒，只唯妇人妲己所用，淫乱败坏成汤美德在后。现在殷商大小官吏无不渎职营私，抢夺偷盗、犯法作乱。

微子启说："卿士师师非度，凡有辜罪，乃罔恒获……"卿士不依法办事，因为他们自己皆有罪行，也就不去抓捕罪犯了。现在世上的罪犯，即便撒网搜捕，还是长时间抓不到。下民造反，与我们结成仇敌，殷商恐怕就快灭亡了，我就好像要渡过大河，却找不到渡口和河岸。殷商灭亡，越来越像现在这样的状况。

微子启又问，父师（太师）、少师，我现在是应该一人离开而最后精神失常呢？还是应该带着家里老人避居，保一家人不失去生命呢？如果你们现在不对我指点晓谕，等我们殷商衰败覆灭之后，怎么办啊！

父师（太师）疵这样回答，王子！老天猛烈地降下灾荒于殷商国家，殷商病重，如同枯死而未倒之树，即将亡国。可是朝堂上下却大兴沉醉于酗酒之风，没有人畏惧害怕，也不听年长德高的旧时大臣规劝。现在的殷商氏族民众，把敬神的牲口肉偷回家去吃，朝廷居然能够容忍，即便吃掉了也没有受到惩罚灾祸。

父师（太师）说，现在如果想要降服和监察殷民，就要用贤才来担任官员，对付大肆收敛现象，哪怕招来这些人的敌人也不能懈怠。应该把所有的罪人都聚合在一起，当这些不法分子尝到了瘦弱的滋味，产生出很多失意之后，也就得到了教训。

父师（太师）知道自己所讲的办法，纣王帝辛是不可能采纳的，所以他告诫微子，殷商现在有这样的大灾，我们或许要遭受其失败。殷商如果沦丧，我将失意地成为别人的大臣或奴仆。我告诫王子你还是离开出走吧，过去我曾对箕子说：王子不要离开朝歌，看来我正是造成箕子困顿挫折的人啊！我们还是各人自己寻找平安吧，用自己的行为奉献给殷商先王。我不再顾忌，准备逃遁。现在，假使真能有救治殷朝的办法，即便为治理国家而自身死去，我也不会悔恨。可是即便自己死掉，国家终究还是不会得到救治，不如离去。父师（太师）疵对微子说完这些话之后，就和少师强一起抱着乐器逃奔去了周国。

这样一来，微子启也做出了自己的选择。《史记·宋微子世家》记载微子启所言："父子有骨肉，而臣主以义属。故父有过，子三谏不听，则随而号之；人臣三谏不听，则其义可以去矣。"父子之间是骨肉之情，君臣之间是义理相连。所以父亲如果有过错，儿子再三谏言而不听，就应该跟在父亲后面大声哭号；作为人臣，再三谏言而不听，从义理上讲，就应该离开君主了。微子启于是离开殷商而远行……

周武王覆灭殷商之后，微子启拿着殷商祖宗的祭器来到周国军队的军门前面，脱去上衣、袒露身体，表示愿意接受责罚。他两手反绑，表示愿意放弃抵抗。他左边让人牵着羊儿，羊是祭祀牺牲品；右边让人拿着白茅，白茅是占卜用的蓍草，表示放弃自己的天命。他跪在地上，用双膝前行，向周武王求告。周武王亲自上前释放了微子启，并恢复了他过去的官爵之位。

周武王把纣王之子武庚（禄父）封于朝歌，住在父亲原先的宫殿里。周武王去世后，年幼的周成王继位，拜托周公旦代理行政、掌握国家政权。周武王的三弟管叔和五弟蔡叔怀疑周公旦篡权，联合殷商武庚（禄父）造反。周公旦平叛造反之后，借周成王的命令，杀了武庚（禄父）和管叔，流放了蔡叔。周公旦又借周成王之命，让微子启接替武庚（禄父）来管理殷商遗民，继承殷商祭祀，并准许他用天子的礼乐来祭祀自己的祖先，用这样的方式侍奉周朝。

周朝此举，是因为有夏商祖制的先例：胜利者不能让前朝天子的宗祀灭绝。当初商灭夏之后，成汤准许夏桀后人行天子礼乐祭祖，开始建立起这个规矩。孔子《论语·尧曰篇》记载了一原则，叫作"兴灭国，继绝世"。

周公作《尚书·周书·微子之命》，记录周成王对微子启的训诫。周成王对微子启说，殷王的长子，我是这样打算的，稽查古代历史，有尊崇盛德、效法先贤的陈例。我们继承先王成汤，修行他的礼制内容，将你作为我们周室王家的贵宾，与周一起吉庆，世世代代，无穷无尽。周成王这段话的意思，是说夏商周本为一国，文化继承是一样的。

周成王继续说，呜呼！你的祖先成汤，能够具备和达到圣人的广度深度，被皇天眷顾佑助，受天大命。他用宽和来安抚臣民，除掉臣民中的邪恶暴虐，功绩施展于当时，德行垂范于后裔。你要踩着成汤的脚印去修行谋划，用过去的法则下达命令让民众听见，恭敬谨慎，能够孝顺、肃敬地对待天神和民众。我赞美你的美德，是认为你笃厚而没有忘祖。上帝会依时享用你的祭祀，下民也会恭敬地与你合作。

周成王极力赞扬殷商祖宗，要求微子启用成汤的政治去管理民众。周朝延续成汤之政，这场贵族革命的性质与"汤武革命"是一样的，只是纠正天子错误，改朝换代，并非推翻奴隶社会。

周成王最后说，设立你为上公职位，治理这块土地。你现在是作为我的官员，代表我而外出处理重大事件，出去布置你的政令吧！你要遵循经久不变的典籍，使周朝王室繁荣茂盛。你要弘扬你那些建立起功业的列祖，来约束你的下民。你要永远安于现在的位置，辅助我一人。如果做到了这些，你的世世子孙都会享受到你的功德，万邦诸侯都会以你为榜样，做我周室的"门役"而不厌倦。呜呼！

去吧，不要停止下来，不要替换歪曲我的诰命。

周成王的训诫，是警告微子启要忠实于周朝，认真做好自己的工作，不要起反叛之心。

纣王之子武庚（禄父）原来居住在父亲的宫殿里，参与叛乱被杀之后，其族人被迫离开殷地，回到祖先商地的今河南洛阳、商丘一带，由微子启领导。微子启原本仁义贤能，接受周成王任命后代替武庚（禄父）而管理殷商遗民，管理得井井有条，获得了殷商民众的拥戴。微子启受封于宋国之后，宋国保留子姓。宋国是周朝受封第一个诸侯国，为最高等级的公爵之国，国都设于商丘，今旧名不变，仍为河南省商丘市。

宋人始终不忘殷商祖先，《诗经·商颂》便是宋人颂扬其商朝先代的诗，记载了殷商祖先的传说和功绩。宋人继承和发展了殷商文化，商业繁荣昌盛，出现了一批商业专业户和富商大贾。宋国还被誉为礼仪之邦，成为华夏圣贤文化的源头，孔子、墨子、庄子、惠子等4位名人皆出自于宋国殷商血统，宋国故而成为儒家、墨家、道家、名家等中国四大学派发源之地，同时也是中国传统文化的核心之地。

宋国版图最大时，跨有今河南东部、江苏西北部、安徽北部和山东西南端之间。宋国存在了829年，战国时被齐、楚、魏3国联手消灭，并瓜分了领土，从此殷商遗民，无论贵族还是庶民，皆以宋为姓。

微子启去世后葬于商丘古城，受世人尊敬和爱戴。笔者亲自前往考察，千辛万苦，在离今河南商丘（古）宋城25里的青岗寺村，小路边上一个很不起眼的地方，终于找到门口立有双狮的微子祠，这里现在为河南省第五批重点文物保护单位。微子祠外面是皇家宗室级别的5间王府大门，里面是中国古典建筑之壁照、大殿和侧殿。建筑占地面积不小，平行分为3个院落，步入之后，古风扑面，与外面的灰头土脸截然不同，恍若隔世。这里雕梁画栋、曲径回廊、绿草茵茵、古松环抱，既有皇家气魄，又不失灵秀幽静。左侧院落为微子启墓冢，拜台宽阔。墓冢非后人假造，几千年来，均在原址上修葺。墓两侧石碑林立，墓前方被亭子和玻璃保护起来的巨大古碑，上书"殷微子之墓"，为明代归德府知府郑三俊所书。3千多年来，中原战乱无数，微子墓冢竟世世代代受到当地百姓和官方的爱护，默默保存至今，依旧隐于暗处，不为旅游景点，实为世界罕见！

现在，"天下宋姓源于商"的说法，已得到史学界认可，商丘微子启之墓已成为世界宋姓的拜祖之地，同时也由海内外宋氏民间集资，进行修葺和雇人看管。每隔几年，这里还要召开世界宋氏大会。

站在中华的立场上看，夏商周朝代更迭，为中国一统大国之内的贵族革命，社稷并未更换。周文王、周武王对中华历史文明功勋卓著，微子启背叛殷纣而并未背叛成汤、背叛中华文明。所以孔子《论语·微子》曰："微子去之，箕子为之奴，比干谏而死，殷有三仁焉。"此3人同时被儒学认可，由此中国出现了"殷末三贤"之说。

殷末三贤，微子求生而主动归降，箕子装疯而被迫归降，只有比干，毫无私心地忠实于殷商社稷。前两者因归降于一统中华，所以此3人均受到后世称赞，客观上造成了中国文化道德标准的多义性。

主要参考文献

【《古本竹书纪年辑校今本竹书纪年疏证》《尚书今古文注疏》《逸周书汇校集注》《史记》《汉书》《太平御览》《诗经楚辞鉴赏辞典》《列女传译注》《论语译注》《墨子》《康熙字典》《山海经》《易经入门》《宋诗鉴赏辞典》《乐府诗集》《中华文典句典大全集》《箕子·百度百科》《郭义山·林则徐"西河郡林氏族谱序"及其考证》（《闽西职业技术学院学报》2006年01期）《林氏源流总序（唐中书令温彦博）·中华林氏网（2012年9月7日万家姓）》】

风云际会

（一）六韬谋伐

【姜尚的军事权谋，是对中国早已失传的黄帝军事智慧的继承，也是春秋战国一批著名军事家的祖宗，内容博大精深，逻辑缜密严谨，思想精髓富赡，为中国古典军事文化遗产的重要组成部分，对后世产生深远影响。】

从帝辛51年开始，纣王的生命就进入到商朝覆灭前的最后3年倒计时，但纣王帝辛不可能知道，因为无论是军事力量还是经济实力，周国都不是殷商王室的对手。

从军事力量对比上看，周国不是殷商对手。纣王虽然暴虐，却并非无所作为，如果不是"成王败寇"之故，是不可能将其南征北战之功一笔抹去的。《淮南子·泰族训》记："纣之地，左东海，右流沙，前交趾，后幽都，师起容关，至浦水，士亿有余万。"纣王的商朝地域国土，东部到达今东海，西部到达青藏高原的流沙河，南部到达今越南北部的交趾，北部到达今内蒙古呼和浩特之外的幽都。殷商士卒多达十余万，军队可以从"容关"布防到"浦水"。如果不是被周武王所灭，商纣王保住和扩大中华版图的功劳，彪炳史册，谁也抹杀不掉。

从经济力量对比上看，周国也不是殷商对手。殷商王室正处于奴隶社会鼎盛期，纣王所抓获的战俘成千上万，可提供大量奴隶劳动力。殷商国家官僚机构完善、法规成熟、军队庞大，纣王凭借这些而大肆向方国诸侯加重赋税。《逸周书·卷四·克殷》记载，鹿台是纣王的国家钱库，巨桥是纣王的国家粮仓。而且，殷商手工业全部官营，分工细、规模巨、产量大、种类多、工艺水平高，尤其青铜器铸造技术的水平之高，世界罕见。殷商手工业的进步又促进了商品交换的发展，到商朝末期，朝歌出现专门从事各种交易的商贩，姜尚曾为其中之一。殷商国库丰厚、经济发达，享有天下之财，周国却只是殷商众多方国之一，尽管周国邦富民强，实力却与殷商王室没法比。

周国几代人以弱对强，敬谨慎行，之所以敢于野心勃勃地叫板殷商王室，既凭九州诸侯人心所向，也凭周国君臣万众一心，而且周国拥有以姜尚为首的一大批出色人才。据《汉书·艺文志》载，姜尚著有《太公》237篇权谋之文，存于今世的《鬼谷子·六韬》仅剩下60篇，分为"文韬、武韬、龙韬、虎韬、豹韬、犬韬"等六韬，成语"文韬武略"便来自姜尚。《六韬》中的15篇是姜尚为周文王讲解国家政治，其余45篇，全都是姜尚给周武王讲解军事谋略。

姜尚手把手地教导周武王如何打仗，以《文韬·兵道》为例。周武王问太公姜尚："兵道如何？"

姜尚回答，凡用兵之道，没有比统一指挥更重要。指挥统一，军队就能独往独来、所向无敌。黄帝说，统一指挥，符合用兵最基本的规律，几乎可以达到神妙莫测的用兵境界。

接下来，姜尚讲解统一指挥的好处："用之在于机，显之在于势，成之在于君。"把握战机、显示力量、君主成功都在于统一指挥。

姜尚说，古代圣王把战争称之为凶器，只有在不得已时才使用它。并不是周国一定要使用战争凶器，而是现在殷纣只知国家存在，不知殷商面临灭亡；只知纵情享乐，而不知面临灾祸。国家能否长存，不在于眼下是否存在，而在于能否做到居安思危；君主能否享乐，不在于眼前是否享乐，而在于能否做到乐不忘忧。姜尚问："今王已虑其源，岂忧其流乎？"既然周王已思虑到周国安危存亡的源头，对河流源头之后的水流问题，还有什么好忧虑的呢？

其实，周武王的疑惑，不是要不要使用战争凶器的问题，而是怎样使用战争凶器？他问："两军相遇，彼不可来，此不可往，各设固备，未敢先发，我欲袭之，不得其利，为之奈何？"两军相遇，敌人不能来进攻我，我也不能去攻打敌人。双方都设置了坚固的防备工事，谁都不敢率先发起攻击。在这样的情况下，我想袭击敌人，又没有有利的条件，应该怎么办呢？周武王讲的是周国与殷商的军事现状，互相不敢征伐，但是周武王在"不得其利"的情况下，还是想攻伐殷商，怎么办？

姜尚要求周武王全力做到军事隐蔽："外乱而内整，示饥而实饱，内精而外钝。"要外表佯装混乱而实际内部严整，外表佯装缺粮而实际储备充足，外表佯装战斗力衰弱而实际战斗力强大。还要"一合一离，一聚一散"，使军队或合或离，或聚或散，以迷惑敌人。

姜尚说："阴其谋，密其机，高其垒，伏其锐士，寂若无声，敌不知我所备，欲其西，袭其东。"要隐匿自己计谋，对自己的意图极其保密，加高和巩固壁垒，埋伏下精锐部队，隐蔽的时候悄然无声，使敌人无从知道我方的兵力部署。出兵的时候要声东击西，如果想要从西边发起攻击，就要先从东边进行佯攻。

周武王又问："敌知我情，通我谋，为之奈何？"如果敌人已经知道我军情况，了解到我方的计谋，那该怎么办？

姜尚回答："兵胜之术，密察敌人之机，而速乘其利，复疾击其不意。"作战取胜的方法，在于周密地察明敌情，迅速抓住有利战机，再出其不意地给予迅猛打击。

姜尚传授周武王兵道，其核心除了军队统一指挥之外，就在于料敌虚实，明察战机，紧紧把握住稍纵即逝的战机。这几点在后来覆灭纣王的牧野之战中，都显得特别关键和重要。

姜尚不仅给周武王讲述了兵道，还讲解了顺启、王翼、论将、选将、立将、将威、励军、阴符、阴书、军势、奇兵、五音、兵征、农器、军用、三陈、疾战、必出、军略、临境、动静、金鼓、绝道、略地、火战、垒虚、林战、突战、敌强、敌武、鸟云山兵、鸟云泽兵、少众、分险、分兵、武锋、练士、教战、均兵、武车士、武骑士、战车、战骑、战步等45种兵法，有关战争方方面面的问题，几乎都涉及了，其中最精彩的部分是战略和战术。

姜尚文韬武略俱全，如果没有《六韬》，周武王很难以弱胜强、打败殷纣。姜尚的政治军事权谋，是对中国早已失传的黄帝军事智慧的继承，也是庞涓、孙膑、吴起、孙子等春秋战国著名军事家的祖宗，内容博大精深，逻辑缜密严谨，思想高瞻远瞩，为中国古典军事文化遗产的重要组成部分，对后世产生深远影响。

（二）逼王出兵

【商朝末期，具有大智慧的军事家姜尚早已看透鬼神，不信占卜。这也就不难理解，为何商朝出土的占卜龟甲达到鼎盛，周朝之后却越来越少，中国人基本不迷信，没有宗教信仰文化。】

帝辛51年冬11月，为了试探究竟有多少诸侯愿意会盟，参与周国对殷商的叛乱，周武王率大军出动，借祭奠先父文王的名义，到今河南的黄河渡口孟津搞军事演习，首次公开打出伐纣旗号来进行试探。结果，未受召唤而主动前来的诸侯达800人之多，并主动要求对纣王开战。

孟津观兵，是一次必要的实战军事演习，因为周国伐兵商都朝歌，横渡黄河天险为必经之路。结果不仅横渡黄河成功，还考察了会盟诸侯的众寡，大大增添了周国的军事底气。但是周武王还是不肯出兵，不敢轻举妄动。为何？原来这又是姜尚的谋略，使用反间计，让内应的作用得到发酵，利用殷商人心涣散的力量，等待水到渠成的机会，以最小的代价获得最有把握的成功。

周武王从孟津回来之后，与纣王帝辛的军事目标一致，向东出发，征讨东夷。但周武王与纣王的做法截然相反，不是用军事征服而是用仁德安抚，结果东夷某方国的成年男女，用竹筐装着本方国生产的黑色、黄色丝绸，求见周武王，主动归附周国。周武王姬发东征东夷的行动，不仅是为了迷惑商纣王帝辛，更重要的是扩大在东夷各国的好影响，让东夷更加仇恨殷商王室。

《吕氏春秋·慎大览第三·贵因》记载，周武王回到今陕西省岐山县境的周国旧邑岐周，与西部各方诸侯广泛接触，形成了军事联盟。同时，周武王又不断派人去刺探殷商王室的动静。暗探禀报说："殷其乱矣！"殷商大概要出现混乱了。

武王问："其乱焉至？"混乱达到什么程度？

那人回答："谗慝（tè 音同特）胜良。"意思是邪恶的人胜过了忠良的人。

武王说："尚未也。"混乱还没有达到极点。

暗探于是又回朝歌刺探，回来禀报说："其乱加矣！"混乱程度加重了！

武王问："焉至？"乱到什么程度了？

那人回答："贤者出走矣。"意思是，自比干被杀、箕子被囚、微子出逃后，在朝歌居住的殷商贤德贵族都在惊慌，纷纷出逃。

武王说："尚未也。"混乱还没有达到极点。

暗探再去刺探，回来报告："其乱甚矣！"混乱得很厉害了！

武王问："焉至？"达到什么程度？

那人回答："百姓不敢诽怨矣。"贵族百姓都不敢讲怨恨不满的话了。

这时，武王轻轻地说了一句："嘻！"就急急忙忙把这个情报告诉给姜尚。

姜尚说："谗慝胜良，命曰戮；贤者出走，命曰崩；百姓不敢诽怨，命曰刑胜。其乱至矣，不可以驾矣。"邪恶的人胜过了忠良的人，叫作暴乱；贤德的人出逃，叫作崩溃；贵族百姓不敢讲怨恨不满的话，叫作刑法太苛刻。殷商混乱达到极点，已经无以复加了。

此时周国已经得到重要军事情报，殷商军队主力全部远征东夷，朝歌城内空虚，这是周国伐兵的最佳时机。周武王执政已经整整11年了，他韬光养晦，天天盼望攻打殷商，现在终于等到了这一天——姜尚告诉周武王，歼灭殷商的机会来到！于是周武王赶紧通知同盟诸侯：殷王罪恶深重，不可以不讨伐了！

帝辛52年一月初一庚寅日，周武王和姜尚率军出征，战车、勇士、士卒全都严阵以待。

《太平御览·卷三百二十八·六韬》记载，出发前，周武王叫大臣散宜生占卜伐殷的军事行动。结果出乎意料：用火灼龟甲，没有吉兆；把蓍（shī音同是）草撒到地上占卜，蓍草不是交叉在一起就是折断，更是凶兆。饯别的那一天，下起了倾盆大雨，地上淹水，漫到了辎重车底部的横木上来。准备出发的那一天，风雨突然而至，军旗被折断成了三截。散宜生坚定不移地说："四凶不祥，不可举事。"

周国群臣上下，谁也没想到出兵伐纣的兆头如此凶险，顿时恐惧起来，包括周公旦在内的重臣全都反对出征，请求周武王敬畏谨慎，只有姜尚在强行劝勉武王，坚持迅速出兵。姜尚面见周武王说："退，非子之所及也。"意思是，你千万不能退。他说："圣人生天地之间，承衰乱而起，龟者枯骨，蓍者折草，何足以辨吉凶？"圣人出生于天地之间，就应该能够承担起治理衰乱而起事造反的事情。龟甲就是块枯朽的骨头，蓍草就是被折断的枯草而已，怎么能够辨别吉凶？姜尚还说：饯别之日，大雨漫上辎重车底部的横木，这是在洗濯甲兵！出行日军旗被折断成三截，这是要求我们把军队一分为三，"如此斩纣之首，吉也！"用这样的谋略去完成"斩纣之首"的军事行动，是吉！

然而，商朝迷信时代的任何不祥，都会让人产生各种猜测，周武王此刻的犹豫完全可以理解。因为这是一场生死攸关的时代大决战，周国与殷商是你死我活的争斗，周国君臣上下全都非常理解这场战斗的决定性意义，自然变得更加小心谨慎。

天气不随人愿，刮风下雨不停，部队只能暂时停止行动。这大雨，下了整整3天，给周武王以充分的时间考虑。姜尚说："无恐惧，无犹豫。用兵之害，犹豫最大。三军之灾，莫过狐疑。善战者见利不失，遇时不疑。失利后时，反受其殃。"不要恐惧，不要犹豫。用兵的害处，以犹豫为最大。三军的灾难，最大莫过于狐疑。善于打仗的人，看到有利时机决不能放过，遇到有利的战机决不能迟疑。如果失掉有利条件而放过有利战机，自己反而会遭受祸殃。这就是姜尚的《龙韬·军势》思想。姜尚所指的有利战机，是周国要趁殷商主力部队征伐东夷而滞留东南之际，对空虚的都城朝歌进行"闪电战"。周军要以迅雷不及掩耳之势直取殷都朝歌，一举击溃朝歌守军、攻陷商都，瓦解商朝政权，占领商朝政治中心，让残余的殷商族人及其附属方国群龙无首，然后趁乱各个击破。这就是姜尚的全部军事谋略。《诗经·大明》记述此事，称之为"燮（xí音同袭）伐大商"，意思是偷袭征伐。机会都是稍纵即逝的，如果周国抓不住这次战机，必灭无疑，所以姜尚心急如焚！

帝辛52年一月壬辰日，已从初一庚寅日过去了3天。晚上，雨停、月出、天晴。

实在不能再犹豫了！此时，周武王下定决心听从姜尚的意见，果断出兵！次日天明，已是初四癸巳日之晨，周国军队正式从周国丰镐京都出发，东进伐纣！

《太平御览·卷三百二十八·六韬》记载，周国军队到达泥水牛头山的时候，又遭遇到更加厉害的风雨，旌旗和战鼓都拆毁了，周武王战车上的陪乘武士也因受到惊吓，惊惶而死。姜尚说："用兵者，顺天道未必吉，逆之未必凶。若失人事，三军败亡。""天道鬼神，视之不见，听之不闻。"他说，有智慧的将领不会废除军事行动，只有愚蠢的将领才会受天气拘束。只要我们的计划是明智正确的，举事就能成功，此时不能看天气，而要看时机是否有利，不要借占卜去看军事行动是否吉利，也不用去祈祷祝福，福气自然就会过来。

姜尚驱赶军队继续前进，《太平御览·卷三百二十八·六韬》记载，此时德高望重的周公旦出面阻止了，说："今时逆太岁，龟灼凶，卜筮不吉，星变为灾，请还师。"意思是，我们现在的出兵时间，克冲了五行太岁。我用龟壳灼烧占卜，为凶；我用筮草占卜，为不吉；看星象变化，是灾，请把军队带回吧！

姜尚大怒："今纣刳比干、囚箕子，以飞廉为政，伐之有何不可？"他大骂："枯草朽骨，安可知乎？"说这些占卜的枯草朽骨能知道什么？气得自己动手，把龟甲烧了，把筮草折断，拿起鼓槌擂鼓，表示自己将亲自率众横渡黄河。在这关键的时刻，周武王表现出来作为周国领袖的决断大智，没有在乎神灵，没有听从弟弟周公旦，而是坚决支持姜尚，没有撤兵，继续前进！

这段精彩故事，并未收入中华书局出版的《六韬·鬼谷子》一书，而是被《太平御览·卷三百二十八》所引用的姜尚《六韬》记载。姜尚逼王出兵，充分说明商朝末期具备大智慧的军事家，早已不迷信占卜，早已看透那些超自然现象的鬼神故事。这也就不难理解，为何商朝出土的占卜龟甲达到鼎盛，周朝之后却越来越少。中国人基本不迷信，没有宗教信仰文化。

（三）孟津三誓

【宣讲道义，从原始氏族社会延续至今，是中国的优良传统，传承了四五千年。凡出兵，战前必用誓词控诉敌方罪行，否则就是出师无名，为不义之战。牧野之战，不是方国之间攻城略地的普通战争，而是要彻底推翻已经存在了几百年的殷商王朝，为历史巨变。所以，周武王必须反复宣讲誓词，反复强调道义，反复论证政变的合理性。】

20多天之后，周武王终于到达今河南的黄河孟津渡口。在这里，周武王对军队做首次战前动员。战前誓词《尚书·周书·泰誓》，是早在几年前从孟津回周之后，周武王就与姜尚共同拟定好的。泰，为通，即天地交泰（通）。

周武王说："嗟！我友邦冢君越我御事庶士，明听誓。惟天地万物父母，唯人万物之灵。亶（dǎn音同胆）聪明，作元后，元后作民父母。"啊！我的朋友邦国、列国君主以及超越了防御周国职责的庶民士卒，请听清楚我的誓言。天地是万物的父母，只有人是万物中的灵秀。祖先古公亶父聪明，所以作了周国的君王元后，只有这样的君王元后，才能作民众的父母。元后，是大禹首创夏朝国家时，人们对国家元首的称呼。元，即首；后，为"司"的镜像，即发号司令的君主。

接着，周武王用大量事实控诉纣王帝辛的劣迹，主要是：不敬上天、降祸灾于下民；严刑暴虐、灭族惩罚；嗜酒贪色、奢靡享受。尤其是"焚炙忠良，刳剔孕妇"，任由祭物被凶恶盗贼吃尽，而且屡教不改。

戊午日，周武王再次到达黄河孟津渡口，此刻距离军队出发的癸巳日，已整整过去了26天，有更多的西部诸侯率领自己军队来到这里会合。周武王面对众人作第二次《泰誓》，说：呜呼！全体从西部过来的人员，全都听我讲话。好人做好事，整天做还是时间不够；坏人做坏事，也是整天做还是时间不够。

接着，周武王继续大骂纣王帝辛，除了重复先前讲话的内容之外，又增加了新内容。他控诉纣王放弃年老大臣，亲近有罪的人，结果下臣也受他的影响，各自结党营私，亲友变为仇敌，挟持朝廷权柄，互相谋害诛杀。周武王给纣王定性："惟受罪浮于桀"，他的罪恶超过了夏桀！

周武王告诉大家，上天已经让自己来治理民众，自己做的梦全部符合占卜的结果，然后鼓励大家：殷纣"受有亿兆夷人，离心离德。予有乱臣十人，同心同德"。意思是，纣王虽然接纳了多达成亿上兆的东夷俘虏奴隶，但这些东夷俘虏奴隶与纣王离心离德。我就算只有10个造反的乱臣，也是同心同德！周武王此话说到了中国奴隶社会的本质。夏商奴隶社会，奴隶的来源主要为战俘，战俘奴隶个个都有一部家族血泪历史，仇恨满胸怀，怎么可能对殷纣产生感情？纣王多次对东夷伐兵，战绩赫赫，俘虏沦为奴隶。让这些奴隶俘虏来为纣王舍命作战，怎么可能忠心耿耿？后来战国时代的秦国也曾使用奴隶打仗，但秦国奴隶建功便可立业，获得自由和前途。秦国奴隶是为自己打仗，而商朝奴隶只能是纣王的炮灰！《尚书·周书·泰誓中》表明，周武王和姜尚早已对殷商和周国双方军事力量做过精心对比研究，有必胜把握。

誓词说完，周武王便率领多邦联盟军队从孟津渡口乘舟东渡黄河。周武王这次横渡黄河远不如上次孟津观兵那么顺利，因为是用船只载着沉重的战车渡黄河。《国语·武王伐殷》载，离岸不久，由于兵车超重，周武王的王舟突然损坏在黄河中，眼看船就要下沉。此时姜尚坚定不移地对周武王大喊："太子为父报仇，今死无生！"太子姬发为父王报仇，宁愿现在死去也绝不偷生！士卒们抓紧时间抢修，王舟继续航行。接下来王舟行至黄河中流，又出现了不好的状况。《太平御览·卷八十四》引《淮南子》曰，突然狂风大作，天昏地暗，刮得船上人马看不清楚。此时黄河之水好似河神发威，猛然掀起惊涛骇浪，朝着周武王王舟剧烈撞击。这次是周武王发怒了，他左手拿着黄钺大斧，右手握着白旄令旗，瞪大眼睛挥动令旗，大声喊道："余在天下，谁敢害吾意者?!"我姬发以天下为己任，有谁胆敢损害我的意志?!话音刚落，突然之间，风停了，波浪也平息了……

帝辛52年一月二十九日戊午日，周国主要军队渡过盟津，周武王毁掉渡口，将所有渡河设施全部烧毁，以表示与殷商誓死一战的巨大决心。这就是《国语·武王伐殷》所记载的中国历史上首次"破釜沉舟"军事行动，收入《孙子兵法·九地》，被秦末名将项羽袭用。

东渡黄河的次日，又有不少诸侯军队到达，渡过了黄河，此时已不是"三军"而是"六军"。周武王巡视，这六军的规模包括战车350辆、勇士3千人、披甲庶卒4万5千人。如此大规模的车战，使得这场战斗成为中国古代车战的著名战例。

这时，周武王第三次向六军作《泰誓》。他从头到尾声明大义，控诉纣王帝辛的种种不义，并强调其"奇技淫巧以悦妇人"！最后说：如果我这次战胜了殷纣，不是我勇武，而是因为我的先父文王没有过失；如果殷纣战胜了我，不是我先父文王有过失，而是我这个小子不够好。

宣讲道义，从原始氏族社会延续至今，是中国的优良传统，传承了四五千年。凡出兵，战前必用誓词控诉敌方罪行，否则就是出师无名，为不义之战。牧野之战，不是方国之间攻城略地的普通战争，而是要彻底推翻已经存在了几百年的殷商王朝，为历史巨变。所以，周武王必须反复宣讲誓词，反复强调道义，反复论证政变的合理性。

（四） 通报军情

【无论姜尚等臣子有多么高的军事智慧，还是因为有了周武王这样的贤君，他们才有机会彰显能力。成语风云际会，用风和云适时难得遇合，来比喻有才华、有作为的人适时聚合，周国的君臣关系就叫风云际会。】

殷都朝歌在孟津之东，《淮南子·兵略训》记载：周武王伐纣，从黄河孟津东渡过河，在孟津向东遥望夜空，岁（木）星迎面。周国还有部分军队是从今河南省荥阳不远的汜水北渡黄河的，当时有彗星出现，预示天命将把殷商的权柄授予周武王。《尸子》记载，当一部分军队从汜水北渡黄河之后，周国大臣鱼辛谏言说：岁（木）星在北方，我们不应该北征朝歌啊！周武王没有听从他。周国的这一部分军队日夜兼程北上，由今河南省辉县西北的百泉折而东行，向商都朝歌进军。

周武王讨伐殷纣的大军，在到达今河南温县邢丘的时候，大雨又下了3天而没有停止，还出现了盾牌无故折为3段的奇怪现象。周武王觉得非常不吉利，心中很害怕，召见姜尚，问：我想要讨伐殷纣，难道时机未到，还是不可以吗？姜尚回答：不是这样。您的盾牌断为3块，说明军队作战也应当分成3个部分；大雨3日未停，是为了沐洒我们的士兵。

周武王途经今河南省巩义市西南的阙巩方国，得到了阙巩生产的大量铠甲。阙巩铠甲质地优良，一般箭矢不能穿透，于是周武王用这种铠甲来武装兵卒，《左传·昭公十五年》一书，将阙巩之甲的军事装备，作为周武王之所以能够克商的重要原因。

接着，周武王到达鲔（wěi 音同伟）水，遇到了被纣王派来打探消息的胶鬲。胶鬲原本就是被周文王派到纣王身边的间谍，武王肯定是要会见他的。

《吕氏春秋·慎大览第三·贵因》记载，胶鬲问："西伯将何之？无欺我也！"西伯姬发您将要到哪里去？可不要欺骗我啊！

周武王说："不子欺，将之殷也。"不欺骗你，我将要到殷去。

胶鬲说："曷至？"哪一天到达？

周武王说："将以甲子至殷郊，子以是报矣！"将在甲子日到达殷都郊外。你拿这话去禀报吧！胶鬲就立即回去报告了。

胶鬲刚走，天又下起雨来，日夜不停。周武王却要求加速行军，不许停止前进。

军官们都劝谏周武王：士兵们很疲惫，请让他们休息休息。周武王说：我已经让胶鬲把甲子日到达殷都郊外禀报给他的君主了，如果甲子日不能到达，这就是让胶鬲没有信用。胶鬲没有信用，他的君主一定会杀死他。我加速行军是为了救胶鬲的命啊！"多国部队"冒雨行军，速度非常快，周武王终于在甲子日之前一天的癸亥之日，赶到了朝歌郊外70里处的牧野。

姜尚曾用《武韬·三疑》教导周武王军事："凡攻之道，必先塞其明而后攻其强，毁其大。"进攻的方法是，首先蒙蔽敌国君主的耳目，然后再进攻他强大的军队，摧毁敌军最强大的地方。而这次征伐殷商的行动，原本是一次袭击战、闪电战，可是周武王在鲔水却偏偏反其道而行之，把作战的时间、地点、意图，全部提前通知给纣王帝辛，这算是个什么兵法？这哪里是蒙蔽敌国君主的耳目，分明是让敌国君主耳聪目明啊！

其实，这也是姜尚定下的计谋，因为周国所面临的敌人，是恃强骄横的殷商纣王，而不是小心谨慎的胆小鬼。面对不同敌人，要使用不同方法。姜尚在《武韬·三疑》中告诉周武王："因之，慎谋，用财。夫攻强必养之使强，益之使张。太强必折，太张必缺。"打仗，首先是要因势利导，其次是谨慎使用计谋，再次是使用钱财。进攻强敌一定要怂恿他，使其恃强骄横，放任他，使其猖狂自大。敌人过于强横必遭挫折，过于狂妄必致失误。殷纣王是标准的强敌，刚愎自用是弱点。按照进攻强大的敌人，必先助长它的强暴之计，周武王此时把周国军事行动通告给胶鬲，等于公开下挑战书而激怒纣王。这个时候，武王要打的是歼灭战而非伏击战，最大的担心是纣王不来决战，如果纣王逃跑而不亲自对阵，如何灭纣？更何况从鲔水步行到朝歌，只有5天左右，即便纣王得知军情，此时正在东南与东夷作战的主力部队也调不回来。

姜尚之谋是活泼的军事智慧，随机应变。姜尚是周武王的长辈岳父，更是智慧高超的帝师，从逼迫周武王出兵伐纣，到孟津《泰誓》破釜沉舟，再到通知纣王决战，直到周国全面胜利，每一个步骤周武王都听从了姜尚谋略。姜尚虽为臣子，但周国如果没有得到他，中国就不会出现周朝，历史也将改写。

周国的许多臣子都非常出色，君臣关系却很有意思。军队刚到达朝歌郊外的时候，周武王的袜带掉了下来。当时周武王的辅臣有5个，都在身边陪侍，却没有一人肯弯腰替他把袜带系上。他们说："吾所以事君者，非系也。"我是用来侍奉君主的，不是替他系带子的。白羽和黄钺都是古代军队仪仗，周武王一路亲自把持，威风凛凛，可此时的周武王却毫无办法，只好左手放下白羽，右手放下黄钺，自己动手费力地系上了袜带。这5位辅臣分别是：姜尚、周公旦、召公奭（shi 音同是）、毕公高和苏公忿生。苏公忿生是周武王任命的司寇，即周国级别最高的司法长官。《吕氏春秋·不苟论第四》记载这件事情，说孔子听到之后，认为周武王是真正的贤君，说："此五人者之所以为王者佐也，不肖主之所弗安也。"这正是此 5 人能够辅佐周武王的原因，正是因为那些"不肖"的君王根本就不能容忍他们。

所以，无论姜尚等臣子有多么高的军事智慧，还是因为有了周武王这样的贤君，他们才有机会彰显能力。成语风云际会，用风和云适时难得遇合，来比喻有才华、有作为的人适时聚合，周国的君臣关系就叫风云际会。

主要参考文献

【《古本竹书纪年辑校今本竹书纪年疏证》《逸周书汇校集注》《尚书今古文注疏》《史记》《汉书》《太平御览》《吕氏春秋》《淮南子》《尸子译注》《诗经楚辞鉴赏辞典》《国语》《左传全译》《易经入门》《康熙字典》《六韬鬼谷子》】

覆商建周

（一）牧野之战

【纣王兵败牧野，固然有殷商东征，周国乘人之危因素，但根本原因还是纣王失道无助，成为孤家寡人。牧野之战是对中国奴隶社会的精彩诠释，可视为战俘奴隶大规模自发叛变，而被贵族革命巧妙利用。】

帝辛 52 年二月初四癸亥日，周武王姬发在朝歌牧野布置好军阵，耐心等待上天赋予自己的"大命"降临。癸亥日的次日，便是牧野之战开始的著名"甲子日"。

牧野之战在今河南卫辉市境内进行。关于这场在某"甲子日"发生战争的时间，中国有几十种不同说法，从公元前 1150 年到公元前 1018 年的都有。毫不奇怪，因为这是改变中国历史的重要时刻，不同人产生不同记忆，又使用着不同的历法，很正常。1976 年，陕西出土西周早期青铜器"利簋（guǐ 音同鬼）"，又名"武王征商簋"，"中国夏商周断代工程"根据利簋铭文推断，牧野之战的时间是公元前 1046 年 1 月 20 日早晨的六七点钟。

帝辛 52 年商历二月初五甲子日的黎明，周武王和姜尚带了 300 辆战车、300 名武贲敢死队勇士，来到殷商都城朝歌郊外的牧野，举行誓师。

周武王从孟津出发时，有战车 350 辆、勇士 3 千人、披甲庶卒 4 万 5 千人，一路行军并未有战斗伤亡，怎么到了与纣王帝辛对阵的时候，兵力只剩下了这么一点？那几万军队应该埋伏在其他地方。姜尚在《龙韬·奇兵》中早就说过："四分五裂者，所以击圆破方也。因其惊骇者，所以一击十也。"四面出击，多方进攻，是为了破坏敌人圆形或方形的军阵。乘敌人惊慌失措之机发起进攻，是为了达到以一击十。毋庸置疑，此时周武王肯定不会把所有兵力均用于正面进攻。

《尚书·周书·牧誓》记载，早晨，周武王披甲戴盔、威风凛凛，左手拿着黄色大斧，右手拿着白色旄牛尾做装饰的白旗指挥，大声说："逖矣，西土之人！"远劳了，来自西部的将士们！

周武王说："嗟！我友邦冢君御事，司徒、司邓、司空，亚旅、师氏，千夫长、百夫长，及庸，蜀、羌、髳（máo音同矛）、微、卢、彭、濮人。称尔戈，比尔干，立尔矛，予其誓。"啊！我友邦的国君和办事的大臣，司徒、司马、司空，亚旅、师氏、千夫长、百夫长，以及庸方、蜀方、羌方、髳方、微方、卢方、彭方、濮方的人们，高举起你们的戈，排列好你们的盾，竖立起你们的矛，我要宣誓了！

从周武王《牧誓》的开场白可知，前来参战的诸侯国主要是西北和西南的羌戎方国，所以周武王在誓词中称"西土之人"。庸方国位于今湖南澧水源头的张家界，张家界当时叫"大庸"，当地土司带领手下"南蛮"，不远数千里，前去参加灭纣战斗；濮方位于今江汉流域；蜀方包括"巴族"，居汉水上游；羌方位于今关中西部；髳通蛮，髳方在今甘肃省庆阳有参蛮县；微方在今陕西省宝鸡眉县；卢方在今甘肃省华亭有都卢城；彭方在今甘肃省镇原县有彭阳城。

周武王首先借用古人之言比喻妲己和殷纣："牝（pìn音同聘）鸡无晨；牝鸡之晨，惟家之索。"母鸡在早晨是不打鸣的，如果谁家母鸡早晨打鸣，这个家就要衰落了。意思是妲己干政，如同母鸡打鸣，殷纣能不衰落吗？成语"牝鸡司晨"便出于此处。

周武王列举纣王帝辛的3条罪状：一是"惟妇言是用"，殷纣听信妲己的谗言；二是"昏弃厥肆祀弗答"，殷纣不祭祀祖宗和上天；三是"遗王父母弟不迪，乃惟四方之多罪逋逃……是以为大夫卿士"。殷纣遗弃亲兄弟而任用有许多罪恶的逃犯作为大夫卿士，结果这些人"俾暴虐于百姓"，残暴对待贵族百姓，在商国作乱。当时的社会，这3条罪状均为不容宽赦的弥天大罪，单凭其中一条就足以诛伐。尤其最后一条纣王重用"多罪逋逃"当官，最让诸侯们气愤。因为夏商周所有罪犯都是奴隶，周文王早就下达了《有亡荒阅》之令，让各方国诸侯奴隶主都去追捕逃奴罪犯，并交还给原主，只有殷纣藏污纳垢，收留天下逃奴而不归还，还使用犯下许多罪恶的贵族当官。周武王的这番话，让各地诸侯气得咬牙切齿。武王义愤填膺地说："今予发惟恭行天之罚。"现在我姬发恭行替天行道，对殷纣进行惩罚！

周武王掌握了奴隶社会的贵族道义，才得到了诸侯的广泛拥护和支持，就连遥远的西方诸侯军队都来助战。这些诸侯与其说是为周武王而战，倒不如说是为当时的社会"道义"而战，中国自古"得道多助，失道寡助"。

接下来，周武王对即将开始的战事，作具体军事部署。朝歌牧野主要为平原，正面进攻几乎没有军事掩体，所以武王要求军队发动进攻时，队形不能乱，超过六步、七步，就要停下来整顿一下阵形。与敌人短兵相接刺击之时，也不要超过四次、五次、六次、七次，也要停下来整顿一下阵形。他说："勖（xù 音同序）哉夫子！尚桓桓如虎、如貔（pí 音同皮）、如熊、如罴（pí 音同皮），于商郊弗迓克奔，以役西土。"努力吧，将士们！希望你们威武雄壮，像虎貔熊罴一样勇猛，在商都郊外大战一场。不要禁止能够跑来投降的人，要让他们帮助我们西土军队。周武王最后大喊道："勖哉夫子！尔所弗勖，其于尔躬有戮！"努力吧，将士们！你们要是有谁不努力，自身就会遭到杀戮！周武王的战前誓词，要求士卒们不要阻挡敌人的投降，说明他和姜尚早已估计到了牧野之战的态势和结果。

《史记·周本纪》记载，当周武王誓师完毕的时候，前来会合的诸侯军队战车已经达到 4 千辆，全部在牧野摆开了阵势，这是多大的气势呀，极大地鼓舞了周军士气！此刻为中国朝代更替的历史转折点，中国历史从此将翻开新的一页……

纣王帝辛有胶鬲准确的军事情报，提前做好准备，当周武王到达牧野郊外的时候，《诗经·大明》说，殷商军队也早已摆好了阵势，军旗多得就像那树林一样密集。《史记·周本纪》曰："帝纣闻武王来，亦发兵七十万人距武王。"纣王调来了 70 万大军抵抗周武王，兵力是周军的十几倍！

其实，当纣王知道要在牧野开战的时候，他的主力军队都在征伐东夷，都城朝歌并没有足够的精兵可以抵御。纣王仓促调遣，临时拼凑出来的军队人数虽多，却大多数为战俘奴隶。奴隶哪有心思打仗？内心都盼着武王赶快攻打进来，自己赶快投降。《左传·昭公十二年》说："纣克东夷而陨其身"，足见纣王对东夷的战争，使得殷商实力消耗很大，让周国钻了空子。

开战了！《逸周书·卷四·克殷》记载，周武王派出姜尚率兵 100 人主动上前挑战，纣王也亲自率兵上前迎战。接着，周武王的方国联军擂响战鼓，喊声嘹亮，排着工整的阵列，迈着整齐的步伐向纣王军队前进，敢死队的武贲勇士们，与驷马战车冲在队伍的最前面，迅速而猛烈地冲向敌军。《诗经·大雅·大明》生动描绘了周国联军的作战情景："牧野洋洋，檀车煌煌，驷騵（yuán 音同原）彭彭。维师尚父，时维鹰扬。"牧野的地势真是广阔无垠啊，周国的檀木战车既光彩又鲜亮，驾车的驷马既健壮又雄骏！率领军队的尚父姜尚，就好像是展翅飞翔的雄鹰……

姜尚所带领的急驱战车刚刚冲进商军阵营，纣王的军队就立即大乱了，士兵们背叛殷纣而溃散，掉转矛头攻击自己人，反而给周武王做了拼杀进攻的先导。奴隶士卒谁也不想为纣王卖命，他们掉头向自己的军队攻击，想杀出一条血路来逃跑。就这样，殷商奴隶士卒集体战场哗变，周军奋力厮杀，商军士卒自相残杀，打了整整一天，杀得天昏地暗。这场恶战残酷之极，尸横遍野，流血之多,使得雨后的牧野战场先是出现血泊,最后血流成河,血河之上漂着长杆兵器,惨不忍睹……这就是成语"血流漂杵(chǔ 音同楚)"的来历。

《逸周书·卷四·克殷》载,纣王帝辛在官兵的保护下败逃,到达朝歌南郊鹿台(南台)的时候,已是甲子日的晚上。纣王实在不能忍受如此惨败的羞辱,精神崩溃,取来5枚珍贵的天智玉琰戴在脖子上,然后又穿上了由4千枚庶玉做成的玉衣蔽体,纵火自焚。武王不知纣王去向,命上千人去寻找。5日之后的戊辰日,终于找到了纣王尸体,那4千枚庶玉已于火中销毁,5枚天智玉完好无损。那天智玉,武王视之如宝物。牧野之战以纣王自焚而彻底结束,周武王捉拿殷商邪恶大臣近百人,俘虏不计其数。

戊辰日,周武王手执大白旗向诸侯挥动示意,诸侯都向武王行拜礼,武王也作揖还礼,然后,诸侯们全都跟着武王的战车走。周武王到达殷商都城的时候,朝歌的贵族百姓全都在南郊等候。于是周武王命令周国群臣代表自己前去宣告:"上天赐福给你们!"朝歌的殷人遗民全都再次行稽首大礼、下跪叩头至地,于是周武王也向他们回拜行礼答谢。之后,周武王乘战车先行进入鹿台纣王居住的玉门,亲自向纣王烧焦的尸身射了3箭,然后才从战车上下来,再用轻吕剑刺击纣王烧焦的尸身。周武王用黄钺大斧亲手砍下了纣王烧焦的首级,悬挂在大白旗上示众。

周武王随后又去两个宠妃的所在之地,只见她们已经自缢而死。周武王又向她们射了3箭,然后用轻吕箭刺击尸身,再用黑钺大斧亲手砍下此两人的首级,悬挂在小白旗上示众。完成这一系列举动之后,周武王离开现场,返回自己的军营。

周军捉拿纣王邪恶大臣数百人,周武王不知如何处理。《说苑·贵德》记载:周武王召见姜尚,问:"将奈其士众何?"该怎样对待那么多人呢?姜尚用成语"爱屋及乌"半开玩笑地回答:我听说,如果喜爱那个人,就会连带喜爱他屋子上的乌鸦;如果憎恨那个人,就会连带憎恶与他相关的人。干脆全部杀尽敌对分子,让他们一个也不留下,怎么样?周武王说:"不可。"姜尚走了之后,邵公奭(shì 音同是)进来,周文王又问:"为之奈何?"邵公奭说:"有罪者杀之,无罪者活之,何如?"殷纣贤臣早已离开,剩下的这些佞臣谁人无罪?邵公奭意思就是全部杀掉。周武王回答:"不可。"邵公奭出去之后,周公旦进来,周文王还是问:"为之奈何?"周公旦回答:"使各居其宅,田其田,无变旧新,唯仁是亲,百姓有过,在予一人!"意思是,让他们各自住回自己的居宅,耕种过去的田地,不要有新旧变化,让他们亲近仁德。殷商贵族百姓的过错,在殷纣一人身上!周武王赞成这个意见,说:"广大乎,平天下矣。凡所以贵士君子者,以其仁而有德也！"意思是，现在我们已经有了广大的土地，平定了天下，所以凡是贵族士人君子，只要有仁爱，就是有德行的。事实上，周武王的确善待了朝歌广大殷商遗民，但把这数百殷纣大臣带回了丰镐京都，在祭祀祖先的时候，杀掉了40人，其他的砍断腿骨，一个都没有放掉。

周武王是个对奴隶社会有清醒认识的人，能够准确判断纣王军队士卒的战俘奴隶心理，所以才能以少胜多、以弱胜强。牧野之战中所体现出来的谋略和作战艺术，对研究中国古代军事学具有不可估量的意义。

纣王兵败牧野，固然有殷商东征，周国乘人之危因素，但根本原因还是纣王失道无助，成为孤家寡人。牧野之战是对中国奴隶社会的精彩诠释，可视为战俘奴隶大规模自发叛变，而被贵族革命巧妙利用。

（二）大功告成

【周武王完成父亲周文王的生前嘱托，做成了一件中国历史上具有划时代意义的大事，一举毁灭了存在554年的殷商王朝，让一个崭新的西周王朝如旭日喷薄而出！夏商奴隶社会继承原始氏族社会文明，培育了中华民族领先并辉煌于世界的高度文明，是人类文明史上的伟大进步，值得今人珍惜！】

公元前1046年，既是商朝灭亡的"帝辛52年"，也是西周初建的"帝发12年"。这年的商历二月初六己巳日，周武王派人清除道路，修治祭祀社稷的社坛，以及殷纣的宫室。

过了几天，到了预先规定的日子，周武王举行隆重的进城仪式。进城仪式声势浩大，《逸周书·卷四·克殷》记载，有100名壮汉各扛着有几条飘带的"云罕旗"在前面开道，周武王的六弟曹叔（振铎）临时被授官爵，负责将仪仗车陈列排队，每辆仪仗车都插着画有彩色图案的"太常旗"。进城的时候，第一辆仪仗车最是威风，担任保卫的周公旦手持大斧钺、召公奭（shì音同是）手持小钺，两人把周武王夹在中间。周国著名的老臣散宜生、泰颠、闳（hóng音同洪）天等人，携带着轻吕宝剑，为周武王奏乐鸣曲。

《吕氏春秋·慎大览第三·慎大》记载，周武王进入殷都朝歌，人还没有下车，就开始分封先圣后代。他命令把黄帝的后代封到今山东省宁阳县附近的铸国，把帝尧的后代封到今山西省黎城县附近的黎国，把帝舜的后代封到今河南省淮阳县附近的陈国。下车之后，周武王又命令把大禹夏后氏的后人封到今河南省杞县附近的杞国，把成汤的后代分封今河南商丘的宋国，以便继承成汤精神，进行"桑林祈雨"的祭祀。

此时的周武王仍然十分恐惧，长叹一声，流下了眼泪。命令周公旦领来殷商遗老，问他们殷商灭亡的原因，又问民众喜欢什么，希望什么。殷商遗老回答："欲复盘庚之政"，希望恢复盘庚时代的政治，周武王答应了他们。

到达国家社稷的社坛，周武王站在社坛之南，诸侯群臣均跟随着他，周国军队立于周武王的右边。

周武王的十三庶弟毛叔郑，手捧以明月为镜而取来的祭祀用净水，九弟康叔封，铺好了祭祀用的草席，然后召公奭献上了祭祀用的彩帛，姜尚牵来了祭祀牲畜。

太史尹逸宣读策文："殷末孙受德，迷先成汤之明，侮灭神祇不祀，昏暴商邑百姓，其章显闻于昊天上帝。"他说，殷商末代子孙接受了上天恩惠，却迷失了先祖成汤之英明，侮慢蔑视神祇而不祭祀，昏聩地暴虐商朝城邑的贵族百姓，恶迹昭著，让昊天上帝知晓。读完，周武王两次作揖叩头，然后离开。这些在《逸周书·卷四·克殷》中均有记载。

周武王的社坛祭祀，表示周朝继承商朝与商朝继承夏朝，都是一样的，社稷不换、国家不变，自己为名正言顺的国家天子。他根据成汤灭夏之后的祖制，让殷纣之子武庚（禄父）继续留在歌朝，住在殷纣的宫殿里继承殷商香火，管理商朝遗民，以殷国诸侯的身份来侍奉周朝王室。

接着，周武王开始兑现"复盘庚之政"的诺言。《吕氏春秋·慎大览第三·慎大》说，周武王从监牢里释放被纣王囚禁的箕子和其他贵族，为比干筑坟立墓，为殷纣的良臣商容恢复名誉。商容是商朝主管礼乐的大臣，曾手执舞蹈羽扇，带着今已失传的吹管乐器"籥"（yuè 音同乐），跟随着殷纣的马夫，想以礼乐来教化纣王，结果失败了。这样一位有才德的人，殷商民众都很敬爱他，却被殷纣黜免了官职，于是商容离开朝歌，去太行山隐居。周武王在商容居住的里巷树立华表，褒扬他的德行，并要求所有士人路过都要快走，坐车者路过也要下车，以示尊敬。

周武王命令老臣南宫适前往鹿台，散发殷纣钱库里的货币，又去钜桥，发放殷纣粮仓里的粮食。周武王用赈济贫弱民众的实际行动，证明自己的无私。他还为在牧野之战中双方所有阵亡将士做了祈祷，在军中大摆宴席，招待殷商祖辈老人。周武王宣布："三日之内，与谋之士，封为诸侯，诸大夫赏以书社，庶士施政去赋。"就是说，在 3 天之内，凡是参与谋划灭商的贤士，周武王将封他们为诸侯，并向大夫们赏赐土地，给庶民中的士人减免赋税。周武王的这些举动，都是在向殷商遗民表示，自己已经遵从了大家的愿望，恢复了盘庚之政，自己和盘庚一样，是没有私心的……

《吕氏春秋·慎大览第三·贵因》记载，武王进入朝歌后，听说有一位德高望重的长者，就前去拜访，请教殷商覆灭的原因，因为他十分害怕自己重蹈覆辙。长者回答："王欲知之，则请以日中为期。"大王如果想要知道，就请定于明天日中之时见面。第二天，周武王和周公旦如约到达，左等右等没再见到那个人。周武王感到非常奇怪，周公旦说："吾已知之矣。此君子也。取不能其主，有以其恶告王，不忍为也。若夫期而不当，言而不信，此殷之所以亡也，已以此告王矣。"即：我已经知道他的意思了。这是个君子啊，他原本采取不亲近君主殷纣的态度，现在要把自己君主的坏处告诉您，他又不忍心这样做。约定了日期却不赴约，言而无信，这就是殷商之所以灭亡的原因，他已经把殷商灭亡的原因告诉您了。

大局安定之后，周武王命令周国官员南宫、百达、史佚，把当初大禹铸造、象征天下最高权力的九鼎迁往三巫之地，后来迁入了今河南的周都洛邑。周武王在鹿台所缴获的宝玉，一种说法是，玉有一万四千件、佩带玉一十八万；另一种说法是，俘获殷商旧玉有百万。

《逸周书·卷五·商誓》载，周武王准备班师回朝，临行前对殷商遗民训话，说：告诉你们这些殷商的旧族长、旧官员、太史比、小史昔，以及众贵族、里君、贤民，都要信从新任君王的告诫，听从我的话。我是顺应天命，来这里执行上帝威命和神灵惩罚！接着，周武王开始宣传后稷（jì 音同季）。他说，周朝祖先后稷播种百谷，功绩赶上了夏朝的大禹，因为天下人食用和祭祀，没有不用后稷的"嘉谷"，就连商朝先祖的食用和祭祀，也都是在用周人先祖后稷的"嘉谷"。殷商纣王因为恶行太多，使得上帝放弃了他而选择了周文王，现在自己是继承先父的事业，革了殷商君主之命，自己是不敢违背天命。

周武王说，我现在宣布："胥告商之百无罪。其维一夫。"殷商遗民百姓没有罪，有罪的只是纣王一人。

然后说：你们今后要听命于周，有敢于作乱的，你们的大邦君长不敢不报告我们周人。上帝对我有命令，要求我让你们百姓获得新生，而不要让百姓无所求告。其实我们西土之人也厌恶劳累，这样的用兵岂可重复？如果上天命令我们二次征伐，让周人劳苦兴兵，那就是在怪罪我不能教育你们与我们周人一条心。

他最后威胁殷商贵族百姓："予尔拜，拜□百姓，越尔庶义、庶刑，予维及西土，我乃其来，即刑乃，敬之哉！庶听朕言，罔胥告。"我因为敬奉你们，敬奉殷商贵族百姓，就越要对你们用许多仁义、用许多刑法。我现在要回到西部去，但我还会回来对你们用刑的，你们要知道恭敬！你们要多听我的话，不要跟着

牧野之战胜利了，纣王自焚自杀了，朝歌的贵族百姓表面上也顺从了，但周武王必须回到自己的丰镐京都，因为覆灭殷商的战斗还没有结束。殷商军队主力还在东夷，那些拥护纣王的诸侯和大臣还在他们自己的方国或食邑……

周武王离开殷地，在今河南郑州附近的管城住了一段时间，接见了一些来自东方的诸侯，这些东夷诸侯主动归周，周武王对他们进行赏赐，然后命令他们各自陈述本方国的政事。

周武王对纣王儿子武庚（禄父）的"殷国"放心不下，觉得面积太大了，担心武庚（禄父）反叛。《逸周书·卷四·大匡》说，三弟管叔鲜和五弟蔡叔度主动要求担任殷人的监国，于是周武王就把朝歌之外的王畿一分为三，为卫、鄘（yōng 音同拥）、邶（bèi）三地。朝歌以东设卫国，分封给三弟管叔鲜；朝歌西南设鄘国，分封给五弟蔡叔度；朝歌西北设邶国，分封给八弟霍叔处。如此一来，"殷国"仅为朝歌，周武王让自己的 3 个亲弟弟成为"三监"，共同监视居住在朝歌城内的"殷国"诸侯武庚（禄父）。然后，周武王作《大匡》和《文政》两文，对管叔鲜和蔡叔度进行了训导。

周武王感觉殷商的国家管理制度混乱，与周公旦探讨如何修正殷商混乱的政令，发布了《逸周书·卷四·大聚》，制定了一系列有利于商旅通商的经济政策，改变了地域管理行政编制，把国分为邑，把邑分为乡，把乡分为间。各乡设置巫医，备办各样药物以防疾病与灾难，进行仁德教育。还按照先父文王的国家经济储备思路，下达了来自周朝的农业生产政令。

公元前 1046 年的商历四月初七乙未日，武王已经成为天子，向四方通报殷商失败而周武王承接天命的情况。周武王告诉各国：周国军队于何时从周国出发，于甲子日在牧野与殷纣决战，已经杀死了殷纣，俘虏了殷纣的邪恶大臣近百人。

其实此时，覆商建周的战斗还在继续进行。姜尚受命狙击纣王死党"方来"，于丁卯日回到周国，向周武王汇报杀敌情况和被割了耳朵的战俘数目。

戊辰日，周武王以帝王的身份追祀了先父文王，然后从这一天开始，以天子身份正式"立政"，宣布政令。吕国诸侯"吕他"接受周武王之命，讨伐越、戏、方等方国。

壬申日，将军"荒新"回来，汇报杀敌数目和被割了耳朵的战俘数目。辛巳日，莱国诸侯"侯来"奉命征伐"靡方"、"陈方"归来，汇报杀敌数目和被割了耳朵的战俘数目。甲申日，将军"百喈（jiè 音同借）"奉命率虎贲勇士誓师，征伐"卫方"，派人向周武王汇报杀敌数目和被割了耳朵的战俘数目。

公元前 1046 年的商历 4 月，征伐各方国的战争还没有结束，周武王准备举行盛大的周庙祭祀。祭祀是分两次进行的,《尚书·周书·武成》和《逸周书·卷四·世俘》都有记载,时间都是商历4月,但具体日期的有所交错。《逸周书·卷四·世俘》对两次祭祀的过程记载得比较详尽,而《尚书·周书·武成》只记载了第二次祭祀,侧重于周武王的讲话内容。

第一次祭祀为5天。首日辛亥日,周武王献上所缴获的九鼎,表情严肃,恭敬地敬告祖宗神灵和上帝。周武王没有更换平日的诸侯服装,来到周庙,把统治众诸侯国之事敬告祖宗,乐师奏了9段音乐才结束。武王将周国的有功之祖:太王、太伯、王季、虞公、文王、伯邑考等,依次排列神位于庙堂,然后向先辈神位历数殷纣之罪。在乐师的祭祀奏乐声中,周武王手持黄钺大斧,封赐了周朝王室“中央”一级的官员和爵位。

祭祀第二天壬子日,武王穿着绘有“卷龙”图案的天子礼服,手持琰玉之圭来到周庙。乐师吹奏祭祀之曲,武王手持黄钺大斧,开始任命各方诸侯。

周武王宣布:把姜尚分封到今山东省临淄,为齐国。姜尚急忙跑到齐国担任齐国的诸侯,然后就把齐国丢给长子管理,自己回到镐京,继续担任周朝王室的太师、宰相。

周公旦的封国位于今陕西省宝鸡的岐山之阳“周国”,那里曾经是周公旦祖父古公亶(dǎn 音同胆)父的都城,也是周王朝的发源地。周武王去世后,周公旦辅佐周成王东征,又受封于今山东曲阜的奄国故土。由于周公旦要留在镐京辅佐周成王,让自己的长子伯禽代为赴任,建立鲁国,国都为曲阜。

周武王将宗室姬姓的重臣召公奭,分封在包括今北京在内的蓟地燕国。燕国因燕山而得名,封土非常之大。召公奭没有时间前往蓟地就任,而派长子姬克任燕昭王而管理蓟地,自己则留在都城镐京继续辅佐周朝王室。

周武王对自己的所有兄弟和有功之臣全部进行了分封,共分封了71个方国,其中分封自己的兄弟之国15个、自己的宗室姬姓之国40个,其他外姓有功之臣,即便没有封国的也都得到了封地食邑。周武王对在灭商大业中做出贡献的姬姓亲族和有功之臣大肆封国,实际上是让他们充当周朝统治中心的屏障,这就是所谓的“封建亲戚,以藩屏周”。

祭祀第三天癸丑日,殷纣的近臣名邪恶大臣全部被带了出来。在《庸》曲的奏乐声中,周武王一手执琰玉之圭,一手持黄钺大斧,由武士执戈守护着出场。周武王进入祖庙后,乐师换奏《大享》之曲的第一乐章,武王拜手稽首、敬礼毕,乐师又演奏了3个乐章的《大享》。

祭祀第四天甲寅日,周武王为了把牧野之战消灭了殷纣之事祭告给所有神灵,去了赤時和白時两个祭祀场所,伴随着乐师的奏乐,周文王进入祀庙,乐师演奏了《万》舞曲，又演奏了《明明》之曲，奏了3遍才结束。

第五天是乙卯日，乐师演奏《崇禹生启》3遍，周武王平定天下的礼仪就算是结束了。

第一次祭祀结束后，征伐方国的战争继续进行。庚子日，陈国诸侯"陈本"奉命伐"磨方"，将军"伯韦"受周武王之命伐"宣方"，将军"新荒"受周武王之命伐"蜀方"。乙巳日，陈本命令将军荒新带着蜀国和磨国的君主回来，告诉周武王，他们还擒拿了"霍方"和"艾方"的诸侯君主，俘获了出逃在外的方国诸侯和臣子共46人，擒获了诸侯的战车830辆，并汇报杀敌数目和被割了耳朵的战俘数目。接着将军伯韦到了，报告擒拿了宣方诸侯，擒获了诸侯的御驾战车30辆，汇报杀敌数目和战俘被伯韦割耳朵的数目。周武王命令他再去攻打厉国，很快伯韦又回来报告杀敌数目和被割了耳朵的战俘数目。

周武王在此期间外出狩猎，总擒获虎22只、狸猫2只、麋鹿5235只、犀牛12只、氂（máo 音同牦）牛721只、熊151只、罴（pí 音同）熊118只、野猪352只、貉子18只、麈（zhǔ 音同主）鹿16只、麝獐50只、麇30只、鹿3508只。

周武王消灭殷纣之后，四方征讨仅仅数月，就消灭了99个方国，征服了652个方国，割掉了20万7千7百79名俘虏的耳朵，俘虏了30多万人，这才算是基本上安定下来。周武王的辉煌战果，数字如此详细精准，均收录于《逸周书·卷四·世俘》中。夏商奴隶社会战俘数量多到何种程度，在此可见一斑。

取得了如此战果，周武王打算偃武修文。丁未日，周武王准备在丰京周庙再次举行盛大的祭祀。丰镐王畿的卫服和甸服的大夫官员们，以及王畿之外的侯服的诸侯们，骑着骏马迅速纷纷奔跑过来，忙着在周庙里陈设本方国的豆、笾（biān 音同边）等祭器，这些诸侯多为周邦宗室，即便非周邦宗室的方国诸侯，只要归顺周朝，也有前来助祭的义务。

这次祭祀，《尚书》记载用了3天，《逸周书》记载用了6天。最后一天是庚戌日，晚上月亮初升，快要明亮的时候，周文王上朝，祭祀系列活动正式开始。《尚书·周书·武成》把这次重要的祭祀活动记载得比较详细。武王自己下车，让史官史佚向上帝献辞，先对上天举行燎祭，再对山川举行望祭。望祭，即用遥望来祭祀山川。燎祭，是把玉帛、牲牲品放在柴堆上焚烧祭天。这样祭祀之后，再次表示周武王的"覆殷建周"大功告成。

周武王的祭祀开场白这样说，啊！众位先祖天子君后！我先王建国辟疆，公刘修前人功业，到了太王古公亶（dǎn 音同胆）父的时候，开始经营王事，之后先祖王季操劳王室。他满怀深情地重点说自己的父亲周文王："我文考文王克成厥勋，诞膺天命，以抚方夏。大邦畏其力，小邦怀其德。惟九年，大统未集，予小子其承厥志。"他说，我的先父文考文王肩负成就祖先功勋之大业，接受天命而安抚华夏四方，大国畏惧他的威力，小国怀念他的恩德，诸侯归附，然而却在接受西伯专征王命的第九年去世，大业没有完成，由我这个小子继承先父遗志。周武王开场白虽然简短，但周国宗室谁都知道其中的分量到底有多么厚重！

周武王继续说自己曾将殷纣的罪恶，向皇天后土以及所经过的名山大川禀告，当时自己这样讲：周国有道之曾孙周王姬发，对商国将有大事。"今商王受无道，暴殄天物，害虐烝民，为天下逋逃主，萃渊薮（sǒu 擞）。予小子既获仁人，敢祗承上帝，以遏乱略。"受，是殷纣之名。周武王控诉，现在商王受残暴无道，弃绝天下百物，虐待众民，为收留天下逃亡罪奴的窝主，是逃犯聚集的渊薮。我小子得到仁人志士之后，冒昧地敬承上帝意旨，以制止乱谋。

周武王汇报自己在戡黎之后，用德行安抚东夷的成绩，汇报牧野之战"血流漂杵"的战况，以及战后安抚殷商遗民的整个过程，说现在已经使得"万姓悦服"。最后，周武王汇报修订殷商国家体制："列爵惟五，分土惟三。建官惟贤，位事惟能。重民五教，惟食、丧、祭。惇信明义，崇德报功。垂拱而天下治。"即设立了"公、侯、伯、子、男"五等爵位，以及"公（百里）、伯（七十里）、子（五十里）"三等封地；依据贤良选拔地方官长，依据才能安置众多官吏；对民众的饮食、丧葬、祭祀等，均注重仁义礼智等五教。因为以诚信来讲明道义，尊重有德的、报答有功的，所以"垂（衣）拱（手）而天下治"。

接下来，根据周武王的命令，对殷纣王朝近百名恶臣，实行断手断足的废刑，然后又杀掉了殷纣的甲等、右职大官，杀掉了殷纣的一个孝子，杀掉了鼎立殷商王室的天师。周武王大约杀掉了殷纣的重要家臣、司徒、司马、鼎帅等 40 人，这些人在郊外临刑之前都拼命地哭嚎。

《逸周书·卷四·世俘》记载："武王乃夹于南门，用俘，皆施佩衣，衣先馘入。"周武王站于周庙南门的正中，命令带上俘虏。先让所有俘虏都穿上狱中罪人奴隶的号衣，换衣之后再割耳朵。战俘被割掉的耳朵，将用于代替战俘本人而成为祭祀周国祖宗神灵的"人祭"。

周武王的祭祀开始之时，姜尚扛着悬挂着纣王首级的白旗和悬挂殷纣两个宠妃首级的红旗来到现场，先把战俘的耳朵送进周庙焚烧，再焚烧殷纣和其两个宠妃的首级。

就像第一次辛亥日祭祀那样，周武王把各位祖宗依次列其神位于庙堂，用乐官奏乐祭祀上天。就像第一次的第五天乙卯日祭祀那样，周武王这次还是举行平定天下的祭祀，但这次用了很多俘虏耳朵在国家的周庙里进行活祭。周武王要求众诸侯辅佐自己这个幼稚的小子，当场杀牛 6 头、杀羊两只作为祭礼。

众多诸侯助祭完毕之后，周武王在周庙里祭告先祖："古朕闻文考修商人典，以斩纣身，告于天于稷。用小牲羊犬豕于百神水土、于誓社。"我曾听先父文王讲过，要遵循成汤之典，所以斩杀了殷纣身体，用粟稷告于上天。我用小牲畜羊、狗、猪祭祀水土百神，来向社稷发誓。"

周武王告诉天神、谷神："惟予冲子，绥文考，至于冲子，用牛于天、于稷，五百有四，用小牲羊豕于百神水土社三千七百有一。"说，我这个小子想要承继先考文王，敬望神灵佑助于我这个小子。这次祭祀天神、谷神，用牛祭祀天神和谷神，共504头；用羊、犬、猪祭祀水、土、社稷百神，共3701只……

祭祀过后几个月，到了秋天，周武王又开始率兵征伐尚未驯服的殷商九州国土。《竹书纪年》记载，直到冬天12月份，庸、蜀、羌、髳（máo 音同矛）、微、卢、彭、濮等方国诸侯还在跟随周师伐殷，帮助周武王消灭殷商残余。

周武王秋天来到西北岐周附近的鲜地，那里居住着殷商后裔尹氏方国。《逸周书·卷四·和寤》记，武王诏告邵公奭和毕公高说："呜呼，敬之哉！无竞惟人，人允忠。"啊，要重视啊！只要我们不与人们争利，人们就会忠诚。周武王提醒他们，一定要对殷商势力斩草除根，说："惟事惟敬，小人难保，后降惠于民，民罔不格，惟风行贿，贿无成事。绵绵不绝，蔓蔓若何，豪末不掇，将成斧柯。"意思是，你们办事要认认真真，因为地位低下的小人难以看守得住。只要君主降恩惠于民众，民众就没有不服从法式的。你们不能只对他们使用贿赂的办法，因为贿赂是不会成事的。小草细弱的时候如果不根除，蔓延长大了之后，绵绵不绝后再怎么办呢？树苗如果在末梢细小的时候不拔除，将会长成斧柄。周武王是要求他们对殷商后裔严格管理，不能总是给他们好处，使用收买人心的贿赂办法。

周武王希望鲜地尹氏方国的8个尹氏家族的士人辅佐自己，结果此8人坚决而诚恳地辞让，实际上是感情上不愿意背叛殷商。周武王就把他们作为道德模范，影响到了远近四方，让路上的行人都能听见他们的好名声。这样一来，社会和谐了，没有人再叛逆周朝。周武王又使用了巫祝祈祷，鲜原之土从神灵到民众都变得和顺起来。

公元前1046年冬天，商历12月，周武王终于控制住了整个九州，成为名副其实的华夏周朝天子。《逸周书·卷五·度邑》记载，周武王于今甘肃岐山的周原召见九州诸侯，在周邦故都豳（bīn 音同宾）城登上汾水附近的土山，向商邑朝歌的方向遥望，长叹道："呜呼，不淑，兑天对。遂命一日，维显畏弗忘。"啊，殷纣不善良贤淑，所以上天要将他更换。最后命绝一日，说明人在显耀的时候也不能忘记畏惧啊！周武王的眼神里充满了忧虑……

周武王回到镐京，时刻忧虑周朝国运不能永葆，常常直到深夜不能入睡，甚至预感到自己将不久于人世，对周公旦托孤。周公旦泪流满面、泣不成声。

周武王命人在今河南洛阳附近的洛水与伊水之间进行测量规划，晚年最大的心愿，就是建造一座周朝新都，迁九鼎于洛邑……

周武王取得天下之后，继承周文王的国家管理思想，以文德治理天下，明堂的大门永不关闭，向天下人表明没有私藏。《吕氏春秋·慎大览第三·慎大》记载，他把马放养在阳华山南面，把牛放养在桃林，不再让马牛驾车服役，又把战鼓、军旗、铠甲、兵器涂上牲血，藏进府库，向天下表示不再用兵。成语"马放南山"出于此，比喻天下太平，不再用兵。马放南山真假未知，但历史已经进入西周，仗也的确打得差不多了，贵族百姓和庶民奴隶都需要休养生息，疗伤蓄锐……

就这样，周武王终于在公元前 1046 年，完成父亲周文王的生前嘱托，做成了一件中国历史上具有划时代意义的大事，毁灭了一个生存了 554 年的殷商王朝，让一个崭新的西周王朝如旭日喷薄而出！

商朝国家机器日趋完善，比夏朝的 470 年多存在 84 年；而周朝国家机器更加完善，设立了明确的贵族等级和封国等级制度，中国奴隶社会僵而不死，即便周朝王室失控、方国混战，从西周到东周春秋、战国，居然一共延续了 825 年，最终实现了中国从奴隶制到封建制的历史演变过程。夏商奴隶社会，继承原始氏族社会文明传统，培育了中华民族领先并辉煌于世界人类的高度文明，是人类文明史上的伟大进步，值得今人珍惜！

主要参考文献

【《古本竹书纪年辑校今本竹书纪年疏证》《逸周书汇校集注》《尚书今古文注疏》《诗经楚辞鉴赏辞典》《六韬鬼谷子》《史记》《吕氏春秋》《太平御览》《左传全译》《康熙字典》《说苑全译》《夏商周断代工程 1996 – 2000 年阶段成果报告（简本）》】

跋

中国没有夏朝吗？

中国殷商之前，包括夏朝文明，至今未被某些西方学者视为文明时代。如果不是发现了甲骨文，恐怕就连中国的殷商文明都不被西方承认。因为西方学者一贯以西方文明作为主体意识，不愿承认中国有比欧洲文化更为长久的远古文明，中国夏朝的存在，妨碍了欧洲中心论。而中国也有一批学者，已经成为西方文化意识的附庸，为各种利益需要，发表大量虚假信息以混淆视听。然而，中国难道真的没有夏朝吗？答案当然是否定的。

一、青铜、文字、城市

（一）夏朝青铜器

【中国出土的夏朝青铜器，数量多、形态优美，而且青铜器铸造作坊的规模相当可观，可见中国夏朝早已进入成熟的青铜时代。】

尽管殷商之前的中国文明被几千年前的古籍文献所记载，其超自然部分的描述，远不如西方古籍正史《荷马史诗》那般神秘、生动和精彩，但西方学者还是认为，中国古籍不能作为中华文明长达 5 千年的历史证据，华夏文明的每一页历史记录，均须被现代考古科学所证实，至少要拿出古城、青铜和文字为证。

中国长达两千多年的封建文化和民国时期的战乱，使得科学考古工作难以展开，大规模科学考古工作，都是在新中国成立之后的 60 多年中进行的，尤其近年来大规模的城市改建和乡村筑路，使得深埋于地下几千年的文化古迹得以见光，无数珍贵的出土文物，掀开了远古世界的面纱，打开了尘封已久的神秘，默默证明中华几千年的古籍文献记录的真实存在，告诉世人中国传统文化源远流长……

有了碳素测年的科学手段，专家们发现，早在 1975 年甘肃马家窑就已经出土的单刃青铜刀，距今已有 5 千年左右。

20 世纪末，考古学者在中国河南偃师二里头发现了夏朝后期王都斟鄩古城，出土了一大批青铜礼器、青铜兵器和少数青铜生产工具，经碳素测年，最早在公元前 1750 年左右。更为重要的是，遗址内发现了大型青铜铸造作坊，面积超过一万平方米，证明 4 千年前的夏朝，不仅有青铜器存在，而且已经进入到中国青铜历史上的快速发展时期。

据说，中国使用进入青铜时代的时间稍晚于其他古国文明。但中国出土的青铜器不仅数量多，而且体积大，还掌握了西方没有、中国独有的"块范法"浇铸青铜器技术。古埃及、美索不达米亚等文明，因缺乏青铜等矿料资源，生产和使用的青铜器有限，多为小型工具、兵器、饰件和器皿，而且在考古发现中鲜见，中国的青铜时代是否果真晚于其他古国文明，值得怀疑。

西方学者对人类历史采取两条腿走路的方针，欧洲博物馆多为艺术品，几乎看不见上古时代的青铜器真品，仅凭后人撰写的神话故事，以及近代学者的猜测，就拿来作为欧洲的信史。而面对中国夏朝之后青铜器大量出现的事实，他们却毫无根据地怀疑中国青铜器技术是从西方传来的，暗示中国青铜器的起源受到了西方文明的影响，用这个办法来证明西方人种的优势，诋毁中国古人的文明和智慧。

最可悲的是，不少中国学者也在积极配合西方，把自己国家独一无二的考古发现，说成是西方文明的流入，就连震惊中外的四川三星堆考古发现，都被杜撰为西方文明传入。

众多出土文物证实，中国早在夏朝之前就存在青铜器，而且具备西方所没有的大型青铜器制造技术。作者亲自去今河南偃师二里头的夏朝国都斟鄩考察，发现夏朝的青铜器，数量多、形态优美，而且青铜器铸造作坊的规模相当可观，可见中国夏朝早已进入到成熟的青铜时代。

（二）夏朝文字

【中国文字的形成时间早于殷商时代。在夏朝，甚至更早的新石器时代晚期的黄帝时代就有文字了，仓颉造字不一定为传说，只不过那时各地文字不统一，也没有殷商甲骨文数量多、系统性强而已。】

中国形成系统的文字，是殷商甲骨文，但绝不是说中国文字产生于殷商。

中国有 5 千年左右的良渚古城，所出土玉器和陶器上，已刻画了为数不少的文字符号，形体上接近中国早期文字。

内蒙古赤峰考古发掘中，发现了距今 4 千年至 3 千 4 百年左右的夏朝大型山城遗址，也出土了刻有原始文字的陶器残片。

1984 年，一种类似于甲骨文的神秘文字"扁壶毛笔朱书"，在山西襄汾陶寺遗址被发现。经专家认定，这是早于甲骨文 800 年的成熟文字系统。

2009 年，中国考古学者在河南伊洛河河底发现了夏朝某都城遗址，从出土的玉片上发现了有夏人自称的殷商铭文："显不哉，帝禹谟；显承哉，惟后启尚克修和我有夏。"意思是说：大禹赫赫的谋略，以及夏后启高尚的道德，使得我们大夏昌盛。殷商甲骨文中经常出现"伐土"字词，却没有伐"夏"之说，原来"夏"为夏人自称，而殷商则称之为"土"，很可能"夏"与"土"的上古发音相同或者相近。

中原地区庞大的龙山文化遗址，距今已有四五千年，所发掘出来的兽骨文字和图案，与殷墟甲骨文相近。

在河南偃师商城博物馆，笔者亲眼见识了夏朝文字。在夏朝王都斟鄩古城出土的陶器残片上，刻有 30 多种比较复杂的"象形符号"，看起来是比殷商甲骨文更加原始的文字。这些符号，在商朝的甲骨文中均可找到相同或相似的文字，可见夏朝确有文字在使用，当不是凿空之论。

以上证据均说明中国文字的形成时间早于殷商时代。在夏朝，甚至更早的新石器时代晚期的黄帝时代就有文字了。仓颉造字不一定为传说，只不过那时各地文字不统一，也没有殷商甲骨文数量多、系统性强而已。

（三） 夏朝城市

【考古发现，中国夏朝有青铜、有文字符号，有城市不止一座，难道这还不是中国4千年以上的文明？中国存在夏朝，究竟有何理由值得怀疑？】

2015年12月，《襄汾陶寺——1978～1985年发掘报告》一书出版，详细介绍了位于山西省临汾市襄汾县东北约7公里处的陶寺遗址，是一座公元前2450—前1900年的大型城市。如果按年代下限计算，此城属于夏朝中期，如果按上限计算，早于大禹时代，那么中国关于尧舜的历史就不是传说了。

在发掘过程中，考古队员发现了作为都城必须具备的诸多元素：城墙、宫城、庶民居住区、手工业区、仓储区，王陵，而且发现了世界最早的观象台。王陵大墓发现了数以百计的高等级奢侈随葬品，与大多数空无一物的庶民墓葬，形成了鲜明对比，显现出当时社会复杂的等级制度，以及极度的贫富分化。

著名考古学家苏秉琦先生曾这样评价："陶寺文化不仅达到了比红山文化后期社会更高一阶段的'方国'时代，而且确立了在当时诸方国中的中心地位。它相当于古史上的尧舜时代，亦即先秦史籍中出现得最早的'中国'，奠定了华夏的根基。"如果这一推测得到证实，那么夏朝并非中国第一个奴隶社会将得到证实，中国尧舜时代是否不是阶级社会，也将重新定性。

2004年2月27日，《中国文物报》发表《我国夏商考古的重要收获——郑州大师姑遗址发现二里头文化城址》。此遗址位于河南省郑州市西北郊，由城垣和城壕（护城河）两部分组成。城址内部的文化堆积以二里头夏朝文化二、三期和四期偏早阶段的遗存为主体，已发现有房基、墓葬、灰沟、灰坑和大量遗物，而且在灰沟内出土了大量的城市陶质排水管残片。二里头文化已被确定为公元前1900～1500年，为夏朝中晚期。据考古学家推测，此城的性质有两种可能：一是夏王朝设置在东境的军事重邑；二是夏朝方国都城，有可能是夏朝东部方国　韦国或顾国的都城。

笔者于2014年4月专程去河南考察夏朝都城遗址，可惜遗址在经历了长达40多年的考古发掘之后，部分恢复成农田，部分没有对外开放。在河南省博物馆和偃师商城博物馆里，笔者看到了夏都古城的考古发掘照片以及夏都城市复原模型，看到了夏都之城巨大的陶质瓷下水管道，看到了品种数量繁多、代表王权的青铜器、玉器、漆器、象牙器以及日常使用的陶器、石器等珍贵文物原件，了解到,这是一座巨大的王城,纵横交错的大路上,留有近4千年不变的车辙印迹,城市有宫殿区、居民区、制陶作坊区、铸铜作坊区、窖穴区、墓葬区等等。

中国的历史故事比较枯燥,没有西方"信史"中情节曲折、性格丰富、"神话"般的情节。但是,中国历史不仅可以借古籍故事说话,而且可以凭科学考古说话,科学考古在反复证明中国古籍故事的真实性。这座"太康居斟鄩,羿亦居之,桀又居之"的夏桀最后居住的夏朝都城,考古发掘的依据,居然是对中国古籍内容的推测。科学家们根据古籍记载确定地点,一挖一准,居然把整个夏朝古城给挖了出来。中国的科学考古工作,证明了中国古籍的真实性和准确性。

考古发现,中国夏朝有青铜、有文字符号,有城市不止一座,难道这还不是中国4千年以上的文明?中国存在夏朝,究竟有何理由值得怀疑?

二、夏商周断代工程

【《夏商周断代工程》完成,中国官方正式将夏朝列入信史,而且把夏朝的起始年正式确定为公元前2070年。难道中国人的历史,中国政府没有发言权?联合国教科文组织不是权威?】

河南偃师夏朝和商朝古城的考古发现,将中国有纪年的信史提前了1200年,也为国家"夏商周断代工程"提供了有力的佐证。联合国教科文组织将其列为1983年世界17大发现之一。

中国官方正式将夏朝列入信史是在2000年。当时,历时近5年的"夏商周断代工程"完成,中国官方不仅承认有夏朝历史的真实存在,而且把夏朝起始时间正式确定为公元前2070年。

夏商周断代工程对传世古代文献和出土甲骨文、金文等材料进行了搜集、整理、鉴定和研究;对其中有关的天文现象和历法记录通过现代天文学给予计算,从而推定其年代;同时对有典型意义的考古遗址和墓葬材料进行了整理和分期研究,并进行了必要的发掘,获取样品后进行碳素测年。

河南偃师二里头的夏城遗址,经碳素测年定为公元前1750年,而该遗址为夏朝中晚期都城,并非大禹最初的立夏之都。参考中国古代文献和商代竹简的历史记录,"夏商周断代工程"将夏朝起始之年提前到了公元前2070年,目前中国各地历史博物馆已都正式采用这一准确数字。

河南偃师二里头夏城遗址被发现之后，河南禹州瓦店的龙山文化遗址于2011年又被发现，考古学者认为，这里很可能是距今4千多年前夏朝初建时期大禹之子夏启的都城阳翟（dí 音同敌），就连古籍所记载的夏启登基后举办的开国大典"均台"也有迹可循。夏朝建国于公元前21世纪的推测，再次被科学考古证实。

中国《夏商周断代工程年表（简本）》的正式发布，在海外掀起了轩然大波。美国斯坦福大学教授在《纽约时报》发表评论，称"国际学术界将把工程报告撕成碎片"，之后发生了3次大辩论。令人费解的是，这项被联合国教科文组织1983年认可的伟大考古成就，部分中国学者居然同意美国某些教授的观点，主动推翻自己国家的文明历史，甚至不惜将中国远古人类所创造出来的文字和青铜器的冶炼方法，都臆想成"有可能当时引进了西方先进文化"。甚至某大学中文教授，提笔重写中国历史，公然与中国官方颁布的《夏商周断代工程年表（简本）》唱反调。《夏商周断代工程》完成，标志着中国官方正式将夏朝列入信史，难道中国人的历史，中国政府没有发言权？联合国教科文组织不是权威？

有更多中国学者认为，所谓的"国际学术界"一贯漠视中国本土研究成果，对中国历史没有发言权。有人说，伊洛特战争发生的800年之后，盲人荷马才创作出《荷马史诗》，西方社会一贯视《荷马史诗》为正史，反而质疑中国人用科学方法计算出来的断代史，简直就是从鸡蛋里找骨头。

无论国内外非议多么激烈，2000年之后，中国科学考古成就如雨后春笋，夏王朝存在的考古依据越来越多。河南偃师二里头出土的一大批青铜容器，都是用中国独门技术"合范法（模范法、块范法、泥范法）"铸造的，标志着夏朝中国青铜器铸造业已进入新纪元。这些青铜器不仅是中国批量出现最早的，也是世界最早的青铜器之一。如果这样一批青铜器尚不能证明夏朝中国的文明历史，那么迟于中国夏朝的其他文明古国，其文明历史恐怕均不能被承认了。

中国现代考古成果，明确写出了春秋时代孔子和西汉时代司马迁没有搜寻到的中华"家谱"，至少夏朝文明已成为无可辩驳的事实，而夏朝应该不是中华第一个朝代的观点，亦被用于北京中国国家博物馆的官方解说词中。

中华文明肯定远远不止夏朝之后的4千多年，至少在5千年，甚至7千年以上，中国是人类文明最早的发源地之一。且不说中国甘肃天水考古发掘出距今5600—6000年左右的伏羲卜骨文字记号，不说用碳素法测试出甘肃5千年左右单刃青铜刀文物，笔者曾经亲自去浙江河姆渡考古现场，看到了7千年之前的稻谷和文明社会遗址，亲自去河南博物院和偃师博物馆，看到了那么多夏朝青铜器、玉器、货币，亲眼看见了商代早期的夯土城墙遗存……相信中国还会不断出现新的考古成果，以证实中华民族古籍中所记载的 5 千年以上的全部文明历史。

作为一名中国文学专业的老知识分子，作为一名教授大学中文课的教师，有责任还原中国传统文化的真实，有义务写出中国古籍所记载的那个时代的真实故事，这就是《中国系列经典故事·夏商故事解读》。

中国古老的传统文化，是中华民族的一种精神力量。文化不灭，祖国富强，寄希望于中国工人、农民和有良知的知识分子！寄希望于中国年轻后代了解中国历史文化！

主要参考资料

【《河南偃师博物馆解说》《中国历史博物馆解说》《中国社科院考古所·关于二里头文化的年代问题（中国考古与文物保护化学学术研讨会，2006 年）》《襄汾陶寺——1978 ～ 1985 年发掘报告（文物出版社，2016 年）》《我国夏商考古的重要收获——郑州大师姑遗址发现二里头文化城址（〈中国文物报〉，2004 年 2 月 27 日）》《夏商周断代工程 1996－2000 年阶段成果报告（简本）》。

主要参考文献

1.《古本竹书纪年辑校今本竹书纪年疏证》，沈阳：辽宁教育出版社，1997 年。

2.《尚书今古文注疏》，北京：中华书局，2004 年。

3.《逸周书汇校集注》，上海：上海古籍出版社，2007 年。

4.《史记》，北京：中华书局，2011 年。

5.《太平御览》（全四册）北京：中华书局出版 2000 年。

6.《吕氏春秋》，北京：中华书局出版 2007 年。

7.《孟子译注》，北京：中华书局出版，2008 年。

8.《夏商周断代工程 1996 - 2000 年阶段成果报告（简本）》北京：世界图书出版公司北京分公司，2000 年。

9.《大盂鼎铭文》，北京：文物出版社，1994 年。

10.《康熙字典》，北京：中华书局出版，1958 年。

11.《说文解字注》，上海：上海古籍出版社，1981 年。

12.《殷墟文字甲编》，上海：商务印书馆，民国 37 年。

13.《左传全译》，贵州：贵州人民出版社，1990 年。

14.《管子全译》，贵州：贵州人民出版社，1996 年。

15.《诗经楚辞鉴赏辞典》，成都：四川辞书出版社，1990 年。

16.《六韬鬼谷子》，北京：中华书局出版 2007 年。

17.《汉书》，北京：中华书局，2004 年。

18.《国语》，北京：中华书局，2013 年。

19.《墨子》，北京：中华书局，2007 年。

20.《韩非子集解》，北京：中华书局，1998 年。

21.《尸子译注》，上海：上海古籍出版社 2006 年

22.《论语译注》，北京：中华书局出版 1980 年。

23.《淮南子》，北京：中华书局出版 2012 年。

24.《山海经》，北京：中华书局出版 2009 年。

25.《帝王世纪辑存》（徐宗元辑），北京：中华书局出版 1964 年。

26.《列女传译注》（张涛），济南：山东大学出版社，1990 年

27.《说苑全译》，贵州：贵州人民出版社，1992 年。

28.《宋书》北京：中华书局出版，1974 年。

29.《礼记集解》北京：中华书局出版，1989 年。

30.《晋书》北京：中华书局出版，1974 年。

31.《尚书孔传参正》(上下册)（清王先谦）北京：中华书局出版，2011 年。

32.《书集传研究与校注》（今王春林）北京：人民出版社，2012 年。

33.《易经入门》，北京：文化艺术出版社，1988 年。

34.《周礼注疏》，上海：上海古籍出版社，2016 年。

35.《春秋左传正义（孔疏）》，上海：上海古籍出版社，1990 年。

36.《西京杂记全译》，贵州：贵州人民出版社，1993 年。

37.《（朱熹）诗集传》，上海：上海古籍出版社，1980 年。

38.《晏子春秋全译》（李万寿），贵州：贵州人民出版社，1993 年。

39.《唐诗选》，北京：人民文学出版社，1978 年。

40.《史记三家注》，扬州：广陵书社，2014 年。

41.《论衡全译》（袁华忠），贵州：贵州人民出版社，1993 年。

42.《拾遗记校注》，北京：中华书局出版社，1981 年。

43.《乐府诗集》，北京：中华书局出版社，1979 年。

44.《大盂鼎铭文》，北京：文物出版社，1994 年。

45.《中华文典句典大全集》，北京：外文出版社，2012 年。

46.《中国古代史》（上下册 朱绍侯）福州：福建人民出版社，2010 年。